博士论文
出版项目

显失公平规范研究

Research on the Doctrine of Unconscionability

陈范宏　　著

中国社会科学出版社

图书在版编目（CIP）数据

显失公平规范研究／陈范宏著 . —北京：中国社会科学出版社，2022.3
ISBN 978 - 7 - 5203 - 9888 - 6

Ⅰ.①显…　Ⅱ.①陈…　Ⅲ.①民法—研究—中国　Ⅳ.①D923.04

中国版本图书馆 CIP 数据核字（2022）第 041159 号

出 版 人　赵剑英
责任编辑　孔继萍
责任校对　李　莉
责任印制　郝美娜

出　　版　中国社会科学出版社
社　　址　北京鼓楼西大街甲 158 号
邮　　编　100720
网　　址　http://www.csspw.cn
发 行 部　010 - 84083685
门 市 部　010 - 84029450
经　　销　新华书店及其他书店

印刷装订　北京君升印刷有限公司
版　　次　2022 年 3 月第 1 版
印　　次　2022 年 3 月第 1 次印刷

开　　本　710×1000　1/16
印　　张　24.25
字　　数　336 千字
定　　价　138.00 元

出 版 说 明

为进一步加大对哲学社会科学领域青年人才扶持力度，促进优秀青年学者更快更好成长，国家社科基金设立博士论文出版项目，重点资助学术基础扎实、具有创新意识和发展潜力的青年学者。2019 年经组织申报、专家评审、社会公示，评选出首批博士论文项目。按照"统一标识、统一封面、统一版式、统一标准"的总体要求，现予出版，以飨读者。

全国哲学社会科学工作办公室

2020 年 7 月

摘　　要

　　显失公平规范处在民法各基本原则的交会点，面向侧重的分殊可以得出截然不同的立法安排、体系定位与功能预设。回溯制度沿革，显失公平规范可谓命途多舛。亚里士多德—阿奎那的正义理论与公平价格学说为显失公平法理从伦理道德规范进化为法律规范厚植了土壤。可惜，显失公平法理落地生根之初即遇到尊崇形式主义的罗马法，短少逾半规则系因应经济政策导向而蜷缩在土地交易领域并被严格限制，显失公平规范的独立衡平功能被遮蔽。中世纪经院哲学家重新将公平正义的精义植入显失公平法理，实质公平也迟至18世纪仍是私法的基本目标。迄至19世纪自由放任时代，私人自治成为私法规范机制的最高指导原则，形式主义是私法规范的基本品性，其将"公平建立在合同的基础之上"，为合同提供了确定性和可预测性的规范环境，法律权利的可计算性亦使交易效率获得极大提高，"契约即公道"是当时基本共识。显失公平规范或被曲解为意思表示瑕疵机制，或被视为洪水猛兽作为立法上的例外安排，独立的衡平功能被剥离，沦为私人自治原则的附庸。但是，形式主义本身并不能涵盖私法规范的全貌，正义与公平的诉求或直接或隐秘地贮藏在私法规范之中，自由主义被捧上神坛的19世纪亦不例外。随着经济社会实践的发展，私法自治所赖以发挥功效的市场及参与者两个层面均发生天翻地覆的变化，现代私法的公平化改革，在意思自治基础上更加关注公平与合作。在理念上将均衡与公平原则重新拉回私法规范机制的中心与私人自治分庭抗礼，合同应该建立在公平的基础之上成为新的共识。在法律上则表现为以客观价值论为基础的显失公平规范体系的复兴。本书即围绕此一逻辑脉络展开，除导论与结论外，全书共分 8 章，兹就各章主要内容概述如下：

第一章追溯显失公平法理从道德规范到法律规范的旅程，旨在完成显失公平法理在认识论上的拨乱反正。一方面，从亚里士多德—阿奎那法哲学理论中深掘显失公平法理的初心。在亚里士多德的正义体系下，交换正义要求交易的等值性与相互性。价值上的等值是合同强制执行权能的根源，同时也是法官评估交易公平性并干预的基础。阿奎那则基于自然法与人法的区分进一步提出并非所有不公平交易均纳入规制射程，唯严重违反公平价格的显失公平交易才因对社会与个体的伤害较大而需要予以矫正，并明确提出了以客观价值论为基础的公平价格学说以维护交易的实质公平。另一方面，考察显失公平法理在经典法域瓜熟蒂落的初步尝试。罗马法上的短少逾半规则，英美法系的衡平法理均悬公平与良知为鹄的干预合同内容，成为显失公平法理规范化的先声。经典法域对不公平交易行为规制的早期探索，均旨在矫正"经济上的重大不正义"以促进"共同善"，甚至不惜以自治为代价。

第二章基于显失公平法理禁止并惩戒"一方以他方为代价获益"的精义，提出现代私法体系中显失公平规范的原则性选择应从形式主义易辙协助主义。显失公平规范的原则性选择直接决定了其体系定位、规范功能、规范特征以及解释与适用方案乃至其在私法体系中的命运。形式主义将"公平建立在合同的基础上"，私法规范机制的前提假设、目标预设、制度设计、矫正机制的安排围绕私法自治展开，显失公平规范以开放性标准关注合意结果的公平性而非合意形成过程使之被訾讥为"合同法之癌"，解释与适用中更是置于私人自治的阴影之下。此时，例外性、封闭性、僵化性是显失公平规范的基本特征。随着合作化多元主义社会的到来，规制理念逐步摆脱独尊个人自治的竞利主义原则，而转轨互利共生的协助主义。关注合同的社会性质抬头，将"合同建立在公平的基础上"以促进社会的合作与公平。显失公平规范重拾其独立衡平功能，具有普适性、确定性与灵活性、客观价值论的基本特征。

第三章探讨显失公平规范设计模式以回答显失公平交易认定中谁是最佳的公平裁判者。"显失公平"是一开放性不确定性的法律概念，具有经验性与规范性的双重属性，这决定了显失公平规范体系设计中立法决定与司法控制的二元划分。一方面，立法决定以显失公平概念的经验性属性为基础强调法律的安全性，尽可能根除自由裁量的空间。基于成熟的案例类型提炼出显失公平规范的具体规则。构成要件明确、法律效果清晰、适用范围固定，显失公平判定也以客观的、统一确定的损害幅度为标准。另一方面，司法控制侧重于显失公平概念的规范性属性，重在授权法官自由裁量以发挥规范的漏洞填补功能，价值判断成为实现法律决定妥当性不可或缺的配置。规范设计中往往采用类型式概念，其不仅内涵无法确定，外延也是开放性的。此时显失公平规范作为一种开放性的标准取向一般条款化。最终形成显失公平规范体系设计上的"一般条款＋具体规则"模式。

第四章剖析显失公平规范在形式主义主导下的法典表达，深掘显失公平法理独立衡平功能被阉割后，经典法域因应经济社会实践不得不逐步放开对显失公平规范束缚的尝试。本章围绕以法国为代表的"合同损害"模式与德国首创的"暴利行为"模式及其继受展开，"合同损害"模式取向立法决定，以个别具体规则将显失公平法理局限在狭窄的领域。"暴利行为"模式取向司法控制以"一般条款"的形式赋予法官补充立法之权，但在设计上又采用"构成要件—法律效果"结构钳制其灵活性。其共性在于形塑了显失公平规范的例外性、僵化性、封闭性，为因应现代私法对公平与合作的追求，两种模式都走向了一般条款的要件缓和主义与具体规则的精准化。晚近《国际商事合同通则》《欧洲合同法原则》放弃主客观兼备的构成要件化回到显失公平法理促进实质公平的核心要义，将主观情势作为显失公平判断的考量要素，法律效果也取向多元化。欧盟通过保护消费者的一系列指令建立起"黑名单条款"与"灰名单条款"制度推进了显失公平规范具体规则的精致化。

第五章考察显失公平规范在英美法系主要国家的制度安排,追问普通法对实质公平的规范化路径。衡平法院基于良知与公正的理念率先介入合同实质公平问题,从而矫正了普通法严格形式主义立场所造成的弊端。随着格式合同的广泛运用与消费者保护的兴起,英美两国立法者面对合同磋商与结果严重失衡之情形无法再熟视无睹,逐步构建起一般条款与具体规则并重的显失公平规范体系。

第六章深掘欧陆法系显失公平规范一般条款具体化的方法。显失公平概念的规范性面向使得立法者不得不授权法官在个案中通过价值补充实现其规范功能。而以涵摄模式为导向的类型化及其与价值补充方法的互动是显失公平规范衡平功能发挥的必由之路。司法的类型化恒悬显失公平规范适用过程中价值专断之最小化与理性论证之最大化为鹄的。

第七章探究美国以个案裁判为导向的显失公平原则司法操作方案及启示。在形式主义理念主导下形成程序性与实质性显失公平兼备的双重要件主义,虽然提高了规范适用的确定性与可预测性,但是也给显失公平行为的认定戴上沉重枷锁,结果失衡沦为意思瑕疵的证据或线索。近年来的滑动标尺法不失为重振显失公平原则独立衡平功能的司法创制,颇多借鉴价值。

第八章从合同协助主义理念出发,尊重显失公平法理在现代民法上的独立衡平功能与承载均衡原理回潮的体系价值,尝试从解释论的角度实现我国显失公平规范的现代化改造,以客观价值论为基础统合我国民法中的显失公平规范体系。并提出将显失公平规范一般条款视为一种开放性的弹性标准而非"构成要件—法律效果"式严格的技术性规则,恢复其灵活性与结果失衡的独立评价功能。从而治愈我国实务重蹈经典法域僵化性、封闭性覆辙之弊。

总之,显失公平规范的自然法内质契合私法规范机制中均衡原理回潮的大势,使之成为合同协助主义时代推进现代私法公平化改革并独立承担衡平功能的支柱。准此而论，显失公平规范是现代私法体系的恒星而不是彗星，将永久地放出光芒。

关键词：显失公平规范；暴利行为；合同损害；公平价格；均衡原理；客观价值论；形式主义；协助主义

Abstract

Unconscionability lies at the intersection of the basic principles of civil law. The legislative arrangement, systematic position and functional underpinning varies due to the distinguished focus on unconscionability. Historically, unconscionability can be described as ill-fated. Aristotle-Aquinas' theory of justice and fair price paves the way for the transformation of unconscionability from moral norms to legal norms. However, it is a pity that the birth of unconscionability came across Roman law that respected formalism, leading to its restrictive application in the area of land transaction in response to economic policy and the ignorance of its independent function of balancing. Later, medieval theorists reinfused fairness and justice into unconscionability. Plus, the substantial fairness became the objective of private law in eighteenth contrary. Until the age of laissez-faire in the nineteenth century, individual autonomy has become the supreme guiding principle of private law. Formalism is the basic character of private law norms, and it "founds fairness on the basis of contracts" and provides certainty and predictability for contracts. Moreover, the calculability of legal rights also significantly improved transaction efficiency. "Contract is fair" was the basic consensus at that time. As a result, unconscionability was reduced to a vassal of individual autonomy because of its departure from independent function of balancing that was misinterpreted ether as a mechanism of flaw of declaration of intention or as a legislative exception. But formalism cannot unpack the full landscape of private law norms, and the claim for fairness and justice is implicitly or explicitly placed in the private law norms. There is no exception about this point, even in the nineteenth contrary when freedom was sacred. With the social and economic development, the market and its participants which form the basis of individual autonomy have undergone earth-shaking changes. The fair reform of modern private law pays more attention to fairness and cooperation. It is a new consensus that contracts should be based on fairness, because fairness was brought back to the center of the private law and was confronted with individual autonomy. This is manifested in the revival of unconscionability based on objective value. This book is organized around this thread. Except for Introduction and Conclusion, the eight chapters are as follows.

The first chapter tracks the transformation of unconscionability from moral norms to legal norms, aiming tocomplete the epistemological correction of unconscionability. On the one hand, the original meaning of unconscionability is derived from the theory of Aristotle-Aquinas's philosophy of law. Specifically, under Aristotle's justice system, the exchange justice requires equivalence and reciprocity of transactions. Equivalence in value is the requirement of enforceability of contracts and the basis for judges to assess the fairness of contracts and the need to intervene between the parties. Based on the distinction between natural law and human law, Aquinas further proposed that not all unfair transactions fell in the scope of unconscionability, and only unfair transactions that seriously violate fair prices need to be corrected because of the greater harm to society and individuals. Moreover, the fair price theory which is based on the objective value theory was proposed to maintain the substantial fairness of transactions. On the other hand, the system of unconscionability in classic jurisdictions is examined in this chapter. Both laesio enormis in Roman law and equity in common law jurisdictions manifest fairness and conscionability, form the basis of contract intervention and thus result in the initial of the standardization of unconscionability. The early exploration of the regulation of unfair transactions in the classic jurisdictions all aimed to correct "significant economic injustice" to promote "common good", even at the cost of autonomy.

Chapter two proposes that the principled choice of unconscionability inin the modern private law system should be changed from formalism to assistism, because unconscionability basically prohibits and punishes "one party benefits at the cost of the other party". The principled choice of unconscionability directly determines its systematic position, functional underpinnings, norm characteristics, its interpretation and application as well as its result in private law system. Formalism "founds fairness on the basis of contracts". The prerequisites, goal pre-setting, system design, and the arrangement of the correction mechanism of the private law norms all revolve around the autonomy of private law. Unconscionability is ridiculed as "the cancer of contract law" because it focuses on the fairness of the result of mutual intent rather than the course of the formation of mutual intent. The interpretation and application of unconscionability was thus placed under the shadow of individual autonomy. In this case, exceptionality, closure, and rigidity are the basic characteristics of unconscionability. With the advent of a cooperative and plural society, however, the principle of profiteering that respect individual autonomy is replaced by the principle of contractual solidarism that pursue mutual benefits. The social characteristic of contracts are focused and the contracts are based on fairness, in order to promote social cooperation and fairness. In this way, the independent function of balancing will be reinfused into unconscionability, characterizing it with universality, certainty and flexibility, and objective value theory.

Chapter three discusses the mode of unconscionability norm to answer the question that who is the perfect judge in determining fairness. The concept of unconscionability is open and abstract, encompassing the dual attributes of experiential and normative and thus determining the dual division of legislative decision and judicial control in its design. On the one hand, legislation focuses on the security of the law and limits discretion as much as possible. The concrete rules of unconscionability are distilled from different types of cases. Moreover, the constituents, effects and scope of application of unconscionability are clear and fixed, and the objective and uniformly determined extent of damage is the standard to determine fairness. On the other hand, judicial control emphasizes the normative attribute of unconscionability and judicial discretion to interpolate the loophole of legislative norms. The value judgement is thus irreplaceable. In a word, both the intension and extension of the concept of unconscionability are uncertain. It is an open standard. Hence, the mode of "general rule + concrete rules" is the best choice.

Chapter four analyzes the legislative rules of unconscionability under the dominance of formalism, and its application in classic jurisdictions. The mode ofLa Lesion in France that is inclined to legislative decision limits the application of unconscionability in narrow areas by specific rules. By contrast, the mode of profiteering in German that is inclined to judicial control grants judges with judicial discretion by the legislation of the general rule, though in the legislative design, it also adopts the constitutive element-legal effect structure to restrain its flexibility. Their common character lies in the formation of the exception, rigidity and closure of unconscionability. Therefore, in response to the pursuit of fairness and cooperation in modern private law, both the two models move towards the moderationism of general provisions and the precision of specific rules. Recently, UNIDROIT Principles and PECL have given up objective elements and turned to the core meaning of promoting substantial fairness by taking into consideration subjective element. Through a series of directives to protect consumers, the European Union has established a blacklist clause and a whitelist clause system to promote the refinement of specific rules of unconscionability.

Chapter five discloses the system of unconscionability in common law jurisdictions. The court of equity deals with the substantive fairness of contracts based on conscious and justice, thuscorrecting the shortcomings resulted from the strict formalism of common law. With the widespread use of standard contracts and the rise of consumer protection, the legislators in United Kingdom and United States can no longer turn a blind eye to the serious imbalance of contract negotiations, and thus build a legal system with a general rule and several concrete rules.

Chapter sixexplores the concretization methods of the general provision in continental countries. The normative aspect of unconscionability makes legislators have to authorize the judge to realize its normative function through value supplement in individual cases. Typology and its interaction with value supplement is the only way to display the function of balancing. The judicial typification always shows the minimization of value arbitrariness and the maximization of rational argumentation.

Chapter seven explores the US judicial arrangements that vary on a case-by-case basis. The procedural and substantive requirements under the guidance of formalism do improve certainty and predictability of the application of unconscionability, but it also imposes heavy shackles on the identification of unfair acts. Plus, the imbalanced results become the proof or clue of flaw declaration of intent. In recent years, the approach of sliding scale can be regarded as a judicial innovation to revive the independent function of balancing, which has much reference value.

Chapter eight beginswith the idea of contractual solidarism in contract law, respecting unconscionability's independent function of balancing and trying to propose the reform of unconscionability in China based on objective value theory and from the perspective of interpretation. This chapter argues that unconscionability is not a restrictive norm but an open standard and that it has flexibility and independent assessing function of imbalanced results, so as to refrain from rigidity and closure of the application of unconscionability.

In conclusion, the natural law attribute ofunconscionability fits well with the equilibrium principle of private law, supporting the modern private law reform. In this regard, unconscionability is the star, not comet, of the modern system of private law that will shine forever.

目　录

第一编　认识论

第二编　立法论

第三编　方法论

第四编　实践论

Contents

PART I EPISTEMOLOGY

PART II   LEGISLATION

PART III   METHODOLOGY

PART IV   PRACTICALISM

导　　论

良心（conscience）系由"同"（con）和"知"（scio）而来，乃有与神同知之意。[①]

在讨论法律局限性时，这样的说法大抵成立，即法律不能有效干预和解决所有社会问题。[②] 因为法律所规制的对象仅限于公开的、外显的、可为人们感知的外在行为。至于内心、情感、信仰等无从控制，只能通过法律的指引、预测和教育的潜移默化而影响之。不宁唯是，非所有公开、外显、可感知的社会行为皆能为法律所能控制。再考虑到法律本身所具有的保守性、僵化性特征，法律在规范功能上的短板则更为明显。因此，在某些特殊情况下，严格适用法律之结果将导致极端不公正、不合理之后果，从而与法律所追求之正义目的背道而驰。当这种特殊情况随着经济社会实践的发展变得司空见惯时，那么对于规范机制的修正，甚至改弦易辙则势在必行。显失公平规范的演进脉络即这一规范进化脉络的深刻诠释。"显失公平"如何从个体内在的良知感受进化为支撑法律理想不可或缺的制度基石？又如何从例外的政策性安排跻身为公平分配交易负担与风险的常规性规范机制？其在现代私法体系中究竟扮演何种规范功能？

---

① 郑玉波：《法彦》（二），法律出版社 2007 年版，第 55 页。
② 参见张文显《法理学》，高等教育出版社 2007 年版，第 87 页。

理念上的原则性定位与立法上的技术性设计究竟如何选择？尤其是，既有选择如何因应千姿百态、变化无穷的交易实践，或者方法论上应如何做出适当调整？此外，显失公平规范适用过程中如何实现价值专断之最小化与理性论证之最大化等，皆为显失公平规整体系规范功能发挥不可不察的重要问题。鉴于显失公平问题处于民法各基本原则的接壤地带，学者、法官等法律社群基于不同的关注侧面，对上述问题作出风格迥异的回答。显失公平规范的理解与适用也因之成为民法中的动态水域，时论时新。遗憾的是，我国学理关于显失公平规范的专门性研究并不多见，而且为数不多的开拓性研究中或受制于传统民法规范机制的分析框架，或专注于成文法解释论上的展开，缺乏对显失公平规范基本理论的反思，甚至造成不少显失公平规范的认知偏差。显失公平规范或沦为单纯的私法自治维护机制，或不过是私法自治旗帜下的例外安排，以致其在现代社会中的独特价值被遮蔽，制度功能的实现亦大打折扣，甚至窒碍难行。

　　诚如论者指出："'理论'的构建、批判及辩难乃是法学的主要工作"，[①] 此理念应为所有研究者面对现行规范机制的基本态度，民法典亦概莫能外。笔者不避窾漏，在我国业已构建全新显失公平规范的法典化时代，仍致力于梳理显失公平理论中尚未获得充分讨论的角落，以及虽已广泛讨论但囿于传统分析视域而未臻精致化的领域。毋庸置疑，民事法律成典使我国法治建设步入"民法典时代"，我国学理研究的主战场也从过去的立法论转轨解释论。作为以 21 世纪标志性民法典相期的中国民法典，其法律创制与体例鼎新殊值称道。诚如"对民法典意义的称颂需要保持冷静和克制"一样，[②] 对具体规范的研究也应在在肯认法典权威性的基础上展开批判与反思。职是之故，笔者怀着对法典的敬重与对法学的忠诚，致力于推进前

---

　　① ［德］卡尔·拉伦茨：《法学方法论》，黄家镇译，商务印书馆 2020 年版，第563 页。

　　② 陈金钊：《民法典意义的法理诠释》，《中国法学》2021 年第 1 期，第 84 页。

述议题的精致化研究，期能为显失公平规范研究科学化略尽绵薄之力。一方面，在正本清源的基础上厘清显失公平规范的属性、功能及与其他相关规范的意义脉络。另一方面，在镜鉴域外资源与涵泳本土实践的基础上提出显失公平规范体系的设计方案以及实务操作导向，以期裨益于法典化时代显失公平规范体系的解释论展开并为今后法典翻修略尽未雨绸缪之意。

一　问题的提出：公平与自由博弈下显失公平规范定位的晦暗不明

面对规范有限而实践无穷的现实，解决方案无非从两方面着力：其一，提高规范产出之能力。循此思路，有论者声言，立法机关通过及时立法以因应时变。尽量将既有的实务经验及可能的发展搜罗殆尽，以应万变。因此，在进行规范或制度的研究中，立法的检讨与完善为重要目标之一，甚至或可说是首要目标。唯有立法者在全面考察的基础上做出比较全面的决定，方可从源头上控制法官的自由裁量权，尽可能降低法的不确定性，从而实现法治的追求。然而"一言堂"式的威权社会，立法机关之效率或许颇值信赖；但现代民主国家，立法的"一言堂"已一去不复返，更多的是各个利益团体博弈、你争我夺的讨价还价，最终达到各方势力能大体接受的格局。但论战往往旷日持久，显然无法及时反馈社会之变化。

其二，开拓规范适用之技术，加持既有机制的涵摄能力。倘规范供给囿于立法的滞后性，更兼现代国家权力分立之掣肘而无法因应瞬息万变的情势，那么法官不得不在法律适用大前提不确定或缺位的状况下裁决。此时，法官的自由裁量便应运而生。自由裁量意味着法律裁决的不确定性，这与法治的基本要求"可预测性与可接受性"背道而驰。诚如学者指出，整个法律体系从产生到运作离不开逻辑推理与价值判断。① 其中价值判断或道德评价具有极强主观性，属于言人人殊的范畴，但也是判决可接受性不可或缺的部分。然如此一来，法治的另一要求可预测性则因价值判断的"灵动"而难免会遭受侵蚀。是故，在法的可预测性与可接受性之间存在某种程度之紧张关系。如何规制法官的自由裁量以寻求司法创制所带来的可接受性与法治所要求的可预测性之间的中道权衡？应该说，这是法律适用理论所不得不面对的问题。

前述第一个"规范产出"方案，立法者理性的有限性与实践的无穷性催生了一类规范的诞生，即抽象规范。诚然，所有组成法律基本单位的法律概念，皆具有一定程度上的抽象性，只是其抽象化程度存在高低之别。② 比如，买卖、合同与法律行为三者，以各自抽象化程度论，显呈递增趋势。法律概念的抽象性也决定了法律规范抽象的必然，唯有结合法律事实，方落实为具体的权利义务关系。但有一类法律规范比较特殊，需要审判者在具体案件中斟酌损益一切情势方能确定，法官通过价值判断实现这些法律概念的具体化。立法者于立法时或包含不确定法律概念，或仅仅做概括规定，本书统称为抽象规范。这类不确定法律概念可谓俯拾即是。以民事法领域为例，如重大误解、重大事由、显失公平、相当期间或一定数额等皆是；在刑事法领域，如或以其他方法、其他类似情形、数额特别巨大、情节特别严重等皆然。概括条款，如公序良俗原则、诚实信用原则、公平原则等亦同。其存在价值系随着政治、经济的发展，因应经济社会实践及伦理价值等观念地变迁，使规范能够冲破成文法的僵化性而与时俱进。本书所论述的显失公平规范即是立法者为拓展"规范产出"能力而假借抽象规范这一立法技术来应付多彩实践的安排。

---

① 参见马丽萍《法律推理的逻辑形式与价值判断的和谐》，《法律方法》2002年第1卷，第387—389页。

② 参见黄茂荣《法学方法与现代民法》，中国政法大学出版社2007年版，第125页。

19 世纪以降，以《拿破仑民法典》为标志私法自治确立了其在私法体系中的基石性地位。迄至 19 世纪末 20 世纪初，自由主义走下神坛。加强对私法自治的限制成为各国立法者的案几常客，立法者开始正式交易实践中缔约双方在信息、风险、智识、身份等方面的结构性落差，逐步偏重对消费者与中小型企业在市场活动中的利益保护。但私法自治作为现代民法之基石地位未曾动摇，其使得私人成为法律关系的主要形成者。然而，私法自治之假定——个人是自己利益的最佳维护者——却随着市场经济的发展而破产，处于经济优势地位的主体甚至将私法自治异化为压迫的工具。如格式合同的出现，消费者已全然被排斥于合同条款的"讨价还价"程序之外；又如合同中置备治理结构与风险分担机制，形成介于组织与契约之间的单边性科层结构。交易活动中大量涌现的免责条款、限制责任条款以及缔约过程中因双方在经验、境遇、意识等方面的差别而使得"私法自治"所生之不公平结果与日俱增。法彦有云："公平与善良，乃法律之法律。"倘法律所推崇之私法自治将此"法律之法律"束之高阁，那么在特定情况对私法自治之矫正无疑具有拨乱反正的意味，诚如德国法律学者卡尔·拉伦茨指出："合同自由需要由合同公平来修正，合同公平又是以合同自由为前提的。"显失公平规范的功能之一即实践此一使命，且为不同法系国家之立法者所认可。

自古迄今，或可说在私法关系的形成、发展、消灭的过程中，国家从来不是冷眼旁观者而是积极的参与者。[①] 国家总是基于各种借口介入私人关系，或出于公共利益之考量，或立基公平正义之追求，抑或其他政策或法理层面之理由。一般而言，欧陆法系显失公平法理可追溯至罗马法上的"非常损失规则"。罗马法古典时期，在契约领域奉行严格的形式主义与自由主义，唯缔约过程无程序瑕疵，纵

---

① 参见苏永钦《私法自治中的国家强制》，载苏永钦《走入新世纪的私法自治》，中国政法大学出版社 2002 年版，第 3—4 页。

使交易价格与市价相去甚远，这一行为也不违反诚信原则。① 然而在罗马帝国后期，查士丁尼法典创制了土地买卖限价敕令，规定在土地的商定价格尚不足其实际价格一半时，出卖人表面上虽系自愿买卖，而实际上其非完全自由的真实意思，因此法律赋予受损失的出卖人有权请求撤销契约或要求买受人补足价款的权利，此即罗马法上的"短少逾半规则"。② 近代法典编纂进程中，《法国民法典》将这一法理贯彻于"合同损害"制度之中，将其定位为意思表示瑕疵之类型，且在部分法律行为中将客观标准量化为具体的数字比例。《德国民法典》继受罗马法短少逾半法理，但开创一种新的立法例，即"暴利行为"。立法者将之视为违反善良风俗原则的特殊类型置备于善良风俗条款之下，裁定是否构成暴利行为，除给付与对待给付间显著失衡这一客观要件外，还需要检讨主观方面是否存在获得暴利一方利用对方急迫情势、无经验、欠缺判断力或意志显著薄弱的恶意。③ 此后，暴利行为所确立的主客观统一作为裁决判准的模式为法典后起国家所推崇。诚然，继受国于设计具体规范时又因应实践与理论之发展而有所损益，如适用范围、主观方面的描述、客观方面之判断、法律效果之设定等。如瑞士债务法，意大利、葡萄牙、巴西等国民法仅将暴利行为作为法律行为可撤销之诱因，但均无例外将显失公平法理作为法典之必备内容以补救自由给公平所带来之斫伤从而有效兼顾实质上的自由与公平。

　　英美法系关于合同自由与合同公平之理念与罗马法古典时期如出一辙，英国传统合同法理论认为，当事人需受其自愿订立合同的约束，只要是通过公平的程序缔结则当事人需要尊重由此而产生的后果。除非一方行为人存在欺诈、胁迫、错误、违背公共政策等行

---

① 参见陈朝璧《罗马法原理》，法律出版社 2006 年版，第 198 页。
② 参见徐国栋《民法典与民法哲学》，中国人民大学出版社 2007 年版，第 493 页。
③ 参见［德］迪特尔·梅迪库斯《德国民法总论》，邵建东译，法律出版社 2000 年版，第 541—542 页。

为，作为实质公平的合同结果不受法律关注。① 因此，在很长一段时间内，倘当事人合意不存在前述传统合同自由之例外情形，纵使实务中出现苛刻的不公正交易，法官往往也拒绝给予救济。换言之，当事人之间的合同具有类同于法律的效力，其既是当事人权利义务分配的依据，亦是法官认定二者权责配置的判准。美国法上，称为买方自慎原则，即法官默认合同系当事人在充分理解其法律后果之后对自己财产做出的审慎抉择，甘愿受其拘束，根据意思自治之原则，法庭不做擅自干涉。② 但是，英美衡平法院基于法官的良知以维护公平正义，专门处理普通法无法提供救济情形。对于那些在意思自治主导整个市场经济的时代，衡平法院法官小心翼翼地以怜悯之心维护正义，尽可能使得裁判能在意思自治与公平正义找到中道的权衡，由此创造出了衡平法上的显失公平原则：倘一个契约的内容十分不公平，以至于"震撼良知"（shock the conscience），则法院得拒绝强制执行。20 世纪美国法院以显失公平为由干预合同自由的案件日益增多，并逐步形成了零散的认定依据。这些案件的认定实践最终催生了《美国统一商法典》（*Uniform Commercial Code*，下文简称 U. C. C）第二编第 302 条（§2—302）显失公平原则（Doctrine of Unconscionability）。在司法操作层面日渐形成二分法的模式：程序性显失公平（procedural unconscionability）与实质性显失公平（substantial unconscionability），且在法官以显失公平为由否认或折损当事人之间合同的强制执行力时，往往要求二者兼备。这与欧陆法系走向主客观要件的操作可谓异曲同工。代表合同法理论国际发展趋势与最新立法成果的《国际商事合同通则》（PICC）、《欧洲合同法原则》（PECL）等也置备了显示公平规范。

　　我国自 20 世纪 80 年代由高度集中的计划经济体制转轨市场经

---

　　① 参见［英］P. S. 阿蒂亚《合同法导论》，赵旭东等译，法律出版社 2002 年版，第 300—301 页。

　　② See Walton H. Hamilton, "The Ancient Maxim of Caveat Emptor", 40 *Yale Law Journal* p. 1133, pp. 1135 – 1136, 1931.

济过程中，在遵循私法自治的同时，从未放松对自由泛滥的监管。从立法沿革来看，原《民法通则》（§4）、原《合同法》（§5）、《消费者权益保护法》（§4）、《保险法》（§4）、《信托法》（§5）、《合伙企业法》（§5）等均明确公平原则在交易中护航地位。原《民法通则》（§59—1—2）与原《合同法》（§54—1—2）更是直接配置显失公平规范以补救意思自治滥用的情势。此外，鉴于格式合同在现代交易活动中的广泛运用，显失公平规范所衍生的具体规则更是在法律中做了专门规定。原《合同法》第39条、第40条，《消费者权益保护法》第24条以及因应实务所推出的为数不少的司法解释皆是为贯彻显失公平法理之典型。我国《民法典》编纂过程中，立法者采撷了分步完竟的策略，民法总则率先草拟。学界展开了激烈的讨论，全国人大常委会推出了正式草案，学者们亦草拟了民间版民法总则。唯在立法体例效仿他国，还是另起炉灶，众说纷纭；如何效仿等议题也是莫衷一是。纵使主张以"另起炉灶式"的乘人之危规范吸纳显失公平规范之论说与实践，其在操作上都认可国际通行主客观要件区分之做法。① 然而，在效仿他国的阵营中，亦有仿效德国"暴利行为"模式与仿效"非常损失"规则的分野。而且我国立法所开创的显失公平与乘人之危分立体例，在学说上亦争论不休。学界、实务界关于显失公平规范在体系定位、适用范围、适用方法、构成要件、判断标准，与其他临界规范之关系等仍存在相当大的分歧与混乱。虽然《民法典》第151条在整合旧法中"乘人之危"与"显失公平"规则的基础上，采用主客观兼备的双重要件模式，构建了全新的显失公平规范一般条款。

遗憾的是，《民法典》第151条虽然在形式上终止了要件论的争议，明确显失公平行为认定时需要兼备主客观要件。但是，究竟何为"显失公平"，立法者并未给出答案。尤其事关显失公平规范解释论导向的制度定位亦晦暗不明。或囿于体系安排的模糊性，或关注

---

① 参见朱庆育《民法总则》，北京大学出版社2013年版，第283—284页。

显失公平要件之一端，学界众说纷纭。将之解读为意思表示瑕疵类型者，有之;[①] 将之作为公序良俗的具体类型以控制法律行为内容者，有之;[②] 将之作为公平原则的衍生品，亦有之;[③] 此外，不乏论者从主客观要件的规定出发，认为显失公平既有意思表示瑕疵的内涵，同时兼备内容公平性的评价，是意思形成自由维护与合同内容控制的双重机制。[④] 由此可见，在原则性选择上，显失公平规范制度定位仍相当混乱，规范属性与特征亦暧昧不明。这严重窒碍的法典中技术性设计的展开，如判断标准的确定、法官角色的预制、构成要件的安排、法律后果的取舍、证明责任分配等，尤其，显失公平一般规范与具体规则规整体系的布局与协调均未能在法典中得到很好的解决。民法典出台前，我国关于显失公平规范的学理探讨聚焦于旧法中乘人之危与显失公平的立法论整合，以及旧法体系下显失公平主客观要件构成的争论。民法典出台后，研究的重心又全面倒向解释论旨在为一般规定的具体化寻觅妥当方案。因此，导致原则性选择层面与技术性设计层面均欠缺充分探讨。社会化大生产以来，格式合同的普遍采用使得经济强势一方日益在意思自治的外衣下肆无忌惮地侵犯消费者的权利，造成僵化恪守意思自治势必损害公平

[①]　参见李宇《民法总则要义——规范释论与判解集注》，法律出版社 2017 年版，第 613—614 页；冉克平：《意思表示瑕疵：学说与规范》，法律出版社 2018 年版，第 254 页；李潇洋：《论民法典中的显失公平制度——基于功能主义的分析》，《山东社会科学》2021 年第 5 期，第 191 页。

[②]　参见徐涤宇《非常损失规则的比较研究——兼评中国民事法律行为制度中的乘人之危和显失公平》，《法律科学》2001 年第 3 期，第 117—118 页；梁慧星：《民法总则》，法律出版社 2011 年版，第 202 页；贺剑：《〈合同法〉第 54 条第 1 款第 2 项（显失公平制度）评注》，《法学家》2017 年第 1 期，第 166 页。王利明主编：《中华人民共和国民法总则详解》，中国法制出版社 2017 年版，第 658—662 页。

[③]　易军教授将显失公平或暴利行为制度归类为公平原则具体类型交换正义的实践。参见易军《民法公平原则新诠》，《法学家》2012 年第 4 期，第 61—62 页；曾大鹏：《显失公平的构成要件与体系定位》，《法学》2011 年第 3 期，第 137 页。

[④]　参见陈甦主编《民法总则评注（下册）》，法律出版社 2017 年版，第 1084—1086 页；张新宝：《〈中华人民共和国民法总则〉释义》，中国人民大学出版社 2017 年版，第 315 页。

情形的井喷式增长。同时，商事契约的创新也给既有规范机制带来严峻挑战，其组织性、非交换性、契约群特性、资产专用性以及自备风险分担与治理机制的品性超越了显失公平规范传统分析框架的射程，亟须理论上的回应以为实践之先导。与之相对应，国外无论是欧陆法系、英美法系诸国，还是国际条约及其他法律文件均有关于显失公平规范的系统理论与操作方案。关于前述议题，我国立法、实务、学界仍存在不少晦暗不明之处。倘未有理论上关于此抽象规范的深度探讨及其具体化方案的设计，将严重窒碍显失公平规范功能的发挥，或放任意思自治的泛滥而休眠显失公平规范，或法官树起"公平"的大旗，在自由裁量权的掩盖下过分干预私法自治的空间。准此而论，显失公平规范的研究，具有重大理论价值与实践价值。

综上可知，无论是从国际立法之趋势，还是我国立法之实践皆昭示显失公平规范是坚持私法自治理念原则下防止其滥用从而捍卫公平正义价值的必要配置。但是目前我国关于显失公平规范的研究，无论是在原则性选择层面，还是在技术性设计层面，或模糊处理欠缺深掘力作，或限于零星论述缺乏系统性阐释，在有些议题上各执一端有待检讨辩难，甚至在某些议题上未形成任何问题意识。本书意欲在博稽中外既有学理与范例的基础上，期能为我国民法上显失公平规范解释论培育学养，甚至为他日翻修供给智识。

二　研究的维度：重访显失公平法理导正原则性选择与技术性设计

显失公平规范因其抽象性极大地扩充了立法者的理性空间，然而其弹性既是其优势也是劣势。因为抽象规范在具体化的过程中不断产出新的具体规则，待其成熟即从其"母体"抽象规范中剥离出来成为正式具体规范。然而此"规范产出"机能的运作离不开司法适用的技术。规范本身并非人类群居生活所追求之目标，换言之，即非为规范而规范，而是借用规范的功能实现公平正义。[①] 在法治社会中，正义实现的过程需由法官适用法律来完成。从此方面来看，或可说抽象规范同时扮演了拘束和解放法官的双重功能。但无论其展示的是拘束的功能还是解放的维度，不可否认，法官在适应抽象规范时享有一定的自由裁量权。抽象规范的开放性结合法官自由裁量的必然性使得法律的确定性大打折扣，如何解决这一偏离"法治原则"（rule of law）的问题成为实务界、理论界致力的方向之一。"显失公平"属于高度抽象的不确定性法律概念，其与公序良俗、诚信原则等概括条款一样均是立法者授权法官因应个案完成法律续造以弥补自身理性的局限性，进而实现法律决定的妥当性。法律安全性与自由裁量必然性的博弈，也决定了显失公平规整体系中立法决定与司法控制的二元划分，以及适用方法论上的分歧。

一方面，立法决定导向重在法律安全性的维护，尽可能根除自由裁量的空间。在此理念下，立法者基于实务中的成熟类型提炼出显失公平规范的具体规则。在具体规则中，构成要件明确、法律效果清晰、适用范围固定，显失公平判定也以客观的、统一确定的损害幅度为标准。体例上，一般编遣于民法典分则具体法律行为中。适用模式上则取向涵摄模式，即审查案件事实与规范构成要件的匹配程度，通过三段论演绎推理，得出确定的法律效果，以"构成要件—法律效果"为分析框架，规则适用模式系全有或全无的方式。

另一方面，司法控制导向重在授权法官自由裁量以发挥规范的漏洞填补功能，价值判断成为实现法律决定妥当性不可或缺的配置。在此理念下，规范设计中往往采用类型式概念，其不仅内涵无法确定，外延也是开放性的。此种开放性的不确定性法律概念的引入，使得显失公平规范取向一般条款化。因此，显失公平规范一般条款依其属性，其构成要件宜弹性解释，法律效果亦走向多元化，甚至如基本原则规范设计一样拒绝法律效果的明确化。体例上，显失公

[①]　参见杨仁寿《法学方法论》（第二版），中国政法大学 2014 年版，第 185—186 页。

平规范一般条款应置备于民法典总则具有君临整个法典的普遍适用性。适用模式上则有别于传统的涵摄模式，而是"随各个具体案件，依照法律的精神、立法目的，针对社会的情形和需要，予以具体化，以求实质的公平与允当"。①

综上可知，关于显失公平规范研究需区分"一般条款"与"具体规则"之方法二元论。但是，我国民法典编纂似乎走了一条折中的路线，既非纯粹的一般条款，也没有具体规则的安排，而是一方面将显失公平规范置于总则，并以开放性、不确定性法律概念为核心构成，维持其普遍适用性与开放性，授权法官通过价值补充实现具体化，使得显失公平规范具备"一般条款"的基本特征；另一方面，通过法律效果的确定性、构成要件化，立法者似乎又在尽可能限制法官的角色，榨干了价值判断的成分，将显失公平规范以具体规则的形式呈现。虽然，法律概念功能的发挥离不开价值补充，但规范性概念与一般法律概念的根本区别在于二者预设的价值判断主体不同。前者的核心问题是法官不得不借助于价值补充之方法实现其具体化。后者的重要特征是立法者提前做出价值判断，法官的角色则是在逻辑式的自动控制装置下适用制定法，不得轻易重做价值判断。显失公平规范一般条款与具体规则在规范设计上的根本区别也在于此。但是，我国民法典在设计显失公平规范时并未充分意识到二者在规范结构、适用导向上的根本区别，采取折中主义的立场，试图在立法者价值判断与法官价值判断找到中道权衡。此种各让一步的做法，造成规范功能的双向失落：由于不得不采用"显失公平"这一开放性不确定性概念，《民法典》第151条并未完全根除司法适用中法官价值判断的空间，抑制裁量恣意仍是理论着重努力的主要方向。由于形式上具备主客观兼备的明晰构成要件与确定性法律效果，极大限缩了显失公平规范的适用范围，其践行均衡与公平这一

---

① 参见杨仁寿《法学方法论》（第二版），中国政法大学出版社2014年版，第186页。

民法基本精神的规范功能被遮蔽。尤其，显失公平规范处在各个基本原则的交会点，立法上的折中处理模糊了显失公平规范原则性选择，我国学理上对显失公平规范制度定位的分歧即肇因于此。

　　鉴于此，本书基于显失公平规范的二元划分，从"一般条款"与"具体规则"两个维度展开论述，由于"具体规则"系立法者预先作出价值判断，不具有"一般条款"的灵动性，而且其理念定位、技术设计选择等均依附于显失公平规范一般条款，因此具体论述中主要以"一般条款"为转轴，辅之以"具体规则"的适当阐释。

　　就"一般条款"维度而言，核心问题在于其原则性定位与适用技术的选择。前者包括个别人、个别时期的道德观念如何进化到普世性的朴素道德感，而道德感又如何实现法律化？其究系全新的现代合同法原则，还是对既有私法自治的小修小补？立基的理念是什么？预设的规范功能是什么？如何界定显失公平的一般裁判标准？适用时是否必须同时具备主客观要件以及如何解释与适用现行法的折中安排等问题。显失公平规范一般条款授权法官因应个案价值补充以实现具体化，因此不可避免地遭遇法律安定性的诘难，裁决的独断性与模糊性如何克服，则成为"一般条款"维度所必须攻坚的另一个课题。价值判断或道德判断属于主观性的范畴，实现法律确定性的一劳永逸之计无疑是完全剔除法律适用过程中的价值判断。然而，这显然是徒劳。诚如学者指出，法是道德的政治支柱，道德是法的精神支柱，它们相互渗透、相互制约、相互保障。[①] 作为"人造物"的法律显然非自然规律那样是个价值无涉的事实问题。因此，抽象规范适用的核心问题转化为，如何通过一定的适用技术将价值判断的主观性限缩到比较小的程度，从而在自由裁量的过程中尽可能兼顾法律可预测性的法治原则。关于抽象规范具体化的问题，学界前辈做过不少有意义之探讨。如类型化方法、价值补充方法、原则碰撞理论、利益衡量理论、法社会学方法等。其实这些方法皆

---

①　参见张文显《法理学》，高等教育出版社 2007 年版，第 383 页。

旨在解决这样一个问题，即抽象规范因其抽象性使得特定案件法律推理的大前提是不确定的，这也即法律人在实务中遇到且加以思考并解答的众多困惑之一——"疑难案件"（hard case）。[①] 关于疑难案件之解决，不同法学流派提出了特色各异的解决方案。大体而言，主要有两派：一派为法官可以在法律之外寻找裁判依据，如经济学、社会学。此时其地位与立法者同，意在创设规范。另一派为法官运用成文或非成文的法律原则，只要认同法律规范体系由法律规则与法律原则构成，那么当法律规则供不应求或未臻明确之际，法律原则之适用仍然是在法治框架内定纷止争。此时法官并非如第一种那般变身为立法者，也未跳脱于法学领域而求助其他。"显失公平"作为开放性不确定概念，内涵与外延的高度不确定性，正是法律规则未臻明确的情形。如何将显失公平规范一般条款适用于具体实践从而得出可预测性和可接受性法律裁决离不开对其"适用技术"的深掘。

　　倘我们接受这样的论述，即囿于立法者理性的局限性及特定时空人类经验的有限性，法律漏洞、规范冲突等窒碍法治原则实践的可能性不可避免，那么解决此一"僵局"的法律技术之一——抽象规范——保持法律规范体系的开放性便应运而生。抽象规范由于其不具有具体规范那样具体明确的假定、行为模式、法律后果这一规范逻辑结构，致使法官于适用之际，无法根据"三段论"或称为"涵摄"的模式来适用之。而是根据具体案件情况，甚至是社会情势之变行使自由裁量权来实现具体化或者借抽象规范完成法律的续造。对此势所必然的"法官造法"，对于大陆法系国家的法秩序稳定而言，最大的忧惧或许是：倘法官们"一人一把号"，在自由裁量的空间里纵横驰骋，那么法律的安定性将荡然无存。毋庸置疑，这样的

---

① 根据德沃金的理论，与"疑难案件"相对的是"简单案件"，前者是指不存在事先制定的清晰法律规则加以解决的案件，后者是指通过特定机构事先制定清楚的法律规则加以解决的案件。See Ronald M. Dworkin, *Taking Rights Seriously*, Cambridge：Harvard University Press, 1978, pp. 5, 81.

"法官造法"不仅不能实践其填补漏洞、法律续造等功能，抽象规范的弹性也将在适用中异化。在抽象规范成为必需，又面临与法治原则相悖风险时，因噎废食地排斥抽象规范的做法显然行不通，目前也未有任何国家或地区的立法完全排斥抽象规范的范例。因此，问题的核心转化为，如何使得抽象规范适用于具体的案例，而又将法官的自由裁量权限制在合法合理的范围？使得不同法官面对类似案件在适用抽象规范时得出类似的裁决结果，以实现"类似案件类似处理，不同案件不同处理"的基本正义（法治）要求。这是抽象规范具体化理论必须面对的考验。显失公平规范一般条款因其内涵的模糊不清，外延的不确定，可谓典型的抽象规范。诚如前述，作为规制意思自治之滥用而产生不公平的形势，显失公平规范为欧陆法系及英美法系诸国所承认，晚近又为全球私法统一化标志性成果的国际性条约与通则所认可。然其具体化适用一直是困扰司法实务的难题。两大成熟法系中法官、学者等法律人一直在试图探讨破局之方案。时下，我国正致力于民法典的落地化与司法改革，前者以立法统合繁杂的民事单行法以进一步为市场经济保驾护航；后者意在重塑司法权威与司法公信力；两项系统工程无不悬"法治"为鹄的。民法中不敢说与私法自治并驾齐驱，或可以讲与之相生相克的显失公平法理无疑是民法典精神底色之一。而且，随着经济社会实践的发展，显失公平规整体系能否肩负其矫正意思自治所带来之流弊的规范功能，有待司法操作的现实表现。职是之故，本研究在"一般条款"维度，不仅侧重论述显失公平法理以正本清源；而且进一步探究该规范司法操作的妥适方案，治愈裁决的独断性与模糊性，期能对"法治"目标之实现，略尽绵薄之力。

就"具体规则"维度而言，主要包括两个方面，合同或交易类型化基础上具体规则地设计与我国实务显失公平个案裁判规范的体系化阐释。前者在考察域外显失公平规范具体规则的成熟法例，尤其关注现代交易实践中的合同创制以及因其独特的风险分担规则与治理机制导致的具体规则设计问题。后者则主要考察《民法总则》

公布实施后我国司法实务结合本土纠纷实况所展开的类型化实践，其所创立的个案裁判规则为将来立法者做出价值判断之先声，系显失公平具体规则产生的源泉。

三　用语的说明：显失公平法理规范化过程中概念称谓的百花齐放

如前所述，显失公平规范的诞生是道德观念法律化的杰作。从朴素的个体性良知到神性的宗教伦理，进而进化为普世性的法律，其间经历了漫长的演化历程。近代以来，大陆法系国家显失公平规范的设计，在法理上可追溯至罗马法上"短少逾半规则"，但是，由于制度传承、历史沿革、学说、风俗等特色各异，各国在借鉴罗马法开展自己的法典化事业中对其原则性定性与技术性设计可谓悬隔天壤，称谓的不统一即是此种特色各表的折射。

从立法层面观之，罗马法上的表述为"Laesio Enormis"，直译为"短少逾半规则"；19 世纪以后，继承罗马法的代表性民法典如 1804 年《拿破仑民法典》以"La Lesion"标识之，通译为"合同损害"；① 1900 年以严谨著称的《德国民法典》则将之涵摄于善良风俗原则下，以"Wucherische Geshcafte"指称，比较广泛认可的翻译是"暴利行为"。随后，仿效法国、德国陆续完成民法典编纂的国家，将显失公平法理挹注于本国法律规范时，主要以沿用"合同损害"与"暴利行为"概念为主，前者如阿根廷，后者如我国台湾地区。也有回复到罗马法上传统表述的实践，如奥地利"短少逾半时的补偿"规则。晚近民法典翻修中，为扩大规范的涵摄能力则不乏独创性表述，如荷兰的"情势滥用"。相关称谓可以说是"百花齐放"。

---

① 新近有论者在翻译中严格法国法上"Lesion"与"dommage"区分，虽然二者均有"受到损害"的意思，但前者有着特定含义的概念，是合同成立上的瑕疵，后者才是一般意义上的合同损害。因此，将"Lesion"翻译成合同损害未得该词义精髓，系一种错译。参见［法］弗朗索瓦·泰雷等著《法国债法·契约编（上）》，罗结珍译，中国法制出版社 2018 年版，第 599 页。

后文立法例探讨章节将做详尽剖析，此处先不赘述。

从学理层面观之，显失公平的称谓也是各说各话，学者们因论述侧重点的不同而采撷各异的表述方式。以我国为例，《民法总则》颁行之前，有称为"显失公平原则""显失公平规则""显失公平制度""显失公平行为"，① 抑或规避规范属性的定位，而直接冠名"显失公平"。②《民法总则》颁行之后，显失公平规范的称谓亦未能统一，如显失公平制度、显失公平规定、显失公平条款、显失公平规则等，③ 但是，以"显失公平制度"称谓者居多，或许是由于考虑到民法典基本原则体系中将没有"显失公平"的一席之地，《民法总则》颁布后学理上几乎没有以"原则"冠名"显失公平"的做法。总之，称谓上要么是规范适用过程中待认定的对象；要么是由规范所组成的规制模式的总称。虽然以制度冠名显失公平虽难谓不妥，但是制度往往指称具有约束力的行为准则、办事规程时具有规范群或体系性特征。更确切的表述或许是，《民法典》总则编中的显失公平一般条款与分则中注入显失公平法理的具体规则共同构成了显失公平规范体系，目前学界将显失公平一般条款等同于显失公平制度全貌的做法，恐有以偏概全之失。

鉴于此，而且考虑到本书内视的规范适用视角，将显失公平规范作为主题词以涵盖显失公平规范体系的全貌。至于究系称为原则还是规则，则不无探讨余地，笔者构思标题之际，为尽可能避免在概念上不必要之

---

① 参见贺剑《〈合同法〉第 54 条第 1 款第 2 项（显失公平制度）评注》，《法学家》2017 年第 1 期，第 155—180 页。

② 参见张初霞《我国显失公平的立法瑕疵及重构》，《中国社会科学研究院学报》2017 年第 2 期，第 115—122 页。

③ 参见蔡睿《显失公平制度的解释论定位》，《法学》2021 年第 4 期，第 77—94 页；李潇洋：《论民法典中的显失公平制度》，《山东社会科学》2021 年第 5 期，第 187—192 页；赵永巍：《〈民法总则〉显失公平条款的类型化适用前瞻》，《法律适用》2018 年第 1 期，第 70—75 页；王磊：《论显失公平规则的内在体系》，《法律科学》2018 年第 2 期，第 91—99 页；武藤：《显失公平规定的解释论构造》，《法学》2018 年第 1 期，第 124—140 页。

争论而模糊了本书关于规范设计与规范适用主题的探究，决意取规则与原则之上位概念——法律规范——指称"显失公平"。

文献综述

19 世纪以降，西欧启蒙时代将法律适用者预设为"制定法奴隶"的观念日渐式微。法官或法院享有相当自由裁量权以因应经济社会实践的多样性与不可预见性成为法律决定妥当性不可或缺的配置。虽然，立法机关仍然试图竭尽规范体系的涵摄能力在既有经验基础上做巨细靡遗的安排从而实现法律的确定性，但是理性有限与实践无穷之间的矛盾，迫使立法也逐渐采用多种规范技术松绑对司法、行政的严格拘束。诚如论者开示，立法机关一般通过不确定的法律概念、规范性概念、裁量条款、一般条款 4 类形式授权法官拥有一定自由行使其职权。[①] "显失公平"即开放的不确定法律概念，其内涵与外延均变动不羁，需要法官在具体适用中予以价值补充方能实现其规范功能，[②] 属于典型的规范性概念。显失公平的规范性特征决定了其"必须个案地通过评价"方能确定其"规范容量"（Volumen）。由于评价不可避免地具有主观性与不确定性，因此，显失公平规范研究的重要面向之一即如何实现主观评价的"客观化"，法官需要寻觅并确定普遍性、主导性的权威预设评价以压缩个人评价的主观性、随意性以及随之而来的不确定性，这涉及显失公平规范适用方法论以及具体化实践的问题。

[①] 参见［德］卡尔·恩吉施《法律思维导论》，郑永流译，法律出版社 2014 年版，第 131—132 页。

[②] 参见杨仁寿《法学方法论》，中国政法大学出版社 2013 年版，第 185—186 页。

鉴于显失公平规范处理合同的公平性问题，因此在探讨其规范性技术面向的问题之前，需要回答一个前置的原则性问题：公平是否应当成为私法规范机制的预设目标？如果答案是肯定的，那么此预设目标如何有效的实现？如果答案是否定的，那么该如何解释与适用显失公平规范等旨在公平性实现的规范机制以消解此种体系上的冲突？正是对私法规范机制公平目标及其实现方式的不同回答，使得学者们对显失公平规范的解读亦众说纷纭。尤其，由于显失公平规范处在民法各基本原则与规范机制的交会点，围绕显失公平规范的原则性的探究更是"一人一把号"。应该说，自罗马法"非常损失规则"衍进至今，无论具体规范设计如何选择，显失公平规范均已演进到相对稳定成熟的规范设计方案以及适用方法。但是，在其原则性选择上仍悬而未决，在制度史上可以说是相当罕见的情形。

一　国内显失公平规范研究现状：形式主义解释论精致有余，返璞归真的认识论反思不足

揆诸我国学理，学者们讨论的重心在现行法规范基础上主要围绕具体规范设计或解释论展开论述。以 2017 年《民法总则》的颁行为分水岭，学界形成前后风格迥异的研究情态。《民法总则》之前，囿于《民法通则》《合同法》等旧法上显失公平规范设计的不尽合理，研究社群着力从立法论面向解读显失公平规范。《民法典》之第一步《民法总则》完竟后，解释论成为学界的主流导向。从文献呈现形式来看，国内外关于显失公平规范的研究鲜见系统深入专著，一般性的论述散见于民法、合同法等论著中。① 截至本书付梓之际我国关于显失公平规范研究的专著仅一部，即张初霞教授的《显失公平制度研究》。至于显失公平规范具体面向的微观纵深研究则散见于学者的论文之中。

---

①　参见张初霞《显失公平制度研究》，中国社会科学出版社 2016 年版，第 4 页。

旧法时代，学理关于显失公平规范的研究主要聚焦于以下几个议题：

第一，如何看待显失公平规范的体系定位及功能预设。

主要分为两个核心命题：其一，关于显失公平规范的功能预设问题，学界分为两派：一派认为属于法律行为内容控制机制，法律行为显失公平意味着标的欠缺公平性，① 或内容不甚合理等。② 另一派则坚持显失公平规范意思自治的维护机制，旨在当事人意思表示的自愿性与真实性，显失公平行为因意思表示不真实、不自由而面临效力瑕疵的诘难。③

其二，显失公平规范与其他民法基本原则的关系。由于显失公平规范处在各基本原则的交会点，学者们根据关注侧重的不同，自是言人人殊。首先，显失公平规范的背后依据是公平原则或将显失公平规范视为公平原则的具体化。有论者认为显失公平规范旨在贯彻公平原则与等价有偿原则，④ 有学者甚至更进一步指出显失公平规范系公平原则内涵中交换正义实现的制度配置。⑤ 其次，有论者仿效比较法的路径将显失公平规范类比德国暴利行为条款，以之为公序良俗原则的具体化；⑥ 或者从双重构成要件出发认为显失公平制度难

---

① 参见张俊浩编《民法学原理》，中国政法大学出版社 1997 年版，第 251 页。

② 参见佟柔《中国民法学·民法总则》，中国人民公安大学 1990 年民法院，第 233 页。

③ 参见李开国《民法总则研究》，法律出版社 2003 年版，第 284 页；彭万林编：《民法学》，中国政法大学 1999 年版，第 155—156 页。

④ 参见崔建远《合同法》（第 3 版），北京大学出版社 2016 年版，第 100 页；韩世远：《合同法总论》，法律出版社 2011 年版，第 200 页；曾大鹏：《论显失公平的构成要件与体系定位》，《法学》2011 年第 3 期，第 137 页；张初霞：《显失公平制度研究》，中国社会科学出版社 2016 年版，第 226—227 页。

⑤ 参见易军《民法公平原则新诠》，《法学家》2012 年第 4 期，第 59—62 页。

⑥ 参见梁慧星《民法总论》（第 4 版），法律出版社 2011 年版，第 202 页；于飞：《公序良俗原则研究——以基本原则的具体化为中心》，北京大学出版社 2006 年版，第 131—133 页。

以视为公平和诚信原则的体现，而应推定为公序良俗原则的体现。① 再次，有论者将显失公平规范视为公平原则与诚信原则的共同体现；② 或主张应从公平、诚信、意思自治等多项原则来理解显失公平规范的本质。③ 最后，有论者将显失公平规范定位为意思自由的维护机制，以之为意思表示瑕疵的类型。④

第二，关于显失公平构成要件争论。

由于《民法通则》开创乘人之危与显失公平分立的体例，⑤ 客观结果的不公平为学界共识，但在显失公平规范适用中是否需要主观要件，学界众说纷纭，莫衷一是。通常而言，对显失公平规范法理基础（体系定位与功能预设）的研判决定了构成要件的理解。首先，将显失公平规范作为合同内容公平的控制机制的学者，一般也认为显失公平规范的背后支撑系公序良俗原则或公平原则，在构成要件上也一般采用单一要件说，即显失公平的构成客观要件具备即为已足，无须主观要件。⑥ 但是也不乏虽然主张显失公平规范隶属于公平原则却仍在解释上采用双重要件说。⑦ 单一要件说的优势在于免

---

① 参见贺剑《〈合同法〉第 54 条第 1 款第 2 项（显失公平制度）评注》，《法学家》2017 年第 1 期，第 166—167 页。

② 参见王利明《合同法研究》（第一卷），中国人民大学出版社 2015 年版，第 701、710 页

③ 参见朱广新《合同法总则》，中国人民大学出版社 2012 年版，第 234—235 页。

④ 参见朱庆育《民法总则》，北京大学出版社 2013 年版，第 284 页；尹田：《乘人之危与显失公平行为的性质及其立法安排》，《绍兴文理学院学报》2009 年第 2 期，第 12 页；冉克平：《显失公平与乘人之危的现实困境与制度重构》，《比较法研究》2015 年第 5 期，第 42 页。

⑤ 参见佟柔主编《中国民法学·民法总则》，中国人民公安大学出版社 1990 年版，第 233 页。

⑥ 参见梁慧星《民法总论》（第 4 版），法律出版社 2011 年版，第 202 页。参见崔建远：《合同法》（第 3 版），北京大学出版社 2016 年版，第 100 页；韩世远：《合同法总论》，法律出版社 2011 年版，第 200 页。

⑦ 参见曾大鹏《论显失公平的构成要件与体系定位》，《法学》2011 年第 3 期，第 135—136 页。

除受损害方的原因举证责任，强化了对受损害方的保护。

其次，将显失公平规范认定为意思自治维护机制的学者，通常以意思自由为其上位原则，进而采用双重要件说或修正的双重要件说，即显失公平构成既需要客观上的显著失衡，也需要主观上利用对方轻率、忙迫等境况的故意，或者原则上要求主客观要件兼备，例外情况下可以不考虑主观要件。如王利明教授认为显失公平构成要件一方面需要客观上当事人之间利益不平衡，另一方面需要主观上有利用自己优势或另一方轻率、无经验等的故意；① 又如李永军教授指出，显失公平之认定需要考量主、客观两方面之要件；② 再如隋彭生教授也有类似表述，即当事人利益是否显著失衡与意思表示瑕疵兼具，而且需要进一步分析是哪种性质的瑕疵。③ 此外，我国持此论之主要学者还有尹田教授等。④ 双重要件说，回避了显失公平规范体系定位与功能预设的争论，而是认为主观要件取向意志自由价值，客观要件强调内容公平。修正的双重要件只是从解释论的角度合理化了部分单一要件认定情形的实践，但是其根本理念仍是坚持显失公平规范适用的前提是主客观要件兼备。一方面严格限制了显失公平规范的适用范围，重拾契约伦理性以践行现代私法基本精神——均衡与公平——的规范功能无从实现。另一方面，司法实务通过意思自治的考察，直接回避显失公平的认定。后果明显，对受损害方的救济目的落空；而且，抑制了显失公平规范司法经验的积累与解释论的发展。根本原因在于，在认识论层面，显失公平规范究竟注入了何种法律价值，或者说立法者基于何种规范目的介入法律行为效力等方面缺乏精致化分析，亦远未形成共识。

---

① 参见王利明《合同法研究》（第一卷），中国人民大学出版社 2002 年版，第 695—696 页。

② 参见李永军《民法总论》，法律出版社 2006 年版，第 593 页。

③ 参见隋彭生《合同法要义》，中国政法大学出版社 2005 年版，第 169 页。

④ 参见尹田《乘人之危与显失公平的性质及其立法安排》，《绍兴文理学院学报》2009 年第 2 期，第 11—12 页。

第三，显失公平规范适用范围的问题。

关于显失公平规范适用范围的争议，学者们主要围绕适用于合同整体还是具体合同条款；限于双务合同还是涵盖其他类型；普通民事合同、消费者合同以及商事合同适用上的差异。有论者主张显失公平规范只适用于双务合同，① 或指出尤其以适用于双务合同为主，② 典型交换性合同才存在给付与对待给付失衡的问题。

在具体合同类型上，主要适用于普通民事合同与消费者合同，一般不适用于商事合同，③ 因为商行为的双方一般不存在交易经验、谈判能力、风险计算与信息能力等方面过分悬殊的情况。有论者认为，纵使在例外情况下适用于商事合同也应相当谨慎，基于商人精明成熟与商事交易高风险的特征，商事合同显失公平的概率较低。④

在适用于整个合同与合同条款问题上，学界主要分歧在于，显失公平规范是否可以涵盖合同条款的不公平，换言之，也即如何看待显失公平规范与不公平条款制度之间的关系。首先，有论者认为显失公平规范仅适用于合同的整体，具体合同条款的不公平属于不公平条款制度的射程范围。如范雪飞教授认为显失公平制度的"规范对象是整个合同而非合同条款"，因此主张我国应该在显失公平规范之外，借鉴德国与欧盟经验，单设不公平条款制度。⑤ 如武腾教授亦认为显失公平规范与不公平格式条款之间并非一般规定与特别规定的关系，实务中如果发生《民法总则》第 151 条与《合同法》第

① 参见邵建东《论可撤销的法律行为》，《法律科学》1994 年第 5 期，第 53 页。

② 参见王利明《合同法研究》（第一卷），中国人民大学出版社 2015 年版，第 708 页。

③ 参见曾大鹏《论显失公平的构成要件与体系定位》，《法学》2011 年第 3 期，第 140 页。

④ 参见贺剑《〈合同法〉第 54 条第 1 款第 2 项（显失公平制度）评注》，《法学家》2017 年第 1 期，第 157—158 页。

⑤ 参见范雪飞《论不公平条款制度——兼论我国显失公平制度之于格式条款》，《法律科学》2014 年第 6 期，第 110—111 页。

40 条的规范竞合情形，不公平条款规制应优先适用。① 其次，有论者声称显失公平规范可适用于合同与合同条款。如梁慧星教授主张格式条款不公平可以显失公平制度予以规制。② 再如贺剑老师结合比较法的经验与我国司法实务亦认为"显失公平的可能是整个合同，也可能是合同价格、竞业禁止或风险分配等合同条款"。③

第四，如何处理乘人之危与显失公平的关系。

据学者考证，旧法上显失公平与乘人之危的区分借鉴自南斯拉夫债务关系法将暴利行为一分为二。④ 有论者充分肯定此种分立的安排。⑤ 但是，近年来学界主流比照比较法上的经验，对此种主客观要件分离规范合同公平性的立法体例持批评态度，实务也无所适用。乘人之危与显失公平的差别，乃至二者引发的学理争议主要因为旧法不甚恰当的规定使然。正因如此，旧法时代关于二者关系的探讨，最终落脚点在立法论的重构，大都主张整合乘人之危与显失公平规范完成改造升级。学理上，关于立法论的探讨主要分为两个阵营。一方坚持以显失公平吸收乘人之危，打造全新的显失公平规范。此派学说多论说乘人之危无独立存在价值应并入显失公平规范或不宜规制，如王家福研究员指出欲准确评价显失公平这一相对性概念需要把原因行为乘人之危结合起来；⑥ 乘人之危立法只是对显失公平的原因立法；⑦ 李永军教授亦认为单独规定乘人之危系属多余；⑧ 徐涤

---

① 参见武腾《显失公平规定的解释论构造》，《法学》2018 年第 1 期，第 134 页。

② 参见梁慧星《合同法的成功与不足》，《中外法学》2000 年第 1 期，第 13—27 页。

③ 贺剑：《〈合同法〉第 54 条第 1 款第 2 项（显失公平制度）评注》，《法学家》2017 年第 1 期，第 156—157 页。

④ 参见韩世远《合同法总论》，法律出版社 2011 年版，第 200 页。

⑤ 参见佟柔《中国民法学·民法总则》，中国人民公安大学出版社 1990 年版，第 233 页。

⑥ 参见王家福《中国民法学·民法债权》，法律出版社 1991 年版，第 351 页。

⑦ 参见徐国栋《民法总论》，高等教育出版社 2008 年版，第 364 页。

⑧ 参加李永军《民法总论》，法律出版社 2006 年版，第 595—596 页。

宇教授则直言乘人之危，利用对方无经验、轻率等都不过是显失公平法律行为的主观表现形式；① 冉克平教授也认为乘人之危成为独立意思表示瑕疵类型的正当性不足。② 此为学界通说，也被《民法典》最终采纳。但亦不乏个别论者主张以乘人之危吸收显失公平，形成主客观要件兼备的乘人之危制度，如杨立新、朱庆育、颜炜、段文泽等学者。③

此外，旧法时代显失公平域外比较法研究，主要关注美国④、德国⑤、法国⑥等国家显失公平规范立法与实践，至于新兴经济体以及当代法典化国家显失公平规范的承续与改革则涉猎不多。

新法世纪，《民法典》第151条采撷学界主流通说，整合旧法上乘人之危与显失公平分立的做法，构建起全新的显失公平规范。旧法时代因立法的不恰当安排诱发的乘人之危与显失公平区分的学理争议告一段落。学界关于显失公平规范主要命题的争议也旋即转向解释论导向，重蹈旧法时代以构成要件的解读反推其体系定位与功能预设的覆辙。《民法典》第151条明确显失公平行为需主客观要件兼备也给构成要件的争议画上了句号。但是，显失公平规范体系定

---

① 参见徐涤宇《非常损失规则的比较研究——兼评中国民事法律行为制度中的乘人之危和显失公平》，《法律科学》2001年第3期，第117—118页；曾大鹏：《论显失公平的构成要件与体系定位》，《法学》2011年第3期，第137—138页。

② 参见冉克平《显失公平与乘人之危的现实困境与制度重构》，《比较法研究》2015年第5期，第38—39页。

③ 参见杨立新等《〈中华人民共和国民法总则（草案）〉建议稿》，《河南财经政法大学学报》2015年第2期，第37—38页；颜炜：《显失公平立法探讨》，《华东政法大学学报》2002年第4期，第21—22页；段文泽：《显失公平制度的立法思考》，《兰州商学院学报》2008年第3期，第99—100页。

④ 参见王军《美国合同法中的显失公平制度》，《比较法研究》1994年第Z1期；张良：《论美国法中的显失公平规则》，《河南教育学院学报》（哲学社会科学版）2012年第6期。

⑤ 参见徐涤宇《非常损失规则的比较研究——兼评中国民事法律行为制度中的乘人之危和显失公平》，《法律科学》2001年第3期。

⑥ 参见尹田《自由与公正的冲突：法国合同法理论中关于"合同损害"问题的纷争》，《比较法研究》1995年第3期。

位与预设功能的争议并未止息，其适用范围也并未因置备于民法总则而获得君临整个私法规范体系的共识。

首先，关于显失公平规范的体系定位与预设功能，学说争鸣虽然因为双重要件的立法态度而不再泾渭分明，但由于显失公平规范居于各基本原则汇聚点的本质并未改变，因此相关论说仍未有共识。一方面，主流评注与解释论均主张显失公平规范具有意思形成自由维护与内容妥当性评价的双重功能，如张新宝教授认为显失公平规范否定民事行为拘束力的理由在于"损害后果的不公平性"与"意思表示的自由形成"受到影响；① 又如陈甦等学者认为显失公平规范背后的支撑包括民法的两个原理：自治原理与给付均衡；② 再如王利明教授等论者指出新的显失公平规范系立法赋予其与德国暴利行为相同的规范功能，③ 也即法律行为内容悖俗的评价机制；也论者指出显失公平规范兼顾了民法中自由与公平两大基本价值。④ 另一方面，有论者认为显失公平规范是意思自由真实的维护机制。如李宇教授坚称显失公平规则的上位原则是意思自治原则，而非公平、诚信、公序良俗原则；⑤ 又如冉克平教授亦认为显失公平制度属于意思表示瑕疵的典型情形；⑥ 再如李潇洋博士认为在体系上显失公平是意思表示瑕疵的类型，而不涉及法律行为内容妥当性评价。⑦ 此外，关于显失公平规范的体系定位问题，囿于立法的双重要件安排而发生

① 参见张新宝《〈中华人民共和国民法总则〉释义》，中国人民大学出版社 2017 年版，第 315 页。
② 参见陈甦主编《民法总则评注（下册）》，法律出版社 2017 年版，第 1084—1085 页。
③ 参加王利明《中华人民共和国民法总则详解》，中国法制出版社 2017 年版，第 660—662 页。
④ 参见王磊《论显失公平规则的内在体系》，《法律科学》2018 年第 2 期，第 93 页。
⑤ 参见李宇《民法总则要义》，法律出版社 2017 年版，第 613—618 页。
⑥ 参见冉克平《意思表示瑕疵：学说与规范》，法律出版社 2018 年版，第 254 页。
⑦ 参见李潇洋《论民法典中的显失公平制度》，《山东社会科学》2021 年第 5 期，第 191 页。

认识上的混淆。如有论者一方面认为显失公平规范对法律行为内容进行评价，是公平原则的具体化，但又将之定位为意思表示瑕疵的弥补，从而与欺诈、胁迫、重大误解属于一个系列。①

值得关注的是，近来有论者开始关注显失公平规范作为终局性衡平规定以维护合同公平性的独特价值；② 有论者指出虽然从法典结构安排上，显失公平规范系意思表示不真实的具体表现，但显失公平法律行为可撤销的真正依据并非意思不真实，根本在于利益分配不均有违公平正义的民法精神。③

由是可知，显失公平规范的功能与体系定位，乃至其与其他民法基本原则的关系，目前学界仍无定论。换言之，显失公平规范在现代民法上的正当性何在缺乏深刻认知。学者们大都从构成要件反推显失公平规范的法理基础与规范功能，此种颠倒基本原理与解释适用导向的做法，甚至造成诸多认识上的障碍，严重窒碍了显失公平规范救济功能的发挥，亟待检讨。

其次，至于显失公平规范适用范围的问题，也因对其预设功能及体系定位的不同认知而言人人殊。从体系解释来看，显失公平规范置备于民法总则编理应适用于所有类型的合同以及其他法律行为。然而，由于对其主观要件或客观要件的不同解读，学界在适用范围上多有争议。有论者虽然未明确否认显失公平规范适用于所有法律行为，但认为其主要适用领域在双务合同。④ 亦有论者主张适用范围

---

① 参见杜万华主编《中华人民共和国民法总则实务指南》，中国法制出版社2017年版，第583—584页。

② 参见蔡睿《显失公平制度的解释论定位》，《法学》2021年第4期，第86页。

③ 参见邹海林《民法总则》，法律出版社2018年版，第372页。

④ 如比较有代表性的民法总则评注，均将改版后的显失公平规范类比瑞士、德国以及我国台湾地区的"暴利行为"，似可推知学者们倾向于显失公平规范主要适用于存在给付与对待给付的法律行为之中。参见王利明《中华人民共和国民法总则详解》，中国法制出版社2017年版，第662页；陈甦主编：《民法总则评注（下册）》，法律出版社2017年版，第1084页。

包括单方法律行为、双方法律行为以及多方法律行为。① 同时，有论者声称在显失公平规范主观要件的适用中，应区分不同类型合同中当事人理性判断能力，普通民事合同与消费者合同宜放宽认定标准，至于商事合同应当严格限制认定范围。② 但是，有论者认为纵使显失公平规范属民法总则规定，亦并非可以适用于所有类型的法律行为，而仅限于存在交换关系的有偿合同，③ 从而排除了身份行为，决议行为，赠予和保证等无偿行为，有息借贷等均不得适用。此外，也有论者认为我国显失公平规范的适用范围不仅限于给付与对待给付的交换性双务有偿契约，而且也包括合同权利义务分配的显著失衡。④ 甚至有论者将显失公平规范的适用范围从有偿双务契约、权利义务分配不公平、个别条款不公平扩充至借款合同乃至离婚财产分割合同。⑤

再次，关于显失公平规范的适用方法。虽然在构成要件上，旧法时代"学说"与"立法"二元对立的结构因民法典采撷学界主流见解而消失。但是，究竟恪守"要件—效果"式的法律规则适用模式，还是不拘泥于严格双重构成要件引入颇具弹性的动态体系论，学界争端再起。多数学者主张引入动态体系论以缓和僵化的主客观要件，更好地发挥显失公平规范的功能。如王磊博士主张引入动态体系论观点围绕自治原理与给付均衡两种要素的消长实现显失公平认定中主观要件与客观要件的弹性化评价；⑥ 武腾教授亦认为应全盘

---

① 参见张新宝《〈中华人民共和国民法总则〉释义》，中国人民大学出版社 2017 年版，第 314 页。

② 参见武腾《显失公平规定的解释论构造》，《法学》2018 年第 1 期，第 137 页。

③ 参见李宇《民法总则要义》，法律出版社 2017 年版，第 619—620 页。

④ 参见武腾《显失公平规定的解释论构造》，《法学》2018 年第 1 期，第 138 页。

⑤ 参见蔡睿《显失公平制度的解释论定位》，《法学》2021 年第 4 期，第 88—94 页。

⑥ 参见王磊《论显失公平规则的内在体系》，《法律科学》2018 年第 2 期，第 96—98 页。

考虑合同均衡、诚实信用、意思自治等要素的强弱认定行为的法律效果。① 蔡睿博士则指出显失公平制度的动态西论决定其并非"全有或全无"的法律规则适用模式，而需要衡量各要素的互动关系综合认定显失公平问题。② 但是，根据动态体系论的适用条件，采用固定构成要件的规定，原则上并无动态体系方法的适用余地。③ 准此，目前我国显失公平规范严格要件主义的设计路径似乎使得引入动态体系论的方案仍待商榷。究竟是方法论的问题，还是规范设计本身的缺陷，兹事体大，需做深入剖析。

二 国外显失公平规范研究实态：法律形式主义衍生的严格双重要件与适用限制走向缓和

显失公平规范因其与传统合同法精神扞格的缘故，自诞生之日起即引来学者们的断断争辩。无论是欧陆法系"非常损失规则"理论，还是英美法系的"良心"理论，研究文献车载斗量，不可尽数。由于搜罗殆尽的客观障碍与语言工具的主观短板，因此无法将海量外文文献一网打尽。所幸虽然经典法域在具体规范设计上呈现多元化趋势，但关于显失公平规范所面临的争议与问题高度雷同，近年来在诸多关键议题多有走向融合的趋势。关于显失公平规范的研究主要围绕显失公平界定、构成要件分析以及适用方法展开。以下扼要论述经典法域国家显失公平规范理论及其晚近发展。当然，本书所研读并援引的文献并非全部在此部分予以开示，而是随着文章的推进在后文中逐步展开，此处仅围绕本书的核心问题概述研究现状，以为后文深入论证的基础。

---

① 参见武腾《显失公平规定的解释论构造》，《法学》2018 年第 1 期，第 127—128 页。

② 参见蔡睿《显失公平制度的解释论定位》，《法学》2021 年第 4 期，第 86—87 页。

③ 参见谢亘、班天可《被误解和被高估的动态体系论》，《法学研究》2017 年第 2 期，第 55—57 页。

德国民法在第 138 条第 2 款规定了暴利行为制度，将之作为公序良俗违反的典型类型，体系上属于合同内容妥当性的评价机制。在构成要件上，不仅考虑给付与对价给付之间的明显不对称，而且要求主观上有剥削的事实。① 但是晚近以来司法实践与学理开始趋向主观要件缓和主义，即如果给付与对待给付显著不相称，则推定主观剥削的存在。② 并逐步发展出准暴利行为以填补僵化的固定要件主义的保护漏洞。③ 德国实务与学界关于暴利行为的另一重大争论点在于给付与对待给付显著失衡的判断标准。无论是"善良风俗"还是暴利行为客观要件的核心概念"明显不成比例"都是需要法官因案制宜予以填充的不确定概念。④ 实务中法院在认定"显著不相称"或"特别重大的不相称"时发展出"沙堆原理"⑤ 及"双倍标准"。⑥ 在适用范围上，有论者总结出暴利行为制度主要规制领域：信用暴利、销售暴利、租赁暴利；⑦ 也有论者基于"给付与对待给付"的因素主张暴利行为仅针对有给付交换的合同，如买卖、租赁、金钱借贷等。⑧

日本民法并未预设显失公平一般条款，但学理与实务参照德国

① 参见［德］迪特尔·梅迪库斯《德国民法总论》，邵建东译，法律出版社 2000 年版，第 541—542 页。

② 参见［德］迪特尔·施瓦布《民法导论》，郑冲译，法律出版社 2006 年版，第 482 页；［德］迪特尔·梅迪库斯：《德国民法总论》，邵建东译，法律出版社 2000 年版，第 543 页。

③ 参见吴从周《论暴利行为》，《台大法学论丛》2018 年第 2 期，第 932 页。

④ 参见［德］卡尔·拉伦茨《德国民法通论（下册）》，王晓晔等译，法律出版社 2003 年版，第 596—604、622 页。

⑤ 参见［德］迪特尔·梅迪库斯《德国民法总论》，邵建东译，法律出版社 2000 年版，第 542 页。

⑥ 参见［德］本德·吕斯特、阿斯特丽德·施塔姆勒《德国民法总论（第 18 版）》，于馨淼、张姝译，法律出版社 2017 年版，第 461 页。

⑦ 参见［德］迪特尔·梅迪库斯《德国民法总论》，邵建东译，法律出版社 2000 年版，第 538—541 页。

⑧ 参见［德］本德·吕斯特、阿斯特丽德·施塔姆勒《德国民法总论（第 18 版）》，于馨淼、张姝译，法律出版社 2017 年版，第 466—467 页。

构建起暴利行为制度。从体系上，将暴利行为作为公序良俗违反的重要类型。① 规范功能聚焦于法律行为社会妥当性的控制。在构成要件上，无论是主观方面还是客观方面均走向缓和主义。② 如主观要件扩充"剥削"的类型将"从属或压抑状态""知识"的不足等纳入，等同于放宽了主观利用的认定门槛；客观要件上则从传统的"以获得显著过当之利益为目的"进化到"以获取不当利益为内容"，大幅降低了，甚至可以说是取消了利益失衡的显著性标准。

美国法上显失公平法理源远流长，学理上一般将显失公平原则追溯到 17 世纪英国的衡平法。③ 但直到 20 世纪 50 年代美国才在《统一商法典》第 2—302 条正式确立显失公平原则，以实现对合同公平性的导正。然而，合同法形式主义的理念专注于经济效率与资源配置，并不在意亦不擅长促进道德与公平。因此，显失公平原则从其入典尝试开始迄至今日，一直面临着激烈争议。立法起草过程中，Karl Llewellyn 积极起草并推动《统一商法典》配置一个一般性的条款授权法官阻却或弱化一些格式合同的效力，在遭遇其他起草者激烈反对后加上"显失公平"（unconscionable）的适用条件，也即现在常称的显失公平原则。④ 显失公平原则正式实施后，围绕其正当性、适用方法、适用范围等的争论更是持续至今。其灵活性尤其成为批评者的首要攻击点，有论者认为显失公平原则威胁合同自由并与意思自治原则相违背。⑤ 经济分析论者亦主张显失公平原则内涵

---

① 参见［日］四宫和夫《日本民法总则》，台湾五南图书出版公司 1995 年版，第 122 页。

② 参见［日］山本敬三《民法讲义·总则》（第 3 版），谢亘译，北京大学出版社 2012 年版，第 119—220 页。

③ See Amy J. Schmitz, Embracing Uconscionability's Safety Net Function, 58 *Alabama Law Review* 73，80 – 82（2006）.

④ See Colleen Mccullough, Unconscionability As a Coherent Legal Concept, 164 *University of Pennsylvania Law Review* 779，792 – 795（2016）.

⑤ See Jay M. Feinman, Un-Making Law: The Classical Revival in the Common Law, 28 *Seattle University Law Review* 1，15 – 17（2004）.

模糊无法定义诱发诸多不确定性致使市场交易变得低效。① 甚至消费者保护论者以显失公平原则的不精确性无法如专门立法一般切实保护目标群体。②

1965 年哥伦比亚上诉法院在 Williams v. Walker-Thomas Furniture Co. 案首次援引显失公平原则规制合同的公平性问题，嗣后引发学界的广泛讨论。Arthur Allen Leff 教授率先对显失公平原则发起攻击，在其名著《显失公平原则与统一商法典：皇帝的新条款》，③ 不仅引发学界的批判风潮，而且使得司法在启动显失公平原则评价合同内容之际变得谨小慎微。Leff 教授指出显失公平原则"晦涩难懂""没有现实依据""无法准确界定"，并提出被起草者忽视的程序性显失公平与实质性显失公平的区分方法以降低司法恣意。质疑显失公平原则入典群体中有论者指出显失公平原则不宜积极干预合同自由，鉴于其适用结果弊大于利，因此主张彻底废止；④ 有论者认为法官以显失公平原则干预合同纠纷是误入歧途，应该由立法规范或行政法令来处理。⑤ 当然为数不少的学者与 Leff 等学者针锋相对竭力为显失公平原则辩护，如 M. P. Ellinghaus 教授认为 Leff 并没有清晰刻画程序性与实质性显失公平，其分析结论也是混乱的，显失公平本质上应该维持其开放性标准，无须精确定义，而且积极主张显失公平原

---

① See Eric A. Posner, Contract Law in the Welfare State: A Defense of the Unconscionability Doctrine, Usury Laws, and Related Limitations on the Freedom to Contract, 24 *Journal of Legal Studies* 283, 318 – 319 (1995).

② See Jeffrey W. Stempel, Arbitration, Unconscionability, and Equilibrium: The Return of Unconscionability Analysis as a Counterweight to Arbitration Formalism, 19 *Ohio State Journal on Dispute Resolution* 757, 840 – 841 (2004).

③ See Arthur Allen Leff, Unconscionability and the Code-The Emperor's New Clause, 115 *University of Pennsylvania Law Review* 485 (1967).

④ See Richard A. Epstein, Unconscionability: A Critical Reappraisal, 18 *Journal of Law & Economics* 293, 294 – 295 (1975).

⑤ See Victor P. Goldberg, Institutional Change and the Quasi-Invisible Hand, 17 *Journal of Law & Economics* 461, 485 – 490 (1974).

则在货物买卖合同之外的领域拥有广阔适用前景;① 又如 John E. Murray 教授认为 Leff 在解读显失公平原则时忽视了其规范目的因而未能发掘其真正意义，并指出显失公平原则适用范围将突破商事合同的藩篱成为所有合同类型的监管机制。②

但是，自 Leff 掀起批判显失公平原则模糊性、不确定性等与合同法形式理性格格不入的批判之后，学界唱衰显失公平原则，甚至宣告该原则死亡的呼声不绝如缕。如据 Farnsworth 教授考证，在 Walker-Thomas 案件之后，显失公平原则并未如预期一般扩张适用，恰恰相反，消费者以显失公平为由主张矫正合同内容的尝试成功率极低;③ 也有论者虽然承认显失公平原则并未完全冻结，但是其射程范围局限于消费者保护中强制仲裁条款与集体诉讼豁免条款的规制;④ 有论者考察显失公平原则适用的历史，发现其越来越背离保护穷人的初衷;⑤ 等等。

近年来，美国学界对显失公平原则正当性、优劣乃至存废的争论比较少见,⑥ 更多的是关注其在经济社会实践变迁中的适用活跃现象、适用方法以及在新型领域的适用扩张。如有论者深掘显失公平原则在消费者保护上的制度价值与未来发展，指出唱衰显失公平原

---

① See M. P. Ellinghaus, In Defense of Unconscionability, 28 *Yale Law Journal* 757, 762 - 763, 808 - 812 (1969).

② See John E. Murray Jr., Unconscionability: Unconscionability, 31 *University of Pittsburgh Law Review* 1, 49 - 50 (1969).

③ See E. Allan Farnsworth, Developments in Contract Law during the 1980's: The Top Ten, 41 *Case Western Reserve Law Review* 203, 222 - 225 (1990).

④ See Charles L. Knapp, Blowing the Whistle on Mandatory Arbitration: Unconscionability as a Signaling Device, 46 *San Diego Law Review* 609, 621 - 625 (2009).

⑤ See Anne Fleming, The Rise and Fall of Unconscionability as the Law of the Poor, 102 *Georgetown Law Journal* 1383, 1436 - 1437 (2014).

⑥ 当然仍有个别论者基于显失公平原则缺乏可预见性、连续性对形式主义私法的伤害而对之持警惕态度。See Colleen McCullough, Unconscionability as a Coherent Legal Concept, 164 *University of Pennsylvania Law Review* 779, 782 (2016).

则不符合实际;① 有论者深刻阐释滑动标尺理论以消解传统双重要件的僵化性;② 不少论者结合全新的经济社会实践探究显失公平原则在知识产权合同、医疗合同、劳动合同、电子合同以及国际投资合同等新型合同领域的适用理论等。③

三 本书努力的方向:合同协助主义视角下重审显失公平规范的自然法内质与解释论路径

综上以观,目前关于显失公平规范的研究,在认识论上,未能憬悟到显失公平规范作为民法公平与均衡基本精神载体的属性,甚至误读了其在现代私法规范机制中的规范功能。因此,围绕显失公平规范的诸多探讨立基于私法自治,将显失公平规范作为例外的不受私法规范机制欢迎的"继子",构成要件上必须有主观上意思表示的不自由或不真实与客观上的显著失衡,其实严重限制了显失公平规范功能的发挥。法律行为不公平是否是私法规范机制的预设目标?不公平到何种程度才充要公权力介入的条件以及谁是判断不公平的最适格主体?对前者的回答,需要回溯显失公平法理的历史,探究其法理基础究竟为何,体现何种法理原则,这决定了构成要件的解

---

① See Jacob Hale Russell, Unconscionability's Greatly Exaggerated Death, 53 *UC Davis Law Review* 965, 978 – 986 (2019).

② See Melissa T. Lonegrass, Finding Room for Fairness in Formalism-The Sliding Scale Approach to Unconscionability, 44 *Loyola University Chicago Law Journal* 1, 1 – 64 (2012).

③ See Ian Brereton, The Beginning of a New Age: The Unconscionability of the 360 – Degree Deal, 27 *Cardozo Arts & Entertainment Law Journal* 167, 167 – 198 (2009); Jeffrey T. Hewlett, Unconscionability as a Judicial Means for Curing the Healthcare Crisis, 66 *Wayne Law Review* 291, 291 – 320 (2020); N. Brock Enger, Offers You Can't Refuse: Post-Hire Noncompete Agreement Insertions and Procedural Unconscionability Doctrine, 2020 *Wisconsin Law Review*, 769 – 804 (2020); Erin Canino, The Electronic Sign-in-Wrap Contract: Issues of Notice and Assent, the Average Internet User Standard, and Unconscionability, 50 *U. C. Davis Law Review* 535, 535 – 571 (2016); Britta Redwood, When Some Are More Equal than Others: Unconscionability Doctrine in the Treaty Context, 36 *Berkeley Journal of International Law* 396, 396 – 445 (2018).

释论导向，而不是相反。体系定位与功能预设确定后，再着手构成要件解释论的展开。本末倒置的结果就是，学者围绕立法的指挥棒不断调整其关于体系定位问题，这也反映出我国目前学理关于显失公平规范的基本认识缺乏共识。对后者的回答，由于显失公平规范具有经验性不确定法律概念与规范性不确定法律概念的双重属性①以及制定法与法官关系的不同认知，昭示显失公平规范在立法论上分为"一般条款"与"具体规则"的二元体系，前者为法官提供一个分析框架与典型模板，或成为标准（standard），由法官生成个案裁判准则；后者直接为法官提供普适性的裁判规范。

在立法论上，我国《民法典》第151条整合了旧法上的乘人之危与显失公平，从形式上构建起主客观要件明确的显失公平规范，但实质上由于舍弃具体标准而采撷"显失公平"这一开放性不确定法律概念，因此显失公平规范的"规则"属性有"名"无"实"。构成要件争论，乃至显失公平规范介于一般条款与具体规则之间的安排，其根本原因在于私法规范机制形式主义的法律理性与显失公平规范之间存在张力，立法者摇摆不定。立法者试图在制定法权威性与法官自由裁量之间、法律决定的安定性与法律决定的妥当性之间找到中道权衡，因此，才形成了目前显失公平规范"形式"与"实质"脱节的折中方案，殊不知，这样的安排造成经验成熟型显失公平客观判断的确定性与规范面向价值补充灵活性的双重失落。亟须在解释与适用方法上缓和要件的刚性并积累成熟案型以为他日法

---

① 规范性不确定法律概念或称为价值性不确定法律概念，是需要价值补充方能完成其概念，价值补充一般来自一般价值观的衡量与法规目的的认知，规范性不确定法律概念常具可辩证性，因说理的不同可能产生不同的判断。经验性不确定概念，或称描述性不确定法律概念，其经验来自"一般人之生活经验"或"一般社会观念"和"专家的知识经验"等。参见李惠宗《案例式法学方法论》（第二版），中国台湾：新学林出版社股份有限公司2014年版，第330—333页。显失公平概念的规范性面向适用中需要结合个案才能实现具体化发挥规范功能，因此，以一般条款授权法官判断更为适切；显失公平概念的描述性面向可由立法者做出相对准确的预判，因此，以构成要件清晰化的具体规则即可涵摄五花八门的实务纠纷。

典翻修之先声。

方法论上，无论是欧陆的动态体系论，还是美国的滑动标尺理论，均旨在缓和严格要件主义带来的僵化局面，实际上扩大的显失公平规范的射程范围。立法论上的二分法决定了方法论上对待自由裁量态度的两极分化，显失公平一般条款方法论上的努力方向是授权法官自由裁量并促进理性论证的最大化；显失公平具体规则方法论上主要是禁绝法官自由裁量以实现法律的安全，但是从比较法的经验来看，除经典法律行为类型上以客观比例为原则外，对于新型合同形态显失公平判断标准应结合其利益结构与经济本质区别对待。对于前者，我国学理有相当探讨，但仍囿于认识论上的模糊而不无改善空间；对于后者，我国学理研究相对滞后，有进一步深掘的空间。

在实践论上，虽然近年来，我国学理不乏探讨力作笃力实现显失公平规范适用案例类型的体系化阐释，但相较于经典法域更为丰富与广阔的适用前景以及适用理论的探讨，尤其在激活显失公平规范保护弱势市场主体功能方面，我国仍有很长的一段路要走。常言道，法典的生命在于实施，显失公平规范在现代的勃兴尤其需要对实践中的适用类型、适用导向乃至内涵与外延的司法阐释做体系化梳理，从而支撑显失公平规范功能的发挥。

第一编

认识论

第 一 章

显失公平规范的理论溯源：
从道德规范到法律规范

公平与善良乃法律之法律。①

关于显失公平规范的溯源论说中，欧陆法系往往以罗马法上的"非常损失规则"为嚆矢。英美法系则一般追溯到 18 世纪中期的衡平法创制。② 前者的出台为因应当时罗马混乱的经济秩序，后者的产生则是因为合同的不公平性震撼到了法官的良知。似乎显失公平规范是例外的、罕见的、非同寻常的情况下才纳入法律行为的规制体系之中。时至今日，关于法律行为（主要指合同）的公平性能否成为私法规范机制的主要目标仍是聚讼盈庭，壁垒分明。以公平或分配正义为依据主张私法应当积极干预合同内容者，有之;③ 以私法关注合同公平性问题不切实际、低效率、不必要甚至适得其反者，亦

---

① 郑玉波《法彦》（一），法律出版社 2007 年版，第 1—2 页。

② See Richard J. Hunter Jr. , Unconscionability Revisited: A Comparative Approach, 68 *North Dakota Law Review* 145, 145 (1992).

③ See Anthony T. Kronman, Contract Law and Distributive Justice, 89 *Yale Law Journal* 472, 474 – 476 (1980); 参见许德风《合同自由与分配正义》，《中外法学》2020 年第 4 期，第 999—1000 页。

有之。① 任何制度与规则的诞生都有其特定经济社会实践作为支撑，其理念、功能、目标等基石性要素均贮藏在历史尘沙之中。因此当面对现代的问题，该制度运行或理解发生偏差、争议，甚至存废争论之际，比较明智的做法或许是回溯其缘起，检视其发展，涵泳其现实，回走一段制度从着床到瓜熟蒂落的历史旅程。显失公平如何从纯粹的道德观念"良知"落入法律领地的凡尘？从一个外部道德规范转变为内设的法律规范？要回答前述问题，需要将镜头拉长回看显失公平法理从"应然"到"实然"的转换路径。

第一节 显失公平规范的法哲学之维：亚里士多德—阿奎那公平价格理论的进化

公平正义，在人类德性体系中居于核心地位，亚里士多德视为"德性之首"。② 远古时代的同态复仇，"以其人之道还治其人之身"是氏族针对危害种族的攻击行为进行反击的基本美德，被康德称为"正义的实现"。交易成为人类社会繁荣的基本动因后，公平正义是交易的正当性要素也顺理成章。面对纷繁复杂的交易实践，古圣先贤也从未止步过对公平精义的探究。古希腊亚里士多德对正义的深掘，古罗马法学家将希腊哲学揉进实在法的尝试，中世纪宗教神学家对公平价格理论的完善均昭示公平已不仅是主观的良知或道德感受，而是具有普遍意义的伦理要求，甚至是所有法律的基本精神，以交易法为核心的私法体系自不例外。嗣后，合同法是完善美德的工具，公平正义作为交易的底线要求等理念在启蒙时代贤哲的助推

---

① 参见易军《民法公平原则新诠》，《法学家》2012 年第 4 期，第 65 页。

② 参见［古希腊］亚里士多德《尼各马可伦理学》，王旭凤、陈晓旭译，中国社会科学出版社 2007 年版，第 181 页。

下一直牢牢占据着私法体系（尤其合同法）中的主导地位。应该说，19 世纪自由主义、资本主义及合同自由理念兴盛之前，源于道德或良知的朴素正义感使得交易必须公平乃毋庸置疑的基本常识，合同的公平性问题亦如空气与水一样对于人类社会的繁荣发展不可或缺。鉴于无论是 19 世纪之前的交易公平理念，还是在 19 世纪自由主义理念指导下的形式主义法律理性将公平伦理剥离出私法体系，抑或 20 世纪实质正义理念在现代合同法上的回归，均是以古希腊哲学与中世纪经院哲学为转轴。古典显失公平规范的设计与实践无不以公平价格理论为指导，在自由主义风光无限的 19 世纪法律形式主义也是立基于对亚里士多德、阿奎那等的批判展开；晚近抑制形式主义思潮而重拾合同的公平性也多从古希腊与中世纪汲取养分。因此，本书聚焦于古希腊的正义理论与中世纪公平价格思想阐释显失公平法理的法哲学之维。

一　显失公平法理的胚床：亚里士多德的正义理论

公平理念要求交易中双方"所得"与"所失"应具有均衡性，任何违背公平价格的交易都被认为是非道德的，显失公平交易的可非难性根源也正在于此。虽然契约法的道德性理论深植于教会法的基本原则，[①] 但是公平价格的理论胚床早已孕育于古希腊贤哲的睿智思索之中。

亚里士多德的正义理论是公平价格理论的哲学基础，显失公平规范的法哲学溯源也因之肇始于此。亚里士多德在其名著《尼各马可伦理学》中在区分交换正义与矫正正义的基础上，进一步提出，根据交换正义的要求人们之间的交易必须具有等值性。[②] 交易双方利益的相称性是合同强制执行的基础。如果交易一方通过剥削相对方

---

① See Harold J. Berman, The Religious Sources of General Contract Law: An Historical Perspective, 4 *Journal of Law and Religion* 103，111（1986）.

② 参见［古希腊］亚里士多德《尼各马可伦理学》，王旭凤、陈晓旭译，中国社会科学出版社 2007 年版，第 193—197 页。

获得超额利益则因其非正义性而应当被法律所禁止。根据亚里士多德的正义理论，交换正义的使命是保护个体所有的财富而非分配财富，分配财富属于分配正义的机能。首先，亚里士多德的交换正义立基于相互性与等值性（reciprocity and equility）。相互性原则强调"你与"则"我与"，这是交易得以展开的前提，回报的相互性是公正的要求。基于相互性原则，一方以某种方式对待另一方，则另一方也会以同样的方式对待对方，通俗来说即以彼之道还施彼身。亚里士多德解释这种给予相互性时指出人们寻求"以恶报恶""以善报善"，① 正是这种回报的公正性诉求将人们联系起来，促成了交易的达成。虽然，相互性原则所要求的相互给予构成人们联系的纽带，但是，仅有相互性并不足以确保公正，它实现的是一种交易双方彼此付出的平等性。因为相互性只具有"一物换一物"的形式上的平等特征，至于双方能否交易标的得与失的平衡，则无法说明。因此，亚里士多德提出了交换正义的核心命题，即交易价值的等值性。

交换正义遵循的是算数比例规则，要求一方所得与所失均衡。换言之，交换正义要求并非简单的形式上平等与互惠，而是要求价值的比例相当。亚里士多德指出私法交易中所形成的公正与不公平"不是依据几何比例的平等和不平等而是算数比例的平等或不平等"。② 相互性实现形式上的"你与"与"我与"彼此回报，等值性确保相互给予的回报具有"合比例"特征。这是交易具备强制执行力的基础。③ 亚里士多德以建筑师与鞋匠之间的交易来说明此种等值性。建筑师以房子与鞋匠的鞋子之间实现公正平等的交换，其前提

---

① 参见［古希腊］亚里士多德《尼各马可伦理学》，王旭凤、陈晓旭译，中国社会科学出版社 2007 年版，第 197 页。

② ［古希腊］亚里士多德：《尼各马可伦理学》，王旭凤、陈晓旭译，中国社会科学出版社 2007 年版，第 193 页。

③ See Larry A. DiMatteo, The History of Natural Law Theory: Transforming Embedded Influences into a Fuller Understanding of Modern Contract Law, 60 *University of Pittsburgh Law Review* 839, 844 (1999).

是定好两种物品的比例平等关系。公平交易的实现这不仅要求数量上的等同，还需要价值上均等，"否则，这种交易就是不平等的，而且这种交易也不可能持久"。① 一座房子交换一双鞋，虽然在数量上实现了平等，但是由于建筑师的产品价值显然要大于鞋匠产品的价值，因此，交易得以发生的前提是通过某种方式能够对异质且不同价值的产品进行比较，实现产品的平等化。由此可知，亚里士多德所谓的等值并非数量的平等追求，而是标的物的实际价值。② 无论是自愿交易还是非自愿交易，根据交换正义的要求必须在"得"与"失"之间实现适度，也即交易之后所得与交易之前所拥有等同。③法官的职责在力求平等，通过加减法实现交易当事人之间的损益相抵，达到得与失之间的适度从而实现公正。④

其次，交换正义在私人交易中充当矫正的功能，但是其在自愿交易与非自愿交易中表现出不同的特征。根据亚里士多德的交换正义原则任何人不得以牺牲他人利益为代价使其"所得"增多，这包括自愿交易与非自愿交易。前者包括"卖、买、房贷、抵押、信贷、寄存、出租"等交易之初双方都是自愿的；后者"有些是秘密的，如偷窃、通奸、下毒、拉皮条、引诱努力离开其主人、暗杀、做伪证；有些事伴随着暴力的，如侮辱、监禁、杀戮、抢劫、愚弄、诽谤"。⑤ 在合同关系中，交换正义要求交易双方获得相同的价值；在侵权关系中，获得非法利益的侵权人需要赔偿等额的价格以使得受

① ［古希腊］亚里士多德：《尼各马可伦理学》，王旭凤、陈晓旭译，中国社会科学出版社 2007 年版，第 199 页。

② See Btian M. McCall, Demystifying Unconscionability: A Historical and Empirical Analysis, 65 *Villanova Law Review* 773, 778 (2020).

③ 参见［古希腊］亚里士多德《尼各马可伦理学》，王旭凤、陈晓旭译，中国社会科学出版社 2007 年版，第 199 页。

④ 参见［古希腊］亚里士多德《尼各马可伦理学》，王旭凤、陈晓旭译，中国社会科学出版社 2007 年版，第 192—197 页。

⑤ ［古希腊］亚里士多德：《尼各马可伦理学》，王旭凤、陈晓旭译，中国社会科学出版社 2007 年版，第 187 页。

害方回复到未受侵害时的原初状态。① 根据交换正义原则，显失公平行为因悖于等值性而落入非正义与不道德的范围，法律的主要功能之一即实现此种不公正交易的矫正。而且，显失公平法理不仅作用于合同等意志自由的领域，而且也对侵权等非自愿领域具有适用空间。交换正义对等值性的要求，既关注相互性的形式平等，尤其注重交易标的价值上等值的实质公正，是否存在自由意志，在所不论。

最后，交换正义着眼的是个人之间得与失的均衡，其主要功能在于私人交易中起矫正作用，其并不关注财富的分配。但是，不公平的交易产生财富分配结果的非正义性，亚里士多德认为此种非正义性需要通过分配正义来解决。亚里士多德指出，分配正义"关系到应当在政治共同体成员之间分配的荣誉、钱财或诸如此类的其他事物"。② 其遵循的是几何比例，也因之被称为几何正义。共同体中的每一个人所分得的份额各不相同，具体分得比例取决于制度对分配标准的不同安排，如"民主制依据自由身份，寡头制依据财富，有时依据高贵的出身，贵族制则依据德性"。③ 分配正义支配下的公共财富分配遵循合比例性，当悖于交换正义的交易发生，这种合比例性就会被打破，此时法官或法律的职责在于根据既定的法律机制重新分配财富。

由此可知，实践中的不公平交易（显失公平行为）结果的矫正其实受到交换正义与分配正义的双重支配，交换正义要求等值性，而不公平交易造成了不平等，法官的主要职责在于通过奖惩或加减剥夺违法行为人所得，而补受害人所失。分配正义则依据既定的原则，对经济社会实践中不公平交易产生违反比例（过多或过少）的

---

① See James Gordley, Equality in Exchange, 69 *California Law Review* 1587, 1590 (1981).

② ［古希腊］亚里士多德：《尼各马可伦理学》，王旭凤、陈晓旭译，中国社会科学出版社 2007 年版，第 187 页。

③ ［古希腊］亚里士多德：《尼各马可伦理学》，王旭凤、陈晓旭译，中国社会科学出版社 2007 年版，第 189 页。

不公正财富归属进行重新分配。换言之，显失公平交易行为的规制体系有两大支柱：其一是私法体系贯彻交换正义的规范机制，如同时履行抗辩践行的相互性原则，显失公平规范所捍卫的等值性原理，私法赔偿领域以"损害填补"为原则，惩罚性为例外等介入亚里士多德正义理念的具体实践。其二是公共财富分配机制，在现代社会中主要是税收等手段。社会实践中不公平的交易在所难免，因之而生的财富分配格局在财富分配机制的介入下可重塑公正。

在亚里士多德的正义体系下，交易公平或合同正义是整个私法体系的拱顶石。价值上的等值是合同强制执行权能的根源，同时，也是法官对交易中利益得失公平性进行评估并干预的基础。违反交换正义等值性要求之交易需要得到矫正的理念为罗马法所继受，并首创"短少逾半"规则，为显失公平法理从伦理规范向法律规范过渡的先声。英美法系的衡平法旨在矫正严格适用法律所造成的不公平局面以公平与正义为追求为目标，即立基于亚里士多德的正义理念。正是因为如此，亚里士多德的正义理论成为合同正义实质化改革的哲学基础，通过矫正机制扭转因交易造成的实质失衡。[1] 英美法系显失公平原则起源于衡平法，衡平法院法官基于"理性与良知"对不公平交易进行规制，其思想根源也是亚里士多德提出的交换正义观念。而且，显失公平原则最终为普通法吸纳，成为英美法系国家合同公平性规制的重要制度机制。

遗憾的是，虽然亚里士多德提出了交换正义的理念以及重新分配因不公平交易所生之非正义性财富转移的机制，但其并未对公平价格的标准做出清晰刻画，他仅仅从宏观层面论述违反等值性、相互性等交换正义的交易以及财富分配结果需要得到矫正，至于如何判断事物的等值性，得与失之间的适度比例是多少，他并没有给出明确答案。换言之，关于显失公平法理，亚里士多德的正义理论仅

---

① See George P. Fletcher, *Basic Concepts of Legal Thought*, New York：Oxford University Press, 1996, p. 80.

仅提供了规制不公平交易的正当性论证，至于得失之间的比例究竟
到何种程度才可被认定为"过多"或"过少"而落入法律的矫正射
程则未有清晰指引。而且对于普遍正义或公平的伦理要求与法律实
践之间的紧张关系如何消解，亚里士多德也并没有提出具体方案。
这也为 19 世纪形式主义私法理念兴起后，显失公平法理遭遇批判并
严格限制适用的立法与司法导向埋下了伏笔。有论者认为亚里士多
德有意避免实现公平或正义标准的精确性而是将其作为一种模糊与
开放的框架。① 这样的解释虽然不乏合理性，但是显失公平规范命运
在后世发展中的起起落落预示亚里士多德交换正义的理念仍需要因
应法律实践进一步完善修正。

二 显失公平法理的发育：中世纪的公平价格理论

　　囿于罗马法的形式主义品性，罗马人在将亚里士多德的正义理
论运用于立法时，进行了相当限缩，仅在土地买卖领域偏离公平价
格过多情形下予以干预，此即罗马法上的短少逾半规则（laesio enor-
mis）。但是，对于其他领域违反等值性的不公平交易以及偏离公平
价格未到一半的土地买卖，罗马法均认可其强制执行力。在罗马人
看来，买卖交易中买方以更少的价格购买，卖方以更高的价格出售
为自然法所容许。② 因此，在古罗马只要交易是基于自愿，则纵使违
反了交换正义所要求的等价性仍被法律所认可。由是可知，亚里士
多德所首创的交换正义理论在罗马法时代受到抑制，仅在特殊交易
领域的例外情形下才有其残迹，具有普遍适用性的正义理论局促在
相当狭隘的范畴。随着中世纪时期重商主义逐步兴起，亚里士多德
的正义理论也遭遇越来越强劲的挑战，但教会法的两大根本商业原

---

① See Henry Mather, *Contract Law and Morality*, Wes3ort, Conn.：Greenwood
Press，1999，pp. 46－47.

② See D. 4. 4. 16. 4.

则仍居于主导地位，即反对高利贷原则与合同的公平价格理论。① 这得归功于托马斯·阿奎那等经院哲学家对亚里士多德正义理论的开创性阐释，使其在法律领域得以复苏，最终形成对私法规范机制构建影响至今的公平价格理论。

首先，阿奎那在法的多样性以及上帝为最高立法者的基础上，提出了公平价格理论在实践中应然与实然的分野，修正了亚里士多德的交换正义理论。在阿奎那的哲学体系中，基于天主的意志与训令，"一个善良的人，不应该背弃真理，也不应该使人蒙受不公平的损失"。② 因此，在神法的观念下，以高于事物的价值出售，或者以低于事物的价值买入，从交易本身来看是违反上帝意志的，不许可做的。③ 但是，神法与人法的区分，有德者与德性不完善者的分野，使得人及其行为均具有双重属性，接受双重评价。一方面，人法是自然法基本原则的具体化，而自然法是"理性造物对永恒法的分有"，而神法可弥补人法与自然法的不足导正人的德行，因此，违背上帝意志与训令的不公平交易，逻辑上都是一种"恶"，是对共同善的伤害。神法是永恒法的直接表达，基于"人的判断是不确定的""人不能对内部的活动做出判断""人类永福的目的超越了人的自然能力"等原因，④ 阿奎那认为，神法是对自然法与人法的必要补充。人法则根植于自然法，是将自然法的抽象的共同原则通过人类理性进入针对具体事项做出具体规定，此种"由人类理性所产生的具体

---

① See John W. Baldwin, The Medieval Theories of the Just Price: Romanists, Canonists, and Theologians in the Twelfth and Thirteenth Centuries, 49 *Transactions of the American Philosophical Society* 1, 6 (1959).

② ［意］阿奎那：《神学大全·论智德与义德》，刘俊余等译，台湾中华道明会/碧岳学社 2008 年联合出版，第 333 页。

③ 参见［意］阿奎那《神学大全·论智德与义德》，刘俊余等译，台湾中华道明会/碧岳学社 2008 年联合出版，第 333 页。

④ 参见［意］阿奎那《论法律》，杨天江译，商务印书馆 2016 年版，第 22—23 页。

决定就称为人法"。① 因此，一个人的行为会面临双重评价，作为共同体的一员，其负有对共同体的忠诚义务，其交易等行为不得损害共同体，任何对其他共同体成员的伤害都是背离了神法。同时，作为个体，在交易活动中利用或者剥削相对方因违反自然法而为人法所不容。交易中一方蒙受不公平的损失，既是违反神法的罪恶，也是违反自然法的不公道行为。由是可知，在交易中坚守公平价格与公道是神法与人法（合同法）所共守的原则。违反公平价格的交易，也就是对共同善的伤害。"任何法律都指向人类的共同善（general good），从而获得相应的本质与效力。"②而所谓共同善也就是人生最终的目的——幸福或者至福，法律都是围绕这一终极目标进行安排。因此，阿奎那指出，"法律一定首要地承载着至福的安排。而且，由于正如不完善注定趋向完善，部分注定要归于整体，又由于个人是完善共同体的一部分，所以，法律必然正当地使自身与通向普遍幸福的安排相关"。③ 从亚里士多德的正义理论来看，违反等值性的交易因悖于交换正义而需要矫正。而在阿奎那理论体系下，共同体成员以损害其他成员为代价获取利益，是一种违背天主意志的罪恶，都将阻碍共同善（永福）的实现，因此任何程度的不公平交易行为均在禁止与惩罚之列。④ 这是二者在公平价格理论上的共通之处。

　　另一方面，阿奎那的公平价格理论调和了亚里士多德普遍正义理念与世俗法律限缩适用之间的紧张关系，并确立了显失公平交易判断中"显"的认定标准。诚如前述，根据亚里士多德的正义理论，（自愿或非自愿）交易中只要得与失之间违反等值性原理即是对交换正义的背离，此时法官或法律的功能就应该通过惩罚矫正失衡。但

---

① ［意］阿奎那：《论法律》，杨天江译，商务印书馆 2016 年版，第 19—20 页。
② ［意］阿奎那：《论法律》，杨天江译，商务印书馆 2016 年版，第 106—107 页。
③ ［意］阿奎那：《论法律》，杨天江译，商务印书馆 2016 年版，第 6—7 页。
④ 参见阿奎那指出，不使任何恶处于不受禁止和不被惩罚的状态是神法介入的根本缘由。参见 ［意］阿奎那《论法律》，杨天江译，商务印书馆 2016 年版，第 23 页。

是，由于实践操作的困难，尤其事物价值的变动性，致使得失很难实现数字上的精确化，因此罗马法在继受亚里士多德正义理论时将之仅仅适用于极端狭隘的领域。阿奎那在复兴了亚里士多德的正义理论之后；还重点回应了实践的难题。法彦有云，正义为最高之道德，适合神意。一切非正义的言行，皆为神意的违背，应在惩戒与禁止之列。人法必须符合神法的要求，违反神法的行为也违反人法，但是阿奎那提出实然的人法并非严格贯彻神法的正义原则。共同体中德性因人而异，"许多事情在德性不完善的人身上是准许的，而在有德者身上却是不可容忍的"。① 因此，人法不要求不完善的人承担那些德性卓越的人应当禁绝全部罪恶的义务。

世俗统治者为有序统治民众制定的法律，应该准许一些为神法所禁止的事情。这就不难理解，在教会法居于统治地位的中世纪，虽然法庭早已突破罗马法"短少逾半规则"的桎梏将公平价格理论广泛适用于各类交易，但是仍有相当多的偏离公平价格交易为法律所容忍。②

既然"人法并未通过训令的义务禁止全部的恶行，同时也未规定全部的德行"，③ 那么究竟哪些恶行为应当纳入人法的射程呢？对此，阿奎那基于个人德行的差异以及法律实践的考虑，提出了不公平交易达到"显著"程度才纳入规制的理论。

鉴于世俗社会中大多数人在德行上都是不完善的，人法仅仅禁止那些"严重"的恶。虽然作为上帝意志表达的神法否定一切有违等值性的交易，认为得失的不公平是非道德的、非正义的。但是，基于实践的理由，交易中得失之间轻微的失衡并非对公平价格理论的违反，除非偏离过于严重，有失公平达到显著的程度。由是可知，

---

① ［意］阿奎那：《论法律》，杨天江译，商务印书馆2016年版，第96页。

② 关于欧洲教会法时代，并非所有违反公平价格的交易皆可获得法律救济的考察。See Christopher K. Odinet, Commerce, Commonality, and Contract Law: Legal Reform in a Mixed Jurisdiction, 75 *Louisiana Law Review* 741, 777 (2015).

③ ［意］阿奎那：《论法律》，杨天江译，商务印书馆2016年版，第99页。

根据阿奎那的公平价格理论，任何违反等值性的交易都是违反正义美德、神的意志，某些不公平交易纵使为人法所容忍也属于违背神法的行为，具有非正义性。但是，"按照天主的法律，如果在进行买卖时，没有合乎义德的公平，这就被认为是不法行为。那超额获得的一方，就应该补偿那受损失的一方，如果损失相当重大"。① "因为货物公道的价格，不是锱铢之细，都详尽地规定的，而是经由一种估价来评定的，"② 因此，交易中"略微的增减"，阿奎那基于法律实践的考虑，认为不在法律的惩处范围之内。进而提出了人法（世俗法）中认定"损失相当重大"而需要予以惩处和禁止的两大类型：其一，交易客观结果偏离得失均衡过多。③ 其二，交易方明知（knowledge）是不公平价格仍进行交易，此时人法介入不预设得失之间比例"过多或过少"的条件。由于明知价格不公道仍进行交易，具有欺骗性，因此阿奎那指出，"使用欺骗的手段，以便以高于公道的价钱出售一样东西，绝对是有罪的；因为这是欺骗近人，使他蒙受损失"。④

综上以观，神法禁止偏离公平价格的一切交易，共同体成员以他人为代价获益均是对共同善实现的阻碍，是违反上帝意志的罪恶行为，具有非正义性。但基于法律实践与德性分殊的考虑，人法仅对明显的不公平交易进行规制，而容忍部分不公平行为。换言之，唯有显失公平交易（行为）才被人法所禁止或惩处。

其次，交易结果偏离公平价格本身即启动法律矫正机制的独立原因，行不公正之人是否有意、知情在所不论。诚如前述，阿奎那

---

① ［意］阿奎那：《神学大全·论智德与义德》，刘俊余等译，台湾中华道明会/碧岳学社 2008 年联合出版，第 332 页。

② ［意］阿奎那：《神学大全·论智德与义德》，刘俊余等译，台湾中华道明会/碧岳学社 2008 年联合出版，第 332 页。

③ 参见［意］阿奎那《神学大全·论智德与义德》，刘俊余等译，台湾中华道明会/碧岳学社 2008 年联合出版，第 331—332 页。

④ 参见［意］阿奎那《神学大全·论智德与义德》，刘俊余等译，台湾中华道明会/碧岳学社 2008 年联合出版，第 330 页。

基于法律实践层面的考虑认为人法在确定"显"失公平交易规制范畴的时候，"知情"的作用在于降低得失之间失衡"显著"的程度。行为人知情与否、主观意愿并非公平价格理论适用的必备要件，相反交易结果不公平本身即人法介入的独立原因。此种理念，阿奎那在关于"出售有缺点之物不公道且不被许可"的论述中表露无遗。通常而言，出售的货物有种类本质、数量、品质三方面可能的缺陷，当卖主出售时即知道这些缺陷，那交易因卖主犯了欺骗的罪而不合法。[①] 如果卖者对于上述缺点一无所知，那么他就没有犯罪，"因为他只是在质料上违反了公道，他的出售行为并非不公道"。[②] 但是，阿奎那认为卖者仍然需要赔偿对方的损失，因为有缺陷的物品不值出售的价值，违反了等值性原则。也即阿奎那所说的："几时他知道了这个缺点，就必须补偿买主。"[③] 同样，如果买主知道货物在本质、数量、品质等方面的缺点，那么"他的购买是不公道的，他便必须偿还"。[④] 根据公平价格理论，只要交易违反了等值性原理，并且得失的比例符合"显著"特征，法律即需要介入予以矫正。而且，得失比例并非一个固定的概念，综合行为人主观上的认知程度，甚至可以将失衡比例的显著性认定门槛降低。因此，在阿奎那的公平价格理论下，显失公平本身即阻却法律拘束力充分理由，其并不要求行为人主观上存在剥削或利用的恶意。准此而论，显失公平法理并不依附于于欺诈、隐瞒、胁迫等为何的自由意志，而是存在质的区分。前者旨在对交易（合同）内容进行公平性审查，具有浓厚的伦理性色彩，是正义的基本要求，是一种衡平规范。后者是对交易

[①] 参见［意］阿奎那《神学大全·论智德与义德》，刘俊余等译，台湾中华道明会/碧岳学社 2008 年联合出版，第 333—334 页。

[②] ［意］阿奎那：《神学大全·论智德与义德》，刘俊余等译，台湾中华道明会/碧岳学社 2008 年联合出版，第 334 页。

[③] ［意］阿奎那：《神学大全·论智德与义德》，刘俊余等译，台湾中华道明会/碧岳学社 2008 年联合出版，第 334 页。

[④] 参见［意］阿奎那《神学大全·论智德与义德》，刘俊余等译，台湾中华道明会/碧岳学社 2008 年联合出版，第 334 页。

缔约过程的监管，旨在确保意思形成的自由。

后世往往将公平价格与个人自由选择对立，或在原则上以私人自治推定公平的结果，私法规范机制注重意思形成的"过程"而不关注"结果"，或仅例外关注结果。① 抑或以维护个人自主选择与私法自治为由质疑公平价格理论适用的正当性。在形式主义主导合同法的时代，交易结果的不公平并非否定合同效力拘束力的原因，无论是立法层面，还是司法层面，显失公平规范均被严格限制，学理上也倾向将私法自治作为显失公平规范的理念基础，因而形成了主客观要件相统一的构成要件与适用理论。交易结果显失公平多作为认定欺诈、胁迫的证据或线索使用，如美国在现代的显失公平原则构建之前采用的拐弯抹角的方式；如我国学理将之作为意思表示瑕疵机制的兜底条款，其共性在于致使显失公平规范丧失独立的规范功能。19 世纪以后，实践中主观与客观方面严格要件化的适用趋势弱化或异化显失公平规范机制的根本原因就是遗失或"刻意"忽视了公平价格理论的背后哲学基础及其法律实现机理。根据阿奎那的公平价格理论，交易或磋商过程中的价格对双方来说应该是一种得失相抵的零和游戏，任何一方均不应通过交易而获得额外的收益。基于公平价格理论的显失公平规范是法律家父主义的典型表征，旨在对经济活动或经济自由进行合理限制。在中世纪公平价格理论的主旨在以基督教的伦理道德为标尺来剪裁人们之间的交易活动；在现代私法上其规制交易中以强凌弱、以富暴穷，进而增进信任关系的重要机制。② 总之，公平价格理论着眼的是客观结果的公平性评价，以此哲学理论为基础衍进出的显失公平规范也因之属于衡平规范，其制度机能在对交易结构公平性的控制，而非对意思形成过程

---

① 参见易军《私人自治与私法品性》，《法学研究》2012 年第 3 期，第 75—76 页。

② See Larry A. DiMatteo, The History of Natural Law Theory: Transforming Embedded Influences into a Fuller Understanding of Modern Contract Law, 60 *University of Pittsburgh Law Review* 839, 849 – 850 (1999).

的监管，在得失之间失衡"显著性"的认定中，知情等主观样态的功能在于降低显著性的认定门槛而非公平性评价的基本要件。

最后，阿奎那比较隐晦地提出了公平价格的评估方法。诚如前述，阿奎那认为有两类偏离公平价格的显失公平交易需要予以矫正，落实到实务运作而言，何谓公平价格或者说如何确定公平价格则成为不得不解决的核心问题。否则，根本无从判断是否偏离的问题，精准规制更是无从谈起。尽管亚里士多德没有明确提出公平价格的计算方法，[①] 但是，其在零星的论述中间接表达了公平价格提出了客观价值论的雏形。亚里士多德以建筑师与鞋匠的交易为例，建筑师获得鞋子与鞋匠得到房子的前提是事先确定好比例平等关系，双方都相互回报，只有生产者与消费者之间交易的对象在质量或数量上匹配，确定好多少双鞋子等同于一幢房子或一定数量的食物，交易才能达成。[②] 交易双方都有需求，而且"所有的物品都应该有个定价"，这是任何时候都可以进行交易的前提。[③] 此处亚里士多德所谓的"定价"被后世学者解读为事物本质上客观的、绝对的价格，其独立于具体情况、交易方的价值认知等。[④] 但是，基于事物本质的客观价格究竟是什么，由谁来"定价"，亚里士多德语焉不详。阿奎那继承了亚里士多德价值客观性理论，并提出了客观价值的计算方法。一方面，阿奎那阐释了公平价格与市场价格的微妙关系。阿奎那没有明确指出公平价格即市场价格，但是，其在对引例麦子买卖的分析中间接论证了自由竞争的市场价格就是公平价格。商人将麦子运往匮乏的地方，而且其知道有很多人会跟着他把麦子运往那里，如

---

① See James Gordley，Equality in Exchange，69 *California Law Review* 1587，1604（1981）．

② 参见［古希腊］亚里士多德《尼各马可伦理学》，王旭凤、陈晓旭译，中国社会科学出版社 2007 年版，第 199—200 页。

③ 参见［古希腊］亚里士多德《尼各马可伦理学》，王旭凤、陈晓旭译，中国社会科学出版社 2007 年版，第 203 页。

④ See J，Schumpeter，*History of Economic Analysis*，New York：Oxford University Press，1954，p. 61.

果买主们知道这些讯息，麦子的市场价格会降低，阿奎那认为"货物的价值预料要在一个未来的时期，由于将有其他的竞销商人到来而降低，而这是买主所不知道的。所以，几时卖主按照目前呈现的价格，出售他的货物，他似乎并未做什么相反公道的事……照公道来说，这不是一件他必须要做的事"。① 显然，在阿奎那看来，自由竞争状况下的市场价格即公道的公平价格，纵使隐瞒了重要市场信息以维持当时的价格也并非不道德、不正义的事。

另一方面，阿奎那认为公平价格是一种变量，会随着生产成本、稀缺性及买主的需求而发生变动。公平价格以一个变化中的动态市场价格，那是否意味着任何竞争价格均可被认定为公平价格呢？阿奎那的答复是否定的。他认为，只有正常市场竞争的价格才是公平价格，其取决于商品生产成本、稀缺性以及需求等因素的合力。诚如前述，阿奎那麦子的价格会随着市场而变动，而商人利用信息的不对称以较高的市场价格出售并非不公道行为。由此可知，公平价格并非一个确切的数字，因与市场价格挂钩，始终处于变动不羁的状态。而且，当"其他竞销商"没有进入缺乏该商品的市场之际，公平价格会维持在较高的位置，这表明阿奎那将商品的稀缺性作为公平价格的衡量因素之一。此外，阿奎那在认定商品本身价值时提到生产中所付出的劳动和成本也是考量的重要因素，② 建设房子与制作鞋子需要付出劳动与成本，通过劳动与成本的货币化表达实现不同质地事物的可公约性。

当然，阿奎那也考虑到特定交易方的需求对得失的感知有很大影响，有论者据此提出阿奎那公平价格观的主观价值化，③ 笔者认

---

① ［意］阿奎那：《神学大全·论智德与义德》，刘俊余等译，台湾中华道明会/碧岳学社 2008 年联合出版，第 337—338 页。

② See James Gordley, Equality in Exchange, 69 *California Law Review* 1587, 1605 – 1606 (1981).

③ 参见徐国栋《公平与价格——价值理论》，《中国社会科学》1993 年第 6 期，第 126 页。

为，客观价值论仍是阿奎那公平价格判断的基本依据，因为，在阿奎那的论述中，交易方的需求或福利感知可能因人而异，但是并非公平价格认定依据，公平价格仍然是独立于当事人主观意志的竞争性市场价格，交易方的福利感知的高低非法律介入矫正的原因。他指出，"谁若发现自己由于购买了一样东西，而获得了重大帮助，可以自动另外再给一些东西于卖方；这是属于他为人诚实的事。"① 换言之，产品与人的福利关系只是在道德上肯定一个人行为的依据，如同卖者向买者透露市场讯息以降低商品价格，是"道德出等的事"，而非基于公道必须披露的事一样。

综览前述，显失公平法理的核心精义，一言以蔽之，即"任何一方均不得以牺牲对方为代价获益"。通过显失公平法理法哲学思想资源的发掘，至少可以得出以下结论：

1. 根据亚里士多德的正义理论，任何违反等价性要求的交易均违反了交换正义，法律或法官的职责在于矫正这种得与失的错配"力求平等"。换言之，矫正不公平的财富转移是法律的主要功能之一，显失公平行为所造成的不公平不仅是道德层面的要求，具有伦理上的正当性，而且，属于社会制度必须积极介入的领域以实现分配正义。既然人类德行体系中的正义美德是显失公平法理的厚植的基础，那么后世学理或立法以私法自治与个人自由为据努力从显失公平规范中剥离正义美德的伦理性基因注定徒劳。亚里士多德正义理论对显失公平法理的重要贡献在于，他告诉后人：为什么违反等值性的交易是一种需要法律矫正的"恶"，矫正的依据与交易的形成过程、形态、原因等无关，"任何一方均不得以损害他人为代价而获得更多"。

2. 以阿奎那为代表的经院哲学家将上帝意志、良知与共同善等概念引入，在修正的基础上实现了亚里士多德正义理论的复兴，丰

---

① ［意］阿奎那：《神学大全·论智德与义德》，刘俊余等译，台湾中华道明会/碧岳学社 2008 年联合出版，第 331 页。

富了公平价格理论并使之成为交易的主导原则之一。根据阿奎那公平价格理论，虽然所有违反等值性原则的交易均是一种罪恶，但是基于法律实践以及大多数人德行的不完善，纳入世俗法规制的不公平交易范围比神法谴责的范围要窄，仅限于"明显"的不公平交易，换言之，人法对交易中轻微的增加或减少予以容忍是务实的选择。交易显失公平从而需要法律介入矫正主要有两种类型：其一，交易客观结果偏离得失均衡过多。其二，交易方明知是不公平价格仍进行交易，此时不预设得失之间比例。换言之，只有那些非明知且偏离得失轻微的不公平交易才在世俗法的规制射程之外。而且，之所以法律容忍这些不公平交易，并非其没有违反正义原则，而是现实中精确计算得失存在困难，对于轻微的得失偏离无法完成规制。

　　遗憾的是，19 世纪以后，立法、司法与学理将显失公平规范中的"显"做了狭隘的理解。导致诸多法律与实践脱节，司法或政策不得不在立法之外基于公平的考虑创设诸多例外。从阿奎那的论述中，不难发现，纳入人法规制射程的不公平交易，限于"显"失公平的交易，此处的"显"也就是得失之间违背均衡"显著"或"明显"知道违反等值性的场合。然而，在形式主义法律理性的主导下，后世立法基于法律安定性与当事人个人自治的尊重一般拒绝因客观结果失衡而启动矫正机制，私法规范机制的关注点在合同的形成过程，而非其结果。因此，阿奎那所提出显失公平交易的第一种类型被后世立法限缩在相当狭窄的区域，仅在个别例外的情况才介入交易的公平性评价。而且，对于阿奎那所阐释的第二种显失公平交易类型，后世立法刻意拔高了"明知"的地位，将其从得失比例失衡的弱化机制，进阶为显失公平交易认定不可或缺的主观构成要件，而且将客观结果的失衡限定为"显著"。经此改造，显失公平法理被彻底抛弃，显失公平规范促进交易公平的伦理功能被抹去；交易结果显失公平独立启动矫正机制的功能被废除，沦为欺诈、胁迫等意思表示瑕疵监管机制启动与认定的证据或线索。凡此种种，其实是对公平价格理论的背离，或可称为"刻意误读"。庆幸的是，公平价格理论的深刻伦理性使得为人类生活服务的世俗法无法完全将之剥离，显失公平法理一直存续，虽然在立法或适用层面受到严格限制，但是随着现代合同法公平理念的复苏，显失公平规范不断冲破枷锁践行其维护衡平与公正的伦理使命。德国准暴利行为的发展、法国不断扩张适用范围等即为著例，均不乏拨乱反正的意味。

3. 显失公平交易认定中，偏离公平价格的判断基准应该是独立于当事人喜好、福利感知的客观价格。亚里士多德所谓的公平价格是事物本质上客观的、绝对的价格，其独立于具体情况、交易方的价值认知等。阿奎那则进一步指出，自由竞争状况下的市场价格即公道的公平价格，纵使隐瞒了重要市场信息以维持当时的价格也并非不道德、不正义的事。而且，阿奎那认为公平价格是一种变量，会随着生产成本、稀缺性及买主的需求而发生变动。至于个人对事务的福利或效用感知，其对交易的达成以及事务的价格有一定影响，但公平价格的确定仍以独立于主观感知的客观要素（生产成本、劳动、稀缺性等）为核心。换言之，客观价值论而非主观价值论才是亚里士多德与阿奎那理论中公平价格的计算标准。此外，显失公平规范的伦理性底色决定了纵使公平价格无法被精确计算，也不能成为放弃规制的充分理由。因为公平价格无法被计算或无法精确计算是一回事；容许不公平交易，甚至默认为公平是另一回事，精确计算有难度与显失公平交易合法性不能混为一谈。

4. 无论是亚里士多德，还是托马斯·阿奎那，由于他们都是以道德或伦理哲学来探讨交换正义与公平价格问题，因此其并没有关于显失公平规范具体设计方案的论述。如"损失相当重大""超额太大"的具体比例是多少？[①] 适格的判断主体是谁，立法者，还是法官，抑或其他机构？需要法律介入予以矫正的两种显失公平交易

---

① 阿奎那在论述超额太大以至人法也要人偿还时，其认为超过一半以上即典型的"超额太大"的例子。但是，并未提供普遍性的认定标准与比例论说。参见［意］阿奎那《神学大全·论智德与义德》，刘俊余等译，台湾中华道明会/碧岳学社 2008 年联合出版，第 332 页。

如何妥适立法表达？总之，显失公平法理从伦理规范进化到法律规范仍离不开原则性选择与技术性设计等诸多面向的准备。

　　幸运的是，关于显失公平法理规范化的议题，经典法域早期都有过相当有益的探索。经过古希腊哲学的滋养与中世纪经院哲学家的发挥，显失公平法理从萌芽到成熟，只待经济社会实践土壤与气候的到来助推朴素的正义观与道德规范孵化为法律规范。罗马法上的短少逾半规则，英美法上的衡平法理均悬公平为鹄的干预合同内容，成为显失公平法理法律化的先声。

第二节　显失公平规范的啼声初试：
大陆法系与英美法系的
异曲同工

　　作为当今两大成熟度颇高的法律体系，大陆法系与英美法系皆循着自己独特的道路发展出了一套显失公平法理在立法、司法、学理上衍进的特色体系。罗马法为追求公平与善良而创建"短少逾半规则"，衡平法为公平与良知而否认自由订立合同的拘束力，最终确立起显失公平原则。经典法域对不公平交易行为规制的早期探索，均旨在矫正"重大的经济上不正义"以促进"共同善"，甚至不惜以私益（自治）为代价。[①] 诚可谓，欧陆法系与英美法系在显失公平行为规制领域实异曲而同工。

一　罗马法上的短少逾半规则：古希腊哲学正义理论的限制性适用

大凡追溯大陆法上之制度，尤其私法领域，几乎均可在罗马法

---

　　① See John W. Baldwin, The Medieval Theories of the Just Price：Romanists, Canonists, and Theologians in the Twelfth and Thirteenth Centuries, 49 *Transactions of the American Philosophical Society* 1, 27 （1959）.

上找到其成例，或者至少有该制度之胚床。显失公平规范亦复如是。当然，这并非说显失公平规范等发展始于罗马法，考虑到古今社会面对问题的部分重合性，应该说，可以追溯到更远的时间。但是，鉴于"罗马法作为商品经济第一个世界性法律"① 的特征，囿于笔者对更远久制度及资料把握的欠缺，行文安排仍自罗马法始。

罗马法原始文献中有关"非常损失规则"之表述及应用主要有以下几则②：

C. 4. 44. 2

戴克里先帝及马克西米帝致大区长官奥莱里奥·卢保

要是你或你的父亲以较低的价格出售一件价值较高的物品，下列做法是合乎情理的：要么你把钱退还给买方并在审判员的主持下收回售出的土地，要么在买方同意的情况下，支付你按实际价值计算少收的部分。这里所说的少收的、应由买方补足的部分，是指所付款项尚不足应付款项一半的情况。

C. 4. 44. 8

戴克里先帝及马克西米帝致奥莱利娅·艾瓦蒂

如果按照你的愿望，在你的儿子出售了你的土地后，你想宣告买卖无效，那么就必须证明买方使用诡计和阴谋进行了敲诈，或是揭露买方曾经以残疾相威胁，或曾经使用了肉刑。因为，仅仅根据低于实际价值售出土地这一点，并不足以宣告买卖契约的无效。要是你设想一下买卖契约缔结的过程就不难发现：买方总是想以较低的价格买进，而卖方又总是想以较高的价格卖出。但在多次讨价、还价之后，双方终于接受这一契约：卖方适当地降低了要价，买方也相应地提高了买价，并在某一价格上达成了一致。无疑，你会懂得，不仅是买卖契约所依据的善意不允许，而且也没有任何理由宣

① 参见《马克思恩格斯选集》（第3卷），人民出版社1995年版，第445页。

② 参见［意］桑德罗·斯奇巴尼选编《债·契约之债》，丁玫译，中国政法大学出版社1992年版，第38页。

告一项无论是立即达成合意还是在经过一番讨价还价之后确定了价格并达成了合意的买卖契约无效。除非商定的价格尚不足订约时被出售物品实际价值的一半，而买方又不愿支付差价。

D. 18. 1. 38　乌尔比安《论争议》第 7 卷

如果某人由于赠予的原因而降价出卖，则买卖有效。因为在此我们说，只有在整个买卖完全是基于赠予的原因而进行时，买卖才是无效的。当物由于赠予的原因而以一个相当低廉的价格出卖时，毫无疑问，买卖是有效的。这个规则适用于外人之间。在丈夫和妻子之间基于赠予原因而进行的以相当低廉的价格达成的买卖则是无效的。①

上述两敕令经罗马法学家的提炼为"非常损失规则"，并开启了自由与公平在交易领域的博弈史。从文本分析可见，当时显失公平规范在适用范围、法律效果、体系定位方面均处于初始化阶段。对于"显著失衡"的交易行为，原则上，只要契约订立的过程合符公正，至于给付之公平与否非法律关注的范围，或者说法律认为形式要件充足之交易本身即公正。这基于古典罗马法时期奉行严格形式主义与对个人主义的尊重。从 C. 4. 44. 2 片段不难发现：其一，显失公平客观标准之判断为具体比例，即不足"实际价值"之一半。其二，救济之主体限于土地之出卖人。据学者考证，这是出于当时社会政治考虑，即由于残酷的税收政策，而赤贫化的农民需要得到保护，以免其低价出售土地给城市的资本主义者，这些人急于购买土地以避免其财富因通货膨胀而贬值。② 其三，显失公平契约之救济方案有二，一为当事人协商解决，买方自愿情况下补足差价；二为在审判官干预下，恢复到契约生效前的样态；前者等同于履行新的契约，后者使契约归于无效状态。然而，此处究系赋予出卖人申请撤

---

① 罗马法原始文献：《学说汇纂·买卖契约》，刘家安译，中国政法大学出版社 2001 年版。

② 参见徐国栋《民法哲学》，中国法制出版社 2009 年版，第 394—400 页。

销之诉权还是宣告无效之诉权并不明朗，二者虽然法律效果相同，但就尊重当事人意思自治而言，似乎撤销诉权更为妥当。

综合 C.4.44.8 片段之主旨，罗马法严守形式主义的意涵甚明，即原则上以尊重当事人意思自治为首要价值，合同价格的不公平一般不能作为阻却合同效力的充分依据。然而其"短少逾半之但书条款"仍推进了显失公平规范创制的发展。具体言之，首先，契约效力因不公平而可能折损的前提条件限于土地买卖契约与达到短少逾半的客观比例。其次，面对显失公平之契约，以认可其有效性为原则。但是该片段提供了一种指引，即此情形下可考察是否有"强势胁迫"（肉刑、威胁、敲诈）作为可否宣告无效之依据。这其实也是后来不少国家将显失公平规范作为意思表示瑕疵之兜底条款定位的先声，即穷尽既有的"欺诈、胁迫、错误、不当影响"等制度，无匹配适当者，方考虑显失公平规范之适用。有论者指出，对价格失衡现象，罗马法仅以恶意欺诈之诉处理。[①] 此时，与其说显失公平之客观结果是阻却契约拘束力的理由，不如说其是意思表示瑕疵查明过程中的证据或线索。再次，原则上谨守合意是契约效力来源的法理基础，即基于双方真实的讨价还价所订立的契约，双方对彼此权利义务的安排有充分了解，这份善意与缔约的自治性排除了仅因"价格条款"的公平性就否认合同效力的可能。后世相关消费者权益保护立法，尤其格式合同规制就是建立在对"讨价还价"缺失后的补救措施。美国法上程序性显失公平意旨"缺乏有意义的选择"也是立基于此种理念。而且，从 D.18.1.38 片段可推知，买卖契约价格明显不公，仍可以通过考究赠予情势的有无来补强契约的合法有效性。最后，限定短少逾半的判断时间节点于"订约时"，这为后来欧陆诸国显失公平规范立法所承袭。《十二铜表法》放弃"随财主所欲取息"的传统转而加以限制来禁绝利息盘剥，则为后来显失公平之具体化类型之一。

---

① 参见徐国栋《民法哲学》，中国法制出版社 2009 年版，第 393 页。

　　但是，滥觞于戴克里先帝时期的"非常损失规则"，集成于查士丁尼大帝"短少逾半规则"之显失公平规范并未在罗马法契约法领域取得如同欺诈、胁迫等独立检讨契约效力之地位。而且，从"显著失衡"之价格出现后，罗马法提供指引以认定"欺诈""因恐惧所为行为"之有无可知，显失公平的价格并未被认为具有可责性，唯有符合其他影响契约效力瑕疵之原因充足后方可启动效力排除程序。罗马法上除上述两个针对个案的敕令，并未有史料表明"非常损失规则"在适用范围、法律效果、认定标准等领域的重大扩展，这些都是在晚近民法典的过程中方得以完成。甚至有迹象表明，这种对契约自由极端干预的措施不过是罗马法上的例外，甚至有人质疑"短少逾半"的规定系查士丁尼后来所加，是对罗马法义理的一种篡改。① 从其他罗马法片段中可以发现维持严格形式主义传统之论说更显突出，不公平价格不仅被允许而且明确为合法。换言之，即无论契约是否导致极端不公平之结果，均不足以折损其强制执行力。② 罗马法上否认契约效力的严格要求中可窥获此种理念。③

D. 4. 4. 16. 4　乌尔比安：《论告示》第 11 卷

　　彭波尼还主张，对于一桩买卖的价值在缔约人之间互相夸大自然是合法。

D. 4. 2. 5　乌尔比安：《论告示》第 11 卷

　　拉贝奥说，恐惧不应当被理解为任何一种害怕，而【仅仅】是那种更为严重的不利【所导致】的害怕。

---

　　① See René Dekkers, *La lésion énorme：introduction à l'histoire des sources du droit*, Paris：Sirey，1937，pp. 16 - 23.

　　② See Herbert A. Holstein, Vices of Consent in the Law of Contracts, 13 *Tulane Law Review* 560，569 - 79（1938 - 1939）.

　　③ 此处所摘录之前三片段均取自罗马法原始文献：《学说汇纂·恢复原状与责任的承担》，窦海洋译，［意］艾马努埃莱·拉依尼校，中国政法大学出版社 2012 年版，第 11、15、17、97 页。

D. 4. 2. 6　盖尤斯：《论行省告示》第 4 卷

此外，恐惧并非生性敏感的人的【那种恐惧】，而是有理由让十分理智的人也会感受到的【恐惧】，我们说这才是属于告示【所说的恐惧】。

D. 4. 2. 9　乌尔比安：《论告示》第 11 卷

此外，彭波尼在第 28 卷中这样写道，我们所提到的恐惧应当是现实存在的，而不是能引起恐惧的猜疑。

D. 17. 2. 76 普罗库鲁斯：《书信集》第 5 卷

你与我缔结了合伙，条件是由我们共同的朋友内尔瓦确定合伙的份额。内尔瓦确定，你是三分之一份额的合伙人，我是三分之二。你问：根据合伙权这是有效的，还是尽管如此，我们是相等份额的合伙人。我认为，你反而应该这样问：我们是根据他确定的份额成为合伙人，还是根据一个正直之人本应确定的份额成为合伙人。实际上，有两种裁决：一种是无论它是否公平，我们都必须遵从（根据仲裁协议交由仲裁人裁决时，必须遵守）；另一种是必须诉诸于一个正直之人的裁决，即使已指明做出裁决之人的名字。①

D. 17. 2. 79 保罗：《问题集》第 4 卷

因此，如果内尔瓦的裁决不当，以致明显不公，可以通过诚信诉讼纠正之。②

片段 D. 4. 4. 16. 4 直接从正面肯定契约双方在"价值"上互相夸张的合法性，根据此义理，即给付的不均衡显然属于合法的范畴。片段 D. 4. 2. 5，片段 D. 4. 2. 6，片段 D. 4. 2. 9 则强调当事人主张契约效力瑕疵（无效或撤销）时，加害方迫使对方接受不公平交易条件所施加之恐惧必须是"导致严重不利的害怕""十分理智的人也会感到恐惧""现实存在而不是猜疑"的"强迫"程度。有片段甚至

---

①　罗马法原始文献：《学说汇纂·委任与合伙》，李飞译，腊兰校，中国政法大学出版社 2014 年版，第 163 页。

②　罗马法原始文献：《学说汇纂·委任与合伙》，李飞译，腊兰校，中国政法大学出版社 2014 年版，第 165 页。

直接要求达到"以死亡或鞭打的恐怖"程度。① 这也意味着对财产与名誉等的威胁所导致的显失公平合同，不足以否定合同的效力。显然，在否认契约效力之际设定如此严苛的条件，其背后理念不言自明，即契约自由是罗马法上的核心原则，至于"非常损失规则"仅在某些极端情形下方有适用之空间。D. 17. 2. 79 则宣告，纵使合伙份额裁决异常不公而损害到合同效力，仍然是以"诚信诉讼"纠正之，而非前述的"非常损失规则"。换言之，显失公平规范尚未成为法律行为内容公平性审查的常规建制。

综上可知，此一时期，自由商品经济思想仍拥有无可置疑的正当性，价值上的"夸张"也为法律所承认，仅给付显著失衡并不能构成契约无效的理由。个人主义、形式主义在合同领域居于主导地位。以至于后期罗马法虽然针对买卖契约提出"价金适当性"要求后，仍局限于土地买卖，而且诉权的享有者仅赋予"出卖人"。由此可见，偶有对严苛交易情形之否认或效力折损，均限定了非常狭小的领域，并辅之以苛刻的条件。罗马人仅在非常狭隘的范围内贯彻了亚里士多德正义理念。此时期罗马法关于形式主义坚守与突破的矛盾态度更多源于"自由商品经济思想"与"可怕的混乱时代"匡弊扶危的客观需要之间角力的结果。② 因此，或可说罗马人以"非常损失规则"实现显失公平法理规范化的初步尝试显得异常谨慎，此时显失公平规范并未取得限制契约自由的常规机制地位，以之为契约自由大局下的例外点缀或更为贴切。

二　衡平法上的震撼法官良心：显失公平原则监管合同内容的先声

当面对具体个案，现有法律并未设定救济规范，那么解决方案

---

① 该片段原文是："POMPONIUS scribit boe edictum locum bahere：si forte, inquit, mortis aut verberum terrore pecuniam alicui extorserit." D. 4. 2. 3

② 参见于飞《公序良俗原则研究——以基本原则的具体化适用为中心》，北京大学出版社 2006 年版，第 55—57 页。

有二：其一，法官通过法律解释（扩张解释、类推适用、开放性不确定概念）将新情势纳入既有法律体系之射程范围，此为法内解决。其二，法官以立法者的身份来创设规范，根据个案的具体情况来处理待决法律问题，此为法外解决。衡平法产生之初，即为法外解决方案的实践。但这种法官造法并非恣意妄为，而是受到一些基本原则与道德理念的束缚。诚如论者所言，衡平法者，乃以崇高而足以为一般法律圭臬之原则，以修正既有法律之一法也。① 这种仅仅具有初始性特征的原则属性，囿于其内涵与外延的不确定性，使得衡平之际，法官获得了根据公平正义原则进行裁决的权力，此即自由裁量权。从历史渊源来看，衡平法因应弥补普通法救济不足之情势而生，② 基本只受到御前大臣因职务而被赋予的自由裁量权的拘束。③ 然而，在长期的实践中，法官厚积的道德因素与现实因素成为这一自由裁量权行使的矩矱，而显失公平原则正是基于人们"朴素公平的道德感"，准此而论，衡平法具有显失公平法理"着床"的先天环境。这或许也是该原则滥觞于衡平法之内在原因。那么是怎样的衡平理念，使得衡平法成为英美法体系下显失公平法理规范化之渊薮呢？或许从衡平法格言中能找到些许二者牵连的"蛛丝马迹"。

首先，"衡平法保护弱者与易受伤害者"（equity protects the weak and vulnerable）④，这其实也是衡平法对基督教神学所宣扬道德

---

① 参见何孝元《诚实信用原则与衡平法》，台湾三民书局 1977 年版，第 2 页。

② See Edward Yorio, *Contract Enforcement: Specific Performance and Injunctions*, Boston: Little, Brown, p. 30, 1989.

③ 中世纪，当原告对普通法规则与程序之局限性无法忍受时，开始向国王或女王寻求救济。而国王或女王因政务繁忙，无从事无巨细审查，故而将纠纷委托给御前大臣及其工作人员。后来御前大臣司职此一纠纷裁夺的机构发展为衡平法院。御前大臣以国王的名义签发命令，具有极大的自由裁量权。参见［美］杰弗里·费里尔、迈克尔·纳文《美国合同法精解》（第 4 版），陈彦明译，北京大学出版社 2009 年版，第 625—629 页。

④ See Graham Virgo, *The Principles of Equity & Trusts*, London: Oxford University Press, 2016, p. 39.

观念的回应,如《圣经》所言:"……传福音给贫穷的人……被掳的得释放,瞎眼的得看见,叫那受压制的得自由。"① 此格言为显失公平法理提供了重要意涵,即组成社会的个体在权力、能力上千差万别,这种区别可能来自性别、社会或经济地位、精神或身体状况等各种因素,但是,衡平法这一法理使得刻意利用这种能力的不平等谋取个人利益具有法律上的可责难性。其次,"衡平法假定义务人皆有履行义务的意向",衡平法的假定前提是,任何人都有认真履行义务的意向。② 规避自己义务的行为被认为是"非良心的"(unconscionable),也即是显失公平的。因此,悖于双方合意所订立之合同,是显失公平原则违反的重要标志。再次,"公平就是衡平"(equality is equity),即在双方没有真实合意的场合,衡平法将为双方提供公平的解决的方案,防止不公平结果的产生。而显失公平行为是对衡平法的直接违反。最后,还有不少衡平法格言也从其他方面形塑了显失公平规范的内涵,如"equity acts in personam"③ "equity will not suffer a wrong without a remedy"④ "equity is discretionary"⑤ "equity is imaginative"⑥ 等开示衡平关注双方当事人之"良心",且可以根据损害的具体情形灵活提供补救方式,赋予法院以自由裁量权,衡平法也根据新的理念与社会伦理来发展衡平法规则及救济方式。以上衡平法法理昭示其所关注者为当事人真实意图,双方知识、能力、经社地位,真实合意,法官自由裁量权等,借此确保公平之结果。这正是显失公平规范适用过程中,确定显失公平事实的重要

① Luke 4:18; Isaiah 61:1.

② See Alastair Hudson, *Equity and Trusts*, Routledge, 2015, p. 33.

③ See Graham Virgo, *The Principles of Equity & Trusts*, London: Oxford University Press, 2016, p. 44.

④ See Alastair Hudson, *Equity and Trusts*, Routledge, 2015, p. 29.

⑤ See Graham Virgo, *The Principles of Equity & Trusts*, London: Oxford University Press, 2016, pp. 29 – 31.

⑥ See Graham Virgo, *The Principles of Equity & Trusts*, London: Oxford University Press, 2016, pp. 40 – 41.

考量因素。

　　虽然显失公平原则与衡平法在法理上的"亲缘"由来有自，但显失公平之正式"胎动"却是相当晚近的事情。英国衡平法法官于1679 年创立了与罗马法"非常损失"相对应的规则以阻止显失公平合同的强制执行。在 Earl of Chesterfield 诉 Janssen 案中，① 法官使用了"非良心性"（unconscientious）一词来指称该案中所存在显失公平情形，当时，还没有显失公平原则概念，学理上称为准欺诈（presumptive fraud），"从交易本身的性质与磋商内容可明显知道，一个理智正常且非妄想情况下的人不会提出这样的条款，同时一个诚实的人也不会接受。这是如此一个不公平的议价，甚至普通法也注意到了"。② 绍承英国普通法传统之美国，早在1816 年法院即拥有公平裁判权来"否定合同的效力，如果内心良知认为该合同不应当具有拘束力"。③ 最高法院于1853 年在 Eyre 诉 Potter 案中正式阐释了显失公平原则，法官指出"当事人行为是如此过分以至于震撼到了法庭的良知"。④ 但是，合同自由仍是法院的首要坚守价值，法官以"震撼良知"启动对合同内容公平性的审查局限于相当例外的情况，迄至1870 年法院对合同自由的坚守走向缓和，显失公平原则也迎来新的发展。在 Scott 诉 United States 案，该案中法官指出："……如果合同显失公平，而又无法因欺诈等缘由而做无效宣告，则法院应根据当事人平等享有之权利给予受损害方救济，纵使合同未有此类权利义务之明确划分……"⑤ 此处所谓"平等享有之权利"显系出于对实质正义之追求而与当事人基于合同自由所事先分配的权利

---

① See Allen R. Kamp, Uptown Act：A History of the Uniform Commercial Code：1940 –49, 51 *SMU Law Review* 275, 310 –312（1998）

② Louis J. Vener, Unconscionable Terms and Penalty Clauses：A Review of Cases Under Article 2 of the Uniform Commercial Code, 89 *Commercial Law Journal* 403, 404（1984）.

③ Hepburn and Dundas' Heirs V. Dunlay & Co. , 14 U. S. 179（1816）.

④ Eyre V. Potter, 56 U. S. 42（1853）.

⑤ Scott v. United States, 79 U. S. 443, 20 L. Ed. 438, 12 Wall. 443（U. S. 1871）.

义务关系无涉，这也是显失公平原则第一次明确适用于判决之中。Scott 案为之后其他案例所援引而否认合同效力时，法官却给出了不同的解读。由于 Scott 案只是昭示了显失公平之萌芽，或者说仅停留在朴素的公平法感上，而未上升为合同法中的基本原则，未得到法官们的深入阐释与论证，更缺乏明晰之操作路径与客观判准。如此境遇与前述"非常损失规则"在罗马法上之地位颇为类似。这也是理解不同时代、不同地区法官法感的差异导致认定上区别之要害。有主张"突袭"（surprise）而免除责任者、有阐理为"与公平格格不入"者、有依据当事人缺乏"真实意思"者，等等，不一而足。显失公平原则司法适用乱象之破局，直到 20 世纪中叶法院对合同显失公平认定要素之提炼方有了起色。

综上可知，显失公平规范的法理基础深植于人类的道德良知，其并非建立在简单的价格数字或比例的观察，而是与常识、良知紧密结合的人类伦理价值。公平与均衡原则是支撑私法体系的基本精神。学理上，凡论及显失公平规范的法史溯源，言必称罗马法上的"短少逾半规则"，将之作为显失公平法理从朴素的道德观念走进私法规范体系的嚆矢。其实，将镜头拉长回看其法哲学基础会发现，其哲学根基在亚里士多德的正义理论，而且罗马人在将之运用于立法时进行限缩性适用，直到中世纪阿奎那重新复苏了亚里士多德的正义理论，才最终确立起近代显失公平规范的伦理正当性，并调和了普遍正义理念与人法实践之间的紧张关系。显失公平的交易之所以被法律禁止或者惩处，源于人类的追求公正的普遍德性，是正义的基本要求。任何程度的不公平交易都因违反交换正义而应当受到非难，不论行为人主观上的形态如何。但是，自罗马法将显失公平法理付诸于立法开始，囿于公平价格或事物价值缺乏精确化的方法，因此，古希腊正义理论并未得到严格贯彻，而是因应实践的困难做出变通。公平价格精确计算的难题甚至成为后世学者否认显失公平规范正当性的论据。本书认为，公平价格精确计算的困难与交易公平是否需要规制是两码事，不可混淆。两大法系立法或司法均不约而同地尝试介入交易内容的管制即是明证。罗马法的短少逾半规则与衡平法的显失公平原则分别代表欧陆法系与英美法系尝试将伦理道德规范落实到法律规范的典范，显失公平法理从哲学、宗教层面的观念及纯粹的道德范畴进化到正式的法律机制。

遗憾的是，囿于对个人自治的尊重，尤其 19 世纪法律形式主义的兴起，公平价格的精义被遮蔽，最终遗失在历史的尘埃之中，显失公平规范被置于极端个案的调试机制地位。罗马法上短少逾半规则以经济混乱的非常时期极端管控举措出现，而衡平法显失公平原则以仅仅在个别"震撼法官良知"的案件中介入交易的公平性问题。20 世纪面对倚强凌弱、结构性失衡、格式合同以及具体人格登场等现实，现代民法（合同法）规范机制在打捞亚里士多德开创的正义传统时，由于形式主义的惯性，未能真正厘清显失公平规范的公平价格理论基础，甚至存在刻意的"误读"。回溯显失公平法理的本源，重走公平价格理论的成长之路，完成显失公平规范认识的拨乱反正将使不少现代显失公平规范解释与适用中面对的难题迎刃而解。对罗马法与衡平法挹注显失公平法理初步尝试的探究，也为后文总结各自的曲折发展及显失公平法理在 21 世纪的重光奠定了基础。

第 二 章

显失公平规范原则性选择：
个人主义与协助主义的竞争

合作化的多元主义社会是一个逐渐摆脱利己主义的竞争原则，成员为追求公共福祉而彼此负有协作义务以及摆脱"纯粹的利益逻辑的无责性"而逐渐培育出对"共同体怀有责任感"的社会。①

显失公平法理原生于人类朴素的道德与良知，得益于亚里士多德—阿奎那等贤哲的体系化阐释，禁止或惩处"一方以他方为代价获益"的显失公平交易一直是法律的重要职能。迄至18世纪，公平价格仍然是合同的核心理念之一。所有商品或服务都有一个习惯价格（customary price），交易中低于或高于习惯价格都被认为是不公平的。② 然而，19世纪在个人主义哲学与经济自由主义的滋养下，经典法域国家在法典化过程中纷纷抛弃公平价格理论，在规范机制的设计上剥离私法的伦理属性与公平追求，将显失公平法理的承继

---

① 参见［德］恩斯特－哈绍·里特尔《合作国家——对国家与经济关系的考察》，赵宏译，《华东政法大学学报》2016年第4期，第16页。

② See Morton J. Horwitz, *The Transformation of American Law*, 1780—1860, Cambridge: Harvard University Press, 1977, p. 173.

限定在极为狭窄的范围。英国与美国法院的实践中，关注"对价的有无而不问对价的充分"也逐步获得主导性地位，纵使偶有对显著失衡交易的规制，也主要基于合同形成过程中存在欺诈或错误等意思瑕疵，而非不公平结果本身。换言之，普通法中显失公平的交易结果并不具有独立、终局性衡平功能，而是作为当事人之间意思合致瑕疵的证据使用。① 显失公平规范消失在普通法形式主义光环之中，直到 19 世纪末才在衡平法院的努力下重回合同的话语体系中。前文显失公平规范的理论溯源厘清了公平的朴素道德感如何演进为具有强制力的规范历程。但是，显失公平规范承载私法伦理性的核心功能遭遇形式主义法律理性的强劲挑战。当立法者将伦理性从规范机制中剥离并确立起正统地位之后，显失公平规范在私法体系中陷于尴尬的境地，成为私法规范机制中不受待见的"继子"。显失公平规范灵活性致适用过程中缺乏可预测性与连续性，显失公平规范的配置被攻讦为对私法规范机制的伤害而非补充。从表面来看，显失公平规范不仅违反合同自由原则，而且诱发了法律关系变动不羁的弊端，无从维护交易的安全。果真如此吗？前述法理基础的探究昭示，显失公平法理进入立法者的视域有其深厚的伦理性基础，是法律的基本精神。回应并击破对显失公平规范的诘难需要回答的核心问题是：究竟是公正建立在合同的基础上，还是合同建立在公正的基础上？这关系到现实规范的体系定位与功能预设，形塑其规范特征，决定其与其他基本原则的界限，其也是法典翻修与解释适用导向的灯塔。

---

① See James Gordley, Equality in Exchange, 69 *California Law Review* 1587, 1594 – 1599 (1981).

第一节 显失公平规范的枷锁：个人主义的私法规范机制及其制度安排

纵观私法发展的历史，其规范机制的擘画、解释与适用导向的选择均与特定时空背景下的哲学思潮、经济思想有着千丝万缕的联系，甚至可以说，哲学理念与经济思想决定了特定时代私法的特征与制度的底色。在奉个体自由与经济效率为圭臬的时代，私法制度获得长足进展，国家与政府居于守夜人的地位，为个人自治的发展保驾护航。但是，在注重社会福利与经济公平的年代，私法制度将披上醒目的管制色彩，甚至将本因贯彻意思自治的私法规范机制改造得面目全非。同样，基于公平正义的理念所配置的制度架构，遭遇个人主义哲学与经济自由主义的冲击之后，也将面临颠覆性解释与适用，甚至被弃置的处境。显失公平法理从伦理道德要求进化为法律规范，再从合同的基本公平概念沦为意思表示瑕疵证据的历程即很好地诠释了私法与特定时空主导性哲学与经济思想之间的互动关系。在个人主义与经济自由主义盛行的 19 世纪，私法规范机制的前提假设、目标预设、制度设计、矫正机制的安排无不围绕私法自治展开，无论是立法、司法还是学理均以实现法律权利的可计算性为目标，法律的首要价值也以稳定性与可预测性为宗，马克斯·韦伯称为"形式逻辑的法律理性"。显失公平规范因其灵活性、模糊性备受指责。[1] 其关注合意产生结果的公平性而非合意形成过程本身也与私法自治、合同自由扞格。甚至有学者发出警示：显失公平规范

---

[1] 首开批判先声的当推 Arthur Leff 教授。See Arthur Allen Leff, Unconscionability and the Code-The Emperor's New Clause, 115 *University of Pennsylvania Law Review* 485, 487（1967）.

的适用可能吞噬合同法的生命。① 关于显失公平规范的原则性选择直接决定了其体系定位、规范功能、规范特征以及解释与适用方案乃至在私法体系中的命运。

一　个人主义私法规范机制：公平建立在合同自由的基础之上

私法自治与合同自由是现代民法的核心价值，合同法乃至整个私法体系均以意思自治为出发点预设其规范机制，将个体自主决定并自负决策风险作为核心理念。私法规范机制作为私法自治的生存环境与运行背景，其使命在于如何使得"自由的个人成为可能的社会制度"。个人主义哲学主张个体是自由的，其可以通过自己的意志为自己创设法律。此种为自己立法的权力不仅免疫于其他市场主体的强制或压迫，而且有免于来自国家干预的恐惧。② 法彦有云：合意成契约为法律。个人意愿是法律关系产生的最佳依据，而且是合同强制力的根本支撑。在个人主义哲学指导下，私法自治因其对个人尊严与自治的尊重获得道德上的正当性，成为私法规范机制构建的基石性理念。基于个人自由的尊重，私法规范机制的预设目标在于鼓励自由缔约、促进竞争而非消除交易的不公平。私法自治的理想运作条件包括环境层面与参与者层面两个面向。环境面向要求存在有效竞争的市场以供给私法自治运作的结构性条件，保障的任务主要由促进竞争与防止限制竞争的反垄断法等公法承担；私法规范的制度机能则专注于参与者的平等与自主决策能力并致力于尽可能实现合同承诺的清晰化与可执行性。私法规范的形式主义特征应运而生。

诚如论者指出，为契合私人自治的品格，抽象性、目的独立性、

---

① See Colleen McCullough, Unconscionability as a Coherent Legal Concept, 164 *University of Pennsylvania Law Review* 779, 782 (2016).

② See Duncan Kennedy, Distributive and Paternalist Motives in Contract and Tort Law, with Special Reference to Compulsory Terms and Unequal Bargaining Power, 42 *Maryland Law Review* 563, 570 (1982).

否定性、程序性、形式性、工具理性等形式主义特征成为私法规范的一般品性。① 私法的程序性与形式性意味着其追问结果形成过程而非结果本身的正当性，以交换正义而非分配正义的实现为制度目标。因此私法规范预设的行为审查重心在合意的"真实性"，合意是否自由、是否真实成为规范配置的转轴，在考察合同内容与效力的过程中，除合意因素外，几乎不考虑当事人之间的情景化关系以及对第三人的影响。② 由于"对结果公平的追求往往会导致国家过多地干预个人自由权利"，③ 因此，私法规范甚少预设特殊关照的主体，只有在极少数例外情形下才审慎考虑结果导向的弱势保护。此种私法规范机制的特征被马克斯·韦伯称为"形式逻辑的法律理性"，即最大化法律权利的"可计算性"，将明确的合同承诺转化为固定的法律权利从而支撑当事人的意思自治。私法尤其合同法的制度使命在于引导、协助交易双方达成一个清晰的协议以完成一个可执行的合同，尽可能实现合同内容与条款的确定性。法院的职责往往也拘泥于明示合同的解释或漏洞填补，而不是重新分配风险，抗拒交易经济本质的要求或情景化合同关系的态度。④

　　理性人假设、信息完全、竞争充分也成为市场机制的三大前提性假说，作为市场经济法治保障的私法规范机制亦立基于此。经济自由主义的奠基人亚当·斯密在《国富论》中提出个人自利行为与"看不见的手"市场概念，主张在充分竞争、信息完全的条件下，理性的个体可通过自由意志实现利益最大化。在市场机制下，只要尊重个人的自治不仅能实现公平，而且将促进社会总体福祉的增加。

---

① 关于私法形式主义的精致化论述，参见易军《私人自治与私法品性》，《法学研究》2012 年第 3 期，第 69—82 页。

② 参见杨宏晖《市场经济秩序下的契约失灵调整模式》，《法学新论》2010 年第 25 期，第 73—74 页。

③ 参见易军《私人自治与私法品性》，《法学研究》2012 年第 3 期，第 76 页。

④ 参见〔英〕休·柯林斯《规制合同》，郭小莉译，中国人民大学出版社 2014 年版，第 179 页。

一方面，尊重个人尊严与自治，构建个人意思自治发挥作用的制度机制，公正必然实现，诚如法彦所言"如果它是契约的，它就是公平的"。理性的个体具有追逐其利益最大化的倾向，也是自身利益的最佳维护者。在一个充分竞争的市场里，理性经济人竭尽所能挖掘关涉交易的所有信息，在完全信息的基础上做出最有利于自己的缔约决定。因此，对交易过程和结果施加的外在干涉无疑都是对个人自由意志的否定。"保障合同自由便足以保护当事人的权利，无须再设置其他的外部分配和干涉机制。"① 合同自由保障本身就足以支撑公正的结果，也是在这意义上，尊重个人尊严和自治具有了道德上的正当性。另一方面，尊重个人意思自由并为意思的实现提供规范机制，不仅可以使市场主体各得其所，而且能矫正不公平的后果，实现社会的总体繁荣。在个人主义与经济自由主义的观念里，私人利益与公共利益具有高度重合性。因此，"每个人关心自己利益的同时，社会利益得以增进；在每个人保护自己利益的同时，社会利益得以维护"。② 所以，个人自治赋予自主形成法律关系的权力，在市场这只"看不见的手"的指挥下，个人受到自利驱使调整生产与消费，实现资源的最优配置。甚至，对这种个人改善自身处境行为与动机的尊重，是预防和矫正因不公平和压迫所生不良后果的保卫力量。③

综上以观，个人主义方法论将其制度配置建立在理性经济人、信息完全与充分竞争三大假说基础之上。私法规范机制的预设目标是如何彻底贯彻个人意思自治，围绕私法自治的运行保驾护航，免遭国家和其他社会成员的干预。尊重个人尊严与自治不仅自然而然地实现公平，而且能在许多方面预防和矫正不公平和压迫所造成的

---

① 参见许德风《合同自由与分配正义》，《中外法学》2020 年第 4 期，第975 页。

② 易军：《个人主义方法论与私法》，《法学研究》2006 年第 1 期，第 96 页。

③ 参见［英］亚当·斯密《国民财富的性质和原因的研究》（下册），郭大力、王亚南译，商务印书馆 1979 年版，第 361 页。

不良后果。在经典合同法时期，"合同全然成为正义的代名词"。①
随着经济社会情势的发展，纵使市场可能失灵，个人的理性能力有
缺失，矫正机制的设置仍围绕私法自治的维护展开，恪守私法规范
机制的形式主义品性，仍在合意形成过程上打转，如强制信息披露、
竞争法介入等均旨在恢复磋商对等与交易的自由选择。总之，个人
主义指导下的私法规范机制将公平正义建立在私法自治与合同自由
的基础上。显失公平规范、消费者保护等关注结果公平与市场主体
具体人格的制度设计也因之受到抑制，或是极端例外的特别安排，
抑或在解释与适用上归入私法自治的维护体系。

二　显失公平规范的劫难：挣扎于充满敌意的规范与司法环境

在形式主义的理念下，"合同私法的一般规则通常不包括这种明
示的一般权力使法院能够以义务的实体不平衡为理由推翻合同。"②
合同即公道的理念渗透到私法规范机制及司法适用的各个阶段。立
法、司法乃至学理对于法官以开放性的标准介入合同内容的审查持
相当敌视的态度，当事人以交易结果不公平为由挑战自由订立合同
的拘束力一般很难获得支持。显失公平规范作为开放性不确定法律
概念，其内涵与外延均暧昧不明颇具灵活性，赋予法官因应个案情
形干预合同内容的权力。这与尊奉个人主义与形式主义的私法规范
机制格格不入，在公平价格理论式微的 19 世纪，显失公平规范遭遇
猛烈抨击，纵使显失公平法理残留于私法体系中也通过司法的解释
与适用予以严格限制。尤其，鉴于显失公平规范以交易结果的公平
性为审查重心，这严重背离了形式主义私法机制关注合意形成过程
而不问结果的基本立场，甚至是对"合同即公道"逻辑的颠覆，因
此不少论者将显失公平规范视为吞噬合同法基本原理、威胁合同自

---

① 参见朱广新《合同法总则研究》（上册），中国人民大学出版社 2018 年版，第
45 页。

② 参见［英］休·柯林斯《规制合同》，郭小莉译，中国人民大学出版社 2014
年版，第 281 页。

由的洪水猛兽。① 应该说，个人主义与经济自由主义主导私法理念的时代，显失公平规范在充满敌意的规范环境与司法环境中艰难生存。

（一）合同法之癌：显失公平规范对传统私法规范机制的冲击

诚如前述，现代私法规范机制的主导理念是个人主义与经济自由主义，其预设的规范目标是促进竞争与经济效率而非消除交易的不公平结果，甚至在某种程度肯认不公平结果的正当性。诚如论者指出，私法的底色是"程序性而非结果性""形式正义而非实质正义"。② 显失公平规范则反其道而行之，以结果的公平性为依归，追求实质正义，并且赋予法官因应个案情况广泛的自由裁量权。这种理念上的根本冲突使得显失公平规范遭遇诸多非难，在相对狭窄的制度空间中实现衡平功能。

1. 显失公平规范威胁私法自治，颠覆私法规范机制的基本原则

诚如前述，在个人主义哲学主导下，尊重当事人意思合致，并严格解释与适用合同以实现确定性，法律的功能在于尽可能将当事人的约定转换成可精确计算的法律权利。个人通过意思自治安排自己的生活，免受来自国家的强制性干预。甚至，为了完成法律权利可计算性目标，道德与伦理等其他因素均被排除在考虑之外。在这种封闭性的规范体系下经过三段论逻辑演绎，实现行为后果与法律决定可预测性与确定性。

首先，显失公平规范本质上是一种法律家长主义的安排，威胁尊重个人尊严与自治的基本原则。③ 私法自治与合同自由因赋予个体高度自由，自主安排其社会生活，而且免遭来自国家的肆意干涉，

---

① See Jay M. Feinman, Un-Making Law: The Classical Revival in the Common Law, 28 *Seattle University Law Review* 1, 15 – 17 (2004).

② 参见易军《私人自治与私法品性》，《法学研究》2012 年第 3 期，第 76—77 页。

③ 参见［英］休·柯林斯《规制合同》，郭小莉译，中国人民大学出版社 2014 年版，第 295 页。

因此，合同自由具有尊重个人尊严与自治的道德正当性。法律家长主义强调公权力部门直接变更或否定当事人的意志以保护个体的利益免遭损害，"基于法律的规定限制当事人自我决策的权力以保护承诺人自己"。[①] 显失公平规范以公平性为由赋予一方当事人推翻自己的缔约选择，授权法官否定当事人在意思自治基础上选择的生活条件或事务安排，是典型的法律家长主义机制。此种对自我决定权力的强力干涉与私法规范机制所尊奉的法律权利的可计算性以及严格执行合同的确定性格格不入，给法律与交易的安全性带来严峻挑战。因此，显失公平规范往往被视为对合同法基本理念的背离。[②] 而且，个人主义理念认为合同本质上是权利的最佳发生根据，个人根据自己的意志创设其同意的义务，这无异于给自己立法，而显失公平规范却赋予个人无视并违反自己所创设法律的权力。此外，个人主义理念下，每个人都是自己利益的最佳裁判者，且要为自己的决策负责，但显失公平规范授权法官以"家长"的地位，代替个体做出利益判断并逃避其因决策而带来的后果。准此而论，显失公平规范不仅可能架空个人的自主决策与利益判断，而且为个体逃避其自由意志同意的义务与责任，从而根本上动摇了私法规范机制的基础。

其次，显失公平规范内涵与外延变动不羁，极具开放性，对法律的安定性构成挑战。显失公平规范的模糊性从其诞生之初即成为立法与司法深感棘手的问题。罗马立法者考虑到公平正义的伦理感受无法精确化，因此在短少逾半规则中以客观比例标准与严格限制范围将模糊性降到最低。衡平法法官的震撼法官良知标准则更显模糊。此种模糊性与私法规范机制所追求的确定性与可预测性背道而驰，因此广受诟病。有论者认为显失公平规范概念模糊，缺乏清晰

---

① Anthony T. Kronman, Paternalism and the Law of Contracts, 92 *Yale Law Journal* 763, 764 (1983).

② See Richard A. Epstein, Unconscionability: A Critical Reappraisal, 18 *Journal of Law & Economics* 293, 293 (1975).

界定，如同"皇帝的新衣"，广泛适用有流于恣意专断的风险。① 由于何谓"显失公平"缺乏精确界定，法官拥有相当自由裁量权，此种灵活性特质意味着显失公平规范的适用缺乏可预测性，给法律的安全性带来挑战。② 商事实践也因为缺乏稳定可预测的规范环境而进退两难，从而严重抑制交易的展开。基于显失公平规范的灵活性，法官可以根据自己的公平观念与对交易的理解，判定何为公平价格或公平交易。显失公平规范的灵活性导致在解释与适用中缺乏客观标准，不同法官则基于主观判断展开对规范的理解与适用。准此而论，显失公平规范更似一种意志替换机制，法官的主观意志取代当事人的私法自治，国家成为确定个人最佳利益的主体，私法规范机制尊重个人尊严与自治且排除国家干预的制度功能被颠覆。

2. 显失公平规范窒碍经济效率目标，违背经济自由主义的理念

显失公平规范面临的另一大劲敌来奉经济效率为圭臬的研究社群。传统观点认为，普通私法规范机制旨在促进经济效率与资源的优化配置，③ 私法形式主义的品性也是为效率目标的实现而量身打造。④ 遵循价格机制的市场经济得以有序发展的前提条件之一即对当事人自主决定的尊重，理性的当事人通过讨价还价确定彼此的对价完成交易。显失公平规范则关注结果的公平性，否定个人意思自由决定的正当性，这造成交易的可执行性与确定性疑虑，抑制经济效率的目标。如面对显失公平规范的威胁，市场主体往往放弃那些可能诱发不公平结果的交易；再如承诺人以不公平为由否定已经成立并生效的合同，将导致双方围绕公平与自由的博弈聚讼盈庭，极大

---

① See Arthur Allen Leff, Unconscionability and the Code-The Emperor's New Clause, 115 *University of Pennsylvania Law Review* 485, 559（1967）.

② See Colleen Mccullough, Unconscionability As a Coherent Legal Concept, 164 *University of Pennsylvania Law Review* 779, 782（2016）.

③ See Richard A. Posner & Andrew M. Rosenfield, Impossibility and Related Doctrines in Contract Law: An Economic Analysis, 6 *Journal of Legal Studies* 83, 89（1977）.

④ See Eric A. Posner, Economic Analysis of Contract Law after Three Decades: Success or Failure, 112 *Yale Law Journal* 829, 842－844（2003）.

推高了纠纷处理成本。准此而论，显失公平规范机制不仅未能促进交易与经济效率，反而是降低了经济效率。信奉经济自由主义者认为，自由竞争的市场这只"看不见的手"赋予每个人追求其自身利益，私心驱动下社会资源将得到最佳分配，促进经济的繁荣与进步，社会总体的利益与福祉也随之实现。显失公平规范赋权法官以公平价格重新设定合同的价格条款或权利义务配置，等同于废除了市场价格机制的武功。这不仅动摇了私法规范机制的基础，而且市场效率也遭受损害。甚至，对价格机制的粗暴干预会导致适得其反的效果，如从长远来看，受保护的群体为货物或服务支付更高价格。① 而且，显失公平规范专注于价格条款的公平性，客观上对当事人讨价还价时在价格条款与其他条款权利义务配置之间进行权衡损益的可能性。如合同中价格的设定可能是对产品质量标准的折射，针对同一商品或服务，富人可能愿意支付更高价格以获取高品质享受，而一个贫穷的人则做出相反的选择。准此，显失公平规范可能妨碍最优交易的实现，甚至在个别情况下将贫穷的消费者逐出市场。② 总之，显失公平规范的灵活性安排给法官改写个人意思自治的生活安排提供了便利，也为个体逃避合同义务打开了缺口。其对私法规范机制经济效率目标的实现伤害极大，无从提供合同执行的稳定环境，交易中所需的信任与信心无法构建，或导致交易无法发生，抑或使得交易发生后有陷于相互扯皮的危机之中。

（二）现实性困境：主观价值论下公平价格评估难题及司法应对

1. 公平价格缺乏客观性标准无法精确计算

私法规范体系奉意思自治为圭臬，个人不仅可以决定缔约与否

---

① 参见［英］休·柯林斯《规制合同》，郭小莉译，中国人民大学出版社2014年版，第302—303页。

② See Alan Schwartz, A Reexamination of Nonsubstantive Unconscionability, 63 *Virginia Law Review* 1053, 1081 – 1082 (1977).

的自由，而且可以决定其承受的具体义务，对价或价金等权义配置内容自不例外。个人主义方法论在价值领域运用的结果即"主观价值论"，① "一切立约议价的东西其价值是由立约着者的欲求来测量的，因之其公正的价值便是他们满意付出的价值"。② 商品或服务的价值取决于当事人立约时所同意的价值，只要是立约时个人所同意的价值都是公正的。立约人以产品能满足自己需求的能力来确定其价值，因此价值仅对缔约双方有其意义，也只有在商品或服务与人之间的福利关系展现出来。"当事人主观上愿以此给付换取对待给付，即为已足，客观上是否相等，在所不问。"③ 由于个人需求与欲望的差异，商品或服务的公正价格也随之因人而异，价值的比较更是无从谈起。由于公正的价格不是通常可确定的市场价值，有缺乏一个绝对的内在价值存在，客观性的缺乏导致任何精确计算的尝试注定徒劳。因此，从私法规范机制的理念出发，公平价值的尺度掌握在立约人自己手中，而非国家手中。只要是经由双方自由讨价环节所确立的价格或权义关系配置，则并不存在真正的不公平交易问题，无须法律越俎代庖替个人"定价"。自由主义被捧上神坛的19世纪，经典法域主要国家立法者均持主观价值的立场，在私法规范的设计中原则上均排斥单纯以交易客观结果的不公平而介入审查并提供法律救济。④ 笔者认为，在阿奎那的时代，同样面临着公平价格精确计算的难题。但因为计算的困难而否认对公平的追求，混淆了公平价格计算的困难与合同客观上存在公平性两个不同层次的问题，难免遗因噎废食之讥。

2. 司法对显失公平规范的限制性解读与适用

应该说，公平价格的计算难题从显失公平法理萌芽之日起即如

---

① 参见易军《个人主义方法论与私法》，《法学研究》2006 年第 1 期，第 99 页。

② 参见［英］霍布斯《利维坦》，黎思复等译，商务印书馆 2017 年版，第 115 页。

③ 参见王泽鉴《债法原理》，北京大学出版社 2013 年版，第 110 页。

④ See James Gordley, Equality in Exchange, 69 *California Law Review* 1587, 1598 – 1599（1981）.

影相随。诚如前述，亚里士多德将任何违反等值性原则的交易均认定对交换正义的背离，法官肩负力求衡平矫正得失比例的重任。阿奎那也意识到公平价格随着市场等因素的变化处于动态的调整中。但是，他们均认为公平价格并非虚无缥缈无从窥获，基于事物本质的公平价格客观存在，与生产的成本、付出的劳动以及个体需求紧密关联，自由竞争所形成的市场价格即公平价格的标准。19 世纪之前，显失公平法理的内核——客观公平价格——一直是交易法（合同法）的重要理念。然而，19 世纪以后，主观价值论成为主导合同法与市场交易的主流价格理论。[①] 既然价值是主观的，那么法律体系中不应该存在以交易客观结果为公平性审查的机制，显失公平法理与主观价值论之间的紧张关系应运而生。如果说立法者在公平与自由之间还存在犹豫，那么司法则基于现实的考虑直接将显失公平规范置于自由的大旗之下，从而形式上消解了显失公平规范与主观价值论之间的体系冲突。

根据主观价值的原理，事务的价值在双方讨价还价的过程中产生，只要双方遵守私法所确立被认属公平的游戏规则，则其接受的合同价格就是事务的价格，而且也是公道的价值。因此，合同法的核心功能在于"建立讨价还价的机制，而不问实体的正义与公平"，[②] 以实现承诺的可执行性。在此种理念的主导下，立法、司法、学理均普遍认为不能因为交易价值上的失衡而给予事后救济。[③] 立法作为妥协的产物，其在公平与自由的关系多少可以相对持中，或者虽然原则上以尊重个人尊严与自治为首要目标，但仍可以于法律中配置相应兼顾公平的条款以宣示价值。但司法在公平与自由冲

---

① 参见徐国栋《公平与价格—价值理论》，《中国社会科学》1993 年第 6 期，第 130—131 页。

② P. S. Atiyah, *The Rise and Fall of Freedom of Contract*, Oxford：Clarendon Press, 1979.

③ See James Gordley, Equality in Exchange, 69 *California Law Review* 1587, 1598 – 1599（1981）.

突的具体个案中，并没有多大回旋余地，必须做出裁量。在法律决定的可预测性与确定性目标的引导下，司法开创出消解显失公平规范体系困境的解释路径，即将显失公平规范解读为意思自治的维护机制，沦为欺诈、胁迫、错误、重大误解等意思表示瑕疵矫正机制的兜底条款。

我国原《民法通则》的显失公平规定，其采单一要件主义，只要求客观结果显失公平即可启动救济程序。但囿于形式主义私法传统对确定性与可预见性要求，司法实务与学理皆异口同声走向了僵化的主客观要件主义。以致民法典起草过程中，将显失公平规范固化为严格的双要件模式，大大限缩其适用范围成为立法的当然选择。学界则将之作为立法对学理研究积累尊重的典范。对照法国、德国、美国等经典法域显失公平规范从限制到扩张适用的发展历程，我国似乎走了一条相反的道路。今后是否会重蹈覆辙，亦未可知。其后果之一，就是显失公平规范称谓意思表示瑕疵的兜底性安排，法院面对当事人以显失公平挑战交易效力之际，法官会优先考察意思表示是否真实，如果不存在欺诈、胁迫、误导、隐瞒等情势，则径直否认显失公平规范的适用空间，而无须再考量交易的公平性问题。①如此，显失公平规范学理与实务的发展均被严重抑制，其矫正得失失衡实现公平的理念也被阉割。

美国法上的显失公平原则亦遭遇类似的限制性适用。诚如前述，显失公平原则诞生之日起，因其灵活性、公平性审查悖于形式主义的法律理性，在学界就饱受诟病。为抑制显失公平原则滥用对法律稳定性的冲击，有论者提出"程序性显失公平"（procedural unconscionability）与"实质性显失公平"（substantive unconscionability）的分析框架。② 此种形式主义阴影下解决显失公平规范体系性龃龉的

---

①　如四川省高级人民法院（2017）川民初 20 号民事判决书；福建省高级人民法院（2019）闽民终 387 号民事判决书。

②　See Arthur Allen Leff, Unconscionability and the Code-The Emperor's New Clause, 115 *University of Pennsylvania Law Review* 485, 539－540（1967）.

方法被法院发挥到极致，形成了美国法院主流的双重要件认定方法。以程序性显失公平契合主观价值论，基于私法自治原则，审查交易形成过程中是否存在意思表示瑕疵。以实质性显失公平保留结果公平的因素，并采用了相当主观的裁判标准，即"震撼法官良知"。虽然，法官并未明示"震撼良知"是其得失比例失衡的判断标准，但实务中价格的悬殊往往是实质性显失公平证成的主要依据。① 经此司法改造，显失公平规范作为独立阻却合同拘束力的内质荡然无存。由于双重要件的操作模式大幅提高了显失公平交易的认定难度，因此实务中法院往往怠于援引或严格解释显失公平原则导致弱势方成功主张显失公平而改写合同或阻却执行的比例相当低，② 显失公平规范未能很好践行其衡平的功能。

此外，司法这种拘泥于法律决定的严格确定性，而放弃或限制性使用自由裁量的做法，使得显失公平原则的规范功能大打折扣，这也给显失公平规范引来诸多"同道中人"的批评。除了来自恪守个人主义与经济自由主义理念者对显失公平规范的敌视，那些寄望显失公平规范予以保护的群体对其实际效果也相当不满，因而主张改造显失公平规范以更积极的方式保护消费者与劳动者。③

三 古典显失公平规范的体系功能与基本特征

在一个公平建立在自由基础之上的时代，对合同自由构成威胁的显失公平规范的境遇可想而知。从立法上的谨慎安排、司法上的限制适用到学理上的诘难，不难发现，显失公平规范在私法规范体

---

① See Evelyn L. Brown, The Uncertainty of U. C. C. Section 2 – 302：Why Unconscionability Has Become a Relic, 105 *Commercial Law Journal* 287, 298 – 299 （2000）.

② See Jeffrey W. Stempel, Arbitration, Unconscionability, and Equilibrium：The Return of Unconscionability Analysis as a Counterweight to Arbitration Formalism, 19 *Ohio State Journal on Dispute Resolution* 757, 812 – 813 （2004）.

③ See Russell Korobkin, Bounded Rationality, Standard Form Contracts, and Unconscionability, 70 *University of Chicago Law Review* 1203, 1275 – 1285 （2003）.

系的敌视中形同不受待见的"继子"，处处被掣肘、被限缩。与古典合同法相对应，或可称"契约即公道"时代以及继续尊奉此种理念的显失公平规范为古典显失公平规范。个人主义与经济自由主义的私法理念不仅决定了其体系功能，也形塑了古典显失公平规范的基本特征。

（一）古典显失公平规范的体系功能：意思自治原则的支柱还是掘墓人

关于显失公平规范的体系功能，学界分为两派：一派主张其法律行为内容控制机制，法律行为显失公平意味着标的欠缺公平性，[①]或内容不甚合理等。[②] 另一派则坚持显失公平规范是意思自治的维护机制，旨在当事人意思表示的自愿性与真实性，显失公平行为因意思表示不真实、不自由而面临效力瑕疵的诘难。[③] 前者肯认显失公平规范作为独立衡平规范的功能，后者则仍恪守形式主义的解释路径将显失公平规范作为意思自治原则的附庸。因此，显失公平规范承载怎样的体系功能，与原则性选择的立场密切相关。诚如前述，尊奉个人主义与经济自由主义的时代，显失公平规范处在私法体系与司法实践的敌视的环境中。在前述理念主导下的立法、司法与学理或将显失公平规范作为极端特例，或扩充意思自治的范围将显失公平规范纳入意思表示瑕疵矫正的体系之中。由是可知，古典显失公平规范的体系功能取决于如何看待其与意思自治原则的关系。在个人主义方法论的禁锢下，显失公平规范或是意思自治原则违反，不容于私法规范体系；或者不过是意思自治原则的下位规则，承担合意品质的审查功能。

首先，显失公平规范与意思自治原则冲突，是戕害私法自治的

---

① 参见张俊浩编《民法学原理》，中国政法大学出版社 1997 年版，第 251 页。

② 参见佟柔《中国民法学·民法总则》，中国人民公安大学 1990 年版，第 233 页。

③ 参见李开国《民法总则研究》，法律出版社 2003 年版，第 284 页；彭万林编：《民法学》，中国政法大学 1999 年版，第 155—156 页。

毒药，否认其体系价值。私法规范机制旨在构建一套清晰的承诺执行体系，实现法律权利的可计算性。显失公平规范内涵无从探知，外延也暧昧不明，属于开放性不确定概念范畴。此种适用的灵活性与法律的确定性与可预测性诉求背道而驰。迷信私法规范形式主义的论者不仅猛烈抨击显失公平规范灵活性造成弊端，甚至主张将其从私法体系中清除出去。如 Leff 教授指出显失公平原则"晦涩难懂""没有现实依据""无法准确界定"等弊病可能引发司法恣意。① 又如有论者认为法官以显失公平原则干预合同纠纷是误入歧途，应该由立法规范或行政法令来处理。② 也有论者相当反感显失公平规范干涉合同自由的品质，认为其不宜积极干预合同自由，鉴于其适用结果弊大于利，因此主张彻底废止。③ 总之，由于显失公平规范违反合同自由原则破坏私法的稳定结构，④ 可预测性的缺乏甚至会反噬私法规范体系。诚如前述开示，在尊奉形式主义的理念下，显失公平规范处在充满敌意的立法与司法环境中。显失公平规范的体系功能不仅未能获得承认，反而其弊病被无限放大，将合同自由作为尊重个人尊严与自治的道德立场，视显失公平规范为洪水猛兽。在形式主义至上的论者看来，显失公平规范的体系功能是负面的，如同戕害意思自治原则的毒药。

此外，洞悉显失公平规范与意思自治原则龃龉特征的学者，面对显失公平规范入典的既成事实，也仅将之视为个别例外情况。在解释论上将之解读为对私法自治的修正，法律仅在例外情况下考虑

---

① See Arthur Allen Leff, Unconscionability and the Code-The Emperor's New Clause, 115 *University of Pennsylvania Law Review* 485, 559, 487–489 (1967).

② See Victor P. Goldberg, Institutional Change and the Quasi-Invisible Hand, 17 *Journal of Law & Economics* 461, 485–490 (1974).

③ See Richard A. Epstein, Unconscionability: A Critical Reappraisal, 18 *Journal of Law & Economics* 293, 294–295 (1975).

④ See Colleen McCullough, Unconscionability As a Coherent Legal Concept, 164 *University of Pennsylvania Law Review* 779, 782 (2016).

具体人格保护弱势的缔约方，以维护契约的实质自由。① 总之，显失公平规范并非私法规范机制的常规配置，否认其对交易结果普遍的衡平功能。

其次，显失公平规范是支撑意思自治原则的下位规则，其体系功能在于审查意思表示的真实性或自愿性的品质。比较法上，法国债法改革之前，将显失公平规范一般条款"合同损害"置备于"同意"一章，而且与错误、欺诈、胁迫等意思表示瑕疵机制并列。因此，从体系解释来看，合同损害属于意思瑕疵的范畴。美国法院所广泛采用的程序性显失公平与实质性显失公平二分操作方案，亦是将显失公平原则置于合意形成过程的阴影之下。由于显失公平本质上应该维持其开放性标准无须精确定义，② 立法者在何谓显失公平合同或条款判断上刻意留白以维持其灵活性。但是，法官为追求法律决定的可预测性有意放弃或限缩法律所赋予的自由裁量权，而是采用严格的双重要件解释路径，变相将显失公平规范置于意思自治原则的阴影之下。哥伦比亚上诉法院在 Williams v. Walker-Thomas Furniture CO. 案中首次采用程序性显失公平与实质性显失公平的认定路径。③ 自此，美国法院关于显失公平原则的传统认定标准转变为严格的双重要件论，一个合同或条款只有在同时具备程序上与实质上显失公平方能启动显失公平原则的救济机制。④ 经此改造，显失公平原则的援引标准陡升，程序性显失公平意旨"一方缺乏有意义的选择"，在合意形成过程中存在瑕疵有违意思自治原则。而实质性显失

---

① 参见易军《私人自治与私法品性》，《法学研究》2012 年第 3 期，第 75 页；杨宏晖：《市场经济秩序下的契约失灵调整模式》，《法学新论》2010 年第 8 期，第 74 页。

② See M. P. Ellinghaus, In Defense of Unconscionability, 28 *Yale Law Journal* 757, 762 – 763, 808 – 812 （1969）.

③ See 350 F. 2d 445 （D. C. Cir. 1965）.

④ See Colleen McCullough, Unconscionability As a Coherent Legal Concept, 164 *University of Pennsylvania Law Review* 779, 781 （2016）.

公平表明合同条款"不合理地有利于另一方",其本身即具有不公平性。① 显失公平原则作为独立矫正不公平交易的功能被严重削弱,结合法律实践的因素,显失公平原则的体系功能都被架空,形同虚设。诚如论者感喟:实务中很少有交易既在客观结果上震撼到法官良知,同时在合意形成过程中明显地利用缔约能力的悬殊。② 最终,显失公平原则不仅不具有独立审查交易客观结果公平性的功能,而且显失公平结果的本身也不过是合意品质(自愿性与真实性)的判断依据而已。

关于显失公平规范的体系功能问题,我国学理与实务重蹈了美国的覆辙,从私法规范的形式主义特质出发,显失公平规范沦为意思表示瑕疵的基本类型,客观结果的不公平本身不具有阻却合同效力的功能,而仅仅是一种发现意思瑕疵的证据与指引。《民法通则》乘人之危与显失公平分立的时代,论者即从个人主义的理念出发,认为显失公平的认定需要主客观双重面向的要求,将显失公平规范定位为意思自由的维护机制,以之为意思表示瑕疵的类型。③《民法典》明确双重要件之后,仍有论者主张显失公平规范是合意自由且真实的维护机制。如李宇教授坚称显失公平规则的上位原则是意思自治原则,而非公平、诚信、公序良俗原则;④ 又如冉克平教授亦认为显失公平制度属于意思表示瑕疵的典型情形;⑤ 再如李潇洋博士认

---

① See Ben Templin, *Contracts: A Modern Coursebook*, *Second Edition*, New York Wolters Kluwer, 2019, pp. 371 – 375.

② See Richard J. Hunter Jr., Unconscionability Revisited: A Comparative Approach, 68 *North Dakota Law Review* 145, 169 (1992).

③ 参见朱庆育《民法总则》,北京大学出版社 2013 年版,第 284 页;尹田:《乘人之危与显失公平行为的性质及其立法安排》,《绍兴文理学院学报》2009 年第 2 期,第 12 页;冉克平:《显失公平与乘人之危的现实困境与制度重构》,《比较法研究》2015 年第 5 期,第 42 页。

④ 参见李宇《民法总则要义》,法律出版社 2017 年版,第 613—618 页。

⑤ 参见冉克平《意思表示瑕疵:学说与规范》,法律出版社 2018 年版,第 254 页。

为在体系上显失公平是意思表示瑕疵的类型，而不涉及法律行为内容妥当性评价。① 其背后的支撑性理念仍是形式主义的私法规范机制，即法律的职责时建立公平的讨价还价机制，确保意思合致形成过程的真实性与自愿性，个人意思自治能发挥作用必然会产生公平的结果。至于交易结果公平性的问题，在所不问。以显失公平规范为意思自治原则下位规则的学者主要从立法沿革、体系安排乃至公平判断的困境来阐释其学理解读的正当性。学理的解读倾向也是有来有自，立法的沿革与体系安排均昭示，我国民法典关于显失公平规范的设计似乎与法律行为内容审查无关，而是以维护意思自由为目的。从立法沿革来看，旧法《民法通则》《合同法》借鉴自南斯拉夫债务关系法将暴利行为一分为二的做法，区分显失公平与乘人之危。② 但是，学界主流参照比较法上的经验，对此种主客观要件分离规范合同公平性的立法体例持批评态度，大都主张整合乘人之危与显失公平规范完成改造升级。我国立法在学理与实务操作经验的基础上，于《民法典》第151条合并乘人之危与显失公平从而使显失公平规范适用要求主客观要件兼备的特征。从体系安排来看，显失公平规范编造在重大误解、欺诈、胁迫之后，并配置单一可撤销的后果，使得显失公平规范从形式上属于法律行为撤销制度的有机组成。有论者鉴于显失公平规范体系安排，认为其与其他可撤销机制根植于同一法理旨针对意思表示瑕疵行为提供救济，而非公序良俗的行为类型或列于其后作为审查合同内容公平性的机制，因此，显失公平规范与公平、诚信、公序良俗等基本原则没有体系关联。③

质言之，根据个人主义的观点，纵使私法体系中置备显失公平规范作为合同撤销、无效的原因，其核心依据仍是合意形成过程中存在不真实或不自愿情形导致意思表示瑕疵。原则上并不承认不公

---

① 参见李潇洋《论民法典中的显失公平制度》，《山东社会科学》2021年第5期，第191页。

② 参见韩世远《合同法总论》，法律出版社2011年版，第200页。

③ 参见李宇《民法总则要义》，法律出版社2017年版，第613—618页。

平结果本身的可非难性，而是作为一个合意形成过程中瑕疵的发掘证据。

综览前述，古典显失公平规范或依附于意思自治或合同自由原则之下，作为意思表示瑕疵的兜底安排；抑或考虑到其关注交易结果而悖于私法规范机制关注合意形成过程的特质，以之为意思自治原则的例外。但两种主张的本质并无不同，均认为显失公平规范不具有独立衡平的功能，要么是合意品质的保障，要么罕见的例外安排。

（二）古典显失公平规范的基本特征：个人主义阴影下戴着镣铐的舞者

整个 19 世纪，乃至之后深受个人主义与经济自由主义思潮影响的立法在显失公平规范始终处于公平与自由、法律安全性的拉扯之中。从前述分析中，不难发现，在个人主义的理念下显失公平规范属于私法规范机制嫌弃的"继子"，不少论者洞察到其对"冷血"的形式主义私法规范机制的冲击与破坏，甚至积极推动对显失公平规范的扼杀或质变运动。纵使显失公平规范艰难地在立法上站稳了脚跟，学理与司法依然通过严格限制适用保持对其破坏力的高度警惕。这也形成了古典时代显失公平规范独有的特征。

1. 体系安排的例外性

在合同公平建立在自由基础上的时代，私法规范机制具有形式主义的特征，强调法律的安定性与可预测性，为合同的执行供给稳定封闭性的规范环境。私法中的公平应该是以程序性、形式性正义为原则，以结果性、实质正义为例外。显失公平规范因而具有鲜明的例外性特征。古典显失公平规范的例外属性其实早在罗马法即已初露端倪。推崇形式主义的罗马法，原则上不承认以非常损失为依据的诉权。戴克里先帝时期首创短少逾半规则也仅仅作为保护小宗土地所有人的特别保护措施，不具有广谱性的适用性。仿效罗马法的法国民法典在自由主义理念引导下强调稳定的合同执行环境与当事人意志的尊重，虽然置备了显失公平规范的一般规定与具体规则，但显失公平规范的适用被限定在相当狭窄的范围。显失公平既不是合同无效的一般原因，而且作为成立上的瑕疵也限定在特别规定情形，如基于合同性质要求公道的财产分割领域以及因双方结构性失衡而可能存在盘剥的交易领域。① 德国民法虽然在体系上将暴利行为置备于总则编，但实务与学理所肯认的主要规制领域局限于信用暴利、销售暴利、租赁暴利;② 也有论者基于"给付与对待给付"的因素主张暴利行为仅针对有给付交换的合同，如买卖、租赁、金钱借贷等。③ 在我国显失公平的适用也被认为是合同制度中的一种例外情形。④ 我国学理关于显失公平规范适用范围亦折射出显失公平规范例外性特质，如鉴于典型交换性合同才存在给付与对待给付失衡的问题，有论者主张显失公平规范只适用于双务合同，⑤ 或指出尤其以适用于双务合同为主。⑥

当事人之间的意思合致优于实质公平的考量在普通私法中几乎公理性认知。纵使个别条款关注合同结果的公平性问题，或解读为意思合致的缺失与成色不足，或作为极端情况下的例外安排，认知导向即显失公平法理本身在私法机制中不具有或无必要承担基石性功能。总之，在私法体系中，显失公平规范是彗星，不是恒星，无法对交易领域提供全天候监管，仅仅在极端例外的情况才有用武之地。

---

① 参见［法］弗朗索瓦·泰雷等《法国债法·契约（上）》，罗结珍译，中国法制出版社 2018 年版，第 611—612 页。

② 参见［德］迪特尔·梅迪库斯《德国民法总论》，邵建东译，法律出版社 2000 年版，第 538—541 页。

③ 参见［德］本德·吕斯特、阿斯特丽德·施塔姆勒《德国民法总论（第 18 版）》，于馨淼、张姝译，法律出版社 2017 年版，第 466—467 页。

④ 参见原永朋《显失公平制度在和解合同中适用问题探析》，《学术交流》2020 年第 2 期，第 104 页。

⑤ 参见邵建东《论可撤销的法律行为》，《法律科学》1994 年第 5 期，第 53 页。

⑥ 参见王利明《合同法研究》（第一卷），中国人民大学出版社 2015 年版，第 708 页。

2. 规范设计的封闭性

诚如前述，私法规范机制尊奉形式逻辑的法律理性，其目的在于实现法律权利的可计算性。因此在私法规范设计与解释之际，其首要目标在于如何尽可能降低不确定性，默认市场主体具有广泛未受限制的决策自由与理性能力，至于其在经验上、经济上、智识上等的特殊情况均不予考虑。私法规范机制因之具有相当封闭性，开放性程度越低越能实现确定性与可预测性目标。具体到显失公平规范的设计而言表现为显失公平判断标准的客观化，挤压甚至彻底排除价值判断的空间，即以立法者以客观数字化的比例给法官与行为人提供明确指引。如罗马法上非常损失规则适用于低于普通市场价格一半的价格。又如法国根据交易类型的不同确立不同的幅度，不动产买卖合同、版权合同中一方所受损失超过十二分之七；财产分割、种子买卖价格超过四分之一等均以具体算数比例统一显失公平认定的门槛。接续法国民法的国家和地区也大都将显失公平规范设计的封闭性特质全盘继受，以具体数字比例统一不公平的判定标准以排除法官的自由裁量。如阿尔及利亚民法规定出卖人遭受低价损失达五分之一，即构成显失公平；再如西班牙民法中监护人造成被代理人蒙受合同所涉金额总数四分之一以上损失，即可主张显失公平而撤销之。甚至，在立法上采用抽象概念以保持显失公平规范开放性国家，于实务中最终形成相对统一的具体数字标准。如德国暴利行为的"显著失衡"与准暴利行为中的"特别重大失衡"均采用了双倍标准。

3. 构成要件的僵化性

构成要件的僵化性即立法或实务在显失公平交易认定中要求主客观要件兼备方能启动显失公平规范的矫正机制。一方面合意形成过程中存在特殊情势影响了合意的品质，另一方面交易的结果明显有违常理给一方造成过分的损失。主客观缺其一难以成立显失公平无法阻却合同效力。回溯显失公平规范从理念到规范的历程，构成要件的僵化性特征并未显失公平规范与生俱来的品性，而是19世纪形式主义私法规范机制扭曲显失公平法理带来的直接后果。诚如前述，个人主义的私法规范将公平正义建立在自由的基础上，只要建构其公平的交易环境与合意自由形成的机制，必然产生公正的结果。因此，私法追求程序性、形式性的公平而推定结果的公正，不另设专门机制去评估合同内容的公平性问题。而且，主观价值论成为当时主流的价值理论，当事人自己同意的价值就是公道的价值，公权力机关应当尊重而不是干涉。交易双方仅仅在价值上的失衡不应该成为救济的独立原因成为贯穿 19 世纪的基本共识，① 其余韵影响至今。在立法上明确主客观要件的国家和地区，法院适用显失公平规范的前提除得失比例的失衡外，必须存在合意瑕疵，否则受损害方试图以显失公平为由挑战合同拘束力甚难成功。如德国暴利行为即明确要求主观上的"故意利用"弱势状态与客观上的给付与对待给付的"显著失衡"。虽然，近年来实务中不乏仅根据客观结果的"特别重大失衡"而认定显失公平的情形，但是，德国联邦最高法院的态度仍要求主观上有"可非难之恶意"，只是当失衡过于严重，经由事实上推定主观恶意而减轻被害人的举证责任。② 理论上，对方可证明不存在主观上的利用恶意而排除暴利行为规则的适用。总之，仅存在客观的"明显不相称的关系"无法使法律行为无效。③

　　纵使立法上未明确双重要件，学理与实务均不遗余力地在解释与适用中构建起严格的双从要件认定路径。诚如前述，美国司法实务在形式主义理念指导下，发展出程序性显失公平与实质性显失公平的二分路径，交易结果实质性失衡作为独立阻却不公平合同的制度机能彻底抹去，显失公平本身不过是合意形成过程瑕疵的证据或

---

　　①　See James Gordley, Equality in Exchange, 69 *California Law Review* 1587, 1598 – 1599（1981）.

　　②　学理上称此种情形为"准暴利行为"。参见吴从周《论暴利行为》，《台大法学论丛》2018 年第 2 期，第 923—924 页。

　　③　参见［德］卡尔·拉伦茨《德国民法通论》（上册），王晓晔等译，法律出版社 2003 年版，第 61 页。

线索。我国显失公平规范重蹈覆辙，主客观双重要件成为学界主流态度，也为司法广泛接受，并在民法典编纂中予以强化。自亚里士多德—阿奎那以来，显失公平法理作为规制不公平交易的基石性认识被颠覆，在私法自治或合同自由原则的羽翼之下，显失公平规范不具有独立衡平的功能。

严格双重要件的僵化性操作方案，引发了另一特征，即解释论上依附性。诚如前述，个人主义与经济自由主义理念下，显失公平规范被解读为意思表示瑕疵的规制机制。学理与实务多将之作为意思自治原则的下位规则，其体系功能在审查意思表示的真实性与自愿性成色，而非监督合同内容的公平问题。关于此，前文有详细探讨，兹不赘述。

综上所述，从古典显失公平规范的特征来看，19世纪以来，显失公平规范始终处在立法的警惕中、司法的限制下以及学理的普遍敌意里。或可说，在将公平建立在合同基础之上的形式主义私法规范机制里，显失公平规范的衍进历程是一部侥幸存活的历史，而非发展史。

第二节　显失公平规范的重振：协助主义的现代私法及均衡原理的回潮

回首显失公平法理法律化的曲折历程，可谓几起几落，总是在一番压制后迸发出惊人的成长内力。纵使在个人主义与形式主义最为鼎盛的19世纪，依托于公平价格理论的显失公平法理仍得以幸存。交易中的公平价格理论肇始于亚里士多德的正义理论，尊奉形式主义的罗马法以短少逾半规则落实于成文法中，但在救济对象、适用范围等均予以严格限制，仅在极端例外的情况才启动显失公平规制机制。中世纪经院哲学家复兴并完善了公平价格理论，并极大地扩张了其适用范围，直到 18 世纪，公平价格理论一直是合同的重要支撑性理念。然而，个人主义与自由主义风头无两的 19 世纪，将公平建立在合同自由的基础之上，诚如著名法律格言所开示的那样"如果它是契约的，它就是公平的"，显失公平规范遭遇了前所未有的危机，质疑的论说甚嚣尘上。即使如此，显失公平法理依然在法典化中幸存了下来。奉意思自治为圭臬的法国民法典，[①] 以及大陆法系另一经典范式德国民法典，虽然原则上拒绝对合同结果的公平性进行干预，而且立法者将介入合同结果公平性的范围控制在极为狭窄的领域，实务和学理上甚至通过解释与适用将之解读为合意形成过程的瑕疵而无视其立基于公平价格传统理论的事实。揆诸法国民法的"合同损害"与德国民法的"暴利行为"，二者均旨在审查法律行为的公平性问题。由此可见，在绍承罗马法的过程中，纵使面对激烈的反对，[②] 立法者仍执意对非常损失规则予以保留。显失公平规范在私法机制与实践中的顽强生命力昭示，法律作为善良与公正的艺术，不可能完全沦为"冷血"追求经济效率的工具，而是永远保持那份伦理温存。这也是显失公平规范得以实现复兴并在现代私法机制中扮演更为重要角色的内在动因。20 世纪之后，随着合作化多元主义社会的到来，规制理念逐步摆脱独尊个人自治的竞利主义原则，而易辙互利共生的协助主义，[③] 私法规范机制也从贯彻私法自治到更加兼顾公平，显失公平规范留存的火种得以重光，并在现代

---

① 近来有学者指出，法国民法典并没有明确规定意思自治原则，其实 19 世纪末 20 世纪初民法学者的理论创造，而且由于意思自治原则与晚近的哲学以及经济观念扞格不入，早已被学理和实务抛弃。参见张民安《法国民法中意思自治原则的新发展》，《法治研究》2021 年第 4 期，第 58—68 页。

② 法国民法典起草过程中，围绕是否继受罗马法的非常损失规则发生激烈争论，最后由拿破仑亲自裁定仅在不动产领域限制性继承。See Christopher K. Odinet, Commerce, Commonality, and Contract Law: Legal Reform in a Mixed Jurisdiction, 75 *Louisiana Law Review* 741, 778 (2015).

③ 参见［德］恩斯特·哈绍－里特尔《合作国家——对国家与经济关系的考察》，赵宏译，《华东政法大学学报》2016 年第 4 期，第 15—16 页。

私法体系中发挥越来越重要的作用。

一 显失公平法理的重光：合同应当建立在公平的基础之上

私法自治与给付均衡是合同法的两大支柱。前者使得个人成为法律关系的主要形成者，强调个人自主决策安排其法律生活，对个人尊严与自治的尊重具有道德正当性。传统私法规范机制主要围绕保障私法自治展开，如人格平等的形式化、意思概念的抽象化、以行为能力制度作为自主决策的普遍衡量标准等不一而足。后者强调交易双方给付的等值性，双方权利义务分配应该相适应或成比例，否则因违反均衡原理而具有非正义性。遗憾的是，在放任自流的自由主义时代，"干涉最少的政府，是最好的政府"理念深入人心，成为立法、司法与学理的普遍共识，因此私法规范设计以合意形成过程的监管为核心目标，而将公平正义作为意思自治保障后顺理成章的结果，诚如前述，此时"公平建立在合同自由的基础之上"。私法的非伦理性、工具理性、程序性、形式性等形式主义特征为私人自治提供了最契合的生存环境与运行背景，① 至于伦理色彩颇重的均衡原理则被淡化、被掩盖。

随着经济社会情势的变迁，制度性或结构性的不平等成为市场常态的情况，市场机制与私法规范正常运转的前提性假设遭遇现实的挑战。"契约即公道"的论说遭遇质疑，个人追求其自身利益必然导致社会总体福祉增进与实践并不相符。现代合同法在意思自治的追求之外，更加关注合作与公平。② 这给私法规范机制带来一系列变化：基于对公平的关注强化私法中起限制性作用的机制，在有些领域强制性和管理性规范增多以致民法特别化倾向，如劳动合同与保

---

① 参见易军《私人自治与私法品性》，《法学研究》2012 年第 3 期，第 69—82 页。

② See Danielle Kie Hart, Contract Law Now-Reality Meets Legal Fictions, 41 *University of Baltimore Law Review* 1, 12 (2011).

险合同立法。① 鉴于缔约能力的结构性失衡，引入恢复平等谈判的机制，如蚂蚁雄兵式的组织团体增强弱势方的抗衡力量；如强制优势方披露交易信息以促成弱势方明智决策；甚至为消费者设置冷静期给予事后任意反悔的机会等。② 此外，现代合同法更多地仰仗于动态的标准而非严格的、技术性的规则。③ 而且为避免强者剥削弱者，立法与司法逐步放宽合同法中既有限制性框架的射程以实现公平与合作的目标。如显失公平规范的扩张适用即表现之一。④ 此种监管性原则首要的规范功能不是私法自治的强化，而是限制；其关注的并非效率，而是实质公平。凡此种种，均表明均衡原理在现代经济社会实践中的地位日臻拔高。长期被压制和被边缘化的均衡原理也因之逐步走到私法舞台的中央，真正担负起合同法支柱之一的角色。

　　或可说，私法规范机制的演进史就是意思自治与均衡原理相互博弈的历史，一方面尊重个人自治与尊严，以意思为根本出发点，将个人意志作为法律关系产生、变更、消费的原动力。另一方面，为防止不受限制的自由腐蚀社会肌体，遗失基本的人性伦理与朴素道德感，又配置均衡与公平原则的实践机制。不同的历史时期，二者在法律体系中的地位和作用有主次之分。诚如前述，19 世纪由于个人主义与经济自由主义的主导地位，私法自治在私法体系中获得至高无上的地位，均衡与公平精神被压制，几近被遗忘。但是，从19 世纪后期开始，随着经济社会实践的发展，私法自治所赖以发挥功效的市场与参与者两个层面均发生天翻地覆的变化，均衡与公平原则重新回到合同法的主流视野，合同与合同自由应该建立在公平

---

① 参见施启扬《民法总则》（第八版），中国法制出版社 2010 年版，第 19—23 页。

② 参见杨宏晖《市场经济秩序下的契约失灵调整模式》，《法学新论》2010 年第 8 期，第 76—90 页。

③ See Charles L. Knapp, An Offer You Can't Revoke, 2004 *Wisconsin Law Review* 309, 318 (2004).

④ See Danielle Kie Hart, Contract Formation and the Entrenchment of Power, 41 *Loyola University Chicago Law Journal* 175, 198 – 218 (2009).

的基础之上成为新的共识。

（一）私法规范机制假说的幻象："契约即公道"推论的失灵

诚如前文开示，在个人主义方法论与经济自由主义论者看来，只要建构其一套尊重个人尊严与自治的规范机制，确保意思自由发挥作用，公平正义自会水到渠成。根据主观等值原则，每个人作为自身利益的最佳评判人，只要每一方合同当事人根据自己的判断认为另一方提供的给付与自己所提供的给付具有相等的价值，即可认定给付与对价给付之间具有等价关系。① 而且，个人在自利行为的驱动下从事交易活动，每个个体利益的满足，最终会促成社会总体福祉的增进。准此，显失公平规范等旨在监管合同内容以实现公平与均衡的机制并无必要，纵使立法者例外配置，也不过是意思自治的附庸。此种"契约即公道""契约即总体福祉"的推论立基于：在市场经济秩序下，拥有理性能力的经济人可以根据充分的市场信息得出明智的交易决策。遗憾的是，随着现代经济社会实践的发展，理性人假说与现实并不相符，市场秩序也存在缺陷，而信息的不对称与磋商能力的失衡更是缔约常态。现代认知科学与心理学研究表明经济人与信息充分的假设均不切实际。② 因此，我们不得不重新审视立基于错误假说之上"契约即公道"的推论结果。显失公平规范担纲合同法中均衡与公平的体系价值也因之变得不可或缺。

首先，拥有理性能力的经济人在现实中难觅，市场主体制度性或结构性缔约能力的失衡是常态。"经济人的预设乃是民法的人性基础，民法正是以此为前提规制市民社会活动者的行为并制定相应规则的。"③ 经济人假设认为个体具有最大化自身利益的动力，而且有

---

① 参见［德］卡尔·拉伦茨《德国民法通论》（上册），王晓晔等译，法律出版社2003年版，第61页。

② See M. Neil Browne and Lauren Biksacky, Unconscionability and the Contingent Assumptions of Contract Theory, 2013 *Michigan State Law Review* 211, 228 – 240 (2013).

③ 易军：《个人主义方法论与私法》，《法学研究》2006年第1期，第95页。

能力做出最有利于其利益的决定。当事人具备理性自主的意思形成能力，是法律行为拘束力的根源，也是"合同即公道"理念的主体条件。然而，当事人缔约能力均等才是合同自由确保交换正义命题得以成立的前提，是当事人"自决"的基础。① 在放任主义时代，社会生产与交易停留在比较初级的阶段，交易具有相当个性化的色彩，当事人通过讨价还价完成交易，彼此之间身份、财富、知识的不平等仍可在交易谈判与市场竞争中达成得失相当的公平交易，法律的职责主要在于对意思自由的尊重以确保这种公平交易的执行。民法中的抽象人格平等即理性经济人假设在私法中的运用。个体被默认有能力且自我负责的"通过其意思自主形成法律关系"并维护自身利益。民法典预设了人的一般图像，即"趋利避害、精于计算、追求最大利润、拥有一切机会，但也承担所有风险"。② 此种抽离个体在经验、信息、智识、财富等方面差异的形式化，使得民法跳脱于各种社会经济条件实现市场交易的简便性与安全性。但是时移世易，随着格式合同、商业的发展、交易形态的复杂化等趋势，缔约能力的悬殊成为常态，平等主体的预设演变为一方的依附地位，合同也沦为强者剥削弱者的工具，合同确保公正的前提被推翻。如劳动合同中雇员对雇主不仅有经济上的依附性，而且有人身上的管控力。又由于买受人的有限理性，其在做出决策时总是关注于商品的个别特质与信息而忽略其他内容从而做出跛脚决定。③ 鉴于如此的情势，扬弃抽象法律人格概念，考虑雇员、消费者等的特殊性而予以特别规制和保护，成为私法的发展趋势。诚如论者指出，具体人格的登场是现代合同法理论的重大调整之一。④ 在相当程度上或可说

---

① 参见徐涤宇《非常态缔约规则：现行法检讨与民法典回应》，《法商研究》2019 年第 3 期，第 12 页。

② 参见王泽鉴《债法原理》，北京大学出版社 2013 年版，第 98—99 页。

③ See Russell Korobkin, Bounded Rationality, Standard Form Contracts, and Unconscionability, 70 *University of Chicago Law Review* 1203, 1206 (2003).

④ 参见崔建远《合同法》（第三版），北京大学出版社 2016 年版，第 6 页。

抽象理性的个体并不存在，消费者的交易决策立基于偏见，格式合同的广泛运用、相对市场力量的形成等因素又使个体的选择权大为萎缩。处此情形，私法规范机制尊重合同所载的意思自由与自治不仅不能产生公道，甚至会成为以合同方式倚强凌弱的帮凶。

其次，信息的不对称既是市场失其效率的来源，也是当事人自主决策落空之渊薮。信息乃市场交易的核心要素，决定着交易的成色与命运。充分而准确的信息是优化资源配置与确保投资者最优决策的先决条件。[①] 信息均衡是双方充分讨价还价从而明智决策、各得其所的基础。信息失衡引发磋商对等性障碍，推高合理期待落空概率，甚至成为机会主义、逆向选择等市场失灵实践的根源。[②] 传统合同法所假定的市场主体在信息充分基础做出明智决策与现实不符，而且，晚近强制信息披露等矫正措施亦未能改观。一方面，信息不对称是市场失灵导致无效率的诱因。在信息充分的市场，生产者与消费者之间没有信息鸿沟，前者根据后者的需求导向组织生产经营，后者对商品性能、功效、价值等了如指掌并据以做出交易决策。但是，信息落差诱发了生产者的投机行为，生产者通过隐瞒信息或披露不实信息误导消费者从而获取高额利润；消费者对商品信息了解的不充分也导致决策的艰难。此外，商人与商人之间的信息落差导致竞争中的优胜劣汰，当某些企业获得独占地位或相对市场力量后，通过限定交易条件、控制市场价格、分割市场等迫使个体不再有自由选择的空间，此时个人自决与自治根本无从谈起。

另一方面，认知、智识、理性等个性化局限决定了市场主体无法在充分信息基础上做出决策，个体总是有意或无意处于信息不对称的状态下做出缔约决定。现代市场交易日趋复杂，早已不是菜市场讨价还价一般的简单交易，复杂的交易、多元的交易信息令人应

---

① See Frank H. Easterbrook；Daniel R. Fischel, Mandatory Disclosure and the Protection of Investors, 70 *Virginia Law Review* 669, 673（1984）.

② See George A. Akerlof, The Market for "Lemons"：Quality Uncertainty and The Market Mechanism, 84 *Quarterly Journal of Economics* 488, 489 – 90（1970）.

接不暇。出卖人明晰商品的成本、收益以及性能等细致化信息，消费者对商品的认识、信息则远不如出卖人，此时寄望消费者获得充分信息再做决策几无可能。纵使获得相当信息，由于智识、经验的缺乏以及成本的考量，消费者运用、理解这些信息也是难事。甚至充分的信息披露可能弱化信息接收者全部阅读、理解披露信息之能力，无从甄辨关涉决策的重要信息。① 而随着统计技术、人工智能等科技的发展，商人通过广告、推送等"投其所好"影响消费者对交易需求、商品价值的主观判断，消费者的信息劣势更为明显。大数据杀熟即是此种信息不对称被科技强化的典型。

此外，为移除信息失衡造成的磋商对等性障碍，强制信息披露机制成为立法的首选矫正机制。强制披露的制度逻辑在于理性的投资者充分阅读、理解交易信息基础上计算风险、评估承担能力，从而做出明智的自主决策。信息披露越多，决策自主性越强，强制披露的有效性近乎公理。② 因此，立法、司法以全面披露为导向，将关注点聚焦于程序上促进信息的分享，披露实效则被视为程序要求满足后的当然结果。但是，强制披露导出自主决策的前提系投资者对信息的"阅读理解"，而实证研究表明臃肿的信息抑制了披露文件的可读性，③ 信息的高披露率与低阅读率为交易常态，④ "强制披露——阅读理解——自主决策"的逻辑链条因之断裂。由于缺乏背景或专业知识，消费者全面、准确理解披露信息几无可能。⑤ 而且过

---

①　See Howard Latin, Good Warnings, Bad Products, and Cognitive Limitations, 41 *UCLA Law Review* 1193, 1211–1212 (1994).

② 　参见［美］欧姆瑞·本·沙哈尔、卡尔·E. 施奈德《过犹不及——强制披露的失败》，陈晓芳译，法律出版社 2015 年版，第 154—155 页。

③　Uri Benoliel and Xu Zheng, Are Disclosures Readable: An Empirical Test, 70 *Alabama Law Review* 237, 254–257 (2018).

④ 　参见宁红丽《平台格式条款的强制披露规制完善研究》，《暨南学报》（哲学社会科学版）2020 年第 2 期，第 60 页。

⑤　See Omri Ben-Shahar & Carl E. Schneider, The Failure of Mandated Disclosure, 159 *University Pennsylvania Law Review* 647, 716–718 (2011).

度充分的信息披露甚至将投资者淹没于冗长的披露文件中，阅读尚且困难，更遑论理性计算风险做出明智决策。

综上以观，制度性、结构性的缔约能力失衡使得经济人所假设的抽象人格与理性能力与实践脱节。信息的不对称又致使市场失灵与契约失灵无处不在，意思自治的结果不仅未能实现公平正义的结果，亦未增进社会的整体福祉。市场可能失灵、有序竞争缺失等市场不完美观念也日渐成为新的共识。① 总之，在现代经济社会实践的背景下，私法所立基的理性经济人、信息充分等假设与事实不符。毋宁说是相反，具体的个人往往是非理性、缺乏信息的。② 此时，强调对私法自治与意思自由坚守的神圣性不仅不能实现公平正义，甚至将助力合同作为剥削工具的属性造成非正义的结果。同样，对个人自利行为与意思自由的尊重将导向社会整体福祉增进与经济平衡也遭遇实践挑战。在一些情况下个人意思自由发挥作用追求其利益的最大化甚至导致整体福祉的恶化。③ 如果说 19 世纪，理性人假说、信息完全的假设与实践脱节不远，公平建立在合同的基础之上大都成立，显失公平规范遭遇立法、司法与学理的敌视在情理之中。那么 20 世纪以来，立法者鉴于合同法假说与实践的严重脱节，而更多关注社会利益与实质公正，显失公平规范因私法的社会化而重拾其践行均衡与公平义理的独立价值也是预料之中。

（二）协助主义的合同法：均衡公平原理从边缘重返中心

虽然，私法自治原则和"均衡与公平原则"是两个互补的原则，但是，在放任主义时代，二者在一定程度上被对立起来。私人自治原则成为近代私法领域至高无上的指导原理，被德国学者形象地比

---

① See Melvin Aron Eisenberg, The Bargain Principle and Its Limits, 95 *Harvard Law Review* 741, 750 (1982).

② See Christine Jolls, Cass R. Sunstein & Richard Thaler, A Behavioral Approach to Law and Economics, 50 *Stanford Law Review* 1471, 1488 (1998).

③ See Alan Devlin, *Fundamental Principles of Law and Economics*, New York：Routledge, 2015, pp. 23 – 25.

拟为"私法体系的恒星"。① 均衡原理未受重视，沦为私法自治的附庸，在私法规范机制中不具有独立的价值，甚至成为贯彻私人自治的拦路石。此种现象在经典法域诸国颇为普遍。法国民法奉意思自治为圭臬，肯认当事人之间依法成立的契约具有相当于法律效力，关注给付均衡的合同损害规则在体例上作为同意的瑕疵，而且限制在不动产买卖与财产分割等有限领域。德国民法也"对合同中的均衡与公平原则处理得十分简略"。② 美国法院更是只问对价有无，而不问是否充分。纵使一定程度上承认均衡原理的独立性，也限于个别领域或在解释适用中捏注合意形成过程瑕疵的因素，从而将均衡与公平的制度内涵置于私法自治的阴影之下。前述显失公平规范在德国、法国立法上的遭遇以及在美国实务中限制认定的操作导向即很好诠释了均衡原理在形式主义理念主导下的悲惨境遇。随着经济社会实践的发展，个人主义方法论的诸多假说遭遇严峻挑战，立基于其上的私法规范机制及其"公正推定"亦被动摇。摒弃形式意义上合同自由的坚守，转向实质化为现代民法最显著之特征。③ 现代私法因应实践变迁从多个面向完成前述实质化转向，如增订或强化私法中的限制性机制安排、强化当事人的对抗力量创造武器对等以恢复均衡谈判等，其中显失公平原则等监管性规范的扩张适用即为显例。这一系列变化在一定程度上重塑了私法品性，合同不再局限于狭隘的相互对立的拉锯样态而是转向更加关注公平与合作的结果。私法的规制理念也逐步摆脱独尊个人自治的竞利主义原则，而易辙互利共生的协助主义。④ 随着均衡原理从边缘重返私法规范体系的中

---

① 参见李非《富与德：亚当·斯密的无形之手——市场社会的架构》，天津人民出版社 2001 年版，第 165 页。

② 参见［德］卡尔·拉伦茨《德国民法通论》（上册），王晓晔等译，法律出版社 2003 年版，第 60 页。

③ 参见解亘《格式条款内容规制的规范体系》，《法学研究》2013 年第 2 期，第102 页。

④ 参见［德］恩斯特·哈绍 - 里特尔《合作国家——对国家与经济关系的考察》，赵宏译，《华东政法大学学报》2016 年第 4 期，第 15—16 页。

心，显失公平规范留存的火种得以重光，并在现代私法体系中发挥越来越重要的作用。

随着经济社会实践的发展，个人主义私法规范机制假说日渐与现实脱节，其"合同即公道"的推论也甚难成立。基于个人主义私法规范机制对确定性与可预测性的恪守，具有结构性优势合同当事人利用其经济地位、经验、智识等获得明显有利于自身的权利义务配置，法律一般拒绝干涉。但是，随着私人自治至上理念的推行在现代社会中造成越来越多的弊端，立法、司法与学理均笃力寻找理念的革新，试图找到自由与公平之间的中道权衡，合同协助主义应运而生。诚如前述，显失公平法理萌芽于亚里士多德的正义理论，成熟于阿奎那的公平价格学说，直至19世纪前夜公平交易都是合同法的核心理念，但在自由主义时代艰难存活于充满敌意的环境中。作为竞争理念的私人自治与均衡原理、效率与公平在现代合同法公平化改革中重新统合，而这种私法伦理性的复苏要求立法与司法中更多关注合同的社会性质，实现私人自治与均衡原理之间的平衡。显失公平规范内置的自然法结构使之在合同法理念的世纪转捩中扮演关键角色。

首先，私人自治不再一枝独秀而应受公平审查，私法规范中强化或新增承载均衡原理的机制以增进社会个体之间的合作与公平，此种实质公平价值理念的回潮是人的伦理性与人类完善（human fulfillment）的必然要求。由于现代社会中信息不对称、缔约能力结构性失衡等的普遍性，市场的不完全与可能失灵成为共识，[1] 仍然恪守意思自治至上的严格规则不仅无法获得公正的结果而且将导致非正义行为的脱法现象。现代合同法重拾伦理属性，从推定公平到实质公平，主张合同关系更多的关注社会性质，合同内部关系也应以公平正义为主导。合同法重新关注实质公平并将合同建立在公平的基

---

[1]　See Melvin Aron Eisenberg, The Bargain Principle and Its Limits, 95 *Harvard Law Review* 741, 750 (1982).

础之上的趋势是自然法思想在私法规范机制中的反败为胜。诚如前述，公平价格理论的重要开创者阿奎那区分自然法与人法，前者是"理性造物对永恒法的分有"；后者派生于自然法，"从自然法的原则，从共同的不证自明的原则，人类理性需要进入对特定事项的更为具体的决定"。① 世俗法虽然不能完全分有自然法，但是其根植于自然法旨在促进共同善的实现。因此，在自然法理论看来"法律不过是源于人性良知与理性的道德原则的具体化表达"。② 准此，制定法与生俱来即具有伦理性，人性良知与理性不仅是实在法效力的源泉，而且是监管并矫正规则适用所引发的不公平结果的基础。从人的道德性来看，公平性合同具有现实可能性。理性自利的经济人是市场经济的基本假设，也是民法抽象人格的模板。如果每个人都是自私冷漠的绝对利己主义者，在非伦理性的传统私法规范机制下，对价充分与否与合同效力无涉，利用自己的优势、财富、智识等以他人为代价获取利益也没有公平审查的制度空间。③ 但是，人具有伦理性的一面，经济人的自利行为受到公平的体系框架约束。亚当·斯密认为人们生活与普遍的道德原则紧密相关，自利经济人的行为受到来自内在与外在的道德原则的双重制约。④ 20 世纪后半叶自然法理论大师约翰·菲尼斯提出实践合理性的目标是繁荣并发展由"重叠关系的网络"所组成的"连贯生活计划"，增进社会的共同善。⑤ 在实践合理性的约束性，经济人那种短视的不受约束的利己主义被开明的、理性的利己所取代。

---

① ［意］阿奎那：《论法律》，杨天江译，商务印书馆 2016 年版，第 17、19 页。

② See Harold J. Berman，*Faith and Order：The Reconciliation of Law and Religion*，Atlanta：Scholar Press，1993，p. 290.

③ See P. S. Atiyah，Contract and Fair Exchange，35 *University of Toronto Law Journal* 1，1（1985）.

④ See Samuel Hollander，Adam Smith and the Self-Interest Axiom，20 *Journal of Law & Economics* 133，141（1977）.

⑤ See John Finnis，*Natural Law and Natural Rights*，Oxford：Clarendon Press，1980，pp. 103 – 105.

　　从合同的社会属性来看，公平性合同是自然法的强制要求。合同仍然是私人自治的行为，但是这种私人自治并非当然导向公平，而是需要在正义与互惠原则所构建的框架之中运行。菲尼斯认为法律或习惯应该"引导共同体中人们的行动，并保护基本利益或权利，公平分配负担和利益，恢复受害方的原初状态"。① 合同法作为法律体系的重要构成，促成权利义务、负担风险等的公平分配自是其题中之义。法律的确定性与法律的公平性之间的紧张关系，症结就在于片面追求某些单一的价值，而无视合同关系处于社会公平合作体系框架下的事实。合同并非理性利己的个体之间的残酷商战，而是双方在合作共赢互惠观念下经营的共同事业。当事人之间唯有积极合作方能否获得长久繁荣的发展，② 合同应该是双方协助互惠既考虑自身利益，同时也考虑对方伙伴的利益，甚至应当优先考虑相对方的利益，从而促成公正结果的出现。③ 协助主义理念催生了私法规范机制的公平化改革，强调对合同社会性质的关注。均衡原理成为现代私法规范机制找回道德与正义等伦理性价值的钥匙。19 世纪个人主义与自由主义时代，基于对私人自治的尊重与效率的单向度追求，私法规范的伦理性被剥离，合同或交易公平的理念意思自由的光芒被遮蔽。20 世纪的合同法公平化改革则是重拾被遗忘的公平正义。合同法伦理性的回归改变了其严格执行规则的面影，而是转换成一种规范框架，即一种"以内容为导向，旨在实践正确、公正与善等普遍观念的标准"。④

　　此外，合同实质公平与真诚合作的要求更能实现效率的价值目

---

① See John Finnis, *Philosophy of Law：Collected Essays* Volume IV, New York：Oxford University Press, 2011, p. 164.

② See John Finnis, *Nature Law and Nature Rights*, Oxford：Clarendon Press, 1980, p. 165.

③ 参见［法］弗朗索瓦·泰雷等《法国债法·契约（上）》，罗结珍译，中国法制出版社 2018 年版，第 66—69 页。

④ P. S. Atiyah, *The Rise and Fall of Freedom of Contract*, Oxford：Clarendon Press, 1979, p. 413.

标。当事人以合作与公道的给付为基础进行磋商，而非以利己的竞争者出现，更易于达成交易从而降低交易成本提高效率。合同法对公平的要求为当事人塑造了做出道德选择的规范环境，缔约人交易之前即明晰得失比例违反等值性原则的交易将面临合同法中衡平规范的审查，在此情况下，对优势方而言选择合作而非剥削获益更为安全持久。诚如论者指出："通常而言，缔约各方均认为合同收益分配适当，更易达成协议。合同法中的实质公平规范也因其满足各方收益分配期望的功能而增进合作。"①

其次，交易的可计算性与交易的实质公平皆为合同法的价值支柱，前者是合同法的效率面向，后者承载合同法的伦理诉求。契约即公道的前提不复存在的境遇下，必须用社会的公平观念来限制私人自治。因此，私法对公平与正义的追求，不仅是私人之间的事，而且关系到社会共同体的福祉。早在中世纪阿奎那就指出当事人在行使合同权利与履行义务之际需要考虑对共同善的影响，以损害合同相对方为代价获取利益的行为不仅是损及个体，而且是对社会整体利益的一种侵害。由于个体的社会成员身份，合同关系具有双重属性。既是个体之间同时也是个体与社会之间权义分配关系。在合同中获取超额利益的个体违反了对社会的忠诚义务。19 世纪奉私人自治为圭臬，将个人从社会身份中解放出来，合同法的设计也仅围绕个体之间的关系展开。然而，现代社会商业模式发展，格式合同的广泛适用，缔约能力的结构性失衡等不仅导致契约失灵，而且市场的可能失灵也成为基本共识，因此，关注合同的社会性面向，以社会原则来限制私法自治成为趋势。诚如论者所言，追求和保护实质公平的重任，强调给付等值、合理分配风险及其他负担，更是合同法的基本任务。② 甚至，有论者基于晚近契约正义的呼声旨在克服

---

① See F. H. Buckley, Three Theories of Substantive Fairness, 19 *Hofstra Law Review* 33, 51 (1990).

② 参见崔建远《合同法》（第三版），北京大学出版社 2016 年版，第 12 页。

其抽象化、普世化特征而不考虑当事人具体角色的弱点，将契约正义应专门限定在实质正义层面。①

合同实质公正的属性也是社会作为一个公平合作体系所必需的要素。私法不仅规范法律关系当事人之间的关系，其实还注入了不少分散的社会职能因素，因此，社会作用在私法关系中扮演相当重要的角色。"凡是契约存在的地方，都必须服从一种支配力量，这种力量只属于社会，绝不属于个人：它越来越变得强大而又繁杂。"② 社会的这种支配力量不仅决定契约的有效要件，而且还在特定情况下积极干预契约的内容。"如果契约是不公平的，即使当事人双方意见一致，也不能使它变得公平。"③ 社会赋予契约以强制力在于它具有使分散的社会功能协调起来的功能，如果契约扰乱社会机构的正常运行就会失去其社会价值并失去强制权威。因此，公正的法规必须避免社会公正受到"当事人双方已经达成共识"的伤害。④ 准此而论，公正的合同法应当实现真正的平衡与等价补偿，甚至不惜排除私人自治的安排而以社会公正原则加以纠正。

罗尔斯作为公平的正义理论中一个基本理念即将社会界定为"一个世代相继的公平的社会合作体系"，该体系中秩序良好的社会"由公正的正义观念加以有效规范"。⑤ 一个允诺（合同）是否公正并非按定义来判定，"某个人或某个群体所理解的特定的允诺实践是

---

① 参见谢鸿飞《合同法学的新发展》，中国社会科学出版社 2014 年版，第 31 页。

② ［法］埃米尔·涂尔干：《社会分工论》，渠东泽，生活·读书·新知三联书店 2013 年版，第 169 页。

③ ［法］埃米尔·涂尔干：《社会分工论》，渠东译，生活·读书·新知三联书店 2013 年版，第 174 页。

④ 参见［法］埃米尔·涂尔干《社会分工论》，渠东译，生活·读书·新知三联书店 2013 年版，第 173—174 页。

⑤ ［美］约翰·罗尔斯：《作为公平的正义：正义新论》，姚大志译，中国社会科学出版社 2016 年版，第 12—13 页。

否正义的问题，仍然要由正义原则来决定"。[①] 此种公正与合作理念要求个体根据公众承认的规则尽其职责，同时按照公众同意的标准去获取利益。准此，合同的实质公正是公平的社会合作体系题中之义。根据"作为公平的正义"的基本理念，如果出现不公平交易，那么双方有义务通力合作来矫正这种失衡。站在"无知之幕"下任何个体无法判断与交易方之间地位、阶级、心理特征、经济状况、文明水平等具体事实的对比，[②] 唯有"一致同意"公平的合同法规则方能确保各得其所的公正结果。从社会作为公平合作体系来看，合同法复苏均衡原理的应然地位导向注重实质公平的规范体系实为构建秩序良好社会所必需。而且，私法应跳脱于个人主义与整体主义的二元对立，转轨为"合作与共赢"的合作主义学说框架，既可警惕压制个性的整体主义回潮，也可防备社会个体步入个人主义学说所描绘的异质陌生世界。[③]

再次，合同法中均衡原理的回潮，亟须灵活性的公平判断标准来公正处理纠纷，显失公平规范冲破形式主义的桎梏获得重生，担纲现代合同法公平化改革的重任。个人主义的合同法强调严格适用合同法规则及不折不扣执行合同条款，以此获得法律决定的确定性与可预测性。立法上笃力程序正义并配置诸多规则以尽可能营造严格执行合同的规范环境。学理上推波助澜恨不能将整个的私法规范机制烙上程序正义的底色，如向来具有衡平功能的显失公平规范即被强行以严格的要件形式走进法典与司法实务之中。一般而言，纵使严格适用规则与合同致非正义性结果亦被允许。均衡原理的回潮重新将实质公平倒灌回合同法中，要求积极审查合同的公正性问题。

---

① ［美］约翰·罗尔斯：《正义论》，何怀宏等译，中国社会科学出版社 2016 年版，第 346 页。

② 参见［美］约翰·罗尔斯《正义论》，何怀宏等译，中国社会科学出版社 2016 年版，第 136—137 页。

③ 参见熊丙万《私法的基础：从个人主义走向合作主义》，中国法制出版社 2018 年版，第 224—228 页。

倘严格执行合同规则诱发不公平的结果，基于促进社会共同善的考量也需要积极介入予以矫正。协助主义的合同法则在关注当事人之间关系的基础上，兼顾合同的社会性质，主张将道德、伦理、公平正义等因素纳入合同的评价之中。实质公平的考量需要结合个案做全方位审查，立法机关无法胜任，只能通过灵活性的标准赋权法官个案裁量。显失公平规范立基于均衡与公平精神的灵活性原则，成为法官实施公平性审查的天然抓手。正是在这个意义上，灵活性是显失公平规范的生命力所在。在均衡原理的主导下，显失公平规范不仅成为监管悖于社会正义交易的利器，而且是避免规则适用与合意执行引发不公平结果的安全阀。显失公平规范也因重拾实质公平的内涵而在立法上重新正名，并在司法中扮演更为积极的角色。以美国为例，一方面从 20 世纪中叶开始，立法者重拾公平与良知的理念，在《统一商法典》《第二次合同法重述》中实现显失公平规范的法典化，成为现代承继公平价格理论的典型代表。另一方面，显失公平法理践行交换正义，矫正失衡的理念重光后，司法对形式主义的坚持也多少被动摇，显失公平规范的适用更为活跃，[①] 主张的成功率也有了明显提升。[②] 私法规范机制的公平化改革，无疑激活了显失公平规范长期被抑制甚至抛弃的衡平功能。法官也得以重拾其监管合同公平性的权力，将合同建立在公平基础之上，而非迷失在"合同即公道"的推定公平迷雾之中。

最后，协助主义的合同法关注实质公平与行为结果，无疑是对私法形式主义的反叛，其在敌意环视的规范与司法环境中存活下来，表面来看是私法形式主义存在不足，需要引入其他价值弥补局限。但深层次的原因则是显失公平法理承载着人们普遍的公平正义追求。

---

① See Colleen McCullough, Unconscionability as a Coherent Legal Concept, 164 *University of Pennsylvania Law Review* 779, 785 –787（2016）.

② See Melissa T. Lonegrass, Finding Room for Fairness in Formalism-The Sliding Scale Approach to Unconscionability, 44 *Loyola University Chicago Law Journal* 1, 52 – 54（2012）.

合同法公平化改革的基本价值深植于人性伦理与社会公正的理念，并非简单的算术或比例的对比，而是贮藏在人类的普遍良知、常识与伦理能力之中。现代合同法的核心特征在于反思并修正"合同即公道"的私人自治至上弊端，重新关注交易的不公平问题，将均衡与公平原则的基本精神重新拉回私法规范机制舞台的中心与私人自治分庭抗礼。显失公平规范体系因其自然法的内质与灵活性特质，成为私法中均衡与公平原则复兴的关键抓手。

二　现代显失公平规范的体系功能与基本特征

鉴于个人主义合同法的诸多流弊，尤其社会经济实践发展均衡原理重新回到私法规范机制舞台的中心。协助主义时代，合同不仅是当事人私人自治达成共识的事，而是具有鲜明的社会属性。一个多元合作的公平社会及其公正规范支配着社会个体的行为，并为社会个体安排其法律生活提供基本框架。私法作为社会规范的重要构成，不仅要尊重私人自治与尊严，而且必须关注实质公平，以免不公正的合同给社会总体福祉带来伤害，阻碍人类完善与共同善的实现。显失公平规范因其自然法内质与灵活性而成为实质公平重返私法规范机制的一般性标准，承载了合同法公平化改革与私法伦理性的重任。正因如此，现代显失公平规范被赋予了有别于传统显失公平规范的体系功能，其规范特征也因之展现出新的特色。

（一）现代显失公平规范的功能定位：兼论与其他民法基本原则的关系

显失公平规范的功能定位决定其与基本原则关系的讨论方向，经典法域主要有两种安排模式，其一是同意的瑕疵，如法国合同损害制度；其二是合同内容的审查机制，如德国暴利行为制度。前者决定了显失公平规范旨在监管合意的品质，是私人自治的维护机制。后者意味着显失公平规范重在对合同内容的审查，是衡平规范体系的组成部分。

旧法时代，我国学理即围绕显失公平规范体系定位断断争辩。

一派认为属于法律行为内容控制机制，法律行为显失公平意味着标的欠缺公平性，[①] 或内容不甚合理等。[②] 另一派则坚持显失公平规范意思自治的维护机制，旨在当事人意思表示的自愿性与真实性，显失公平行为因意思表示不真实、不自由而面临效力瑕疵的诘难。[③] 显失公平规范体系定位认知不同，则关于其与基本原则的关系也各异。首先，显失公平规范的背后依据是公平原则或将显失公平规范视为公平原则的具体化。有论者认为显失公平规范旨在贯彻公平原则与等价有偿原则，[④] 有学者甚至更进一步指出显失公平规范系公平原则内涵中交换正义实现的制度配置。[⑤] 其次，有论者仿效比较法的路径将显失公平规范类比德国暴利行为条款，以之为公序良俗原则的具体化；[⑥] 或者从双重构成要件出发认为显失公平制度难以视为公平和诚信原则的体现，而应推定为公序良俗原则的体现。[⑦] 再次，有论者将显失公平规范视为公平原则与诚信原则的共同体现；[⑧] 或主张应从公平、诚信、意思自治等多项原则来理解显失公平规范的本质。[⑨] 最

---

① 参见张俊浩编《民法学原理》，中国政法大学出版社 1997 年版，第 251 页。

② 参见佟柔《中国民法学·民法总则》，中国人民公安大学 1990 年版，第 233 页。

③ 参见李开国《民法总则研究》，法律出版社 2003 年版，第 284 页；彭万林编：《民法学》，中国政法大学 1999 年版，第 155—156 页。

④ 参见崔建远《合同法》（第 3 版），北京大学出版社 2016 年版，第 100 页；韩世远：《合同法总论》，法律出版社 2011 年版，第 200 页；曾大鹏：《论显失公平的构成要件与体系定位》，《法学》2011 年第 3 期，第 137 页；张初霞：《显失公平制度研究》，中国社会科学出版社 2016 年版，第 226—227 页；谢亘：《格式条款内容规制的规范体系》，《法学研究》2013 年第 2 期，第 106 页。

⑤ 参见易军《民法公平原则新诠》，《法学家》2012 年第 4 期，第 59—62 页。

⑥ 参见梁慧星《民法总论》（第 4 版），法律出版社 2011 年版，第 202 页；于飞：《公序良俗原则研究——以基本原则的具体化为中心》，北京大学出版社 2006 年版，第 131—133 页。

⑦ 参见贺剑《〈合同法〉第 54 条第 1 款第 2 项（显失公平制度）评注》，《法学家》2017 年第 1 期，第 166—167 页。

⑧ 参见王利明《合同法研究》（第一卷），中国人民大学出版社 2015 年版，第 701、710 页

⑨ 参见朱广新《合同法总则》，中国人民大学出版社 2012 年版，第 234—235 页。

后，有论者将显失公平规范定位为意思自由的维护机制，以之为意思表示瑕疵的类型。①

民法典颁行后，从规范表达上我国确立了类似德国暴利行为的主客观要件的显失公平规范模式，但在体系安排上又未明确作为公序良俗原则的具体化类型，而是编造在意思表示瑕疵的序列之后。这种规范表达与体系安排上的创制引发了关于显失公平规范与基本原则关系及其体系功能的新争议。《民法典》第 151 条明确显失公平行为需主客观要件兼备给构成要件的争议画上了句号。但是，显失公平规范体系定位与预设功能的争议并未止息。首先，主流评注与解释论均主张显失公平规范具有意思形成自由维护与内容妥当性评价的双重功能，如张新宝教授认为显失公平规范否定民事行为拘束力的理由在于"损害后果的不公平性"与"意思表示的自由形成"受到影响；② 又如陈甦等学者认为显失公平规范背后的支撑包括民法的两个原理：自治原理与给付均衡；③ 再如王利明教授等论者指出新的显失公平规范系立法赋予其与德国暴利行为相同的规范功能，④ 也即法律行为内容悖俗的评价机制；也论者指出显失公平规范兼顾了民法中自由与公平两大基本价值。⑤ 其次，有论者认为显失公平规范是意思自由真实的维护机制。如李宇教授坚称显失公平规则的上位

---

① 参见朱庆育《民法总则》，北京大学出版社 2013 年版，第 284 页；尹田：《乘人之危与显失公平行为的性质及其立法安排》，《绍兴文理学院学报》2009 年第 2 期，第 12 页；冉克平：《显失公平与乘人之危的现实困境与制度重构》，《比较法研究》2015 年第 5 期，第 42 页。

② 参见张新宝《〈中华人民共和国民法总则〉释义》，中国人民大学出版社 2017 年版，第 315 页。

③ 参见陈甦主编《民法总则评注（下册）》，法律出版社 2017 年版，第 1084—1085 页。

④ 参加王利明《中华人民共和国民法总则详解》，中国法制出版社 2017 年版，第 660—662 页。

⑤ 参见王磊《论显失公平规则的内在体系》，《法律科学》2018 年第 2 期，第 93 页。

原则是意思自治原则，而非公平、诚信、公序良俗原则；① 又如冉克平教授亦认为显失公平制度属于意思表示瑕疵的典型情形；② 再如李潇洋博士认为在体系上显失公平是意思表示瑕疵的类型，而不涉及法律行为内容妥当性评价。③ 此外，关于显失公平规范的体系定位问题，囿于立法的双重要件安排而发生认识上的混淆。如有论者认为显失公平规范对法律行为内容进行评价，是公平原则的具体化，但又将之定位为意思表示瑕疵的弥补，从而与欺诈、胁迫、重大误解属于一个系列。④

　　值得关注的是，近来有论者开始关注显失公平规范作为终局性衡平规定以维护合同公平性的独特价值；⑤ 有论者指出虽然从法典结构安排上，显失公平规范系意思表示不真实的具体表现，但显失公平法律行为可撤销的真正依据并非意思不真实，根本在于利益分配不均有违公平正义的民法精神。⑥

　　笔者认为，在合同协助主义时代私人自治与均衡原理同处私法规范机制的中心位置，显失公平规范作为均衡原理的载体，其体系功能在于实质公平的维护以监管法律行为内容及其规则严格适用造成的不公平问题，为私人自治提供一个公平的运行框架从而增进共同善。从法哲学视角来看，显失公平法理渊源于古希腊正义理论与经院哲学家提出的公平价格理论，其自然法的内在结构与生俱来，皆旨在为自由交易提供限制性框架以维护公平的伦理要求并增进社会共同的善。显失公平规范在被形式主义扭曲解释与适用之前，一

---

① 参见李宇《民法总则要义》，法律出版社 2017 年版，第 613—618 页。

② 参见冉克平《意思表示瑕疵：学说与规范》，法律出版社 2018 年版，第 254 页。

③ 参见李潇洋《论民法典中的显失公平制度》，《山东社会科学》2021 年第 5 期，第 191 页。

④ 参见杜万华主编《中华人民共和国民法总则实务指南》，中国法制出版社 2017 年版，第 583—584 页。

⑤ 参见蔡睿《显失公平制度的解释论定位》，《法学》2021 年第 4 期，第 86 页。

⑥ 参见邹海林《民法总则》，法律出版社 2018 年版，第 372 页。

直是合同法公平理念的支柱。现代合同法因应经济社会实践的变迁重拾自然法的理念并结合合同的社会属性，在尊重私人自治的基础上，将均衡原理拉回私法规整的中心，显失公平规范监管交易公平性的功能得以重光。准此而论，显失公平规范承载着合同法的伦理性。因此，在体系功能上，现代显失公平规范重回初心担纲合同内容的审查机制，其关注的重心在交易结果的公平性问题，而非合意的品质。诚如前述，合同法的公平化改革所仰仗的机制之一，即注入了公平、正义、共同善等自然法理念的灵活性标准。通过这类标准赋权法官引入道德伦理或社会性质的因素以维持公平合作社会体系的运转。准此而论，显失公平规范是抽象公平原则的实现机制，其作为灵活性的标准为不公平交易的认定预设了基本分析框架，是公平原则具体化的过渡津梁。公平原则宣示了私法规范机制要求"各得其所"的均衡原理，将放任主义时代剥离的道德与社会因素重新回填于合同中。显失公平规范则为"各得其所"的实现圈定了范围、设定了标准。

（二）现代显失公平规范的基本特征：协助主义理念下重振衡平的精灵

现代私法体系中均衡原理的重光，显失公平规范因其自然法内质与灵活性完美契合均衡原理的要求而成为私法公平化改革的利器。合同应该建立在公平的基础之上而非相反，将均衡原理从边缘拉回中心，显失公平规范也随之挣脱出私人自治的阴影展露出自己的独特品质。

1. 普适性

在形式主义理念下，私人自治与均衡原理（公平正义）是相互竞争的概念。基于"合同即公道"的推论，立法的重心在合意形成过程的监管，司法也主要围绕合意品质进行审查。均衡原理在私法规范机制的安排相当简单，个别的安排也被解读为极端例外。此时，私人自治压倒均衡原理独享规范机制舞台中心的位置，法律的确定性与可预测性也压倒实质公平。诚如前述，古典现实公平规范在立法、适用中遭遇重重限制，从而体现出例外性特征。但是，20 世纪以来合同法的公平化改革扭转了这一局面，现代显失公平规范逐步具有了广谱性的适用性。

首先，由于均衡原理始终是私法的基石之一，在放任主义时代，显失公平规范的追求实质公平的功能也仅仅是被压制或扭曲的解释而未被彻底废弃，因此，古典显失公平规范不断突破限制扩张适用领域。法国民法奉意思自治为圭臬，仿效罗马法的形式主义，显失公平规范被严格限制在对无行为能力人、受保护的成年人以及不动产买卖的出卖人的保护。德国民法则仅在特定剥削情况下给付失衡违反善良风俗才有适用余地。经典法域立法或实务均试图将显失公平规范做出限制以免对私人自治构成威胁。但是，显失公平规范无不冲破限制不断冲淡其古典时代强加的例外性。法国民法颁行后单行法因应实践创设诸多新型适用领域，如肥料、种子买卖合同中的购买人；知识产权作品的著作权人；借贷人、承租人。德国法院囿于成文法的传统虽然未明确废弃双重要件的认定方案，但是在实务中根据给付失衡的程度相应降低受害方主观要件的证明责任，甚至如果特别重大的失衡直接采用举证责任倒置的路径，援引显失公平规范为受害人提供救济。实际上，给付与对待给付不对称比例越大，德国法院越容易认定剥削的存在已成为实务共识。[1] 总之，经典法院或以单行法扩编显失公平的救济范围；或通过司法适用技术的将更多不公平交易纳入监管，随着监管范围的扩编，显失公平规范日益具有普适性的特质。

其次，晚近立法逐步放弃适用领域的限制，在体例安排或规范设计上使显失公平规范具有广泛的适用性。比较法上，美国《统一商法典》中显失公平规范仅被安排于货物买卖合同，但是《第二次合同法重述》则确定了显失公平规范一般条款的地位而适用于整个

---

① See John P. Dawson, Unconscionable Coercion: The German Version, 89 *Harvard Law Review* 1041, 1061 (1976).

合同领域。正因为体系上的松绑，近年来关于显失公平原则在知识产权合同、医疗合同、劳动合同、电子合同以及国际投资合同等新型合同领域适用的理论阐释日渐增多。[①] 鉴于程序性与实质性显失公平兼备的严苛认定要求大幅限制了显失公平规范的救济范围，[②] 不利于保护不公平交易中的受害方，美国法院近年来逐渐采用"滑动标尺法"缓和严格要件抑制对显失公平交易救济的实态，[③] 放弃对程序性与实质性显失公平严苛的程度要求，而改为动态认定标准，消解传统双重要件的僵化性。进而大幅提升了显失公平规范的射程范围。

在我国由于对显失公平规范主观要件或客观要件的不同解读，学界在适用范围上多有争议。有论者虽然未明确否认显失公平规范适用于所有法律行为，但认为其主要适用领域在双务合同。[④] 亦有论

---

① See Ian Brereton, The Beginning of a New Age: The Unconscionability of the 360 - Degree Deal, 27 *Cardozo Arts & Entertainment Law Journal* 167, 167 - 198 (2009); Jeffrey T. Hewlett, Unconscionability as a Judicial Means for Curing the Healthcare Crisis, 66 *Wayne Law Review* 291, 291 - 320 (2020); N. Brock Enger, Offers You Can't Refuse: Post-Hire Noncompete Agreement Insertions and Procedural Unconscionability Doctrine, 2020 *Wisconsin Law Review*, 769 - 804 (2020); Erin Canino, The Electronic Sign-in-Wrap Contract: Issues of Notice and Assent, the Average Internet User Standard, and Unconscionability, 50 *U. C. Davis Law Review* 535, 535 - 571 (2016); Britta Redwood, When Some Are More Equal than Others: Unconscionability Doctrine in the Treaty Context, 36 *Berkeley Journal of International Law* 396, 396 - 445 (2018).

② 有论者指出，实际上实务中很难找到既在内容上震撼到法官的良知，又在合意形成过程中存在悬殊的缔约能力的情况。See Richard J. Hunter Jr., Unconscionability Revisited: A Comparative Approach, 68 *North Dakota Law Review* 145, 169 (1992).

③ See Melissa T. Lonegrass, Finding Room for Fairness in Formalism-The Sliding Scale Approach to Unconscionability, 44 *Loyola University Chicago Law Journal* 1, 12 (2012).

④ 如比较有代表性的民法总则评注，均将改版后的显失公平规范类比瑞士、德国以及我国台湾地区的"暴利行为"，似可推知学者们倾向于显失公平规范主要适用于存在给付与对待给付的法律行为之中。参见王利明《中华人民共和国民法总则详解》，中国法制出版社 2017 年版，第 662 页；陈甦主编：《民法总则评注（下册）》，法律出版社 2017 年版，第 1084 页。

者主张适用范围包括单方法律行为、双方法律行为以及多方法律行为。① 同时，有论者声称在显失公平规范主观要件的适用中，应区分不同类型合同中当事人理性判断能力，普通民事合同与消费者合同宜放宽认定标准，至于商事合同应当严格限制认定范围。② 但是，有论者认为纵使显失公平规范属民法总则规定，亦并非可以适用于所有类型的法律行为，而仅限于存在交换关系的有偿合同，③ 从而排除了身份行为，决议行为，赠与和保证等无偿行为，有息借贷等均不得适用。此外，也有论者认为我国显失公平规范的适用范围不仅限于给付与对待给付的交换性双务有偿契约，而且也包括合同权利义务分配的显著失衡。④ 甚至有论者将显失公平规范的适用范围从有偿双务契约、权利义务分配不公平、个别条款不公平扩充至借款合同乃至离婚财产分割合同。⑤ 我国民法将显失公平规范置备民法总则，从体系上观之，显失公平规范君临整个法典，其当然适用于所有类型的合同以及分则其他法律行为自不待言。而且，由于均衡原理不仅局限于给付与对价给付议题，合同其他权利义务配置的失衡以及风险、负担分配的不公平均在显失公平规范的射程范围之内。

总之，在均衡与公平原则走出私人自治的阴影重新在私法规范机制中担纲要角后，作为均衡与公平原则落地化的显失公平规范也不再依附于意思自由与合意瑕疵，而是肩负其独立的衡平功能，成为所有合同以及合同法规则适用公平性问题的普适性监督机制。或可说，现代显失公平规范是恒星而不是彗星，将永久地放出光芒。

2. 确定性与灵活性兼具

---

① 参见张新宝《〈中华人民共和国民法总则〉释义》，中国人民大学出版社 2017 年版，第 314 页。

② 参见武腾《显失公平规定的解释论构造》，《法学》2018 年第 1 期，第137 页。

③ 参见李宇《民法总则要义》，法律出版社 2017 年版，第 619—620 页。

④ 参见武腾《显失公平规定的解释论构造》，《法学》2018 年第 1 期，第138 页。

⑤ 参见蔡睿《显失公平制度的解释论定位》，《法学》2021 年第 4 期，第88—94 页。

形式逻辑的法律理性追求法律的确定性与可预测性，如此方能为合同执行提供一个安全的环境。因此，私法规范的设计应当力求清晰明确，将司法的自由裁量压缩到最低值。唯有法律安全性得到确保，社会个体才能以其个人意志安排自己的法律生活。诚如前述，在形式主义时代，显失公平规范因其模糊性、灵活性而备受指责，立法笃力实现构成要件明晰与法律效果确定；法官则是通过司法适用的技术，采用严格的双重要件标准走向适用的僵化性；学理更是推波助澜以主观价值思想为指导将显失公平规范置于私人自治的阴影之下丧失独立的衡平功能。其共同的目标就是实现封闭的三段论推理做出符合逻辑的裁决。因此，无论是立法还是实务都倾向于一定的数字比例标准来控制显失公平交易认定的确定性，在形式主义时代，具体数字比例甚至是主要的设计选择。如德国司法实践确立信用暴利的双倍标准、租赁暴利的 20% 比例等。① 为追求显失公平规范适用安全性而采撷数学比例标准的做法，法国无疑是个中典型代表，首创于 19 世纪早期，在近年来的债法改革中仍被保留了下来。如不动产买卖与著作权转让合同中出卖人损失超过十二分之七；财产分割与肥料种子买卖中一方所得份额短少超过四分之一；借贷合同中利息损失超过三分之一等。

但是，此种抽离情景化的推理模式一味探究合同条款的可执行性，最大化自由决策的范围，忽视了个体作为社会公民以及合同本身的社会性质，如缺乏对公平的关注，无法考量全部的合同情形等。简单的数字标准虽然在法律决定的确定性与可预测性上具有相当优势，但其弊病也甚明。具体数学比例确实清晰明确，但是，它可能忽视了合同整体，因为价格条款的配置可能是以合同中其他风险的安排为代价，价格条款仅仅制造了一种不公平的假象。在长期的商事合作关系中，这种情况尤明显。如商业特许经营合同中，特许人

---

① 参见［德］迪特尔·梅迪库斯《德国民法总论》，邵建东译，法律出版社 2013 年版，第 538—541 页。

收取高于市场价格的加盟费或特许费，被特许人得以获得更长的经营资源使用授权，此时合同价格条款的畸高并非一种不公平，而可能是投资者的理性选择。而且缔约优势方可通过有意微妙地规避具体比例，而攫取不公平利益，显失公平规范的体系功能可能落空。鉴于显失公平交易认定中立法上数字比例设计所实现的确定性存在诸多弊端，甚至适用的结果走向了制度的反面。因此，显失公平规范宜保持其灵活性，以适度牺牲确定性换取公平性。这是显失公平规范体系功能得以实现并因应合同关系、社会观念以及市场具体情况补救真正的不公平合同增进社会福祉的必备品质。正是基于此，有论者将灵活性视为显失公平规范的本质属性与生命力所在。①

近年来，日本学理与立法尝试主张取消利益失衡的显著性标准，② 美国滑动标尺法不预设程序性与实质性显失公平的程度而是交由法官动态把握等趋势均是利用显失公平规范的灵活性属性扩大公平审查范围理所当然的选择。

职是之故，现代显失公平规范需要兼顾确定性与灵活性的双重面向，显失公平规范的设计走向一般规范与具体规则的分野成为必然趋势。前者承载显失公平规范源于其法哲学与历史渊源的灵活性面向，采用最佳化命令的设计模式；后者担纲显失公平规范努力满足法律安全的确定性面向，采用确定性命令的设计方案。关于此内容，下一章关于显失公平规范技术性设计的基本理论将做详细阐释。

3. 客观价值论

确定商品的价值是交易得以发生的基础。商品价值究竟采主观价值论还是客观价值论决定了合同公平性的评价结果。诚如前述，在主观价值论下，只要当事人根据自己的判断，认为对方给付与自己的给付在价值上等同，即可认定具有等价关系。主观价值论支持

---

① See M. P. Ellinghaus, In Defense of Unconscionability, 28 *Yale Law Journal* 757, 762 – 763, 808 – 812 (1969).

② 参见［日］山本敬三《民法讲义·总则》（第 3 版），谢亘译，北京大学出版社 2012 年版，第 119—220 页。

交换物的价值由缔约者根据自己的偏好决定，因此，"双方交易者都同意的那个价值就是公正的价值"。① 以此为基础，私法规范机制的使命在于确保合意的品质，即当事人真实、自愿做出判断。基于理性人自己的意志做出的法律生活安排被认为是公正，而且笃定个人自由追求自己的利益会实现社会总体福祉的增加。在主观价值理念下，客观结果的实质不公平无法单独阻却合同的效力，必须存在主观上恶意利用特定情况的剥削要件方能启动显失公平规范救济机制。显失公平规范形同虚设，几乎丧失监督不公平交易的功能，在实务中沦为合意瑕疵排查的证据或线索。

但是，现代合同法的公平化改革使得均衡原理真正担当私法中的支柱地位，客观价值的回潮成为 19 世纪末的合同法演进的一大特征，显失公平规范也随着均衡原理的回潮而重新展现其客观价值论的本质。商品的客观价值是独立于当事人的喜好与福祉，而是与其机械性或技术性成果的关系。协助主义私法规范机制的核心任务就是平衡私人自治与均衡原理之间的紧张关系，将效率、公平、合作等因素并重作为私法规范机制的基石。无论是从道德的角度还是从社会学的角度，都将共同善与实质公正的实现作为合同法的应然之义。首先，从历史沿革来看，除了"私人自治至上"的 19 世纪，客观价值论一直显失公平规范承担衡平功能的内在品质。亚里士多德指出，建筑师与鞋匠进行交换的前提是在两种物品之间事先确定好比例平等关系。② 偏离比例平等关系的交易因违反正义原则所要求的价值等值性而具有非正义性。诚如前述，根据亚里士多德与阿奎那的公平价格理论，事务的价值是事物本质上客观的、绝对的价格，其独立于具体情况、交易方的价值认知等。个人对事务的福利或效用感知，其对交易的达成以及事务的价格有一定影响，但公平价格

---

① 易军：《个人主义方法论与私法》，《法学研究》2006 年第 1 期，第 99 页。
② 参见［古希腊］亚里士多德《尼各马可伦理学》，王旭凤、陈晓旭译，中国社会科学出版社 2007 年版，第 199 页

的确定仍以独立于主观感知的客观要素（生产成本、劳动、稀缺性等）为核心。现代合同法为消解私法的形式主义之弊，更多关注合同的社会性质，将公平正义作为合同法的核心理念，显失公平规范作为合同公平化改革的实现机制，回归客观价值论也是大势所趋。如德国民法明确暴利行为的认定需要主客观要件兼备，仅有客观瑕疵而没有合意瑕疵无法启动显失公平行为的救济机制，主观价值论的色彩甚明。然而，随着现代社会中均衡原理的复苏，实务中逐步发展出准暴利行为，法律行为仅有客观瑕疵亦足以阻却其效力，价值论上的客观化倾向显著。又如法国在立法体系上将显失公平规范作为"同意瑕疵"，但在实务中走向了客观化。法国司法实践修正了立法的体系安排，认为"显失公平一种源于给付不对等而客观存在的瑕疵，是一种客观瑕疵，因此，只需要证明存在此种给付不对等，即告足够，完全没必要去分析缔约当事人在缔约时的精神状态或思想状态"。①

其次，从社会作用的影响来看，客观价值论是显失公平规范促进公平与合作进而实现社会公正与共同善的必要配置。个体之间订立合同属于自我立法的范畴，但个体除了作为具体合同中的当事人，同时还是社会的公民。因此，合同法规则既要尊重缔约当事人的合意，但同时需要给合意运行设定基本框架以免偏离社会的基本价值。缔约个体作为社会公民的属性决定规范合意缔结与执行的合同应当具备"抑制自私自利并关注共同善"的规范品质。② 而且，公正的法规必须避免社会公正受到"当事人双方已经达成共识"的伤害。③ 准此而论，公正的合同法应当实现真正的平衡与等价补偿，甚至不

---

① 参见［法］弗朗索瓦·泰雷等《法国债法·契约（上）》，罗结珍译，中国法制出版社 2018 年版，第 614 页。

② See Cass R. Sunstein, *Free Markets and Social Justice*, New York: Oxford University Press, 1997, p. 36.

③ 参见［法］埃米尔·涂尔干《社会分工论》，渠东译，生活·读书·新知三联书店 2013 年版，第 173—174 页。

惜排除私人自治的安排而以社会公正原则加以纠正。显失公平规范是法官扮演监护角色防止当事人以"共识"破坏社会公正的抓手，主观价值论不仅无法使显失公平规范促进社会公正与共同善的作用，甚至逼迫显失公平规范走向制度的反面，成为个人意志冲击公平合作社会体系的帮凶。19世纪，德国、美国实务否认客观瑕疵对合同效力的独立阻却功能，而是严格要求表征合意瑕疵的主观要件不可或缺，导致显失公平规范在监督合同规则与合同严格执行所生不公平后果方面未达预期，即为前车之鉴。因此，从社会关系的角度来看，客观价值论是显失公平规范对法律行为进行实质监督的必备特质。

总之，显失公平规范所制裁的是一种客观瑕疵，当事人主观的意志状态并非显失公平行为可非难的构成要件，而是调整客观瑕疵程度的重要因素。从显失公平法理的缘起来看，自亚里士多德的正义理论，到阿奎那的公平价格，无不以事务的客观价值来确定公道价值。迄至18世纪，实质公平仍是合同法的核心面向。纵使19世纪私人自治被奉为私法中至高无上的指导原则，均衡原则被边缘化，主观因素挹注于显失公平规范之中，经典法域的实务也逐步探索重回客观化的路径。现代合同法的公平化改革，从个人主义的独尊意思自由到协助主义的兼顾公平与合作，显失公平规范作为增进社会公正与共同善的灵活标准，乘着均衡原理从私法规范机制的边缘回归中心，也重获作为合同内容实质公平监督机制独立性、广谱性的适用性以及价值认定的客观性。

第 三 章

显失公平规范的技术性设计：
谁是最适格的公平裁判者

> 一个规范可以同时是规则或原则，端视我们以哪一个层面去思考它。[①]

——严厥安

当矫正不公平的权义配置或风险分配成为私法规范机制的应然目标，在道德与伦理上具有天然的正当性。接下来需要着手推进的首要问题即如何进行立法设计以贯彻私法规范机制的现代功能。诚然，在技术设计上存在诸多议题，如主张合同效力瑕疵的权利分配给谁？举证责任是否需要特别设计？法律效果的多元化还是单一化？如何妥适安排显失公平规范的体系？除斥期间的长短？诸如此类。但显失公平规范技术设计最核心的问题，也是实务中聚讼盈庭的所在是如何确定显失公平交易的判断标准。市场参与者理性能力有别，市场亦瞬息万变，违反等值性原则的交易常有发生，基于法律实践的考虑，法律并不禁止所有的不公平交易。那么不公平交易因偏离公平正义达到何种程度才具有法律上的可非难性？在立法设计上来

---

① 严厥安：《法与实践理性》，中国政法大学出版社 2003 年版，第 57 页。

说，此问题的实质就是：究竟谁才最适格的分配者？立法者、行政者，还是法官？

"显失公平"属于高度抽象的不确定性法律概念，其与公序良俗、诚信原则等概括条款一样均是立法者授权法官因应个案完成法律续造以弥补自身理性的局限性，进而实现法律决定的妥当性。法律安全性与自由裁量必然性的博弈，也决定了显失公平规整体系中立法决定与司法控制的二元划分，以及适用方法论上的分歧。一方面，立法决定导向重在法律安全性的维护，尽可能根除自由裁量的空间。在此理念下，立法者基于实务中的成熟类型提炼出显失公平规范的具体规则。在具体规则中，构成要件明确、法律效果清晰、适用范围固定，显失公平判定也以客观的、统一确定的损害幅度为标准。体例上，一般编遣于民法典分则具体法律行为中。适用模式上则取向涵摄模式，即审查案件事实与规范构成要件的匹配程度，通过三段论演绎推理，得出确定的法律效果，以"构成要件—法律效果"为分析框架，规则适用模式系全有或全无的方式。另一方面，司法控制导向重在授权法官自由裁量以发挥规范的漏洞填补功能，价值判断成为实现法律决定妥当性不可或缺的配置。在此理念下，规范设计中往往采用类型式概念，其不仅内涵无法确定，外延也是开放性的。此种开放性的不确定性法律概念的引入，使得显失公平规范取向一般条款化。因此，显失公平规范一般条款依其属性，其构成要件宜弹性解释，法律效果亦走向多元化，甚至如基本原则规范设计一样拒绝法律效果的明确化。体例上，显失公平规范一般条款应置备于民法典总则具有君临整个法典的普遍适用性。适用模式上则有别于传统的涵摄模式，而是"随各个具体案件，依照法律的精神、立法目的，针对社会的情形和需要，予以具体化，以求实质的公平与允当"。① 显失公平概念的双重属性也决定了显失公平规范

---

① 参见杨仁寿《法学方法论》（第二版），中国政法大学出版社 2014 年版，第 186 页。

设计上的二分路径。

　　学理上，不确定法律概念有经验性与规范性之分。不确定法律概念或称为价值性不确定法律概念，是需要价值补充方能完成其概念，价值补充一般来自一般价值观的衡量与法规目的的认知，因此，规范性不确定法律概念常具可辩证性，因说理的不同可能产生不同的判断。经验性不确定概念，或称描述性不确定法律概念，其经验来自"一般人之生活经验"或"一般社会观念"和"专家的知识经验"等。① 显失公平概念的经验性与规范性双重面向决定了立法者在设计将显失公平法理转化为法律规范时，不得不选择"有所为，有所不为"。具体而言，对于实务中业已成熟的不公平交易，以具体数字比例作为公权力介入审查的标准，由立法者根据既有经验决定显失公平交易的规制尺度，此时通过显失公平规范具体规则的形式置备于立法之中。对于显失公平概念的规范性面向，实务纷繁复杂，立法者无从提前预判具体个案的显失公平问题，此时立法者宜授权法官来裁量应当纳入规制射程的显失公平交易，在规范设计即显失公平规范一般条款。前者追求的在法律安全性基础上实现公平正义，后者则是在显失公平规范灵活性基础上力求交易的社会妥当性与合理性。因此，由于显失公平概念的经验性与规范性的双重属性，以及立法者理性的局限性，显失公平规范其实是一个规整体系，包含一般条款与具体规则。由是可知，显失公平规范的技术性设计从两个维度展开：其一为立法决定，其二为司法裁量。前者的立法表达为显失公平规范具体规则；后者的立法表达为授权司法裁量的显失公平规范一般条款。

---

　　① 参见李惠宗《案例式法学方法论》（第二版），台湾新学林出版社股份有限公司 2014 年版，第 330—333 页。

第一节　立法决定模式：显失公平概念
经验性面向的规则属性

诚如论者指出，"法官适用制定法应该像永动机一样运转，它带有的唯一特点是，运转的装置不是机械式的，而是逻辑式的自动控制。"① 纵使后来法官应为"制定法奴隶"的观念被动摇，但是追求法律的确定性与可预测性尽可能为行政与司法提供清晰的行为指引与裁判规范一直是立法者孜孜以求的目标。正因如此，在形式主义时代，立法者甚至将法律的确定性凌驾于公正之上。19 世纪个人主义的私法规范机制以实现法律权利的可计算性为目标，通过精确的规范设计建立起法律的确定性，法官应严格受制于制定法，其职责在于不折不扣地解释与适用法律规范，哪怕严格适用导致苛刻的不公平结果也在所不惜。法彦有云，最善之法，就是法官自由裁量余地最少之法；最好的法官，就是少依靠自己主观判断的法官。显失公平概念的经验性属性为立法预判应当纳入规制范围的显失公平交易提供了可能，笔者将显失公平法理的这一规范化路径称为"立法决定模式"。② 此种模式仍坚持立法乃矫正不公平的最佳工具。循此理念，对显失公平行为之规制尽可能由立法来完成，通过法典之特别规定、单行法等方式以法律规则的形式来圈定得失比例"显著"到需要公权力介入的不公平交易范围。实践中，往往以确定具体数学比例为法官提供清晰裁判指引。如法国民法关于不动产买卖之特别规定、美国路易斯安那州颁行《消费信贷法》等。立法上实现具

① 参见［德］卡尔·恩吉施《法律思维导论》，郑永流译，法律出版社 2014 年版，第 130 页。

② 此处所使用之"立法决定"概念，系指立法者在规范设计上对实现显失公平规范具体化所做的努力，以与立法者付诸法官自由裁量以实现显失公平规范具体化的做法相区分。

体化的价值追求之一是对司法适用的拘束性，强调法的确定性诉求。

立法决定模式的实质是将业已成熟的显失公平交易认定经验予以类型化并以法律规则的逻辑结构表述出来，可直接援引作为法律推理的大前提，构成要件明确，法律效果清晰。此种立法上的类型化可进一步细分为：人为分法的类型和自然分法的类型。前者系一种临时而实际的分法，其不做本质之考察而只是将实务中常见的显失公平类型排列起来。这种分类法是开放的，随时可以根据情况加以调整，实现规范列举的"吐故纳新"，最典型的莫过于法国的"滥用权利条款委员会"① 及欧盟关于消费者保护的指令中开列的具体类型的名单。后者系根据各类型本质的不同，分析具体各异的要素且能将这些类型的定义或特征表现出来。由于比较确定，因此这类自然分法的类型往往是封闭的，不同性质的类型之间无法彼此涵摄。

一　人为分法的类型：显失公平概念经验属性规范化的初级阶段

人为分法的类型化，② 乃一种临时的对司法裁判中所发现的显失公平类型之简单罗列。由于非基于本质分析，而是一种外在的偶然的分类，因此不具有固定类型的定义或特征，没有自然分法下类型的抽象程度。甚至，往往未列入普通民法规范的正文而是以附件的形式或特别法的形式呈现，为司法裁提供指引。

法国的"滥用权利条款"制度即是人为分法类型化的典型。滥

---

① 法国滥用权利条款委员会于1978 年1 月10 日法律在负责消费事务的国家部委下成立，由13 名成员组成，3 名司法法院或行政法院的法官或最高行政法院的成员；2 名法律和合同技术方面的专家；4 名职业者的代表；4 名消费者的代表。参见罗歇·布特《法国合同法上的滥用权利条款》，陈鹏译，《法学家》1999 年第6 期，第126 页。

② 本书所称"人为分法"系指一种临时而实际的分法，将非本质而又易于被发现的案件类型排列起来。这种类型的选取乃外在的且具有偶然性。笔者取生物学上分门别类法的类型之一"人为的分法"。

用权利条款之制度和概念自 1978 年以来经历了多次变迁，最终形成现行《法国消费法典》关于滥用权利条款的定义实态："从目的和效果上看，在合同缔约双方的权利和义务之间建立起明显的不平衡，损害作为缔约一方的非职业者或者消费者利益的条款。"法国立法者并不满足于概括的规定，而是于 2009 年 3 月根据滥用条款委员会之意见列举了新的滥用权利条款，并将之编入法国消费法典之中，作为司法裁判的依据。其内容如下：

1. 合同条款表明消费者接受了一些合同本身或合同援引的其他文件中并不存在的条款。

2. 商家不完全承担由他的员工或负责人许诺的条款。

3. 商家单方保留更改设计合同期限、商品性质（或服务性质）、价格的条款的权利。

4. 仅授予消费者说明商家发送的货物（或提供的服务）是否符合合同所描述的权利，或者表明商家才有解释合同条款的权利。

5. 强制消费者执行付款等义务，而不强制商家履行交付商品并担保（或提供服务）并担保质量的义务。

6. 取消或减少消费者因商家没有履行某项义务而获得赔偿的权利。

7. 当商家不履行交付商品并担保其质量的义务时，消费者不能单方要求解除合同。

8. 授权商家依据其意愿单方解除合同，但消费者不享有此权利。

9. 允许商家在依照其意愿解除合同后，保留消费者已付的款项。

10. 在无固定期限的合同中规定：如果一方要解除合同，消费者需要提前通知商家的期限要比提前通知消费者的长。

11. 在无固定期限的合同中规定：如果消费者想单方解除合同，必须支付给商家一笔赔偿金。

12. 让消费者承担本应有商家承担的举证责任。

考诸其内容，不难发现，清单所列明的条款内容大都相当具体，可以直接成为法官判断是否显失公平，而无须法官做进一步具体化的工作。而且，滥用条款委员会可以结合具体实践制作滥用条款"黑名单""灰名单"并通过行政法规颁布，① 经由答复法官就滥用条款判断的咨询②等方式实现对显失公平类型的更新。使"名单"内容能尽可能满足实践的需求。需要指出的是，上列滥用条款清单具有明确适用对象之限制，仅得适用于商业公司与消费者之间。美国《消费信贷法》亦以特别法的形式具体开列消费信贷合同中可能显失公平的条款类型，以人为分法的类型化作为司法裁判之基准。后文立法例探讨中将有详细探讨，兹不赘述。

2008 年欧洲议会和欧盟理事会发布《消费者权益法案》（*Consumer Rights Act*）［2008/0196/COD］，就显失公平行为类型化方面，在人为分类及适当抽象的基础以"黑名单""灰名单"取代 1993 年的简单分类法。前者枚举绝对显失公平的条款类型，后者为推定显失公平的列举。由于"灰名单"所开示的 12 类推定显失公平条款与前文的法国滥用权利条款内容多有重合且比较具体，因此下文仅论述"黑名单"的具体规定。根据《消费者权益法案》附件二开示，下列条款在任何情形下均得认定为显失公平。③

1. 排除或限制商家由于其行为或过失造成消费者死亡或人身伤害的责任；

2. 限制商家履行其代理人对消费者所承诺之义务，或要求代理人该承诺符合商家的特定要求；

3. 排除或阻碍消费者采取诉讼或其他法律补救的权利，尤其是没有法律规定或约定的情况下，要求消费者只能申请仲裁解决争议；

---

① 参见秦立崴《〈法国民法典〉合同制度改革之争》，《环球法律评论》2011 年第 2 期，第 92 页。

② 参见罗歇·布特《法国合同法上的滥用权利条款》，陈鹏译，《法学家》1999 年第 6 期，第 126—127 页。

③ 2008 年欧盟《消费者权益法案》（Proposal for a Directive of the European Parliament and of the Council on Consumer Rights）附件二所开列之显失公平条款参见 http://eur-lex. europa. eu/legal-content/en/TXT/? uri = CELEX：52008PC0614，2021 年 2 月 25 日。

4. 限制消费者能获取的证据范围，或将根据法律规定应由商家承担之举证责任分配给消费者；

5. 赋予商家决定其所提供之商品或服务与合同约定相符与否的权利，或给予商家独占解释合同任何条款的权利。

人为分法的类型化在运行多年，形成相对成熟的操作路径后，往往有两种归宿：一是，由于具体类型的确定化增强，不少经过抽象而进化为自然分法经验类型。二是，由于具体类型的构成要件化，使得该显失公平类型具有确切的内涵与外延，往往演进到自然分法类型的高级阶段，换装成法律规则。在人为分法基础上做适当抽象，汇总并开列各类显失公平的条款类型，往往系自然分法类型化的前奏，介于人为分法具体类型与自然分法抽象类型的中间地带。此类显失公平规范规则化路径为各国或地区所采纳，如我国台湾地区"消费者保护法"，该法第12条开列的显失公平之推定类型："1. 违反平等互惠原则者：（1）当事人间之给付与对待给付显不相当者；（2）消费者应负担非其所能控制之风险者；（3）消费者违约时，应负担显不相当之赔偿责任者；（4）其他显有不利于消费者之情形。2. 条款或其所排除不予适用之任意规定之立法意旨显相矛盾者。3. 契约之主要权利或义务，因受条款之限制，致契约之目的难以达成者。"

人为分法基础上的具体化规则便于法官认定显失公平行为并及时作出裁定，对防止法官恣意功不可没。但是，弊端也显而易见，即所能涵摄的类型狭窄很难及时响应司法实践的需求。虽然显失公平规范一般条款的配置可以弥补此一缺陷，但一般条款适用中法官自由裁量权过大，对法律安全性构成威胁。因此，在人为分法基础上为进一步抽象以便进阶到具备一定涵摄能力的阶段也是显失公平规范具体规则的重要形态。一来适当限缩了法官自由裁量，二来又因抽象性而能涵盖更多的显失公平情形。"自然分法的类型"即处于一般条款与具体规则的中间地带。

二 自然分法的类型：显失公平概念经验属性规范化的高级阶段

自然分法的类型化①在立法上的表现主要是显失公平规范具体规则。揆诸域外立法例，这样的类型限定主要有两种方式，其一，即直接将显失公平法理抟注到具体的合同类型当中；其二，于债法总则或合同法总则中根据债之类型或合同类型中分别安置显失公平法理。

（一）具体化为规则：显失公平法理抟注于具体合同或协议类型之中

1. 买卖合同

买卖合同中抟注显失公平法理虽可追溯至罗马法戴克里先帝时期，但近代民事立法最早采用者当首推《法国民法典》，根据法国民法§1674规定，如出卖人因买卖有失公平所受低价损失超过不动产价金十二分之七时，即有取消买卖的请求权；即使出卖人于契约中有抛弃此项请求权的明白表示且已声明赠与此项超过价金的价值者，亦同。显然，立法者严格限制了显失公平适用的领域即不动产买卖合同。诚如前文所述，循及立法宗旨，后来法国立法者又将适用范围扩展至其他类型的买卖合同，从而大大丰富了这一类型化的内容。法律新增显失公平买卖合同之种类主要包括：肥料、种子买卖合同、利息借贷合同、转让文学作品利用权合同等。对买卖合同领域显失公平规范具体化最彻底的当属《智利民法典》，该法典于§1888—§1896系统规定了买卖合同显失公平之规制方案，不再将显失公平具体化局促在不动产买卖，而是扩充至所有买卖合同。仿效法国于买卖合同中注入显失公平法理之立法例一般都采取具体数字比例的

---

① 本书所称"自然分法"系指在认识了研究对象的正确本质属性后，将之纳入所属的类之中。此阶段之分类不仅明白个中类别之不同点，而且明晰此类型的各要素，甚至能将类型的固有特征、定义表现出来。笔者取生物学上分门别类的类型之二"自然的分法"。

判断标准。如《阿尔及利亚民法典》§358规定："出卖人因出卖不动产遭受低价损失超过不动产价金1/5以上者，可提起增加价金之诉，以便约束买受人补足正常价金的4/5。"

2. 遗产分割

遗产分割协议领域的显失公平亦率先由法国民法引入，根据该法典§887规定："如共同继承人中的一人证明其分配份较之其应得数量较少四分之一以上时，亦得取消。"《意大利民法典》仿效法国做法置备了遗产分割中显失公平规范之特别规定，法典§763规定："如果某个共同继承人能够证明遗产分割中遭受了1/4以上份额的损失，则可以取消对遗产进行的分割。"荷兰民法也有关于遗产分割领域显失公平具体化之规定（§4：15）。

3. 合伙合同

合伙合同之显失公平主要在损益比率的分配上，根据法国民法§1854规定："合伙人如同意合同合伙人中的一人或第三人决定其分配利益或损失的比率时，此项决定，如未显失公平时，不得予以攻击。"即合伙人可以分配比率显失公平为由，主张决定之瑕疵。

4. 消费借贷合同

随着消费者权益保护的运动的兴起，各国大都在对消费借贷合同做出特别规定，采用了专门的消费者保护立法也成为基本趋势。此处着重探讨立法者在普通私法中注入显失公平法理的努力，消费者保护专门立法将在立法例探讨中予以详细阐释。如《澳门民法典》§1073规定："一、在消费借贷合同中，如订立之利息高于法定利息之3倍，则视有关合同具有暴利性质。二、如透过违约金条款就因未返还借用物而按迟延定出之损害赔偿，高于法定利息之5倍，则亦视有关合同具有暴利性质；如属于狭义强迫性质违约金条款，则有关处罚金额不得高于法定利息之3倍。三、如订定之利率或定出之赔偿金或处罚金额超过以上两款所定之上限，则视为减至该等上限，即使不符合立约人之意思亦然。四、对本条所指上限之遵守，并不影响第275条至第277条规定之适用。"

5. 监护人或代理人履行之合同

如《西班牙民法典》§1291 规定："以下合同可撤销：一、监护人可以在未经司法授权的条件下履行合同，而且其被代理人已经蒙受了合同所涉金额总数四分之一以上的损失。二、不在者的代理人履行的合同，而不在者已蒙受了合同所涉及金额总数的四分之一以上的损失。"诚如前述，西班牙民法原则上取消了"合同损害"作为合同撤销之原因（§1293），即对于当事人之间给付与对待给付失衡的问题不做立法上的评价，但是其仍在具体合同类型——监护人或代理人履行之合同——完成了显失公平规范之具体化。

6. 共有物或债务分割协议

如《荷兰民法典》§3：196 - 1 规定："除了法律行为可撤销的一般原因之外（胁迫、欺诈、情势滥用），共有人对一项或多项所分割的资产或债务的价值存在错误，受到损害超过 1/4 的，可以撤销分割。"§3：196 - 2 规定："前款所提到的共有人，倘能证明依据当时情形其所受损害超过其应获得份额的 1/4 时，法律推定该共有人对分割之资产或债务的价值存在错误。"

7. 约定利息显失公平

借贷合同中，利息本为当事人约定事项，但法律为预防重利盘剥，特设法定之最高限度，以保护经济上的弱者。如《葡萄牙民法典》§559 - A（高利贷利息）规定："第 1146 条之规定，适用于在给予订立、续订、贴现某信贷或延长某信贷之还款期之法律事物或行为中，又或在其他类似行为中，有关利息或其他利益之定订。"又如我国台湾地区"民法"§205 规定："约定利率，超过周年百分之二十者，债权人对于超过部分之利息，无请求权。"我国原《合同法》对借款合同中利息亦设定了相应限制以防止暴利剥削之发生。即 §204 规定："办理贷款业务的金融机构贷款的利率，应当按照中国人民银行规定的贷款利率的上下限确定。"§211 - 2 规定："自然人之间的借款合同约定支付利息的，借款的利率不得违反国家有关限制借款利率的规定。"1991 年司法机关作出解释，国家限制借款利率之规定则以 4 倍作为上限标准。① 但是这一具体倍数的标准于 2015 年被新的司法解释所取代："借贷双方约定的利率未超过年利率24%，出借人请求借款人按照约定的利率支付利息的，人民法院应予支持。借贷双方约定的利率超过年利率36%，超过部分的利息约定无效。借款人请求出借人返还已支付的超过年利率36%部分的利息的，人民法院应予支持。"② 此即"两线三区"的统一划线规制模式。2018 年最高人民法院发布《关于依法妥善审理民间借贷案件的通知》重申必须"依法严守法定利率红线"。我国《民法典》第680 条规定："禁止高利放贷，借款的利率不得违反国家有关规定。"明确提出利率的实质公平要求，并且将公权力介入的标准委诸其他部分规定。

　　显然，利息之债中显失公平的判断取决于国家有关规定确定的具体数字比例，而且约定利息显失公平时，其法律效果一般为超过部分无效。

　　在法典中以有名合同之类型或特定适用领域之特别规定来注入显失公平法理，应该说是实现的显失公平规范具体化最为彻底的方式，已基本完成了显失公平法理的具体化、实证化从而具有实质的规范性。完全可以用于评价具体的生活事实，作为"涵摄方式"法律适用之大前提。

　　综上以观，通过具体合同或协议中的显失公平经验类型的规则化，实现了显失公平概念在某个领域的构成要件化，不确定概念内容具体化的目标得以在立法阶段完成，从而可以直接作为三段论推理的大前提。鉴于其在法律确定性上的优势，显失公平经验类型的规则化应该是发展趋势，将来会逐步扩大，主要集中在"不动产合同买卖""遗嘱分割协议""消费借贷"等领域。但是，此路径完全

---

　　① 《最高人民法院关于人民法院审理借贷案件的若干意见》法（民）〔1991〕第21 号。

　　② 《最高人民法院关于审理民间借贷案件适用法律若干问题的规定》法释〔2015〕18 号。

无法控制新的显失公平合同类型在立法决定外另立门户的现实。

（二）适度抽象化：显失公平法理植入债或合同总则性规定之中

上述立法上将显失公平法理直接挹注于具体合同，甚至以明确的数字比例作为给付与对待给付失衡"显著"的判断标准，可以直接作为法律推理的大前提。但是，通过立法技术对实务中成熟的显失公平类型为抽象有利于提高规范的体系化与类型的适用性。当然，如此一来也拉远了规范与被规范事实之间的距离。因此，相较于具体合同中的显失公平规范具体规则，债或合同法总则性规定中针对不同类型之债或合同实现显失公平规范具体化的程度相对抽象些。

1. 违约责任显失公平

一方当事人不履行债务，应承担违约责任，根据约定支付一定数额的违约金。然民法上责任制度之基本理念在填补损害而非惩罚威慑，除法律有别规定外，违约金不得作为变相压榨的工具。因此，大多数国家都有对违约金过高或过低的调整规定，以使违约金与损害相当，不至于过高或过少而有失公平。如《阿根廷民法典》§656："为主张违约金，债权人并无义务证明已遭受损害，债务人也不得证明债权人未遭受损害而免除处罚。但是，在处罚价值和所制裁的过失的严重性不相称时，法官在虑及给付之价值和该事件的各种情况后，如认为对债务人的处境构成不合理的利用，可予以限缩。"又如我国台湾地区"民法"§252规定："约定之违约金额过高者，法院得减至相当之数额。"我国《民法典》§585-2条规定："约定的违约金低于造成的损失的，人民法院或者仲裁机构可以根据当事人的请求予以增加；约定的违约金过分高于造成的损失的，人民法院或者仲裁机构可以根据当事人的请求予以适当减少。"此规定全盘继承了原《合同法》§114的基本内容。鉴于立法上"过分高于或低于"等语词模糊造成具体化的不够彻底而无法直接作为裁判之大前提，因此司法解释在部分领域协助完成了最终的具体化任务。2003年最高人民法院针对商品房买卖中违约金过高的判断标准确定为30%。① 2009 年最高人民法院将此具体化标准突破商品房买卖的范围，扩展至所有违约责任的约定："当事人约定的违约金超过造成损失的30%的，一般可以认定为合同法第114 条第2 款规定的过分高于造成的损失。"② 显然，立法未完成的具体化任务，在司法机关的助攻下实现了。

2. 格式合同之显失公平

格式合同的广泛采用使得以讨价还价为中心的传统缔约模式不复存在，弱势方的合同自由也萎缩成是否缔约的自由，"要么接受，要么离开"。消费者权益在缔约能力结构性失衡的境遇很难得到保障。随着20 世纪以来的消费者保护运动以及均衡原理的回潮，立法者基于经验预判格式合同中的某些不公平条款已经达到显失公平的程度，从而需要公权力介入予以矫正。在显失公平行为审查方面，立法往往针对格式合同做出更为严苛之限制与安排。如我国台湾地区"民法"§247 - 1 规定："依照当事人一方预定用于同类契约之条款而订立之契约，为左列各款之约定，按其情形显失公平者，该部分约定无效：一、免除或减轻预定契约条款之当事人之责任者。二、加重他方当事人之责任者。三、使他方当事人抛弃权利或限制其行使权利者。四、其他于他方当事人有重大不利益者。"这种根据条款性质的分类汇总，仍是将最终具体化之权力赋予了法官。此外，德国、法国和欧盟其他一些国家以及我国等国家和地区都有关于格式合同显失公平条款的特别规制安排，后文立法例探讨中将有详述。

3. 法国新债法改革中的显失公平规范具体化

截至目前，在债或合同法总则中，根据不同类型合同的显失公

① 《最高人民法院关于审理商品房买卖合同纠纷案件适用法律若干问题的解释》（法释〔2003〕7 号）第16 条规定："当事人以约定的违约金过高为由请求减少的，应当以违约金超过造成的损失30% 为标准适当减少；当事人以约定的违约金低于造成的损失为由请求增加的，应当以违约造成的损失确定违约金数额。"

② 《最高人民法院关于适用〈中华人民共和国合同法〉若干问题的解释》（二）法释〔2009〕5 号。

平情形而分别加以规定的最新立法体例当推法国新债法，基于显失公平规范立法、司法实践之发展，综合世界范围内的最新发展，因此颇具垂范意义。

法国新债法改革中，虽然并未删除显失公平规范在"不动产买卖""遗产分割"中的特别规定。但是，取消了"合同损害"（显失公平）规范的一般规定，且通过"胁迫"制度的升级改造，将显失公平法理的一般条款植入其中（§1143）。换言之，新债法将显失公平规范扩张适用至所有合同领域。但与德国民法仅在总则编中置备一般规定不同，法国新债法因应不同合同特质，尤其诸如框架合同等新型合同，提出了各自不同的显失公平认定指引。法国新债法于"合同的内容"一章中对不同类型合同的显失公平作出了具体安排：（1）根据§1164规定，框架合同中，单方面决定交易价格的一方滥用定价权，相对方可以主张损害赔偿，并于必要时可解除合同。并且科以享有单方定价权的一方在价格遭受质疑时，解释定价之义务。（2）根据§1165规定，服务合同中，债权人单独确定交易价格而滥用此权利时，相对方可以提出损害赔偿之诉，且价格遭到质疑时，定价方有义务解释价款之理由。（3）根据§1168规定，合同给付平衡的缺失不是合同无效的原因，除非法律另有规定。由此可知，双务合同中，给付与对待给付的失衡法律原则不做干涉，对于确需介入之情形，则通过特别法或特定规定的形式规制之。（4）根据§1169规定，有偿合同中，倘债务人对待给付微不足道，则合同无效。此处值得注意的是，这种失衡必须到对待给付"虚幻或微不足道"之程度，至于主观状态如何并无要求。（5）§1171为对附合合同之特殊规制，倘附合合同之条款使得双方权利义务过度失衡则该条款视为没有写。显然，在附合合同情形下，显失公平的判断标准为权利义务"过度失衡"，且此为唯一要件即可视该条款未纳入合同。

这里显失公平行为的适用范围扩充至"框架合同""服务合同""双务合同""有偿合同""符合合同"等合同领域，较之于之前仅适用于"不动产买卖合同"等领域，显失公平规范在合同领域的适用范围大为扩张。而且，针对各类合同的特征对构成要件及法律效果作出了不同安排。具体言之，"框架合同""服务合同"公平与否的判断主要集中在"单独定价权"是否被滥用，审查范围在价格条款；法律效果则是损害赔偿之诉或解除合同。"双务合同"原则上给付失衡不得作为无效的原因，除非法律另有规定，换言之，即立法者的一般立场是典型双务合同中给付与对待给付失衡并不能阻却合同效力。"有偿合同"中如果对待给付不具有相当性，则合同无效。"附合合同"中，权利义务的显著失衡作为显失公平与否的判断标准，其法律效果为"视为没有写"，换言之，即不具有拘束当事人之间的效力。总之，在原则上否认双务合同给付失衡乃合同无效之原因外，对特定合同类型仅要求客观要件即可因显失公平行为而生"损害赔偿之诉""解除合同""无效""视为未写入"等法律后果。显然，显失公平规范在以上合同类型上的具体化，大大提高了规范的可操作性。从不同类型合同显失公平认定标准来看，法国立法者在显失公平规范设计上试图在客观价值论与主观价值论之间找到平衡。

这种在立法上通过不同类型合同的特定规制所实现的显失公平规范具体化是对人为分类显失公平类型之进一步提炼，其抽象程度要低于显失公平规范的一般条款，却高于人为分类的类型化，其为特定司法判例类型的总结，提高了类型的普适性。在此种显失公平经验类型抽象化中，法官自由裁量权仍有配置多寡之分。如在人为分法的类型化中由于是种类的临时排列，其构成要件与法律效果具有相当确定性，法官适用中自由裁量之空间有限。自然分法中，由于多系进行过抽象的工作因此法官享有相当裁量空间。

立法机关的具体化工作之局限性是显而易见的，毕竟立法者受到时空局限、理性有限等之掣肘，与实践中显失公平概念的既有经验范围为限。这也导致立法的类型化相较于无穷的人事往往显得捉襟见肘。纵使明智的立法者成立专门委员会为类型的及时增减也无法就所有显失公平行为类型为巨细靡遗的涵盖（如法国）。毕竟，立法将经验规范化的前提清晰划分不同类型的案例群，并从当中淬取翔实的规范事实使之达到涵摄模式适用的明确形式。因此，晚近关于显失公平规范的翻修中，立法多保持其开放性，少为具体类型的规制，以赋予法官更多的裁量权。[①]

第二节 司法控制模式：显失公平概念 规范性面向的标准属性

任何一个法律问题的解决，其实都是法官将一个法律规范适用于由事实构成的案件，从而得出一个符合法治原则的法律决定（裁决的可预测性和裁决的可接受性）。尽可能减少显失公平规范适用中的恣意，釜底抽薪的办法无疑是努力界定显失公平的内涵与外延，这样可以为法官提供明确的指引，其认定显失公平法律行为时不至于滑向无序。诚如前述，各国虽然在显失公平规范的称谓上特色各表，但其规范意旨皆是践行均衡原理以实质公平的实现为目标，其内在法理与罗马法上的"非常损失规则"、英美法系上的"衡平法理"一脉相承，均源自亚里士多德—托马斯·阿奎那的正义理论及公平价格学说。基于法律安全性的考量，立法者首要诉求是尽可能实现概念内涵与外延的精确界定，如此，可以力争压缩自由裁量的空间以达到法律决定的确定性与可预测性。如果法律概念确实无法界定，则会倾向于放弃使用或将该概念所承载的法理以"最佳化命令"的形式呈现。

---

① 实际上，鉴于立法不可避免的局限性与非周延性而扩充法官自由裁量权之实践不仅是显失公平规范之设计上，大多数立法者均努力寻求法典的功能与自由裁量权的协调。参见费安玲《1942 年〈意大利民法典〉的产生及其特点》，《比较法研究》1998 年第 1 期，第 101—102 页。

一　显失公平概念内涵与外延的探究：一个无法完成的使命

审显失公平法理之规范表达可知，在欧陆法系国家，主要有两种概念指称之，即法国民法上的"合同损害"与德国民法上的"暴利行为"。英美法系则主要以美国法上的"显失公平原则"为代表。以下即分别从"合同损害""暴利行为""显失公平原则"探讨其规范内涵，并在检讨我国立法与学理的基础上，提出本书的见解。

（一）合同损害模式下内涵探微：法国法之观察与分析

此模式以法国为代表，虽然《法国民法典》制定之初，合同损害规则即置备于"同意瑕疵"之中，但学界与实务界却从未停止过纷争。究其实，乃公平观念与契约自由精神角力使然。[①] 诚如前述，古典显失公平规范具有浓厚的例外性，合同损害并不必然导致为合同无效，而仅对于特定人及特定契约方导致合同无效（《法国民法典》§1118），主要存在于不动产买卖合同与未成年人所为的法律行为中。基于意思自治原则，法律往往推定个人是自己利益的最佳裁判者，因此法律对这类合同的干预持谨慎态度。一般而言，法国合同法中的合同损害，是指由于合同双方当事人在相互所获利益上严重违反等值性，而使一方当事人遭受损失。至于何为违反等值性的判断标准，则根据合同性质有所区别，且法国法上采用特定的比例原则，如肥料种子买卖合同一方损失超过四分之一以上、知识产权转让报酬超过十二分之七以上等。但立法上合同损害并未做明确界定，仅仅是在不同法律规范设定了一定的标准，以供当事人及法官判断之用。

学理上，探讨合同损害制度实质时，往往追本溯源，窥知制度设立之初背后的理念支撑。根据学者的总结，概括言之，主要有三：

[①] 法国民法典制定过程中以及主观价值居于经济学的主导地位后，合同损害规则因其关注实质公平的客观价值取向而备受争议。参见徐国栋《公平与价格—价值理论》，《中国社会科学》1993 年第 6 期，第 125—128 页。

罗马法的形式主义；法国教规学者的公平价格主义；自由主义。① 应该说，三者关于"合同损害入典与否"的回答迥异，属于前文论及的显失公平规范原则性选择问题。虽然这样的分析，从理念层面探究合同损害制度及体系定位裨益不少，但对于明确界定合同损害之内涵，却助益不多，因为它们仍然无法给何为"显失公平"一个确切的答案。

此外，司法实践中合同损害往往被以狭隘的方式解释，即坚持合同损害不影响合同效力为基本原则，只在极端例外情况下方否认合同效力。而且针对具体个案情形，法院也对法律效果做了弹性安排，如除无效外，还有撤销、变更等。但对于合同损害概念的核心内涵——有失公平——如何解释，司法实践并未给出明确含义，这也说明对于合同损害，除法律规范明确数字比例外，由于立法并未给出合同损害的清晰内涵而留待法官裁量。刚性的具体化比例在判断上无疑带来便利，但对于确定合同损害中颇具抽象的"有失公平"因其僵化性而放纵不少应当予以规范的不公平交易，甚至，缔约优势方可以微妙的方式回避具体比例而使合同损害的规范功能落空。总之，何为合同损害中的"有失公平"并无精确定义。

（二）暴利行为模式下内涵探赜：德国法之观察与分析

以"暴利行为"挹注显失公平法理的开创者，当首推《德国民法典》，德国民法与法国民法一样脱胎于罗马法，但在显失公平规范之设计上却另辟蹊径，以之为法律行为内容控制阀门而非意思表示瑕疵。而且仅置备了暴利行为的一般条款而无具体规则设计。德国立法者将暴利行为作为善良风俗的具体化类型（《德国民法典》§138－2）。因此，对暴利行为内涵的探究，首先应该明了德国法上"善良风俗"何所指。遗憾的是，诚如拉伦茨指出，虽有不少学者进

---

① 参见尹田《自由与公正的冲突——法国合同法理论中关于"合同损害"问题的纷争》，《比较法研究》1995 年第 3 期，第 287—288 页。

行了很多解释，然后都不尽如人意。① 而且，帝国最高法院所开创而为联邦最高法院所沿用的解释"所有善良和合理理想的理智感觉"，其内涵并不比"善良风俗"本身清晰多少。拉伦茨鉴于根据违反善良风俗之特征所建立的"灵活体系"，则仍落于"不明确"的窠臼，因此提出通过案例类型实现具体化的方案。② 但是，在将"暴利行为"作为悖于善良风俗的典型类型时，拉伦茨将之解释为"合同双方所提供的服务之间存在着一个特别不合理状况"。③ 显然，根据拉伦茨的分析逻辑，对于"不合理状况"这一模糊的概念，仍要进一步总结类型来完成具体化的任务。另一位学者梅迪库斯几乎提出了一样的分析解释路径，主张"鉴于所有表述都不够理想，因此我们大概必须放弃对善良风俗做统一定义的尝试，而应当满足于描述类型的、可以认定存在违反善良风俗性的案例"。④ 其在暴利行为的解释上，重蹈其关于善良风俗的论断之辙，即在论述"暴利行为"时，直接跳过对其内涵与外延的探究，而直接论述暴利行为的构成要件"不相称之具体形态"及附加要素"窘境"。⑤ 客观上的"明显不相称"与主观上"剥削"（Subjektiv Ausbeutung）同样落入法官自由裁量的射程范围，明晰界定亦无可能。

概言之，"暴利行为"作为善良风俗之重要类型，此具体化并不彻底，无法得出清晰内涵与外延的界定，换言之，暴利行为之具体化仍需依赖法官通过价值补充才能实现。

---

① 参见［德］拉伦茨《德国民法通论》（下），王晓晔等译，法律出版社 2003年版，第 596 页。

② 参见［德］拉伦茨《德国民法通论》（下），王晓晔等译，法律出版社 2003年版，第 604 页。

③ 参见［德］拉伦茨《德国民法通论》（下），王晓晔等译，法律出版社 2003年版，第 608 页。

④ ［德］梅迪库斯《德国民法总论》，邵建东译，法律出版社 2000 年版，第512—514 页。

⑤ 梅迪库斯关于暴利行为认定之两项要件及类型的详尽分析，参见［德］梅迪库斯《德国民法总论》，邵建东译，法律出版社 2000 年版，第 538—545 页。

（三）英美法系中显失公平规范之内涵：以美国法为观察对象

综览前述可知，以法律概念的精确界定及以此为基础对规范构成要件与法律效果阐释见长的大陆法系，在显失公平规范内涵的解释上却并没有走得太远。以判例法为特色的英美法系，强调纠纷解决为导向，对概念的内涵与外延细致分析上从来兴趣不大。以美国法为例，在《统一商法典》出台之前，美国普通法并无关于"显失公平原则"的明确规定，更谈不上关于此概念内涵的探究。审视《统一商法典》§2-302及其官方评论，其并未对何谓"显失公平"做一明确界定，而是对买卖合同提供了一个普遍指导原则："基本的标准是，倘根据整体商业背景、行业或案件的商业上需求，合同条款有偏袒一方之情形，以致根据合同订立时情况，该条款显失公平的。"① 换言之，即美国法将显失公平认定的任务留给了法官，法典上仅仅提供了参考标准的一般指引，至于显失公平原则的内涵本身则未置一词。后来《合同法第二次重述》《统一消费信贷法》及消费者权益保护立法，均沿袭了《统一商法典》留白显失公平原则内涵界定的做法，只是尽可能开列司法实践中认定显失公平条款的成熟类型。以此来看，在法典上探究显失公平原则的内涵，难有突破。

司法实践是如何理解显失公平原则内涵从而将之适用于个案以实现其规范功能呢？遗憾的是，普通法院、衡平法院在个案裁量的过程中很少直接对显失公平原则作出内涵界定，而是从个案中提取若干要素来开示判决的认定标准。如被普遍接受的定义来自 Hume v. United States 案，该案件的主审法官指出，显失公平的合同是指"根据常理，一个理智而未受压迫之人不会缔结，而善良诚实之人亦不会接受之合同"。② 概念内涵界定的明确性是法律适用之前提，因此，在显失公平原则法典化之前，法官们通过对既有的胁迫、欺诈、

---

① See UCC 2-302 cmt. 1.

② 132 U. S. 406（1889）.

错误、不当影响等之解释来涵摄显失公平合同之规制。① 这样的操作方案对限制法官自由裁量的恣意显然收效颇丰，但对于显失公平原则内涵的直接界定却助益甚少。诚如前述，《统一商法典》正式确立起显失公平原则后，在形式主义理念潜移默化的影响，显失公平原则无法定义且颇具灵活性的特征备受指责，司法实务更是逐步采用程序性显失公平与实质性显失公平的双重要件分析方法严格限制显失公平原则的适用，显失公平原则监督合同公平性的衡平功能大打折扣。

（四）我国显失公平概念内涵之探讨

20 世纪七八十年代，我国在由计划经济转轨市场经济之初，强调国家对经济生活地干预。因此 20 世纪 80 年代问世的《民法通则》将显失公平作为民事行为无效之事由。其比较有特色之处在于，开创了乘人之危与显失公平区分的立法体例。② 我国《民法典》第 151 条则将二者重新合并，构建起与德国暴利行为类似的显失公平规范一般条款。关于显失公平之内涵，立法承担何种角色？学说又持何种观点呢？

1. 立法的态度

《民法通则》以乘人之危与显失公平二者在性质上有主观、客观之分而分别加以规定并赋予不一样的法律后果。乘人之危规则强调其主观状态之描述，而成为民事行为无效的原因，与欺诈、胁迫等并列（《民法通则》§58－3）。而对于客观上有失公允的民事行为，则以显失公平规则规制之，置备于"变更或撤销情形"中（《民法通则》§59－2）。立法均是直接使用"显失公平"概念，对于内涵的理解则仁智各见。甚至对各自构成要件之阐释也随着最高人民法

---

① See John P. Dawson, Economic Duress and the Fair Exchange in French and German Law, 11 *Tulane Law Review* 345, 366 (1937).

② 参见佟柔主编《中国民法学·民法总则》，中国人民公安大学出版社 1990 年版，第 233 页。

院针对具体适用司法解释的出台而聚讼纷纭。《民法通则意见》
§70、§72 条可以说确立了乘人之危与显失公平性质的分野，前者
界定为意思表示不真实之类型；后者归入违反公平、等价有偿原则
的原因。而且并未给出明确的认定标准，概念内涵的交代也付诸阙
如。后来的《合同法》第 54 条 1 款 2 项除将乘人之危之法律效果与
显失公平划一为可变更、可撤销外，也无显失公平内涵的具体指引，
甚至在体系解释上有将显失公平有作为意思表示瑕疵兜底类型趋势。
我国《民法典》采纳主流民法学说的观点，将乘人之危并入显失公
平规范，从而形成了主客观要件统一的显失公平规范一般条款。虽
然立法者通过严格的要件化尝试实现显失公平规范适用的确定性，
但是，客观结果的表述上仍不得不径直适用高度抽象的"显失公
平"。其后果之一即并未成功将价值判断的空间消除而实现法律决定
的确定性和可预测性，而是通过主观要件的明确植入重蹈了德国立
法与美国实务将显失公平规范置于私人自治阴影的覆辙，显失公平
规范独立的衡平功能被大为削弱。

　　2. 学界的解读

　　我国立法并未在显失公平内涵的界定上有所突破，仍然如欧洲
大陆"老师"一样在认定标准上打转。但是，学理上对此议题之探
讨却未止息。以下对学者关于显失公平内涵之探究做简要回顾：

　　应该说，我国台湾地区承继 1930 年之立法成果，较早地构建起
了完备的私法体系以服务于经济社会实践，其学界关于显失公平规
范的内涵探究也走在前头。我国台湾地区"民法"绍承《德国民法
典》体例，置备暴利行为（§74），但是体系上并未仿效德国——
以之为公序良俗原则之具体化类型，而是作为独立的法条存在。学
界在解释时，往往倾向于德国模式将之作为善良风俗的具体化类
型。① 此外，我国台湾地区"民法典"在规制格式合同详尽列举了 3

---

　　① 参见王泽鉴《民法实例研习——债编总论》，台湾三民书局股份有限公司 1989
年版，第 70 页。

类显失公平之情形（§247－1），而且使用的是"显失公平"的概念，而非"暴利行为"。对于"暴利行为"之内涵，诚如其所效法之母法《德国民法典》一样，付诸司法实践完成。对于"显失公平"之界定立法亦未置一词。学理上，史尚宽先生认为，显失公平系对公平原则之违反。从法律行为的有效要件着手，将中国台湾地区"民法"上的"暴利行为"作为社会内容的妥当性来看待。① 由此可见，其将显失公平规范作为对法律行为妥当性的监控手段，且倾向于将之作为"公平原则"违反之具体类型。胡长清先生认为：民法上的暴利行为规则，是师从德国、瑞士民法而来。他从民法解释角度出发，抽象出判断法律行为内容显失公平之主客观要件。但又不得不承认"至是否显失公平，应依具体情势，就客观标准以为决定"。② 换言之，他将显失公平内涵确认的任务解释为司法机关"因地制宜"的职能。王伯琦先生在著作中辟专节论述"暴利行为"，将之归类于善良风俗违反之类型，③ 但"显失公平"就系何所指，未明确指出。武忆舟教授将中国台湾地区"民法"上显失公平规范——"暴利行为"作为得撤销法律行为加以讨论，并将民法上之撤销细分为四类：④ 意思表示之撤销、法律行为之撤销、法律拟制之撤销、非法律行为之撤销。其认为，因欺诈、胁迫等原因致使意思表示不真实者之撤销为意思表示之撤销；而暴利行为所生之撤销为法律行为的撤销。二者之重大区别在于，法律因暴利行为而撤销"有待司法之裁判以为断"，当事人所享有者为撤销诉权而非形成权。其论述之角度虽为撤销权而非暴利行为本身着眼，但将意思表示瑕疵与暴利行为作不同体系定位，其理非常明晰。

---

　　① 参见史尚宽《民法总论》，中国政法大学出版社 2001 年版，第 334—347 页。
　　② 参见胡长清《中国民法总论》，中国政法大学出版社 1997 年版，第 203—204 页。
　　③ 参见王伯琦《民法总则》，台湾"国立"编译馆出版 1979 年版，第 135 页。
　　④ 参见郑玉波《民法总则论文选辑》（下），台湾中南图书公司 1984 年版，第 707—709 页。

我国大陆学界对乘人之危与显失公平内涵探究重蹈了我国台湾地区学者的路子，即最终落脚到判断标准而舍弃对内涵与外延的探求。大体而言，分为两种路径：

其一，将显失公平作为结果状态之描述，认为显失公平合同效力的折损非基于表示要素，而是结果的公平性。此类观点，也多主张单一判断标准。崔建远教授将显失公平定义为："双方当事人的权利义务明显不对等，使一方遭受重大不利。"① 韩世远教授对显失公平之体系定位与崔建远教授同，作为合同可撤销之原因。其将"显失公平"定义为"合同中双方当事人的权利、义务明显不对等，使一方遭受重大的不利益"。② 其实，无论是表述为"权利义务明显不对等"，还是"重大不利"，都与前文所提到的"显著失衡"无甚差别，仍难以遮掩未对内涵作出明确阐释短板。梁慧星先生将我国法上的"乘人之危"与"显失公平"视为对德国法上暴利行为规则的拆分处理，且认为"显失公平"之判断即双方给付显著失衡，而不论主观状态为何。至于，显失公平规范适用的核心问题——如何判断显著失衡，则未做进一步阐述。③ 换言之，关涉显失公平之内涵问题未与做答。

其二，将显失公平作为意思表示瑕疵看待，至于行为效力问题的判断则从主客观两方面来论述，换言之，即显失公平能否成立，需要考察主观方面的恶意与客观结果的显著失衡。此说也不乏拥趸，如王利明教授认为显失公平构成要件一方面需要客观上当事人之间利益不平衡，另一方面需要主观上有利用自己优势或另一方轻率、无经验等的故意；④ 李永军教授也明确指出，显失公平之认定需要考

---

① 崔建远：《合同法》（第五版），法律出版社 2010 年版，第 113 页。
② 韩世远：《合同法总论》（第三版），法律出版社 2011 年版，第 198 页。
③ 参见梁慧星《民法总论》（第四版），法律出版社 2011 年版，第 202—203 页。
④ 王利明：《合同法研究》（第一卷），中国人民大学出版社 2002 年版，第 695—696 页。

量主、客观两方面之要件；① 隋彭生教授也有类似表述，即当事人利益是否显著失衡与意思表示瑕疵兼具，而且需要进一步分析是哪种性质的瑕疵。②

我国《民法典》整合"乘人之危"与显失公平规则构建起全新的显失公平规范之后，主流民法总则评注均认为我国系回归德国民法暴利行为模式，显失公平规范体现了私人自治给付均衡，从而主张显失公平规范具有意思形成自由维护与内容妥当性评价的双重功能，如张新宝教授认为显失公平规范否定民事行为拘束力的理由在于"损害后果的不公平性"与"意思表示的自由形成"受到影响；③ 又如陈甦等学者认为显失公平规范背后的支撑包括民法的两个原理：自治原理与给付均衡；④ 再如王利明教授等论者指出新的显失公平规范系立法赋予其与德国暴利行为相同的规范功能，⑤ 也即法律行为内容悖俗的评价机制；也论者指出显失公平规范兼顾了民法中自由与公平两大基本价值。⑥

但无论如何定性显失公平行为及认定标准为何，大都回避对内涵与外延的探讨，或虽然有界定，仍不得不以同样模糊的词汇来表达，实则在内涵与外延界定上，突破甚微。

（五）内涵界定：本书的见解

综上分析可知，缘起于正义理论与公平价格学说的显失公平法理被经典法域国家相继承袭，但立法上鲜见直接规定显失公平规范

---

① 李永军：《民法总论》，法律出版社 2009 年版，第 556 页。

② 隋彭生：《合同法要义》，中国政法大学出版社 2005 年版，第 169 页。

③ 参见张新宝《〈中华人民共和国民法总则〉释义》，中国人民大学出版社 2017 年版，第 315 页。

④ 参见陈甦主编《民法总则评注（下册）》，法律出版社 2017 年版，第 1084—1085 页。

⑤ 参加王利明《中华人民共和国民法总则详解》，中国法制出版社 2017 年版，第 660—662 页。

⑥ 参见王磊《论显失公平规则的内在体系》，《法律科学》2018 年第 2 期，第 93 页。

的内涵，纵使推崇形式主义的 19 世纪立法亦概莫能外。与其说是立法者刻意在概念界定上留白，还不如说是"非不为也，实不能也"。显失公平概念的规范性面向决定了立法无从探知其具体内涵，只能授权法官因案制宜。但是立法对显失公平规范体系定位的分殊折射出显失公平交易判断的核心标准。这种对显失公平法理的认识所带来的立法上分野，有助于理解规范的内涵。具体言之，欧陆法系诸国对显失公平规范体系之定位有以下诸端：首先，以《法国民法典》为代表，将显失公平规范定性（合同损害）为意思表示瑕疵之类型，与欺诈、胁迫等共同担当起确保意思表示的自愿与完整的重任。智利、卢森堡、埃塞俄比亚等国从之。其次，以《德国民法典》为代表，将显失公平规范（暴利行为）作为法律行为内容社会妥当性控制的阀门，并将之遣入善良风俗原则条款作为其具体化类型，瑞士等国从之。虽然我国学理上通说认为我国显失公平规范与德国民法暴利行为类同，但亦有学者主张将显失公平作为公平原则违反之类型。最后，是美国法所独创，将显失公平规范作为高度抽象的"显示公平原则"来适用，以此践行公平正义的理念。

学理上，关于显失公平规范内涵之讨论亦收效寥寥。司法实践中，也主要着力就事论事围绕认定标准展开论述，对显失公平规范的内涵的发掘兴趣甚微。从上述的分析可知，无论是域外学理、司法实践，还是本土经验，均未能将显失公平规范界定为一具体法律规则所应具备的内涵与外延的清晰度。纵使有学者尝试探究，也只能用"明显不利""权利义务明显不对等""违反公平、等价有偿"等需要进一步具体化和解释的用语。因此，多数学者并未着力于"显失公平"之内涵界定，或者说有过努力但囿于其规范属性的原因只能是徒劳，学界将更多的经历移驻于判断标准的探讨上。立法上，多直接使用"显失公平"或"暴利行为"等透射显失公平法理之不确定性概念。纵使辅之以说明性条款的做法，也多在判断标准上下功夫，鲜有给出清晰的内涵界定。作为大前提的法律规范内涵仍模糊不清、晦暗不明。更有甚者，认为精确界定显失公平原则不仅不会给适用带来好处，还可能折损其规范功能，有悖立法初衷。①

立法者力有不逮，无法给出"显失公平"概念明确的内涵；学者之所以对显失公平规范有如此驳杂之解读，皆是因为显失公平概念规范性面向使得其具有开放性不确定概念的特征，内涵具有高度的不确定性根本无法给出令人满意的界定，这也正是其优势所在。但是，从法律适用的视角观之，法官进行逻辑推理的前提即明确规范的内涵，如果显失公平规范的内涵无法被界定，那么适用中法官自由裁量有流于恣意的风险，要么对案件束手无策，要么听任法官自由裁量权的行使。这显然与法治的追求背道而驰，前者违背了"不得拒绝裁判"之原则，后者法律安全性构成挑战。探究规范内涵、分析构成要件、追问法律效果，皆为法律规则经典的三段论涵摄适用方式铺路。在规范内涵的界定遭遇困境之际，那么有没有不需要或者不追求规范内涵界定而完成法律适用的妥当方式呢？显然，答案是肯定的，即法律原则的适用方式——衡量。② 既然显失公平的开放性不确定概念特征决定了司法适用中根本无法剥离价值判断的因素，那么立法设计上比较可取做法，无疑是正视显失公平概念的规范性面向授权法官在个案中裁量，此即显失公平规范一般条款设计的正当性基础。

二　显失公平规范一般条款性质甄辨：作为标准的原则属性

法律规范可做多种分类，依据标准之差别，规范类型亦不同。规范类型不同，其承载的功能亦有别。那么显失公平规范一般条款究属何种类型的规范？其类型属性又对其司法适用产生何种影响？

传统法学理论中，以行为人是否可以排除适用为标准，民法规范可分为任意规范与强制规范，以此来划定国家管制与个人自治之

---

① See Clinton A. Stuntebeck, The Doctrine of Unconscionability, 19 *Maine Law Review* 81, 85 (1967).

② Robert Alexy, On Balancing and Subsumption—A Structural Comparison, 16 *Ratio Juris.* 433, 433 (2003).

范围。① 根据规范对象之不同，分为行为规范与裁判规范。前者拘束行为人，后者拘束裁判者。我国通说认为民法规范兼具行为规范与裁判规范之属性。② 还有诸如强行规范、授权规范、许可规范等分类。各国立法中，显失公平规范，无论是作为意思表示瑕疵的类型，还是法律行为内容的监管手段，应该说都是公权力对意思自治的干预，在法律效果上，有严苛否认法律行为效力者，也有柔性处理变更或撤销者，但立法皆将之作为强制规范而拒斥当事人约定排除的意图甚明。有法典甚至明文禁止当事人约定排除显失公平规范适用的立法安排。③ 同时，诚如论者指出："民法乃吾人日常生活上，行为之准则，以不特定之一般人民为规律对象，易言之，民法属于'行为规范'，惟对于此种规范，如不遵守，而个人相互间惹起纷争时，当然得向法院诉请裁判，此时法院即应以民法为其裁判之准绳，于是民法亦为法官之'裁判规范'"。④ 显然，显失公平规范兼有行为规范与裁判规范双重属性应无疑义。从司法适用的角度看，其实显失公平规范也是授权规范，即授予法官在个案裁决中适用之权力。这些法律规范之分类，无疑对于厘定显失公平规范之性质、构成要件、法律效果等意义重大，然而就本节所探讨之主题——显失公平规范一般条款的性质而言，法律规范之另一分类更具意义，即法律规则与法律原则。

德沃金在批判哈特关于疑难案件解决方案的过程中，第一次明确提出法律规则与法律原则的区分，并为世界范围内大多数法学家

---

① 关于民法规范之类型及功能的详细论述，参见苏永钦《走入新世纪的私法自治》，中国政法大学出版社 2002 年版，第 1—54 页。

② 关于民法乃行为规范兼裁判规范双重性格之论述，参见郑玉波《民法总则》，中国政法大学出版社 2003 年版，第 15 页。

③ 《奥地利普通民法典》第 935 条规定："不得以契约排除第 934 条的适用（该条规定的是'短少逾半时的补偿'）……"参见戴永盛译《奥地利普通民法典》，中国政法大学出版社 2016 年版，第 179 页。

④ 郑玉波：《民法总则》，台湾三民书局 2008 年版，第 11 页。

所接受。① 虽然规则与原则之分野被广为接受，但是划分之标准则却言人人殊，其中有一种说法比较普遍，二者区分的实质是一般性之程度。如拉兹教授提出，法律规则规定了相对具体的行为，而法律原则所规定者为高度不具体之行为。② 究竟具体到何种程度为法律规则，高度不具体到何种境界为法律原则，则难有统一界定。这样一种程度上的区分表现到形式上则为，法律规则对于"人们应该做什么"的表达或说明比法律原则对"人们应该做什么"的表达或说明更为精确具体。前者已明确其具体适用之条件，而且还预设了具体决定的必然性；后者只是提供了一个朝着某个方向论证的理由，而且没有预设具体结论的必然性。③ 实践中，判断具体、精确与否往往通过法律规范所使用之概念实现。如果前面的论断成立的话，那么一个规范所使用之核心法律概念越是具体明确，则通常更多地被归类为法律规则；如果一个规范所使用之核心法律概念越是高度不具体明确，则往往更可能是法律原则，或者说更接近法律原则的特征。从这个意义上说，显失公平规范之核心概念"显失公平"偏向于规则与原则天平哪一端成为定性其规范性质，进而决定其适用方式的关键所在。

　　根据不同标准可对法律概念做不同分类，如以法律概念之功能区分，可分为描述性概念与规范性概念。前者系对外在事物进行描述以使法律得以表达，如婚姻、租赁、法人等；后者系对人的行为有规范意义、本身具有规范内容的概念，如重大误解、胁迫等。有一类重要分类系按照法律概念的确定性程度，可以分为确定性概念和不确定性概念。前者是指法律概念的内涵与外延相对确定的概念，

---

①　See Ronald M. Dworkin, The Model of Rules, 35 *University of Chicago Law Review* 14, 14–46（1967–1968）.

②　See Joseph Raz, Legal Principles and the Limits of Law, 81 *Yale Law Journal* 823, 838（1972）.

③　See Ronald M. Dworkin, *Taking Rights Seriously*, Cambridge：Harvard University Press, 1978, p. 26.

如违约金、定金、成年人等；后者系指法律概念之内涵与外延相对不确定的概念，如诚实信用、公序良俗等。由于法律规范之表达多取之于日常生活词汇，且都具有取向于事实与取向于价值之特性，因此其多义性势所难免。从这个意义来看，除少数用语外，任何法律概念都或多或少具有一定的不确定性，其内容与外延不甚明确是常态。① 由于程度区别的弹性，所以概念确定与否之间是一个流动的过程。换言之，原本确定性概念因经社实践之发展而变得不确定，而不确定概念经由学理与实践的发展而日渐确定，这些规范语句因应实践变迁的开放性，也说明了法律是开放而非封闭的特征。对于确定性概念的适用，由于规范的内涵与外延皆不多不少地被涵盖，所以作为法律推理大前提之法律规范意义明确具体，单纯地依逻辑推论（涵摄模式）即可完成。而不确定概念则不尽然。

根据不确定程度，其又可细分为封闭的不确定性概念（叙述性不确定概念）与开放的不确定性概念（规范性不确定概念）。前者主要指外延封闭而内涵不定之概念，如法律行为、黑暗、危险等。后者指不仅内涵无法确定，外延也是开放的概念，如诚实信用原则（《合同法》§6）、重大过错（《婚姻法》§23）。此类区分的实意在于，开放性不确定性概念之适用往往需要经过"评价地予以补充"方能适用于个案当中。② 由于开放性不确定法律概念内涵与外延的开放性，使得法律规则之适用方式——涵摄——不具有适用的前提，这既是其不足，也是其优势。因为，这类性质的规范使得法官在特殊情形下实现个案正义的可能；同时也可以使法律随着社会的变迁与时俱进，将社会观念、道德伦理等新的内容有了纳入法典的渠道。而且这类规范有自己的适用方式——衡量。

前文对显失公平规范内涵的梳理表明，无论是立法，还是学界

---

① 参见黄茂荣《法学方法与现代民法》，中国政法大学出版社 2007 年版，第380—381 页。

② 参见黄茂荣《法学方法与现代民法》，中国政法大学出版社 2007 年版，第382 页。

皆未能找到令人信服的答案。其实与其说无法找到，不如说显失公平概念根本没有确切的内涵，立法者不得不承认受困于自己能力的有限，不得已而授权法官就个案来补充。"显失公平"即典型的开放性不确定法律概念。准此而论，从内涵与外延的清晰界定程度来看，显失公平规范与公序良俗、诚实信用等法律原则并无本质的不同。或者说，从法律适用的角度看，显失公平规范在"高度不具体确定"的程度上更靠近法律原则一端。在抽象程度上，它们是如此类似乃至于适用了同一种适用方式，从这个意义上，将显失公平规范一般条款称为显失公平原则亦无妨。诚如一位学者指出的那样，一个规范可以同时是规则或原则，端视我们以哪一层面去思考它。① 准此，从司法适用的角度来看，显失公平规范一般条款根据本质并非构成要件清晰、法律效果明确的法律规则，而应该是立法者授予法官对法律行为进行实质公平性审查的标准，该条款提供的是一种分析框架与不公平交易的认定蓝本。

以形式的标准来论断一个规范是原则还是规则不仅模糊不清，甚至有时原则与规则在形式上几无区别。② 例如，民法典编纂过程中有学者即尝试在规范表达形式上恢复显失公平规范一般条款的法律原则外观，将显示公平规范表述为："显失公平的法律行为，一方有权请求人民法院或者仲裁机构变更或者撤销。"③ 这与我国《民法典》诸多基本原则的立法表达并无二致，没有对显失公平概念本身做出清晰界定，而是由法官因案裁量。如"民事主体从事民事活动，应当遵守公平原则，合理确定各方的权利和义务"。又如"民事主体从事民事活动，应当遵循诚信原则，秉持诚实，恪守承诺"。在形式上没有任何区别。然而，由于在观念上未能完全突破传统合同上形式主义的桎梏，我国民事立法者尝试在法律的确定性、可预测性与

① 严厥安：《法与实践理性》，中国政法大学出版社 2003 年版，第 57 页。

② Ronald M. Dworkin, *Taking Rights Seriously*, Cambridge：Harvard University Press，1978，p. 27.

③ 王利明教授主持的《中华人民共和国民法总则草案》（建议稿）第 141 条。

实质公平之间维持一定平衡。从体系定位来看，立法者有意将显失公平规范界定为规则而非原则，规范表达上也明确了认定显失公平行为时主观要件与客观要件的兼备。这也是目前我国民事立法与学界的主流看法。但是，显失公平的开放性不确定概念本性无法通过清晰要件予以界定，法官进行裁量的空间仍在，或可说，除了通过严格要件限缩显失公平规范适用范围外，立法者并没有实现压缩显失公平认定标准中价值判断的目标，显失公平规范适用的确定性与可预测性也无从实现。

但是，根据德沃金原则与规则的区分理论，显失公平规范显然更具有原则的属性。德沃金认为，规则与原则的区分是逻辑上或性质上的区分，他们完全属于不同类型的规范，具有完全不同的适用模式。诚如阿列克西指出，前者是涵摄方式，后者是衡量方式。① "显失公平"的放性不确定法律概念性质不仅使得内涵界定徒劳，而且试图以严格的构成要件化实现显失公平规范一般条款适用的确定性与可预测性也注定难以成功。德沃金是从法律适用的角度，即其所谓的"从参与者尤其是法官的内在观点来看待规则与原则之别"。② 显失公平规范一般条款司法适用的方式采撷上取法律原则的权衡，而非法律规则的涵摄。因此，或可说从司法适用的角度审视显失公平规范，将其划归原则序列，是一种最佳化命令更为合适。诚如前述，在形式主义的法律理性主导下，经典法域在立法或司法操作中取向主客观要件兼备的做法，抑制了显失公平规范体系功能的发挥，甚至颠覆其审查法律行为实质公平的伦理与道德意涵将之置于私人自治的阴影之下，显失公平沦为意思表示瑕疵的线索或证据，不具有独立的衡平功能。

准此而论，置备了严格构成要件的显失公平规范一般条款实质

---

① See Robert Alexy, Justification and Application of Norms, 6 *Ratio Juris* 157, 169 (1993).

② 参见［美］德沃金《法律帝国》，李冠宜译，时英出版社 2003 年版，第 57 页。

上是穿着"规则"外衣的"原则"，此种立法设计并不能剥离显失公平概念的规范性，反而诱发适得其反的效果。显失公平概念的规范性面向不仅使得立法者压缩价值判断实现法律确定性与可预测性的初衷遇挫，而且还折损了显失公平规范的独立衡平功能。比较可取的路径或许是，尊重显失公平概念的规范性面向，在立法上将之设计成显失公平行为认定的一种分析框架与弹性标准，将"显著"的判断赋权给法官因案制宜。显失公平规范一般条款的设计恢复其"最佳化命令"的本性，作为弹性的标准授权法官审查法律行为的公平性问题，也可弥补显失公平规范具体规则适用范围受限的弊端，契合均衡原理在现代合同法上的回潮趋势。

第二编

立法论

第 四 章

显失公平规范的近代发展之一：
形式主义主导下的设计安排

使窘迫而高尚心灵卓尔不凡者，定莫过于优雅的好奇心，而这种好奇心最愉悦且有益运用者，又莫过于鉴察外国的法律与习俗。①

——塞缪尔·约翰逊

罗马法上"非常损失规则"播种于前，中世纪神学家、教会法学家提炼"公平价格理论"于后，最终形成了大陆法系私法体系中显失公平规范的雏形。囿于各国理论传统、风俗习惯、交易实践等之区别，显失公平规范也各国私法体系中展现了各异风采。笔者将从横向的比较来探究显失公平规范在各国的入典实态、学理探讨及现状，试着发掘其体系定位、构成要件、适用范围等基本议题，从而考察我国现行立法与世界主流立法例之间的分野，总结得失。自1804年法国颁行《法国民法典》以来，轰轰烈烈的法典编纂运动在世界范围内展开。一个世纪后《德国民法典》问世开创了独树一帜的法典编纂体例。从此，大陆法系分别形成了以法国民法与德国民

---

① ［德］K. 茨威格特、H. 克茨：《比较法总论》，潘汉典等译，德文第二版序，法律出版社2003年版。

法为代表的两大法族分庭抗礼。在显失公平规范的设计上亦不例外，虽然皆可远溯罗马法上的"非常损失规则"，但法国民法首创了"合同损害"制度以之为意思表示瑕疵的类型，并被为数不少的后世立法所效仿；德国民法另辟蹊径，开创"暴利行为"规范，作为善良风俗违反之典型类型旨评价对法律行为的妥当性，对后法典化国家影响深远。

第一节　法国显失公平规范的既有立法及现代变革

一　以古鉴今：法国承续罗马法的合同损害制度

1804 年《法国民法典》秉持罗马法上"非常损失规则"法理，创设"合同损害"制度，分别将之把注于继承编之"遗产分割"，债编中合同损害之一般规定以及不动产买卖合同。兹开示规范内容与评析如下：

《法国民法典》【合同损害】

§1118　当事人双方债务有失公平因此一方遭受损失的事实，依本章第五节第七目规定，仅关于一定的契约和对于一定的当事人，得构成取消契约的原因。

§1305　未解除亲权的未成年人因订立的任何一种契约有失公平而受损害者，得取消之；又解除亲权的未成年人因订立任何种类逾越其能力的契约而受损失者，亦得取消之。

§1306　未成年人因订立契约有失公平所受的损失，如系由于偶然及不能预见的事故所致者，不得取消其契约。

§1313　成年人因订立契约有失公平而受损失，合于本法特别规定的情形及条件者，始得请求取消其契约。

【继承领域显失公平】

§783　成年人对于其所为明示的或默示的承认，除承认系由于其受欺诈的结果外，不得提出攻击。又成年人绝不许以有失公平为借口，对于承认主张异议；但承认承继时所不知的遗嘱以后被发现，因而遗产已无剩余或减少至半数以上时，不在此限。

§887　分割得以胁迫或欺诈的原因而取消

如共同继承人中的一人证明其分配份较之其应得数量较少四分之一以上时，亦得取消。遗产中某一物体仅被遗漏时，不发生取消请求权，仅得要求补充分割。

【合同领域显失公平】

§1674　如出卖人因买卖有失公平所受低价损失超过不动产价金十二分之七时，即有取消买卖的请求权；即使出卖人于契约中有抛弃此项请求权的明白表示且已声明赠与此项超过价金的价值者，亦同。

§1675　为认定所受低价损失是否超过十二分之七，须就买卖时不动产的状态及其价值进行评价。

从体系来看，合同损害的核心法条（§1118）配置于"契约有效成立"章节之第一目"同意"，与错误、欺诈、胁迫一道作为因"同意瑕疵"。从解释上看，立法者将之作为意思表示瑕疵之类型昭然若揭。但是法国学界对此曾多有争议，主要分列为两大阵营：主观解释与客观解释。[①] 持主观解释论者即认为合同损害乃意思表示瑕疵的原因之一，立法者关注的是主观心理状态，意思表示不自由或不真实而致合同效力折损，而合同损害之存在即可推定"同意"的瑕疵。客观解释论则从交易结果着眼，主张合同损害违反了公平交易的要求，给付对等在某些情况下优位于合同自由，至于这种不公平系出于自愿与否，在所不问。这种不同的理解导致了合同损害截然不同的性质定位，前者将合同损害作为确保真实的意思自治之制度，而后者将合同损害作为公平原则对合同自由滥用的限制。从合

---

① 参见尹田《乘人之危与显失公平行为的性质及其立法安排》，《绍兴文理学院学报》（哲学社会科学）2009 年第 2 期，第 10 页。

同损害的体系安排，结合《法国民法典》以意思自由为精神底色的19世纪环境来看，管见以为，主观解释或许更接近制度的预设初衷。但是，需要指出的是，虽然《法国民法典》制定者的初衷是倾向于主观主义，但是实务中最终占据上风的是客观主义观念，即将显失公平作为一种客观瑕疵适用而不论当事人主观样态。①

从构成要件看，§1118仅规定了债务"有失公平"至一方遭受损失的客观事实即可在法律规定范围内主张合同无效，无主观要件的规定。然而法国学界持传统主观解释论者认为，合同损害事实存在本身即可推定意思表示瑕疵。换言之，认定合同损害具备客观要件——"有失公平"为已足。然而现代法国学界则不以为然，他们提出合同因"合同损害"而无效需具备两个条件：一是一方当事人处于不利地位；二是另一方当事人利用对方的危难、轻率或者无经验而牟取暴利。② 结合§1118条文表述可知，学理上法国"合同损害"之认定需主客观要件兼备：客观上，"有失公平"之结果且一方处于不利地位的情势；主观上，另一方当事人有利用对方的不利地位而牟取暴利之故意。这与德国、瑞士等之"暴利行为"认定模式走向趋同。与德、瑞等国将"暴利"（失衡显著）之判断委诸法官不同者，在于法国绍承罗马法"短少逾半"的精神，对"有失公平"之判断予以数字比例之刚性标准，如不动产买卖中出卖人损失超过十二分之七（§1674）；继承人分割损失超过四分之一（§887-2）等。

从适用范围看，§1118的原文表述为"依本章第五节第七目规定，仅关于一定的契约和对于一定的当事人，得构成取消契约的原因"，揆诸其具体条文可知，主要限于未成年人的保护（§1305）。对合同损害中成年人的保护则是通过具体比例实现的，§1313规

---

① 参见［法］弗朗索瓦·泰雷等《法国债法·契约（上）》，罗结珍译，中国法制出版社2018年版，第612—614页。

② 参见尹田《乘人之危与显失公平行为的性质及其立法安排》，《绍兴文理学院学报》（哲学社会科学）2009年第2期，第10页。

定，唯法典"特别规定情形"方有适用"合同损害"法律效果的可能，具体而言主要有两大领域"继承"与"合同"。继承领域合同损害之适用有情形：1. "承认承继时所不知的遗嘱以后被发现，因而遗产已无剩余或减少至半数以上时"（§783）；2. "如共同继承人中的一人证明其分配份较之其应得数量较少四分之一以上时"（§887）。合同损害在契约领域的适用主要有：1. 买卖不动产合同中出卖人损失到标的物价金十二分之七时（§674）。2. 在合伙合同中，合伙人同意由他人分配损益比率，分配决定显失公平时，合伙人可予主张效力瑕疵（§1854）。概言之，"合同损害"在保护主体上原则上以未成年人为核心，例外保护成年人；成年人保护主要限于"遗产分割之共同继承人""不动产买卖之出卖人""合伙合同中损益分配之受损害人"。虽然不论立法者设立"合同损害"制度是侧重主观心理之评价，还是立基于客观上"不公平结果"的道德非难性，其严格限制"合同损害"适用否认合同效力的努力可谓比比皆是。凡打开"合同损害"适用的阀门，几乎皆配备相关限制性条款以束缚之。如§1118 明定"一定的契约和对于一定的当事人"（§1305）方得适用合同损害；又对于§1305 所指之特定人及特定契约，倘肇因于"偶然及不能预见的事故所致"显失公平，不适用合同损害（§1306）；且买卖合同中买受人不得以显失公平为由否定合同效力（§1683）。此外，明确规定"互易合同"（§1706）、"和解合同"（§2052）纵使有显失公平之情势亦不折损合同效力。这样的严苛束缚也于20 世纪后因应经社实践之变迁而发生改变，如主体保护的范围得到扩张，适用合同损害的契约类型亦逐步延展，成为法国债法改革的内容之一。

从法律效力看，§1118 "合同损害"构成取消契约的原因，这显然与"同意"因错误、胁迫、欺诈而未有效成立有别。继承领域"合同损害"的法律效果有两种"提出攻击"（§783）、"取消分割"（§887－2）。合同领域"合同损害"之法律效果亦为出卖人获得"取消买卖之请求权"（§1674）、"提出攻击"（§1854）。质言之，"合同损害"之法律效果为赋予当事人以撤销权，且此撤销权以诉讼之方式行使，学理上被称为"撤销诉权"。法国实务中，在尊崇当事人意思后，可对合同做适当变更。概言之，法国法上"合同损害"的法律效果为"撤销"与"变更"。20世纪以后的修法也体现了这种法律效果的安排。

判断时间节点与参照依据上，§1118条并未有明确指示，但在具体"合同损害"的适用类型上法典作出了交代。遗产分割显失公平时，以"分割时的价值"为判准（§890）；不动产买卖显失公平时，以"买卖时不动产的状态及价值"为依据（§1675）。

总之，法国民法诞生于自由主义隆兴的时代，显失公平规范入典与否即聚讼纷纭，法典编纂者面临不同学说的博弈，此即"罗马法的形式主义""教会法的公平价格主义""自由主义"。处当时背景下，"自愿即公平"，"契约即公道"。交易安全的维护、法律权利的可计算性为自由主义与形式主义追求首要目标。至于关涉公平价格的"交易公平"并非立法者主要考量要素，甚至交易结果并非法律所考虑之问题。最终此一对自由规制的制度设计能写入法典已难能可贵，但是体系上将之作为同意瑕疵，显失公平法理源于自然法的本性被剥离或遮蔽。严格限制"合同损害"的适用也表明其并未享有"合同正义"限制"合同自由"的体系定位。此类限制一则绍承于其"母法"罗马法在重形式轻实质理念下限制"短少逾半规则"之做法。二则处于当时意思自治原则至上的时代，合同即公道，法律的主要任务是确保私人自治得以贯彻。无不昭示法典立法者将意志自由作为核心价值加以维护的立场。然而时移世易，随着均衡原理的回潮，显失公平规范的体系功能日益吃重，需要予以矫正的显失公平交易类型日渐增多，立法者不得不以单行法的方式创设更多的特别规定以因应实践发展。

此外，不动产买卖合同中"合同损害"之适用属于强制性规范，当事人不得约定排除。这其实使得"合同损害"已经跳出意思表示瑕疵之范畴，立法者更加注重结果不公平对经社秩序的破坏。所以，法典明文排斥对价显著失衡情况下受损害方权利让渡的合意（§1674）。

二　去形存意：法国债法改革后的显失公平规范

《法国民法典》自1804年颁行以来，修订的呼声从未中断。最近一次改革无疑首推21世纪初启动，直至近年才完成的债编改革。此轮债法翻修，"合同损害"制度也因应实践变革颇大，分述如下：

【一般条款】

§1104　合同须善意地协商、缔结、履行。

本条款为公共秩序性强制规则。

【告知义务】

§1112-1　缔约一方负有将其所知晓的，并对相对缔约人的同意起决定性作用的信息告知对方的义务，除非后者有理由忽略该信息，或对前者抱有合理信任。

不过这项信息不包括对给付价值的估算。

所谓具有决定性作用的信息是指与合同内容或缔约人的品性有直接必要联系的信息。

【同意】

§1136　缔约一方并未误解合同给付的本质品性，仅对给付的价值发生错误并导致不准确的经济评估的，该错误不构成合同无效的原因。

§1141　法律途径的胁迫不构成胁迫。但是，若法律途径偏离了其目标或者被用来获取明显过度的利益的，则构成胁迫。

§1143　若缔约一方利用缔约相对方的依赖状态，强制对方接受本不愿承担的义务，并以此获取明显过度的利益的，该滥用行为构成胁迫。

【合同的内容】

§1164　在框架合同中，缔约各方可以约定交易价格由缔约一方单方面确定。一旦交易价格遭到质疑，享有当方定价权的缔约人有义务解释确定相关金额的理由。

单方定价权被滥用时，法官可以应原告请求实施管辖，以支持当事人的损害赔偿请求，必要时可解除合同。

§1165　在服务给付合同中，若缔约各方在合同履行前未能就交易价格达成合意，债权人可以单方确定交易价格，但须负担交个价格遭到质疑时，解释确定相关金额的理由之义务。单方定价权被滥用时，法官可以管辖缔约一方提出的损害赔偿之诉。

§1167　若合同价格或其他要素的确定必须参考一个不存在、不再存在或不再可获知的指标，则以最相近的参考指标替换之。

§1168　双务合同中，合同给付平衡的缺失不是合同无效的原因，除非法律另有规定。

§1169　有偿合同成立时，若债务人的对待给付是虚幻或微不足道的，则该合同无效。

§1171　附合合同中，任何导致缔约各方权利义务关系过度失衡的条款均被视为没有写。

过度失衡的评定不得按照合同主标的或给付价格的一致性作出。

从上述修改的内容来看，"合同损害"条款被剔除而且未新增挹注显失公平法理的一般条款。而且从其他关于给付平衡问题的条款中，立法者似乎传递着这样的价值，即法律重在关注意思表示的自由与否而给付公平的问题考虑不多。如将"给付价值的估算"剔除出信息告知义务的范畴（§1112-2）；排除"给付价值的错误评估"致损作为合同无效之原因（§1136）；明确规定，原则上双务合同中给付失衡不影响合同效力（§1168）。一方面，舍弃"合同损害"一般条款；另一方面，原则上排除给付失衡作为合同无效之原因。似乎自由全面压倒公平，两个世纪以来，被司法实践与学理所编织的束缚合同自由之网似乎重新被修法束之高阁。果真如此吗？管见以为，答案是否定的。从债法其他相关内容的变革不难发现，合同自由的约束不是减轻而是趋严，传统以自由主义为核心的合同自由观念已向协助主义让步。这也是法国此番债法改革顺应欧洲私法一体化与汲取欧陆国家立法经验的折射。

首先，此次改革的一大亮点是设立了合同法总则编，将有关"合同"的内容按照总分逻辑排列。2008 年司法部公布的改革草案在总则部分设置指导原则统帅整个合同从"订立"到"履行"的生命进程。正式法案取消之"指导原则"与"定义"的分章排列模式，而是直接以"一般条款"统合草案两章的内容并有损益，指导原则之意旨则保留了下来。正式法案§1102、§1104 分别宣示了"合同自由原则""善意原则"，从规范内容之表达可见对合同自由的限制明显升级。一方面，"合同自由"原则的表述冠以"在法律限定的条件下"，这是草案所没有的内容（§15、§16），立法者给"合同自由"设定藩篱的理念透露在字里行间。草案规定"不得通过契约违反公共秩序与善良风俗"（§16-2），此不过为公序良俗原则在合同法领域的重现。正式法案则修改为"合同自由不得排除与公共秩序相关的法律规则之适用"，显然较之前者，后者所指称的规则范围更为广泛，对合同自由限制的扩张，其理至明。另一方面，新增"善意原则"且适用于磋商、缔结、履行之全部过程，并明确其属于公共秩序性强制规则，也即切断了当事人排除其适用的可能。这无疑为法律漏洞填补、合同解释、价值补充等提供了指引，对外溢于成文法的显失公平情形予以调整提供了可能。过去两百年的适用中，为因应经社实践之变迁，面对法典就"合同损害"适用的严苛限制，司法实务通过对公序良俗等原则之解释来涵摄新兴的显失公平情形即是突破藩篱的方案之一。此次修法新增的"善意原则"无疑能承担类似的功能。

其次，新债法一改民法典对合同订立未置一词的做法，新增"磋商""要约""承诺"等合同成立之规范。法典未对成立与生效作出区分的短板，长期以来是由学理与实务来弥补，此次修法即是学理与实务经验成文化的典型代表。此变动与显失公平规范关切最重者，莫过于缔约阶段"告知义务"（§1112-1），虽然当事人对"给付价值"的估算被排除在此项义务之外（§1112-1-2），但这在一定程度上遏制了信息不对称基础上的交易能力不平等所导致的显失公平情形之产生。

最后，新债法挹注显失公平义理最显著的地方无异于对胁迫制度的改造升级。扩张原有胁迫的涵摄范围，将"暴利行为"作为胁迫的类型（§1143）。法国传统民法，胁迫限于行为人以对缔约人或其亲属进行人身或财产上损害相要挟所生的恐惧而被迫订约，因经济地位、缔约能力等之别所造成的剥削并非胁迫的射程范围。然而，法典颁行以来基于对公平的追求，特别法与司法实务逐步确立起了"经济胁迫"制度并最终为司法部门接受。① 其实，草案仍忠实于自由主义的传统，侧重经济胁迫中对缔约方意思表示瑕疵的关切，对交易结果的实质公平关注不多。所以草案并没有"明显过度的利益"的要求（§63）。从草案与正式法案在构成要件表述上的取舍来看，立法者最终否决了传统民法所坚持的将显失公平作为意思表示瑕疵（不自由、不真实）的动因而不关注交易结果的做法。而是对交易结果的公平性问题做道德评价，并将评价权力授权给法官。由此观之，立法者顺应实务的发展，肯认了法律对交易结果的干涉以追求实质正义，这无疑是对传统合同自由理念的一种背离；但是，体系上又将之作为"胁迫"的类型以意思表示瑕疵待之，似乎显失公平行为的效力瑕疵出自"合意"的不自由而非仅仅是合同运行结果的不公平。这种矛盾的纠结也验证了法国此轮债法改革始终在传统制度、个性特征与欧陆私法统一、国际商事合同一体化之间寻求平衡的面影。

从构成要件上来看，经济胁迫必须充足主客观两方面方得认定。客观上，需有"对方接受本不愿承担的义务"并以此获得"明显的过度的利益"的情势；主观上，需有滥用"相对方依赖状态"的故意。至于何谓"依赖状态"则留待法官裁决，在解释上这比德国法

---

① 参见秦立崴《〈法国民法典〉合同制度改革之争》，《环球法律评论》2011年第2期，第91页。

上的"急迫情势、没有经验、缺乏判断力或意志显著薄弱"辐射更广。此外，新债法还确立了以获得"明显的过度的利益"为目的的法律途径威胁也是胁迫类型之一。从构成要件来看，经此改革，经济胁迫与德国民法上的"暴利行为"相差无几（但性质上的区分相当明显，后文将有详述），无怪乎有论者以"暴利"命名之。①

　　从判断标准上看，显然改革者们汲取了显失公平规范的世界趋势，不设明确的数字比例，而代之以"明显的过度的利益"。法国民法绍承罗马法"短少逾半"理念，在"合同损害"最初适用的领域均以具体数字比例作为公平与否的判断标准，如遗产分割协议（四分之一）、不动产买卖合同（十二分之七）等。可以说，以客观数字比例作为"有失公平"之判准一直到20世纪的修法仍被延续，如1979年法律规定肥料、种子买卖合同为"四分之一"；利息借贷合同为"四分之一"；转让文学作品利用权合同为"十二分之七"。但是，新债法在显失公平规范一般条款的设计上选择拥抱不确定性的概念"明显过度的利益"，这与德国等欧陆国家做法统一，立法上不做僵化的数字比例规定，而是委诸法官自由裁量。

　　最后，新债法中显失公平法理的另一落脚点是"合同的内容"部分。因应不同合同类型挹注显失公平法理来规制合同自由。具体而言，即框架合同、服务合同单方定价权被滥用时，赋予当事人损害赔偿请求权或解除合同（§1164、§1165）；有偿合同中对价给付虚幻或微不足道，合同无效（§1169）；附合合同（格式合同）中排除导致"过度失衡"结果之条款的效力。唯§1168颇为特殊，明确典型双务合同中给付失衡非合同无效的原因，除非法律另有规定。这表明立法者坚持仅客观结果的不公平并非法律道德评价的范畴，结合前文所述的经济胁迫条款§1143可知法国民法上显失公平规范

---

　　①　有学者将之翻译成"经济上的强迫"，并与"暴利"之译法相通。本书为划一语词之使用，径直用暴利行为指称之，但需要指出的是此"暴利行为"显然与德国民法上作为善良风俗违反重要类型的暴利行为有别。参见李世刚《法国〈合同法改革草案〉解析》，《比较法研究》2014年第3期，第179页。

在构成要件上必须主客观兼具的倾向鲜明。但是为规制极端不公正行为，法律又以"但书"的形式作出了例外规定。这类"另有"规定，除前述原法典所固有的遗产分割协议、不动产买卖合同、合伙合同等外，还有法典颁行之后，司法判决因应公正考量的要求所创设并逐步为立法肯认的扩张适用范畴。如海难救助合同、种子买卖合同、雇佣合同等。因此，改革后法国法上仅具有客观要素的显失公平只在个别规定中存在。需要指出的是，§1168 与原法典§1118 在理念上正好相反：前者是原则上给付失衡不构成合同无效之原因；后者是原则上给付失衡原则上构成合同损害而作为合同效力折损的事由。前者之但书条款在于承认法律既有的客观要素显失公平，后者但书条款旨在限制显失公平规范之适用范围以彰显自由主义的法典底色。

以意思自由为宗旨的《法国民法典》，将"合同损害"作为意思表示瑕疵之类型，主要从主观上考察意思表示是否自由或真实，并未将交易结果有失公平的道德责难上升到与合同自由对等之地位，换言之，私人自治相较于给付均衡居于核心地位。因此，立法者对因"有失公平"而折损合同效力的场合从保护主体到可适用的类型均做了严格限制，甚至在"有失公平"之程度上明确为具体数字比例以压缩法官的自由裁量权。然而，20 世纪以来以合同自由之名行不公正交易之实的情形层出不穷，特别是伴随工业化大生产以来的格式合同，"契约即公道"的理念遭受严峻挑战，因为缔约双方经济地位的不平等使得"公平"的存在基础——"自愿"荡然无存。这也导致了法国学理与实务突破立法上对"合同损害"之限制，从保护对象、适用范围等方面全面扩张。并被 21 世纪初启动，近期完成的债法修订所肯认。一方面取消"合同损害"（显失公平规范）一般条款的规定，通过"胁迫"的扩张，将承载显失公平法理的"经济胁迫"纳入胁迫范畴；另一方面，在"合同的内容"部分，分别根据类型的不同，将显失公平法理以不同方式灌注到具体的合同种类中。这也是法国现代学者一贯主张，即在批判"合同损害"传统理论与德国"暴利行为"咬文嚼字的基础上，提出当依赖法理对合同内容的直接干预而非一般规则来确保合同公正。

无论是改革前的"合同损害"，还是如今的"经济胁迫"，均是从结果着眼赋予受害方以诉权，前者要求"有失公平"，后者要求"明显的过度利益"。新债法对显失公平行为之规制提前到缔约阶段，从缔约过程着手，减少显失公平合同的产生。此即合同法新增的"缔约告知义务规则"（§1112）。而且，合同法总则中配置了概括性条款：合同自由不得排除公共秩序性法律规则适用（§1102－2）、科以当事人善良行事之义务（§18）。这样在"经济胁迫"无法涵摄新型显失公平之情形时，法官可启用概括性条款规制之。综上以观，改革后的法国合同法从形式上剔除了"合同损害制度"，换言之，即规范表达上无"显失公平规范一般条款"的单独配置，但是从改革内容面观之，显失公平法理仍贯穿于具体规范的设计与制度建构。而且主要通过特别法与司法判例来实现对合同正义的实现。

显失公平规范的原则性选择取决于如何回答意思自由（合同自由）与公平交易（合同正义）之间博弈的问题。倘以前者为优先考量价值，则将公平建立在合同的基础上，那么合同损害很难立足于私法规范机制之中。倘认为后者的价值比前者更有权重，则将合同建立在公平的基础上，则应确立显失公平规范的普遍适用性与客观价值性，不宜做严格限制。正是从这个视角来看，奉自由主义为圭臬的《法国民法典》借鉴罗马法"非常损失规则"创设"合同损害制度"颇为吊诡。立法者在自由与公平之间的挣扎从合同损害制度的设立与适用上的限制可窥见端倪。同样的矛盾与模糊心态再次出现在改革后的合同法中，这种挣扎最突出的表现即，整个改革的精神上是因应实践加强对合同自由的制约，因此纳入经济胁迫以处理缔约能力、经济地位悬殊而生的合同公平问题。但是，将这种"暴利行为"作为胁迫的内容，其旨在维护合意（意思表示）之真实与自由，意思十分显著。而意思表示瑕疵重在评价主观意志的自由与否，对合同运行结果不做道德评价，"经济胁迫"却反其道而行之，将利益失衡作为必备要件之一。

在废弃"合同损害"条款后未安排显失公平法理的一般规范，其实是对显失公平概念规范性面向的忽视。在"合同内容"章节中明确否认给付与对待给付显著失衡作为双务合同无效的独立原因也表明法国立法者并未接受现代显失公平规范的客观价值论。这折射出至少在典型双务合同上立法者采纳了多数现代学者的观点要求主客观要件的统一。缔约阶段新增告知义务、合意中胁迫制度的更化、根据各类型合同对显失公平做分别规制等皆昭示，没有显失公平一般规范的法国新债法，并非弱化了对合同自由限制，毋宁说是加强。由告知义务、胁迫、合同的内容等继续承载显失公平法理。或可说，在显失公平规范的设计上，法国新债法改革是一场"去'形'存'意'""新旧驳杂"的改革。

第二节 德国民法典暴利行为模式的创设及其发展

《德国民法典》在继受罗马法上"非常损失规则"法理时，既未因袭罗马法旧制，亦未亦步亦趋于《法国民法典》的合同损害，而是独树一帜创设了"暴利行为"制度，其体系定位、构成要件、法律效果、认定标准等均迥异于罗马法与法国法。

§138【违反善良风俗的法律行为；暴利】

（1）违反善良风俗的法律行为无效。

（2）某人利用他人处于急迫情势①、没有经验、缺乏判断力或意志显著薄弱，以法律行为使该他人就某项给付而向自己或第三人约定或给付与该项给付明显地不相当的财产利益的，该法律行为

_____

① 1976 年，德国民法修订时将"穷迫"（Nothlage）修正为"急迫情势"（Zwangslage）以扩充主观要件之涵摄范围。

无效。

§307 - 1【内容的控制】

一般交易条款中的条款违反诚实信用原则，不适当地使使用人的合同相对人受到不利益，不生效力。不适当地损害，也可以基于条款不明白易懂这一情况而发生。

一　暴利行为模式的淬炼：制度初创

诚如法国民法上"合同损害"入典与否的争议一样，在"暴利行为"确立之前德国关于"暴利"立法也几经波折。在私人自治至上理念的主导下，人们乃自己利益的最佳决定者与维护者是共识，因此，法官对合同不公平的实质干涉因其家长式作风而遭到质疑。[①]如在利息领域，立法上先后经历了"犯罪""允许""禁止"等阶段。《禁息令》将收取利息作为犯罪行为加以规范。后来，又在一定程度上肯定利息的效力。19 世纪 80 年代信用高利贷会因利率与提供的给付之间明显不相称而被禁止，最终民法典将"暴利行为"作为善良风俗违反之类型加以规定。

作为继受罗马法的又一高峰——《德国民法典》在设计显失公平法理入典之际，既未忠实于罗马法上的"非常损失规则"，以"短少逾半"与否作为判断之切入点；也未仿效法国民法的"合同损害"，以客观要件作为认定显失公平之唯一标准；而是独自开创了"暴利行为"模式（§138 - 2）。德国民法§138 确立的善良风俗原则，而暴利行为作为违反善良风俗的典型类型置备于第 2 款。在体系定位上，"暴利行为"作为悖俗行为的类型之一。从规范表达来看，其构成要件由主客观两方面构成。自主观要件观之，一则一方当事人存在"急迫情势、没有经验、缺乏判断力、意志显著薄弱"之状态；二则另一方当事人必须有利用该状态之故意。自客观要件

---

① 参见［德］海因·克茨《欧洲合同法》，周忠海等译，法律出版社 2006 年版，第 189—190 页。

观之，双方当事人之间给付与对待给付存在"显著失衡"。自法律效果观之，该法律行为无效。通说认为，兼具主客观要件方可认定为暴利行为进而否认该法律行为的效力。①

从体系定位看，德国民法中"暴利行为"置备于"善良风俗原则"条款§138之第2款，学说上通常从体系解释的角度将之解读为善良风俗违反的重要类型。② 但亦有论者认为这是违反公平原则之行为，重在对"暴利行为"欠缺社会妥当性的规制。③ 应该说，以之为悖俗行为的类型，侧重评价暴利行为人为法律行为时，对道义之违背，偏重主观可责性方面。而以之为公平原则违反者，将给付与对待给付显著失衡的不公平结果作为核心要素。究竟立法者侧重哪个角度来界定"暴利行为"，学理与判例又持何种态度？就德国民法"暴利行为"的设计来看，从体系解释的视角以之为"善良风俗"违反的具体类型为宜。

从构成要件看，诚如前述，"暴利行为"由主客观两方面构成。§138－2表述为"某人利用他人处于急迫情势、没有经验、缺乏判断力或意志显著薄弱，以法律行为使该他人就某项给付而向自己或第三人约定或给付与该项给付明显地不相当的财产利益的，该法律行为无效。"所谓主观方面，其实就是利用他人不利状况的故意；客观方面即给付与对待给付明显的不相称。

给付与对待给付之间"不相称关系"。此要件可从两方面予以解读：

1. 当事人所为之法律行为具有给付与对待给付内容，这也意味着，"暴利行为"主要适用于交易活动中的双务合同。由是可知，不

---

① 参见［德］迪特尔·梅迪库斯《德国民法总论》，邵建东译，法律出版社2000年版，第541—542页。

② 参见［德］卡尔·拉伦茨《德国民法通论》（下），王晓晔等译，法律出版社2003年版，第608—610页；［德］迪特尔·梅迪库斯：《德国民法总论》，邵建东译，法律出版社2000年版，第538页。

③ 参见史尚宽《民法总论》，中国政法大学出版社2000年版，第343页。

具备对待给付内容的合同，如无偿合同、单务合同等无适用显失公平规范的空间。另外，暴利行为仅仅在交易活动中适用，意味着其适用范围除限于财产关系，至于与财产无涉的法律关系如身份关系不得适用，其理甚明。甚至有学者直接将§138－2冠名为"高利贷行为"，[①] 显然身份行为、无偿行为无"高利贷"疑虑，无适用余地。此外，学理在具体论述"暴利行为"之类型时，限定于"信用暴利""租赁暴利""销售暴利"，似乎也无身份行为与无偿行为的适用空间。[②] 继受德国民法"暴利行为"模式之国家和地区，在学理上与实务上均将身份关系、无偿行为等不具备给付与对待给付内容的合同排除在"暴利行为"适用范围之外。以我国台湾地区为例，身份关系即无"暴利行为"之适用。[③] 学理上，在分析"暴利行为"客观要件时一般强调"须为财产上之给付"，而不具有财产给付内容的身份行为不包括在内。[④] 司法实务亦持同样态度。1953年"台上字第651号判决乙案"，A年逾不惑，迭膺"军职"，于起程赴海外参加游击任务之际，受妻B提出离婚要求之刺激，与B协议离婚，同时并由A赠与B房屋乙栋。法院认为离婚系身份行为，非财产上给付，无适用民法第74条规定之余地（参照1939年上字第107号判例）。[⑤] 关于房屋之赠与，依A之年龄、职务，不能谓无经验，按诸事理，亦不能认其赠与与行为有急迫轻率之主观情事。

---

① 参见［德］卡尔·拉伦茨《德国民法通论》（下），王晓晔等译，法律出版社2003年版，第622页；

② 参见［德］迪特尔·梅迪库斯《德国民法总论》，邵建东译，法律出版社2000年版，第538—540页。

③ 参见王泽鉴《民法总则》，中国政法大学出版社2001年版，第301—302页。

④ 参见史尚宽《民法总论》，中国政法大学出版社2000年版，第345页。

⑤ 根据1939年上字第107号判例，"两院离婚契约，并未使被上诉人为财产上之给付或为给付之约定，自无依同条第1项撤销之余地，原审竟认上诉人乘被上诉人之轻率与无经验，而为不公平之法律行为，于法显有违背。"参见史尚宽《民法总论》，中国政法大学出版社2000年版，第344页；黄立：《民法总则》，中国政法大学出版社2002年版，第348页。

2. 法官作出的"不相称"判断并非天马行空，恣意妄为。根据"暴利行为"规范之表述，至少有以下几个方面的限制：

其一，判断的时间节点为法律行为成立时。因此，原则上"暴利行为"认定应以法律行为成立时的具体情形加以决定。对于嗣后所发生之价值显著增值与减少非显失公平规范的射程范围。法律行为成立后，因客观情势导致不公平情形发生，由情势变更原则来予以调整。当然，如果私法规范体系并未置备情势变更原则，基于客观价值论的共同底色拉长显失公平判断时间节点亦非不可。如我国有学者即指出《民法通则》§59 条并未限定显失公平发生时间，因此扩张适用于情势变更之情形有法理上的可能。① 当然我国《民法典》弥补了旧法显失公平认定时间点的缺失，而且增设情势变更原则（§533），自无须再以扩张解释显失公平规范"时间节点"涵盖情势变更的必要。

其二，在判断"不相称"与否的议题上，诚如前述，基于显失公平概念经验性与规范性的二重属性与立法—司法的分工特色，主要有两种路径：一种是立法决定，即由立法者预先于成文法中设定一个具体的数字比例为法官提供明确指引。如前述的法国民法中不动产买卖合同中所受损失超过不动产价款"十二分之七"。另一种是由司法决定，即立法者自认为力所不逮而授权法官根据个案来衡量，德国民法"暴利行为"即为著例。

有论者指出，一般地给出一个善良风俗违反与否的"利息界限"是不可能的。② 因为利息首先与国家的货币紧缺度关系密切，而作为政府经济政策工具的货币变化靡常。那么根据市场通行利息规定一个具体比例，如 2 倍、4 倍，是否可行？答案也是否定的。因为在借贷关系之中，利息包括获得的报酬以及货币贬值的补偿，而且还有

---

① 参见梁慧星《民法总则》，台湾法理出版社 2011 年版，第 202 页。

② 参见［德］迪特尔·梅迪库斯《德国民法总论》，邵建东译，法律出版社 2000 年版，第 538—539 页。

市场风险等不可预期之因素，唯有通盘考量后前述各情形后，方可认定利息的合理与否。德国的司法判例与学说上的解读相吻合，有法院认定"在大众化信贷行为中，如果债权人所要求的利息超过了市场利息的两倍以上，即一定构成违反善良风俗的行为"。此一般性的标准显然并未被联邦最高法院所肯认，根据最高法院的解读，《德国民法典》的制定者有意拒绝确定一种（起源于普通法"非常损失"并见于其他一些国家法律制度中的）固定的界限。确定这样一种固定的界限也是不恰当的，因为它置行为的特殊情况于不顾。① 至于个案情形包括哪些要素，显然也非立法者一劳永逸的划定范围所能确定。如计算利息时，除纳入"报酬""要约费""中介费"等外，法院往往还需要参考银行所给出的重点利息，在高利率时代，对重点利息稍加逾越，就可能违反善良风俗。反之，在低利率时代，即使超过重点利息的程度很高，也仍然是符合善良风俗的行为。② 总之，德国立法者先见的预料到具体数字比例的不合理而是授权法官根据个案裁量。

另一方面，有利用他人不利状况之故意。根据德国帝国最高法院就§138－2适用，否认双务合同中只要存在给付与对待给付的不成比例，就把它看作一个违反善良风俗的合同。质言之，除不合理对价的因素外，仍然须主观上的可责难性为必备要素。毕竟交易活动中，优先尊重当事人的意思自治，比如熟人之间带赠与性质的买卖合同；又或合同一方当事人因对另一方当事人特定标的物的特殊喜好而自愿以高价购买等情形，基于当事人自愿，公权力自无必要介入。主观上对他人不利状态之利用于实务中主要从两方面来探究。

1. 不利状况的客观存在。从立法语词来看，这些状况包括"窘境、无经验、欠缺判断力、重大意志耗弱"等。论者认为对立法所

---

① 参见［德］迪特尔·梅迪库斯《德国民法总论》，邵建东译，法律出版社2000年版，第539页。

② 参见［德］迪特尔·梅迪库斯《德国民法总论》，邵建东译，法律出版社2000年版，第539—540页。

开列的描绘不利状况的概念当作广义解释。① 具体言之，其一，"窘境（穷迫）"。从文义解释来看，应该限于经济上的穷困，但是无论实践还是学理均认可对生命、健康、名义等的危险均属之。正是这样的共识，导致了立法上的变革，1976 年民法典修订时将"穷迫"改为"急迫情势"。其二，无经验。指缺乏一般的生活经历或者缺乏对商业事务的经验。这也意味着仅仅是对某些特定商业行为缺乏经验不足以构成"缺乏经验"。② 对于因年龄、智力原因而缺乏经验所为法律行为，则有发生规范竞合的可能。如对智障儿童之利用，或许可因智障儿童无行为能力、限制行为能力而主张合同无效或可撤销；抑或"暴利行为"主张无效；但由于其反社会性尤甚，直接适用 §138-1 亦无不可。从惩处反社会性的角度出发，或许对于因年龄较小、智力问题而缺乏经验而致不公平之情形，以适用善良风俗一般条款为宜。我国台湾地区学理即持此种看法。③ 其三，判断力欠缺。其四，重大意志薄弱。后两项与"无经验"须依据一般生活经历来判断不同，判断力与意志状态均需根据具体行为来判断。应该说"判断力欠缺"与"重大意志薄弱"皆旨在考量受害人在为法律行为时，未熟思或不注意，致使其无法真实明了其行为之意义及给付之间的价值关系。因此，有论者结合台湾地区"民法"之规定及学理解释，将"判断力欠缺"与"重大意志薄弱"合并为"轻率"加以解读。④

　　总之，这种不利状况的客观存在，使得受害方不得已接受苛刻的缔约条件致显失公平发生。对不利状况的广义解释倾向在立法与

---

　　① 参见［德］迪特尔·梅迪库斯《德国民法总论》，邵建东译，法律出版社 2000 年版，第 542 页。

　　② 参见［德］卡尔·拉伦茨《德国民法通论》（下），王晓晔等译，法律出版社 2003 年版，第 623 页。

　　③ 参见史尚宽《民法总论》，中国政法大学出版社 2000 年版，第 344—345 页。

　　④ 参见于飞《公序良俗原则研究——以基本原则的具体化为中心》，北京大学出版社 2006 年版，第 182 页。

司法实务中都得到了回应。后文关于主客观要件缓和部分将有详细论述。

2. 具有利用的恶意。即暴利行为人具有剥削受害人前述不利状况之故意，有意利用受害人的糟糕处境。① 这种"故意"不要求暴利行为人以欺诈等行为促成，仅仅是对现存机会的利用即可。而且此剥削的对象除受害人外，对其近亲属不利状态之利用而使得对方接受明显不公平的条件亦属"故意"范畴。

从法律效果看，德国立法者将"暴利行为"作为善良风俗违反的重要类型，因此因反社会性而将之规定为无效。需要指出的是，根据§138－2 之表述无效的范围包括"给付之约定"与"实际给付"，换言之，从接受高利贷方来看，不仅负担行为，而且履行行为也是完全无效的。② 这种规定与解读的后果之一，即根据§138－1 与§138－2 宣布法律行为无效时，前者产生不当得利返还请求权而后者产生的物上返还请求权。我国台湾地区学理上亦认为"不论是原因契约还是履行行为"均因其反社会性而折损其效力。③

从举证责任来看，在司法实务中认定"暴利行为"成立与否需要由具体事实作为支撑。换言之，暴利行为人利用他人不利状态的故意、他人"急迫、轻率、无经验"等不利状态存在的客观事实、财产上之给付与对待给付依据当时情形显著失衡等案件事实均需受害方举证证明方得启动"暴利行为"的救济程序。立法上，并未明确显失公平规范适用中证明责任分配问题。因此，根据证明责任分配的一般原理——"谁主张，谁举证"原则，应该由原告负举证责任，或者更确切地说，由主张"暴利行为"的当事人举证证明主客观要件的充足。德国实务也确实持此态度，但是近来既有的证明责

---

① 参见［德］迪特尔·梅迪库斯《德国民法总论》，邵建东译，法律出版社 2000 年版，第 542 页。

② 参见［德］卡尔·拉伦茨《德国民法通论》（下），王晓晔等译，法律出版社 2003 年版，第 624 页。

③ 参见史尚宽《民法总论》，中国政法大学出版社 2000 年版，第 346 页。

任分配方案发生了动摇，如果给付与对待给付显著失衡以致严重的不公平，则直接推定主观恶意的存在并推定"暴利行为"之存在，当然对方当事人享有举证推翻推论之权利。① 因此，在"暴利行为"规范适用中，可以说司法实务修正了立法上证明责任配置的安排。

虽然立法与学理均强调主客观要件兼具方可充足暴利行为的认定条件。且司法实务中多有否认给付与对待给付"显著失衡"作为"暴利行为"认定唯一条件之案例，但是不可否认，对于只具有"利用对方不利状态"与给付"明显的不相称"之一的情形，如法官认为法律行为确系有比较大的反社会性，仍然可以适用§138 – 1"善良风俗"之一般条款确认该行为无效。② 其实在"暴利行为"中，受害方的意思表示本身真实完整并无意思表示瑕疵之虞，但是其与意思表示关联处在于暴利人之意思表示的可责难性，即其利用对方不利状态的故意。立法者也是从这个角度切入对受害方意思表示瑕疵与否不做要求，这也是与法国"合同损害"定位截然不同的地方。那么"暴利行为"所规制者是以暴利人的"可责难性"为中心，还是以给付与对待给付的"显著失衡"为中心？如果是前者，那么原则上单纯给付与对待给付的"显著失衡"并不构成法律行为无效的原因。只有当不利状态之利用存在方得认定法律行为无效，而不论恶意利用不利状态是否诱发了意思表示瑕疵，换言之，"暴利行为"中暴利人主观方面的恶意程度比"欺诈""胁迫"等要低。如果是后者，那么德国民法的"暴利行为"与法国民法的"合同损害"并无二致，仅仅是在适用限制领域各有不同，前者纳入主观的恶意因素、客观状况的情形列举；后者直接以具体合同类型限制之。学理与判例均认为德国立法者侧重的是暴利人主观"可责难性"。诚如德国学者指出，法律此处所打击的非不平衡本身，而是暴利人之

---

① 参见［德］迪特尔·施瓦布《民法导论》，郑冲译，法律出版社 2006 年版，第 480—482 页。

② 参见［德］卡尔·拉伦茨《德国民法通论》（下），王晓晔等译，法律出版社 2003 年版，第 624 页。

行为。① 即暴利行为因其违反道义而效力折损，给付与对待给付的显著失衡原则上非导致法律行为无效的原因。德国判例中，倘法律行为无违反善良风俗的主观恶意，那么给付与对待给付严重不平等，例如约定消费借贷的利率为100%也不必然导致合同无效。② 有学者从联邦最高法院的判例中也总结道：在确认某种行为是否违反善良风俗时，除不合理对价因素外，要有一个主观上的因素。③

　　有法国学者攻击"暴利行为"主客观要件区分的做法认为，德国法对暴利行为所作的规定都不过是咬文嚼字的游戏而已，其在审判实践中极少得到运用。因为想要证明当事人利用对方的危难、轻率或无经验是极其困难的。如依此种证明方法，在合同损害得到证明的同时，一方当事人的误解、欺诈或者胁迫往往也已得到确认。④ 应该说这种质疑不无道理，德国立法、判例、学理也确实随着实践的发展逐步接受了主观要件、客观要件、法律效果的缓和取向。

二　暴利行为模式的更化：要件缓和

　　自"暴利行为"草创以来，与法国民法上"合同损害"一样从构成要件到法律效果都因应经济社会生活的改变而做出了调整。尤其在20世纪中叶以降，要求主客观要件充足的严苛适用条件出现了缓和，司法实务意图改善受害人一方的境遇降低了适用的门槛。其根本原因在于，随着均衡原理的回潮，显失公平规范承载私法规范机制伦理性的自然法内质得以重光。根据联邦最高法院判决，如果给付与对待给付之间的不相称特别重大，则可推定主观上暴利行为

---

　　① 参见沈达明、梁仁洁《德意志法上的法律行为》，对外贸易教育出版社1992年版，第181—182页。

　　② 参见［德］迪特尔·梅迪库斯《请求权基础》，陈卫佐译，法律出版社2012年版，第58页。

　　③ 参见［德］卡尔·拉伦茨《德国民法通论》（下），王晓晔等译，法律出版社2003年版，第608—610页。

　　④ 参见尹田《法国现代合同法》，法律出版社2009年版，第571页。

人具有利用的恶意。① 而且囿于举证"暴利行为"主观恶意的严重困难，司法实务中适用"暴利行为"的热情被极大的抑制，为纠偏此一现状更切实了维护社会公平，立法者推动的缓和化要件的改革。

在主观要件的缓和方面，德国学理上，一般认为"暴利行为"第一个标志双方当事人所协商的给付与对待给付"明显的不成比例"与第二个标志暴利行为人"利用"对方的不利状态是构成暴利行为的前提条件。② 而且，剥削意图推定只存在"只有在给付和对待给付之间存在着特别大的不相称关系"之特殊情形。③ 但是，司法实践中，主观要件日渐式微。一个基本的判决倾向是，给付与对待给付失衡越严重，对暴利行为人主观恶性的要求程度越低。对于那些极端显著的情形，甚至有直接推定暴利行为人卑鄙意念存在的实践。④ 针对实务中所出现的质疑"主观要件"存在必要性的问题，德国联邦最高法院采取了比较保守的做法，坚持主张在认定违反善良风俗时必须在"给付与对待给付之间不相称"之外，还具有被一种其他的情况，即暴利行为人主观上可指责的想法，如利用战争关系。⑤ 然而，为避免"暴利行为"条款科以受害人对"剥削"举证所带来的困境，司法实践将积极主动的"剥削"放宽到"轻率地不知道"，有论者甚至指出，这无异于废除了主观要件。⑥

在学理与判例的推动下，立法也作出了回应，1976 年民法典原

---

① 参见［德］迪特尔·施瓦布《民法导论》，郑冲译，法律出版社 2006 年版，第 482 页。

② 参见［德］卡尔·拉伦茨《德国民法通论》（下），王晓晔等译，法律出版社 2003 年版，第 622—623 页。

③ 参见［德］迪特尔·梅迪库斯《德国民法总论》，邵建东译，法律出版社 2000 年版，第 542 页。

④ 参见［德］迪特尔·施瓦布《民法导论》，郑冲译，法律出版社 2006 年版，第 481—482 页。

⑤ 参见［德］迪特尔·梅迪库斯《德国民法总论》，邵建东译，法律出版社 2000 年版，第 543 页。

⑥ 参见于飞《公序良俗原则研究——以基本原则的具体化适用为中心》，北京大学出版社 2006 年版，第 187 页。

来所规定的"穷迫、轻率、无经验"被修改为"强制状态、无经验、判断力欠缺或显著意志薄弱"，加强了§138－2遏制信用暴利与消费者保护的规范功能。甚至，在修法过程中，有提案增设§138第3款，"尤其对于消费借贷或者消费借贷的中介，对自己或第三人作出财产利益的约束或提供的法律行为，该财产利益与其对待给付相较有显著不平衡，该契约无效。为同样经济目的服务的金钱之债权的延期支付或其他类似法律行为，与消费借贷适用同样的规则"。这显然已不满足于缓和主观要件而是彻底废除主观要件。① 应该说，此种改革趋势深得现代显失公平规范精髓。在客观要件缓和方面，由于德国民法采用的是概括性规定规避了罗马法与法国民法上僵化的具体标准，其弹性的优势为后续很多国家效仿，去标准化成为趋势。但是，此种具体标准的缺失也给法律的安全性带来了挑战。在法律效果的缓和方面，虽然德国民法仍坚持"暴利行为"之法律后果为"无效"，但质疑的声音从未止息，有论者以"暴利行为"之恶意及反社会性不亚于"欺诈""胁迫"而以该类法律行为为无效，过于严苛，当作为可撤销之缘由而非绝对无效为宜。"暴利行为"法律效果的严苛规定也确实抑制了其在实务中的操作。这些质疑的养分某种程度上为继受"暴利行为"模式的国家和地区之立法者所汲取。

第三节　绍承法国：合同损害在他国的继受及其修正

1804年《法国民法典》首创颇具风格的显失公平规范——"合同损害"后，即随着法国的对外战争及殖民扩张传播到欧陆其他国

---

① 参见于飞《公序良俗原则研究——以基本原则的具体化适用为中心》，北京大学出版社2006年版，第185—186页。

家及殖民地地区。在欧洲拿破仑帝国拓疆所至，也是民法典就扩张适用所达，以致诸国独立后各自编纂民法典时，仍受到《法国民法典》潜移默化的影响，如意大利、西班牙、葡萄牙、阿尔及利亚、比利时、卢森堡等。欧洲诸国的殖民扩张更是助推了法国民法典的传播，殖民者带来生活方式的同时，也将宗主国的法律制度扎根于此，如阿尔及利亚、埃及、巴西等。这些国家和地区蔚然而成大陆法系分支之一的法国法族。

一　直接继受：合同损害制度在欧陆国家中的传播

（一）《西班牙民法典》

《西班牙民法典》将显失公平合同作为可撤销合同类型之一，且予以严格限制，并没有"合同损害"的一般规定。在继受法国法的国家中，可谓得《法国民法典》严格限制"合同损害"适用之精髓。

§1291 以下合同可撤销：

1. 监护人可以在未经司法授权的条件下履行的合同，而且其被代理者已经蒙受了合同所涉金额总数四分之一以上的损失。

2. 不在者的代理人履行的合同，而不在者已经蒙受了合同所涉金额总数四分之一以上的损失。

……

§1293 合同不得因为伤害而撤销，但本法典第 1291 条第 1 项目和第 2 项除外。

《西班牙民法典》虽亦以"合同损害"指称显失公平规范，或因袭法国。但是，规范设计却区别綦大。法国民法 §1118 是原则确认"合同损害"制度，而于"但书"条款限制之，嗣后不断有单行法突破了具体范围的限制。西班牙民法则原则上否认了"合同损害"，而于"但书"条款中明确适用之例外（§1293）。具体言之，西班牙民法不置备显失公平规范一般条款且明文拒绝非常损失法理的入典，仅在"合同的撤销"章节规定了两类特殊主体在遭遇"显失公平"后的救济。在客观要件上，监护人之"被代理人"因监护人的履行行为而蒙受所涉金额的四分之一以上损失。显然，西班牙立法者仍延续了法国法上显著失衡判断上的具体数字比例做法，至于主观恶意之有无在所不论。在显失公平法理的适用范围上全面限缩，或可表述为"原则上禁止，两种例外下允许"。

应该说这种不置备显失公平规范一般条款而从具体合同类型的角度来规制"非常损失"的做法为法国法族此一制度的发展趋势，诚如前述，法国新债法即取消了"合同损害"一般条款，而在针对具体合同类型来规制显失公平行为。

（二）《葡萄牙民法典》

葡萄牙立法者于19世纪编纂法典之初并不将合同损害作为买卖合同可撤销之理由，也未设计合同损害一般条款。但是，20世纪中期进行法典翻修时引入"暴利"的概念，且在对德国"暴利行为"模式稍作修正后纳入法典之中。

§282（暴利事物）

一、有意识地利用他人之困厄状况、无经验、轻率、依赖、精神状况或性格软弱，而使其承诺给予自己或第三人过分或第三人过分或不合理的利益、或使其给予自己或第三人过分或不合理的利益，且有关法律事务得以暴利为理由予以撤销。

二、保留第559条A及1146条所定之特别制度。

§283（暴利事物变更）

一、受害人得申请按衡平原则之判断变更暴利事务，而不请求撤销该事务。

二、撤销经申请后，他方当事人可就该申请提出异议，并表示按上款之规定接纳该法律事务之变更。

§284（犯罪性暴利）

暴利事务构成犯罪时，行使撤销或变更权利之期间，不在该犯罪之追诉时效期间内终止；如刑事责任之消灭非由时效所致、或该刑事法庭之判决已成为确定，则行使撤销或变更之期间应由刑事责任消灭之日或判决成为确定之日起算，但按照第 287 条第 1 款之规定应在较后时间起算者除外。

§559 – A（高利贷利息）

第 1146 条之规定，适用于在给予、订立、续订、贴现某信贷或延长某携带之还款期之法律事务或行为中，又或在其他类似行为中，有关利息或其他利益之订定。

§1146（暴利）

一、在消费接待合同中，如订立人之年利息高于法定利息加上视乎是否存在物权担保时之 3% 或 5% 时，则视乎有关合同具有暴利性质；

二、如通过违约金条款就因未返还借用物而按迟延时间定出之损害赔偿，高于法定利息加上视乎是否存在物权担保时之 7% 或 9% 时，则亦视有关合同具有暴利性质；

三、如订立之利率或定出之赔偿金超过以上两款所定之上限，则视为减至该等上限，即使不符合立约人之意思亦然；

四、对于本条所指上限制遵守，并不影响第 282 条至第 284 条规定之适用。

"暴利事物"条款系第 262/83 号法令所新增文本，§282 – 1 为显失公平规范之一般规定；§559 – A、§1146 乃法律针对特定合同中显失公平的具体安排。从一般规定的规范内容来看，葡萄牙民法可以说是对德国民法"暴利行为"模式的全盘吸收。首先，在主观要件上要求有利用对方"困厄状况、无经验、轻率、依赖、精神状况或性格软弱"之恶意；其次，客观要件上以"过分或不合理的利益"来描述给付与对待给付显著失衡；最后，法律效果上则较德国民法"暴利行为"有所缓和，为"可撤销"。而且针对"利息之债"与"消费借贷"两类具体的债务类型做专门规定。可以说，此种"一般条款＋具体规则"成为法典编纂后发国家综合法、德模式的惯常选择。

曾经受葡萄牙殖民统治的我国澳门地区，其民法典中关于"暴利行为"之规定几乎完全照搬了宗主国民法，也是以总则中之一般条款辅之以分则中具体类型合同的安排结构。

二　间接继受：合同损害制度在殖民地区的本土化

（一）《埃及民法典》

《埃及民法典》虽然以《法国民法典》为蓝本，显失公平规范地设计在体系上坚持了法国法的做法，但在规范内容之设计上则与时俱进师法《德国民法典》之"暴利行为"制度。

§129　如当事人一方负担的债务与他从合同中获得的利益与向对方负担的债务相比明显不相称，且有证据证明在订立合同中相对方利用了受损害方明显的轻率或失控的冲动，法官可经受损害方请求，宣告合同无效或减轻其债务。

前款规定的诉讼应自合同订立之日起 1 年内提出，否则法院不予受理。

有偿合同的一方当事人可采用支付经法官确认的足以弥补受损害非常损失之金额的方式，避免合同被宣告无效。

§130　第 129 条仅在不违反法律就特定合同中的非常损失或利率的非常损失所做的规定的条件下适用。

《埃及民法典》以《法国民法典》为蓝本，于"合同"章节中置备显失公平规范，且在体系安排上与法国如出一辙配置于"合同要件"之"同意"项下，紧随"错误""胁迫"等意思表示瑕疵序列，立法者注重对意思表示真实与否、自愿与否的评价清楚明晰。但是在显失公平规范构成要件上则与德国法上"暴利行为"相差无几。或可说，在体系安排上接续法国的传统，而在具体内容的设计上却综合先进立法例有所创新。具体而言，客观要件上，取抽象的概括描绘"明显不相称"，这与德国"暴利行为"之客观要件一致；显著失衡的判断时间点限定在订立合同过程中。而且主观要件之要求甚为明确，即有利用受损害方明显轻率或失控冲动的恶意。法律效果上，归纳有三：一、宣告合同无效；二、减轻受害人给付；三、经相对方补足法官认定之差额治愈给付失衡而继续有效。显失公平规范所保护的对象及方式也非常明确：受损害方得向法院申请，且限定有一年之除斥期间。

埃及民法比较有特色之处在于立法明确了显失公平规范适用中的证明责任分配，即损害方需要证明相对方有利用其"明显的轻率"或"失控的冲动"之恶意。近来法国、德国司法实践中推定主观恶意存在的做法，从立法意图来看，应无适用余地。随着国际上主观要件缓和甚至取消的呼声日彰，或许埃及立法者在未来修法中会适当考虑对此作出修正。此外，法律效果主要为"无效"或"减轻债务"，但该条第3款也赋予了一方当事人在法院宣告无效前补足差价以挽救合同，也为其立法特色之一。

§130规定特定合同或利率非常损失之规制，适用法律关于具体合同之规定。由此可知§129作为法典关于显失公平规范一般条款的定位应属无疑。这与其蓝本《法国民法典》之§1118定位截然不同，后者将特别法关于非常损失之规定作为唯一的适用领域，而前者使得显失公平规范一般条款有了君临整个合同法领域普适性。因此，性质上，《埃及民法典》§130仅仅是对适用过程中"特别规范优于一般规范"原则的明文宣示；而非如《法国民法典》§1118条作为显失公平规范适用范围严苛限制的安排。

需要指出的是，阿拉伯国家和地区之民法，如叙利亚、伊拉克、利比亚、卡塔尔、索马里、阿尔及利亚、摩洛哥等国均以埃及民法为典范颁行了自己的民法典，在制度安排、规范设计等方面大同小异。下面仅以《阿尔及利亚民法典》为例揭示阿拉伯国家民法中显失公平规范设计师法埃及民法基础所做的损益。

（二）《埃塞俄比亚民法典》

《埃塞俄比亚民法典》系法国比较法学家达维德草拟，以兼收并蓄比较法上各制度之长为特色，在对显失公平规范之改革上，幅度不可谓不大。分述如下：

§1710【不合理合同】

（1）合同不得仅因其条件对一方当事人远远比对他方当事人更为有利而无效。

（2）如公平要求如此，对于不合理的合同，如果损害一方当事人的同意是利用其急需、头脑简单、年迈或明显缺乏商业经验获得的，合同可因其不合理被宣告无效。

§1811【合同的确认】

（1）同意因他人施加的不当影响而有缺陷的当事人，在使其同意发生缺陷的原因消失后，可放弃请求宣告合同无效的权利。

§2889【非常损害】

不得已买方或卖方遭受非常损害为由取消不动产买卖。

《埃塞俄比亚民法典》废弃了"合同损害"一般规定，对于仅具有非常损失客观要件的合同，持放任态度。诚如§1710－1规定，合同仅远远有利于另一方非合同无效之原因。其执笔人法国比较法学家勒内·达维德综合世界各先进立法例，试图取众家之长而成一完备法典。但是，在显失公平规范之设计上则走了极端，彻底背弃法国"合同损害"制度，甚至从规范配置来看，有专门针对法国民法对应规范予以矫正的意味。如明文取消不动产买卖中非常损害的救济（§2889），遗产分割部分也不再存在损害超四分之一则可声请无效的安排。

§1710－1废弃法国"合同损害"规范之后，于§1710－2确定了颇具有特色的显失公平规范一般条款。要求在认定不合理合同时兼具主客观要件。具体言之，主观要件上，一方具有利用相对方"急需、头脑简单、年迈或明显缺乏商业经验"的不利状况；客观要件上，则使用了相当概括的"不合理合同"；法律效果上，可以宣告合同无效。此外，体系安排上，仍然将之作为"同意的瑕疵"置于意思表示瑕疵之类型位置。从规范语词表达来看，其所指"如公平要求如此"也是侧重对加害方获得"同意"过程中主观恶意之评价。

可以说,《埃塞俄比亚民法典》一方面彻底放弃法国民法上仅要求客观要件的"合同损害"模式及适用范围限制,明确废弃了原法国民法中不动产买卖与遗产分割中以非常损失而宣告合同无效做法。另一方面,在完成对"合同损害"一般规范与具体规范的清算之后,引入了德国主客观要件兼具的显失公平规范模式;但是,其比德国立法者走得更远,并没有给付与对待给付必须"显著"的要求,由此可知,立法者赋予了法官以更广阔的自由裁量权,公权力对合同的审查更加深入。这其实代表了法国合同法学理与实践发展的趋势,21 世纪初法国启动债法改革司法部公布的《合同法改革草案》即采用这一新创设的模式(§63);但是,诚如前述,最后通过的债法改革方案中重新增加了"明显的过度的利益"这一要求,等于退回到了德国民法"暴利行为"模式的"显著失衡"要求,法官的裁量权被限缩。从前述法国新债法改革中显失公平规范的配置来看,埃塞俄比亚民法典无疑预示了法国债法改革的未来走向,即舍单一客观要件而转向主客观统一。但是与《埃塞俄比亚民法典》相较,法国新债法的改革要保守得多。

(三)《阿尔及利亚民法典》

1834 年阿尔及利亚即全面地采用了《法国民法典》与《法国商法典》,后来自立门户起草民法典之际又得益于埃及民法的转手,因此,其显失公平规范之设计,从体系安排、要件构成、法律效果、司法救济及相关限制等方面与埃及民法几乎一致,但亦有些许变更。容分述之:

§90　如果一方当事人的债务与他人从合同得到的利益或与他方的债务完全不成比例,且此种情形之成立,乃由于受损害的当事人被他方利用了他公认的轻率或过分的冲动因而缔结了合同,法官应受损害方之请求,可撤销合同或减轻此等当事人之债务。

引起前款规定之效果的诉讼应在缔结合同之日起 1 年内提起,逾期者法院不予受理。

有偿合同的他方当事人可采用补足法官确定的足以弥补对方损

失的差额的方法，避免合同被撤销。

　　§91　第90条之规定，仅在不违背法律对某些合同所做之特别规定的情况下，方可适用。

　　§358　出卖人因出卖不动产遭受低价损失超过不动产价金五分之一以上者，可提起增加价金之诉，以便约束买受人补足正常价金的五分之四。

　　为确定低价损失是否超过五分之一，应根据合同成立时不动产的价值予以估价。

　　§359　因低价损失提起的增加价金之诉的时效为3年，自买卖成立之日起开始计算；对于无行为能力人，此等时效期间自他取得行为能力之日起计算。

　　行使增加价金之诉，不得损害取得了被出卖之不动产上的物权的诚信第三人。

　　§360　低价损失的补偿请求，不适用于依法进行的公开拍卖中完成的出售。

　　体系安排上，仍坚持了法国民法以来将显失公平规范置于"同意"章节中，以之为矫正意思表示瑕疵的阀门定位。构成要件上，肯认主客观要件兼备，即利用对方不利状态（公认的轻率或过分的冲动）之恶意及由此而导致的给付与对待给付之间显著失衡（完全不成比例）。在法律效果上，与埃及民法稍有不同，为"可撤销"与"减轻债务"。相较于法国、埃及民法严苛的"无效"似更尊重当事人意思自治，此亦为显失公平规范"法律效果"之发展趋势。同时也赋予了暴利获得者"补足差额"平复失衡使合同免于宣告无效之权利。司法救济上，须合同成立之日起一年内以诉讼方式为之，且仅赋予了受损害方得申请之权利。

　　在性质上，从§91可知，§90为《阿尔及利亚民法典》显失公平规范之一般条款，特别法律规范有关于显失公平行为之规定的，从其规定。这样的规定如§358、§359条关于不动产买卖中出卖人受低价损害所享有的"增加价金诉权"及行使规定，在特定合同领域延续了法国民法"合同损害"具体数字比例标准。

（四）《巴西民法典》

2001 年《新巴西民法典》将"显失公平"单列一节置于"法律行为的瑕疵"章下，与"错误或不知""诈欺""胁迫""危险状况""对债权人的诈害"并列，作为法律行为内容瑕疵的原因之一。

【显失公平】

§157　某人出于压迫性的紧急状况或无经验缔结了与其对待给付的价值明显不成比例的债务的，构成显失公平。

给付不成比例应根据在法律行为缔结时各给付的实际价值来考量。

如提供了充分的补偿，或获利方同意减少其受益不应判定上述行为可撤销。

【因过重负担的解除】

§478　在其履行具有继续性和期次性的合同中，由于异常和不可预料的事件，当事人一方的给付变得特别沉重，而他方因此享有超长利益的，债务人可要求解除合同。为此决定的判决的效力回溯到发出传票之日。

§479　被告可通过对合同条件提出合理的修改避免此种解除。

§480　如果合同中只有一方当事人负有债务，他为了避免过重负担，可请求减轻其给付，或改变其履行方式。

从§157 之规范内容来看，立法者汲取法国"合同损害"的规范意旨，取给付与对待给付之间价值"明显不成比例"之客观要件为认定标准，对于获利方主观要件并无要求，因此可以说仍坚持了"合同损害"单一要件的传统。判断以"合同缔结时各给付之实际价值"为准。从§157-2 来看，显失公平之法律行为，其法律效果为可撤销；但是，倘获利方提供补偿或减少获益情形下，排除显失公平规范之适用。

虽然，巴西民法绍承了法国"合同损害"制度精髓，但巴西立法者在规范设计时，变革亦相当明显。首先，在客观要件方面，舍弃了法国民法的具体数字比例规定；其次，新增了受害人客观状况之描述："压迫性的紧急状况或无经验"，至于获利方主观上有无利用之恶意，在所不论。最后，将获利方补偿或减少受益作为阻却显失公平规范适用的法定事由，可见巴西立法者不再如法国立法者那样侧重对意思表示真实或自由的关注，而是注重对法律行为运行结果公平与否的评价，一旦失衡纠正，法律行为便不具有法律上的可责性。这也表明立法者对显失公平行为中行为人主观恶意不做评价地立法取向。

（五）《智利民法典》

《智利民法典》在显失公平规范之设计上，在以法国法为主要继受对象的国家中可谓独树一帜。一方面不再设置"合同损害"之一般规定；另一方面在"买卖合同"中对"非常损失买卖"做出了详尽规制。

【因非常损失撤销买卖】

§1888　买卖合同可因非常损失被撤销。

§1889　收受的价金低于出卖物的公平价格的半数的，出卖人遭受非常损失；购买物的公平价格低于为该物偿付的价金的半数的，买受人遭受非常损失。

公平价格以合同成立之时为准。

§1890　对买受人宣告撤销的，他可依其选择，或同意撤销，或在减去公平价格的十分之一后补足该价格；处于同一情形的出卖人可依其选择，或同意撤销，或返还已收受价金超过了已增加十分之一份额的公平价格的部分。

仅应偿付自请求之日起产生的利息或孳息，同时不得基于合同所生费用主张任何物件。

§1891　动产的出售以及依法院的职权进行的出售，不因非常损失产生撤销诉权。

§1892　约定不得因非常损失提起撤销之诉的，此等约定无效；如果出卖人一方表达赠与超额价金的意图，该约款视同未订立。

§1893　标的物于买受人权力下消灭的，双方当事人都物权撤销合同。

如买受人已转让标的物，亦同，但买受人的售价高于其购价的，不在此限；在此情形，第一出卖人可主张这一超额价金，但主张的范围以物的公平价格扣除十分之一的份额为限。

§1894　出卖人不得因标的物遭受减损为任何主张，但可在买受人已从此等减损获利的范围内提出主张。

§1895　买受人处于返还标的物的情形时，应事先涤除已设定在其上的抵押或其他物权。

§1896　基于非常损失的撤销诉权，自合同成立之日起经4年消灭。

拉美国家民法典之编纂约略可分为两类，一类是很大程度上以《法国民法典》为根据或直接将之翻译，如海地、玻利维亚、多米尼加、墨西哥等；另一类是以智利的民法典为首，却体现南美立法风格与本色的立法成就。① 智利民法典起草人为委内瑞拉人安德雷斯·贝罗（Andres Bello），其在法国民法典之基础上，还特别借鉴萨维尼的思路及《七章法》。为厄瓜多尔、哥伦比亚、委内瑞拉、乌拉圭等美洲国家所效仿。

《智利民法典》虽然踵效法国模式，但是在显失公平规范之设计上，二者大相径庭。首先，智利立法者取消了"合同损害"一般条款，于"行为和意思表示"章中仅仅将"错误""胁迫""诈欺"作为"同意的瑕疵"（§1451）。因此，体系上智利民法不存在显示公平规范之一般规定。其次，于具体合同类型——买卖合同专门规定了显示公平的问题（§1888—§1896）。从规范内容来看，智利立法者采用了单一的客观要件标准，即买卖合同有"非常损失"的客观事实即可被撤销（§1888）。在保护对象上，与《法国民法典》

---

① 参见［德］K. 茨威格特、H. 克茨《比较法总论》，潘汉典、米健、高鸿钧、贺卫方译，法律出版社2003年版，第175—176页。

不同的是智利立法者在保护出卖人的同时也增加对买受人的保护（§1890）。在判断标准上，无论出卖人以低价出售还是买受人已高价买入，均以公平价格之半数为界限认定"非常损失"存在与否，且立法给出了公平价格的判断时间节点：合同成立时。在法律效果上，受损害一方获撤销诉权。但是，尊重当事人选择的基础上，通过补足一定差价而回复合同效力。在救济方式上，赋予出卖人或买受人以撤销诉权。再次，"非常损失"不得适用于动产及依法院职权进行的出售（§1891）。当事人约定排除非常损失之撤销诉权及出卖人对"损失"部分为赠与之表示，立法者均持否定态度，前者直接认定为无效，后者视同未订立。这也昭示，智利立法者着重考量的是合同结果的"公平"问题，至于当事人主观上是否有恶意，意思表示是否真实、自由非认定"非常损失"之必备要件。

三　小结：继受过程中合同损害制度的守成与创制

综上分析可知，法国法族国家立法上关于显失公平规范之设计传承中多有损益，损益中有创新。除西班牙民法原则不置备显失公平规范外，其他国家几乎都有相关制度之配置。由于立法者对意思自治与社会公平关系理解、法制传统、公法权力管制的定位等诸因素的不同，显失公平规范可以说在各国法典中形态各异。法典制定后为因应实践与学理的发展及国际先进立法例的影响，也是修法频仍，但其改革基本方向是对德、法两种模式的兼收并蓄。具体分述如下：

第一，显失公平规范之设计模式。主要有两大类：其一，"一般条款＋特别规定"的规范设计模式；其二，"特别规定"模式，即舍弃显失公平规范一般条款，仅于特定合同类型中做特别规定，往往是不动产买卖合同、消费借贷合同、利息之债等。前者如埃及、阿尔及利亚、巴西、葡萄牙等；后者如智利。此外，还有个别国家仅规定了显失公平规范一般条款，具体化的任务交由法官来完成。如埃塞俄比亚。概言之，"一般条款＋特别规定"是为法国法族关于显失公平法理入典的普遍规范设计模式。

第二，显失公平规范之体系定位。体系定位方面根据有无显失公平规范之一般条款而有别。对于无一般条款之立法例，均于具体合同类型中针对特定情形规制显失公平之行为，从前述考察的法典来看，多存在于"利息之债""消费借贷""不动产买卖合同"等，多置备于法典的"合同法"部门，如埃及、阿尔及利亚、葡萄牙、智利、澳门。对于有一般条款设计之立法例，则立法者在显失公平规范体系定位上主要分为两类：一则绍承至法国以来的传统，以之为意思表示瑕疵之类型，置备于合同法章节"同意"制度之下，与"欺诈""胁迫""错误"等并列，如埃及、阿尔及利亚、埃塞尔比亚。这类立法安排显然严格坚守法国法上"合同损害"之传统，为捍卫意思自治计，将显失公平法定位为维护意思表示真实与自由的工具，而非矫正合同结果正义的武器。二则师从德国将之作为法律行为内容反社会性的评价工具，置备于法律行为一般规定或其他独立于意思表示（同意）之章节中，如葡萄牙、巴西。至于"特别规定"则遭至债法总则或合同法分则中针对特定类型如"利息之债"（葡萄牙）、"不动产买卖"（阿尔及利亚）、"因过重负担解除合同"（巴西）。

第三，显失公平行为之主观要件。大致分成两类：一类将主观要件作为显失公平行为之必备要件；另一类对于主观要件存在与否在所不论。要求主观要件者还可细分为：恶意与推定恶意。为论述便利，分三类阐述：（1）坚守法国"合同损害"传统，不要求主观要件者：如智利、巴西。（2）转轨德国"暴利行为"，主观要件者为必备要素者：如埃及、阿尔及利亚、埃塞俄比亚、葡萄牙。（3）以显著失衡之客观事实，推定主观要件存在，但可以证明推翻者：如阿根廷。一般而言，对主观要件不做要求或极力弱化的立法例，其侧重对法律行为反社会性结果之评价，因此往往赋予受害人或当事人以"治愈"法律行为之机会，甚至赋予法官以法定变更之权。其实，纵使在法国及其追随者的民法上，虽然其坚持以客观数字比例认定显失公平之行为而无主观要件之明确规定。但是，从其对特定合同中显失公平适用之限制可知，主观的不可责，确实可成为阻却显失公平无效宣告的事由。如"一切根据法律依法院命令进行的买卖，不得以低价损失为理由请求取消（《法国民法典》§1684）"，类似的规定还有《阿尔及利亚民法典》§360、《奥地利民法典》§935等。后之来者，因应经济社会实践变迁而增设主观要件之要求也就顺理成章了。作为仅考虑客观要件之首创者法国也在其新债法中吸纳了德国民法要求主客观兼具之做法。

在主观要件方面，仍有值得一提的是，对于受害人不利状态的描述，各国民法典大体有一些特色的表述方式：明显的轻率或失控的冲动（埃及）；公认的轻率或过分的冲动（阿尔及利亚）；急需、头脑简单、年迈或明显缺乏商业经验（埃塞俄比亚）；困厄状况、无经验、轻率、依赖、精神状况、性格软弱（葡萄牙）；压迫性紧急状况或无经验（巴西）。基本大同小异，主要是"轻率""无经验""紧急状态"等，司法适用中往往对主观状态描述做从宽解释。

第四，显失公平行为之客观要件。有3种设计方案：（1）采用给付与对待给付"显著失衡"之抽象标准，授权法官就个案裁量。（2）持守法国法上的客观标准，以具体数字比例作为"失衡"的判准。（3）无失衡显著之要求而是用"不合理"这一概括标准，至于不合理到何种程度方构成损害留待法官裁决。前者如埃及、阿尔及利亚、巴西、葡萄牙；中者如智利、西班牙、委内瑞拉、秘鲁；后者如埃塞俄比亚。此外，在客观要件方面，各国民法典所用之描述语词多有重合，其核心宗旨即给付与对待给付的"显著失衡"。但在采行具体数字比例的规定中则各有不同：五分之一（阿尔及利亚）、半数（智利）、四分之一（西班牙）等不一而足。应该说，仍然坚持法国法上具体数字标准的国家日寡，而引进德国授权司法判断的立法例益繁。至于是否要求失衡达到"显著"之程度以适当规制自由裁量权，目前除埃塞俄比亚民法走得比较远外——对失衡之程度不做明确要求——几乎无其他国家效仿，法国新债法改革中其司法部公布之草案确实做过取消"失衡显著"之要求，但是在最后通过的法案中仍然增设了"明显的过分的利益"。

第五，显失公平行为之法律效果。由于立法设计显失公平规范时所考量的侧重点有别，对显失公平行为的法律评价颇为不同，从而配置了不同的法律效果。大体而言，以之为意思表示瑕疵类型侧重评价行为人主观上恶意致使相对方意思表示不真实、不自由视角出发，往往尊重当事人之选择权，多以可撤销或可变更（减轻债务、补足差额）为法律效果，如阿尔及利亚、巴西、葡萄牙；侧重行为反社会性及交易结果的不公平的道德评价，则往往配置较为严苛的法律效果无效，如埃塞俄比亚。但亦不乏同时将无效、撤销作为法律效果者，如阿根廷；也有将无效、变更同时作为法律效果者，如埃及。此外，还有注重交易安全之维护尽可能确保法律行为之存续的倾向，此类立法例往往赋予当事人治愈"不公平"后阻却无效或撤销之宣告，如埃及、阿尔及利亚、巴西、葡萄牙。在公权力干预经济比较明显的国家，甚至还规定了"法定变更权"，如阿根廷的"附违约金条款之债"。

第六，显失公平损害之司法救济。以法国民法为主要蓝本的国家和地区基本皆坚持，一俟法律行为有显失公平之虞，则赋予权利人以诉权。但是，诉权之享有者（法律侧重之保护对象）则各有特色：有明确仅仅赋予遭受损失者（或其继承人）行使，如埃及、阿尔及利亚；有合同双方均享有者，如智利非仅保护不动产买卖之出卖人，而是对出卖人与买受人同等保护。除斥期间也多有不同：有5年者，如阿根廷；有1年者，如埃及、阿尔及利亚（§90-1）；有3年者，如阿尔及利亚（§359）；有4年者，如智利（§1896）。未在显失公平规范中对除斥期间做特别安排的，往往适用法典关于撤销或变更或无效主张的一般时效规定。

第七，显失公平认定的证明责任分配。证明责任分配问题其实与立法者对待主观要件的定位有关，申言之，虽然于显失公平规范一般条款中要求主客观要件的统一，但是考量到司法实务中遭受不公平伤害的一方在举证证明对方主观上恶意时往往相当困难，因此在立法上作出特别安排，只要显著失衡客观存在即推定主观恶意之存在，但是与仅仅需要单一客观要件不同的是对方可以举证证明主观"无恶意"而推翻这一立法推定。代表性国家有阿根廷。另外，有立法明确将证明责任科以受害方者，这其实限制了法官根据具体情形基于公平理念分配证明责任的可能，大大限缩了法官的自由裁量权，德国、法国实务中法官偏向保护弱者的证明责任分配方案难有突破的法理空间，如埃及。

第四节　接武德国：暴利行为模式的谱系扩充与因变

《德国民法典》由独特的用语、技术、结构和概念组成，系德国学说汇纂学派及其深邃、精确而抽象知识的产物，其规范表达的精确及思想的严谨令人称羡。但是，这也导致了许多国家和地区面对技术如此精湛的法典，由于顾虑到移植后本地化困境而望而却步。所以，相较于《法国民法典》，实际继受《德国民法典》之国家和地区不是很多，其在德国以外之影响更多的是其法律理论与教条。[①] 自德国民法 §138 – 2 首创"暴利行为"模式以来，虽然直接全盘继受法典者少，但其创立的显失公平规范之体系安排、构成要件、法律效果等方面深刻的影响其他国家和地区法典之翻修与理论及实务的发展。诚如前述，德国民法上显失公平规范设计之特点在于：（1）舍弃罗马法上"非常损失"判定所采用之客观标准，而独创颇具弹性且相当抽象的"明显不相称"来指称给付与对待给付之间有失公平之虞的情形。（2）相较于法国民法之"合同损害"，德

---

① 参见［德］K. 茨威格特、H. 克茨《比较法总论》，潘汉典等译，法律出版社2003年版，第231页。

国民法之"暴利行为"增加了当事人主观的可归责性的附加要件。客观标准之舍弃使得法官具有相当自由裁量之空间以更好地实现"个案正义";主观可归责性的增加使得显失公平规范的功能重心是对这种恶意利用行为的反社会性的否定评价。当然,随着经社实践的发展,继受者们对"暴利行为"之主观要件、客观要件、法律效果、体系定位、认定标准等各方面都作出了不少损益。毕竟作为"老师"的德国都已针对固有规范的不足作出了调整,作为继受国的"学生们"仍抱残守缺的合理性殊值检讨。

首先,《瑞士债务法典》在显失公平规范之设计上,规范内容与《德国民法典》类同,但是在体系安排上却与德国民法出入颇大。

§21【显失公平】

契约系乘人危难、无经验或轻率而订立,且基于该契约而发生的给付与对待给付显然不对等者,受害人得在一年内表示撤销契约,并请求返还已为之给付。

前款一年期限,自契约订立时起算。

从体系来看,显失公平规范置备于债法总则中债发生的原因之一"契约之债"。因此,相较于德国民法提升到民法总则"公序良俗"规范,显有不同。规范语词表达方面,立法者使用了"Ubervorteilung",译者在翻译时以"显失公平"指称,此语词其实与《德国民法典》§138-2"暴利行为"(Wucher)规定相当。①。就构成要件而言,则与德国民法如出一辙,主观上要求有"乘人危难、无经验或轻率"之恶意;客观上给付与对待给付"显然不对等"。然后法律效果与德国民法§138-2无效不同,赋予受害人以撤销权。而且,撤销诉权之享有者仅"受害人"。对除斥期间也有专门规定,即"一年"。至于,显失公平之判断时间节点、参考标准等皆未置一词。显然,立法者赋予法官以较大自由裁量权。

其次,《韩国民法典》不公正法律行为深得暴利行为精髓,但是

---

① 《瑞士债务法》,戴永盛译,中国政法大学出版社2016年版,第10页。

客观结果的表述上更具有包容性。

§104【不公正的法律行为】

因当事人的窘迫、轻率或者无经验而作出的明显失去公正的法律行为无效。

韩国民法典除家庭法与继承法仍维持本国特色外，法典体系之安排、物权法、债法、总则等部分具体规范设计主要参考德国、日本、我国台湾地区等民法体例。其关于显失公平规范之一般规定，体系定位上，与我国台湾地区民法同，置备于法律行为章节之"一般规定"内容中，且独立于公序良俗原则条款。对其显失公平规范构成要件之考察可知，并不强调当事人剥削相对方之恶意，更似采用了客观要件标准。但在认定显失公平之时，此处之客观方面需要从两方面着眼：一是当事人有穷迫、轻率或无经验之客观事实；二是因前述不利状况而为之法律行为导致了"明显失去公正"之客观结果。法律效果上，严格继受了德国法为"无效"。

虽然德国民法学说无远弗届，影响深远。但是真正继受《德国民法典》者着实不多，有论者将这吊诡现象之原因解读为这样一个事实：19世纪期间所有非普通法系的较发展的国家都已经完成了民事法律编纂，因为寻求继受外国法律典范的较迫切需要已仅仅是偶然有之。① 但是，从前述关于法国法族诸国在法典翻修过程中对显失公平规范的重新设计，大举引入德国学理与实践的事实可知，"暴利行为"规范之设计早已超出德国法族之范围，影响波及欧陆法系的大部分国家。不少坚持法国"合同损害"模式的国家，也逐步改弦易辙，② 甚至，法国新债法已改头换面，舍弃自己之首创而效仿

---

① 参见［德］K. 茨威格特、H. 克茨《比较法总论》，潘汉典等译，法律出版社2003年版，第231页。

② 如比利时、卢森堡一直以来都以法国为宗，采用"合同损害"模式。但是20世纪中后期两国法律修订过程中纷纷提出了主观要件的要求。参见于飞《公序良俗原则研究——以基本原则的具体化为中心》，北京大学出版社2006年版，第177—179页。

德国。

但是，无论是德国法族之瑞士、日本、韩国等国家和地区，还是法国法族之坚守者，其立法者在设计显失公平规范之一般条款时，虽然以德国主客观要件统一为基本参照，但是在其他方面多有损益。如在规范设计上，亦步亦趋于善良风俗之重要类型条款，几无人效仿，唯我国台湾地区学说主流观点认为当作类似解释。法律效果之安排上，除韩国民法严格坚守德国民法"无效"之安排外，其他国家大都实现了缓和化（可撤销、可变更）。应该说规制显失公平之法律行为为多数国家民法所肯认，纵使法典未置备任何明确规范，亦通过司法实务与学理经由对其他一般条款之解读完成显失公平法理入法的工作。

第五节　兼收并蓄：调和德法模式与显失公平新范式

诚如前述，法国"合同损害"只考虑客观结果上显失公平，而不论主观恶意之有无。且以具体数字比例作为显失公平之判准。德国"暴利行为"模式则不然，一方面强调主客观要件在认定暴利行为时应当兼具，纯粹结果之不公平并不能成为法律行为无效之依据，必须有另外的"附加理由"（主观恶意）；另一方面不划定"显著失衡"中"显著"之示准，而是交由法官自由裁量，这种不受制约的裁量虽然能赋予法官考量具体个案情形以达臻妥适之解决方案。但是，太过开放的自由裁量权，对法的安定性而言，绝非福音。作为自由与公平之间博弈产物的显失公平规范如能兼顾主客观要件，以尽可能尊重当事人意思自治，又能在客观要件之判断上尽可能确定化，以限制法官自由裁量权，一直以来为立法者所追求的目标。顾此失彼皆非所愿，在探索折中方案的过程中，意大利等国走在了前列。

一　主观价值与客观价值并重的意大利模式

在拿破仑军队撤退后，1865 年意大利王国即以法国法典为蓝本制定《意大利民法典》，除作出些许调整外，从立法到学理无不深受法国影响。为因应社会变革，第一次世界大战后意大利着手革新民商事法律之计划。1942 年，采行民商合一的新民法典问世，但是，却并没有全面背离法国传统，《拿破仑法典》的烙印依然清晰可见。当然，德国的法典编纂与学说传播也滋养了意大利新法典。① 就显失公平规范之设计言，意大利立法者原则上承续法国之"合同损害"模式，但引入了德国"暴利行为"之理念。分述如下：

§763【因显失公平而取消】

如果某个共同继承人能够证明在遗产分割中遭受了四分之一以上份额的损失，则可以取消对遗产进行的分割。

当遗嘱人指定给某个共同继承人的份额少于应当属于他的份额四分之一以上时，同样可以取消由遗嘱人进行的遗产分割。

提起取消之诉的权利自遗产分割之日起 2 年不行使而消灭。

§766【财产评估】

为了确定是否有显失公平的情况，应当根据遗产分割时财产的状况和价值对财产进行评估。

§767【补偿权】

被提起废除之诉的共同继承人可以用现金或者实物补足原告以及支持原告的其他共同继承的应继份额的方式中断废除之诉的进程并且阻止新的分割。

§1448【因损害而废除的一般诉权】

如果一方与他方之间的给付是不均衡的，并且这一不均衡是在

---

① 关于 1942 年《意大利民法典》对德国、法国民法、学理及司法实践之镜鉴论述，参见〔德〕K. 茨威格特、H. 克茨《比较法总论》，潘汉典等译，法律出版社 2003 年版，第 161—164 页。

一方利用向对方的需要乘机牟取利益的情况下发生，则遭受损害的一方得请求废除契约。

如果损害没有超过被损害方给付或者契约订立时承诺给付的价值的一半，则前款规定的权利行使不被接受。

损害的考虑应当截止到提出请求时为止。

射幸契约不得以损害为由被废除。

有关废除分割的不同规定除外。

§1449【消灭时效】

自契约成立时起一年期间届满，请求废除的诉权即消灭；但是如果其行为构成犯罪，则准用第2947条最后一款的规定。

§1450【契约变更的提议】

接到废除请求的缔约人得提议修改契约以使之充分恢复公平，从而避免契约的废除。

§1970【损害】

和解不得以损害为理由而被提出异议。

§2922【物的瑕疵，损害】

在强制变卖时，不存在对物的瑕疵提供担保。

不得以损害为由对强制变卖提出抗辩。

体系安排上，意大利民法不置备民法总则，对德国"法律行为"概念也未予认同，而是代之以"契约的一般规定"，因此其显失公平规范之一般条款未如德国民法安排在法律行为章节中作为公序良俗原则违反的重要类型。但是，立法者也没有仿效法国民法将之配置于意思表示（同意）部分，而是另辟蹊径，安置在债法总则之"契约的废除"章节。除明确排除显失公平规范在射幸契约、和解、拍卖等领域之适用外，不做其他限制，而具有现代显失公平规范的普适性特征。

构成要件上，综览法典，显失公平规范主要适用于两大领域：遗产分割与契约。构成要件也因之而有别，对于遗产分割领域，只要存在显失公平之情形（§763）即可成立取消之诉权，至于当事人主观状态如何在所不论，且为显失公平之判断规定了具体数字比例（1/4）。对于契约领域，则（1）主观上，一方利用对方"需要"之状态而有牟取利益的恶意。（2）客观上，给付不均衡。且此不均衡以至受损害达到承诺给付的"一半"为判准，采用数字比例化模式。因此，虽然意大利立法者引进了德国模式的主观要件，但是对于法国法上以具体数字比例作为显失公平之判准的做法得以保存下来，从而形成了杂糅德、法的新模式。

　　法律效果上，在遗产分割中可以"损害"而取消，当事人享有"取消的诉权"；在契约法领域，可因"损害"而产生废除的一般诉权。此为意大利民法的特有规定，诚如前述，其显失公平规范安排在"契约总论"章之"契约的解除"，与同列该章的"契约的无效""契约的撤销"并列规定。自体系解释的视角观之，显然"契约的废除"这一法律效果与通常认为的契约"无效""撤销"有别。考察其内容可知，契约的无效主要源自"与强制性规范抵触""合意、原因、标的、法定形式之一的缺乏""原因的不法""动机不法"和"标的可能、合法、确定之要件欠缺"（§1418）。契约的撤销肇因于"无能力"（§1425、§1426）和"意思瑕疵"（错误、欺诈、胁迫）（§1427—§1440）。无论是契约无效之原因还是契约可撤销之类型皆不包括显失公平之情形，因此，显失公平之契约非无效、非可撤销，其法律效果当为"废除的诉权"。

　　此外，遗产分割领域，立法赋予加害人可以通过金钱或实物补足对方所受损失而中断取消的程序并阻止新的分割，是为受害人（原告）的补偿权（§767）。同样在契约显失公平之情形下，立法赋予了接到废除请求的缔约人以修改契约从而恢复公平结果之"契约变更提议权"，避免契约的废除（§1450）。这样的立法考量显然偏向促成交易及公平结果的维护，等同于给予了加害方以"变更"契约之权。

　　由此可知，意大利民法上，显失公平法律行为之法律效果或可归总为3类："取消的诉权""废除的诉权""法定变更"。前两者由受损害方享有，后者为获利方于诉讼中独占。

司法救济上，遗产分割显失公平情形，诉讼时效为 2 年（§763-3）；财产评估的判断时间点为遗产分割时（§766）。契约显失公平时，诉讼时效为 1 年（§1449）；虽然立法并未对判断时间点做明确规定，然学理解释上亦以契约订立时为准。举证责任分配上，契约领域并未做特别规定，当以证明责任分配之一般原理为宜，此做法与德国民法一样也为法官根据诚信原则与公平价值而重新分配证明责任以空间。但是，遗产分割显失公平之场合，立法明确受害方需要举证证明"损害"的存在（§763）。显然，立法者针对不同领域之显失公平，在证明责任的安排上有些许区别。

综上分析可知，意大利民法并未实现显失公平规范的构成要件化，而是分别不同情形采用了法国民法的"客观要件"与德国民法的"主客观统一"的认定标准。具体言之，即遗产分割领域，仍然坚持法国民法的做法，以结果之显失公平（受损害达 1/4）作为废除分割之充分理由。在契约领域，虽然仍沿用了法国民法上的"合同损害"概念，但从体系安排到法律效果等方面做了重大调整，尤其是在构成要件上，采用德国"暴利行为"关于主客观要件兼具的模式，而且在主观状态、客观结果上显著失衡的判断（一半）都自成特色。同时，在体系定位、司法救济、法律效果等安排上也不乏创制，形成了区别于法国"合同损害"与德国"暴利行为"的新范式。

二　一般条款高度抽象化与具体规则数字比例化的尼德兰模式

荷兰人在拿破仑的军事影响下于 19 世纪初期接受了《法国民法典》，直到荷兰王国成立初期仍然适用法国法。1838 年新的《荷兰民法典》颁行，很多规范设计几乎是对法国蓝本的逐字翻译。[①] 旧

---

① 　参见［德］K. 茨威格特、H. 克茨《比较法总论》，潘汉典等译，法律出版社 2003 年版，第 155—156 页。

法典在显失公平规范设计上也大体承袭法国民法的衣钵。1947 年开始，荷兰着手起草新的民法典并于 1992 年完成这一系统工程。摒弃民商分立之法国传统，而是以瑞士和意大利为榜样，具体制度之安排亦建筑在欧洲普通法基础上，以全面的立法例比较为指引，其在显失公平规范之设计上也独树一帜，迥异于德国民法之"暴利行为"与法国民法之"合同损害"。分述如下：

§3：44【意思表示瑕疵】

1. 因胁迫、欺诈或者情势滥用而作出的法律行为得撤销。

……

4. 一方当事人知道或者应当知道相对方处于紧迫情势、依赖、轻率、精神状态不正常或无经验状态，仍然促使对方实施法律行为，且其知道或者应当知道相对方在正常情况下不会接受该法律行为之条件约束，即构成情势滥用。

5. 如果胁迫、欺诈、情势滥用系由法律行为当事人以外的第三人所为，而相对人没有理由知道该事实的，非本条所称之意思表示瑕疵。

§3：53【可撤销法律行为】

1. 撤销具有溯及力。

2. 倘法律行为已产生不可逆之效果，法院经当事人声请，可全部或部分拒绝撤销。当事人不合理地使用此一拒绝撤销的权利时，法院可以裁决获益人支付金钱补偿相对方损害。

§3：54【可撤销法律行为的损害回复】

1. 以情势滥用为理由的可撤销多方法律行为，权利人之撤销权因相对方及时作出变更法律行为消除损害而消灭。

2. 一方或多方当事人声请，可以声请法院改变情势滥用情形下之不公平结果消除损害，以阻却撤销之发生。

§3：196【可撤销分割】

1. 除了法律行为可撤销的一般原因之外（著者按：胁迫、欺诈、情势滥用§3：44），共有人对一项或多项所分割的资产或债务的价值存在错误，受到损害超过四分之一的，可以撤销分割。

2. 前款所提到的共有人，倘能证明依据当时情形其所受损害超过其应获得份额的四分之一时，法律推定该共有人对分割之资产或债务的价值存在错误。

3. 判断前款所提到的损害，应当根据分割时资产与债务的价值计算。未分割的财产不计算在内。

4. 受害人接受分配的风险或损害的，该分割不得以存在错误为由撤销。

§3：197【提供补偿】

倘其他共有人提供价值相当的金钱或实物补偿，那么受害人依据前述损害所享有的撤销权消灭。

§3：198【无效分割的调整】

在撤销分割的诉讼程序中，经一方当事人的请求，法院可以在第53条与第54条赋予当事人之权利不受影响的情况下，对分割进行调整或变更而不予撤销。

§4：13【被继承人子女与配偶对房地产的分割】

3. 对房地产之继承，子女享有向被继承人之配偶给付与其应继份相当的金钱请求权。有下列情形之一的，该请求权消灭：

a. 配偶被宣告破产或对其启动自然人债务重整计划；

b. 配偶死亡。

倘被继承人在最后的遗嘱中明确排除子女此金钱请求权的，该请求权亦得消灭。

§4：15【子女金钱债权的评估】

2. 继承人就第13条第3款之金钱请求权达成的协议，有下列情形之一的，配偶或子女得向法院请求重新确定分割数额：

a. 对资产或债务的价值评估发生错误，致使某继承人受到损害超过四分之一；

b. 遗产价值的计算存在其他错误；

c. 金钱数额未按照子女的应继份计算。

确定具体数额时，第 3 编第 196 条第 2 款、第 3 款、第 4 款、第199 条和第 200 条关于共有财产分割的规定相应适用。

荷兰民法关于显失公平规范之规定主要有 3 个部分：1. 情势滥用（§3：44 - 4），置备于第 3 编"财产法总则"之第二章"法律行为"，将其作为意思表示瑕疵的类型之一，与胁迫、欺诈并行规定，理论上适用于整个法律行为领域，这与德国民法同。2. 共有物分割（§4：15），安排在第 3 编"财产法总则"之第 7 章"共有财产"，因当事人对待分割之共有财产的价值评估存在错误而分割协议中受损害，可主张撤销。3. 房地产分割中子女的金钱请求权（§4：15），此请求权置备于第 4 编继承法，系继承人在对房地产进行分割时，子女享有向被继承人之配偶主张其应继份额价值相当的金钱请求权，倘分割协议因对价值评估存在错误受有损害，可主张撤销。

法律行为编的"情势滥用"即为《荷兰民法典》显失公平规范之一般条款。考察其规范可知，其已经抛弃了法、德关于主客观要件的构建路径，而是开创了新的分析模式——滥用。

首先，体系上将"情势滥用"作为意思表示瑕疵的类型之一，这与法国"合同损害"的体系定位类同。其次，主观要件上不再要求不当利益之获得者有"利用"以谋利的恶意，只需要"知道或应当知道"受损害方存在不利状况即可。对此不利状况之描述，立法者也采用相当宽泛之概念："紧迫情势、依赖、轻率、精神状态不正常或无经验状态。"最后，客观上完全取消了给付与对待给付失衡显著之要求，而代之以受害方在正常情况下不会承受不利状况下所为法律行为之束缚。换言之，只要法律行为有相对方正常情况下不会答应之内容，即可构成滥用，大大降低了客观方面的比例标准。如此安排，其实扩大了显失公平规范的规制范围，"暴利"之情形当然处于"情势滥用"之射程。法律效果上，为"可撤销"。而且设计了瑕疵的补救规范，一方面，倘滥用情势的一方及时变更法律行为弥补对方损害，该撤销权消灭；另一方面，诉讼过程中，经一方或多方当事人之声请，法院可在裁决一方补足损害消除不公平结果后，阻却撤销之宣告。司法救济上，"情势滥用"情形，权利人行使撤销权之期限为影响消失后 3 年。立法上也未明确对举证责任作出明确分配，给法官预留裁量之空间。

共有物分割与遗产份额中之金钱请求权性质同一，均为显失公平规范之特别规定，其内质均为对财产价值评估的错误而至损害。无论是共有物分割协议还是房地产价金分割协议，其法国法的痕迹相当明显，称为"损害"，且取客观要件主义，即只要存在一定比例失衡之情形即可认定"合同损害"。一方面，财产价值之评估上存在错误；另一方面损害超过四分之一；而且，在错误的判定上，立法者采用推定制，即只要共有人能证明其所受损害超过应继份的四分之一，即可推定错误存在而主张分割协议之撤销，这显然与法国法上遗产分割领域"合同损害"如出一辙。法律效果上，为可撤销，但是置备了回复效力之规范，赋予当事人补足差额而撤销权消灭；或诉讼过程中，根据当事人之声请而阻却撤销之宣告。司法救济上，诉讼时效均为 3 年。由于推定错误规则的设立，在财产分割（共有物或房屋遗产）协议领域，只要客观上存在显著失衡（损害超过四分之一）即可确定不公平损害结果之存在。需要特别指出的是，无论德国法族还是法国法族，大都将显失公平规范作为强制性规范，不得由当事人排除适用，但是荷兰民法肯认排除之约定，即如果受害人在共有物分割中明确表示接受分配的风险或损害的，无撤销权产生（§3：196 – 4）。

从"情势滥用"之构成要件来看，弱化了对当事人主观恶意之要求，无论有无恶意利用以谋利之目的，只要知悉相对方不利状况即可。同时，不再严格要求客观上失衡程度，放弃了德国法上给付与对待给付失衡"显著"的要素，其旨在实现意思表示真实、自由的理念昭然若揭。但是从其法律效果补救措施之配置上，则非注重评价意思表示瑕疵而是公平之维护，因为只要当事人或法院消除了损害或"不公平"之结果即可阻却撤销权，或导致撤销权消灭，而不再对主观上恶意进行惩处。从财产分割协议因损害而撤销来看，在共有物分割与特定遗产分割的领域，显失公平特别规范采用了单一客观要件标准，而且对损害之认定以法国法为宗采撷具体数字标准；在"合同损害"之判断上引入了推定制度，通过证明责任分配的特别设计强化了对受害方权益的保护。总之，《荷兰民法典》显失公平规范之设计模式是："'情势滥用'条款＋特别规定。"除特别规定采用具体数字比例之客观要件判断模式外，"情势滥用"在主观要件、客观要件、法律效果等等方面取全面缓和化倾向。

三　晚近修正：《国际商事合同通则》与《欧洲合同法原则》的创制

囿于各国特色各异的历史、政治、经济、文化等，尤其一段时期内立法者政策之导向，导致处理类似纠纷的不同制度安排。欧陆法系与英美法国家之间的区别姑且不论，同一法系内部的差别化对待亦不容小觑。综合前文对欧陆法系诸国及追随者在显失公平规范之配置方案的各异可知，其区别并不亚于不同法系之间的差异。以显失公平规范为确保意思自治者，则强调当事人之选择，多以之为意思表示瑕疵之类型，且不愿赋予加害方补足之机会。以显失公平规范为矫正合同结果之不公平者，则多在法律效果上做刚性之规定（无效），且将评价的重点集中于客观结果，社会政策的考量较当事人自治要重些。然而，随着国际贸易的繁荣兴盛，整合国际商事交易法律的呼声日隆，通过对各国法律解决方案核心理念的考察，抽象出大家都能接受的统一方案。欧盟无疑乃这一整合工作的集大成者，目下欧盟议会通过之法律并非当然在成员国内具有效力，而是通过成员国议会经由立法程序而转化成国内法始得适用。但是欧盟仍一直在推进统一欧洲私法的努力。国际统一私法协会的《国际商事合同通则》（*UNIDROIT Principles of Internnational Commercial Contracts*，以下简称 PICC）为综合各法系、各国及国际法律文件等的最新立法成果，且因其说服力权威成为世界普遍认可的规范性文件。欧盟《欧洲合同法原则》（*Principles of European Contract Law*，以下简称 PECL），以及旨在整合既有关于消费者权益保护指令的《消费者权益法》（2008）更是欧盟各国改革内国法的指引。两个具有国际影响力的法律文件中关于显失公平规范地创制，成为各国修正本国既有制度的重要依据与指引。

（一）《国际商事合同通则》

PICC 为国际统一私法协会召集各国合同法与国际贸易领域之专家经多年商讨修订完成，作为非政府间所签订之协议，其不具有国际条约那样的法律效力。通过当事人约定、合同解释、商业惯例等途径成为约束国际贸易的重要规模性文件。而且，PICC 于 2004 年、2010 年进行了翻修以因应经社实践的需要，以下探讨即以其 2010 年最新版本为基础。但是，通过当事人约定、合同解释、商业惯例等途径成为约束国际贸易的有效规范文件。其显失公平规范之设计参酌了美国《统一商法典》的显失公平原则条款，内容如下：①

§3.2.7【重大失衡（Gross disparity）】

（1）合同订立时，倘合同或其条款不合理地对一方当事人过分有利（excessive advantage），则相对方可以主张该合同或条款无效。除其他因素外，仍需考虑以下情况：

（a）一方当事人不公正的利用相对方的依赖、穷迫、紧急需要，或者短视、无知、缺乏经验及谈判技巧等情况；以及

（b）合同的性质和目的。

（2）依有权主张合同无效当事人之请求，法院得调整合同或条款之内容，以使得其符合公平交易所要求合理商业标准。

（3）法院也可以依合同无效请求之相对方的声请，修改合同或条款之内容，但是此声请之提出必须在收到合同无效请求之后，对

---

①　此处所引规范系笔者参照 UNILEX 官网所公布的最新英文版本翻译而来。该网站主要收集关于《国际商事合同通则》及《联合国货物买卖合同公约》这两部国际商事交易中最重要的规范性文件之规范翻修及司法适用实态。See www.unilex.info 最后访问时间 2021 年 10 月 15 日.

方当事人信赖该通知合理行事之前提出。此时§3.2.10（2）款项应予以适用。①

§3.2.10【无效请求权消灭】

（2）如果权利人作出权利放弃的宣告或者实际履行合同义务，那么其主张合同无效的请求权消灭，其之前关于主张无效的所有表述均当失效。②

在体系安排上，其置于第三章"合同的效力"与错误、欺诈、胁迫等构成合同无效的原因。而非将"重大失衡"局限于消费合同领域。

在构成要件上，客观方面为合同对一方"过分有利"，该条款之官方评述对过分有利有详尽之解读，合同或条款一定程度上的偏向于一方当事人不能构成合同无效的充分理由，这种偏向必须达到

---

① See PICC（2010）：§3.2.7（Gross disparity）.

（1）A party may avoid the contract or an individual term of it if, at the time of the conclusion of the contract, the contract or term unjustifiably gave the other party an excessive advantage. Regard is to be had, among other factors, to

（a）the fact that the other party has taken unfair advantage of the first party's dependence, economic distress or urgent needs, or of its improvidence, ignorance, inexperience or lack of bargaining skill; and

（b）the nature and purpose of the contract.

（2）Upon the request of the party entitled to avoidance, a court may adapt the contract or term in order to make it accord with reasonable commercial standards of fair dealing.

（3）A court may also adapt the contract or term upon the request of the party receiving notice of avoidance, provided that that party informs the other party of its request promptly after receiving such notice and before the other party has reasonably acted in reliance on it. The provisions of Article 3.2.10（2）apply accordingly.

② See PICC（2010）：§3.2.10（loss of right to avoid）.

（1）If a party is entitled to avoid the contract for mistake but the other party declares itself willing to perform or performs the contract as it was understood by the party entitled to avoidance, the contract is considered to have been concluded as the latter party understood it. The other party must make such a declaration or render such performance promptly after having been informed of the manner in which the party entitled to avoidance had understood the contract and before that party has reasonably acted in reliance on a notice of avoidance.

（2）After such a declaration or performance the right to avoidance is lost and any earlier notice of avoidance is ineffective.

"重大"方可启动显失公平规范的审查。重大的判断标准为何，PICC 给出了一个模糊的标准"震撼到一个理性人的良知"（shock the conscience of a reasonable person）。[1] 显然，这镜鉴至衡平法上显失公平原则之滥觞——"震撼到法官良知"。而在具体关涉"重大失衡"之诉讼中，所谓"理性人的良知"之决定者在法官，换言之，其在显失公平与否的判断上 PICC 取"司法决定"方案，赋予了法官于个案中自由裁量。除"过分有利"一方之客观要件外，PICC 仍要求此过分利益的"不正当性"（unjustifiable advantage）[2]。

PICC 特别于条款中强调了两类值得重点考量的因素，其一，为从主观方面寻找加害人利用受害方"不平等缔约能力"之状态。此种情况下，无异于要求认定"重大失衡"需要主客观要件兼具之立法意图，从条款对不利状态描述（依赖、穷迫、紧急需要，或者短视、无知、缺乏经验及谈判技巧）可知，"重大失衡"与德国民法"暴利行为"模式相差无几。其二，从合同性质和目的来推导获益不正当之理由。此类状况下，类同于法国民法"合同损害"所秉持的客观要件标准，即"过分利益"为前提，倘依合同性质或目的可得出此利益之"不正当性"即可认定"重大失衡"之事实从而宣告合同或条款无效。诚如官方评述中指出，纵使"过分利益"并非由于加害人利用受害人之"不利状况"（即主观上无恶意），仍有可能在考量合同目的与性质后而具有"不正当性"。[3]

在法律效果上之安排上，PICC 采取了缓和化的解决方案，即一般为"无效"，但是，同时赋予双方当事人以变更合同或条款的申请，由法官具体裁量。而且为限制加害人之权利，对其提出变更之声请限定时间条件"接到无效声请之通知后，受害方依赖该通知行事之前。"这表明，受害方请求合同无效之权利可因加害方之变更声

---

① See PICC（2010）§3.2.7 comment1.

② See PICC §3.2.7 comment2（a）.

③ See PICC §3.2.7 comment2（b）.

请，经由法官的裁量而消灭。在性质上，肯认受害人放弃因"重大失衡"请求合同无效权利的宣告，换言之，显失公平规范可因受害人的放弃而排出适用。

判断时点上，"重大失衡"必须发生于合同成立之时，倘失衡产生于合同成立之后，则不得以"重大失衡"为由主张合同无效。但是，根据官方评述之阐释，事后情势的变更或事后方知道合同订立时之失衡可以适用该通则第六章"合同履行"之第二节"艰难条款"（hardship）来变更或终止合同。①

综上分析可知，PICC 肯认双方合同变更之权利以回复公正的结果，且在构成要件上，原则不做主客观兼具的要求，而是将主观恶意之存在作为认定"过分利益"不正当的考量因素之一。对于不具有主观恶意，却可通过合同目的与性质等其他因素证明利益"不正当性"时，仍得认定"重大失衡"。因此，或可说 PICC 显失公平规范之设计上，尽显调和不同立法例、不同法系的痕迹。一方面，不纠缠于构成要件的是德国模式还是法国模式，而是交由法官于具体裁量中相机适用；另一方面，引入英美法系判断失衡显著的标准，"震撼理性人良知"，究其实即衡平法上"法官的良知"。从而形成了"过分利益"与"利益不正当"为核心标准的显失公平规范配置新模式——"重大失衡"。

（二）《欧洲合同法原则》（PECL）

PECL 作为欧盟私法一体化的重要法律文件，旨在兼顾各成员国既有制度之基础上，整合出能普遍遵守的合同法规范。从其用语与制度之设计来看多取向调和各国，以便一体遵守。所以，有论者指出"PECL 采用的是欧陆法系的编纂风格，且绍承欧陆法系传统的欧洲作品"。② PECL 关于显失公平规范之设计反映了欧盟成员国相关

---

① 　See PICC § 6.2.2.

② 　See Maria del Pilar Perales Viscasillas，"Formation of Contract & The Principles of European Contract Law"，13 Pace International Law Review 371，372（2001）.

立法的基本发展态势，其于 1998 年、2002 年对内容进行了翻修，以下讨论均以欧盟官网公布的规范内容为准。

§4：109 【过分利益或不公平好处】

（1）倘合同于缔约时有下列情况，当事人可主张合同无效：

（a）合同依赖于相对方或与相对方有信赖关系，一方当事人处于穷迫、紧急需要，或者短视、无知、缺乏经验及谈判技巧等情况；以及

（b）相对方知道或者应当知道前述状况，由于这种情势及合同目的，利用另一方当事人导致合同的重大不公平或者获取了过分的利益。

（2）应有权宣告合同无效的当事人之声请，法院可以对合同做适当调整以使其符合诚信原则和公平交易原则之要求。

（3）法院也可以依合同无效请求之相对方的声请，修改合同或条款之内容，但是此声请之提出必须在收到合同无效请求之后，对方当事人信赖该通知合理行事之前提出。①

---

①　此处所引法条内容系笔者根据欧盟官网之最新版本翻译而来，兹将英文原文开示如下：

PECL（2002）§4：109（ex art. 6. 109）– Excessive benefit or unfair advantage

（1）A party may avoid a contract if, at the time of the conclusion of the contract：

（a）it was dependent on or had a relationship of trust with the other party, was in economic distress or had urgent needs, was improvident, ignorant, inexperienced or lacking in bargaining skill, and

（b）the other party knew or ought to have known of this and, given the circumstances and purpose of the contract, took advantage of the first party's situation in a way which was grossly unfair or took an excessive benefit.

（2）Upon the request of the party entitled to avoidance, a court may if it is appropriate adapt the contract in order to bring it into accordance with what might have been agreed had the requirements of good faith and fair dealing been followed.

（3）A court may similarly adapt the contract upon the request of a party receiving notice of avoidance for excessive benefit or unfair advantage, provided that this party informs the party who gave the notice promptly after receiving it and before that party has acted in reliance on it.

§4：110【未经协商的不公平条款】

（1）倘未经协商的合同条款造成当事人的合同权利义务显著失衡，悖于诚实信用原则和公平交易原则，考量合同的性质、其他条款及缔约时的具体情况，受损害一方可以主张合同无效。

（2）本条不适用于以下情况：

（a）规定合同主要标的的条款，只要该条款用语浅显易懂；或者

（b）双方当事人在债务的价值上相当。①

§4：118【救济的排除或限制】

（1）针对欺诈、胁迫、过分利益或不公平好处的救济，以及对未经协商的不公平条款宣布无效的权利，不得被排除或限制。

（2）对错误和不正确信息的救济可被排除或限制，除非此种排除或限制有悖于诚实信用与公平交易原则。②

考诸 PECL 显失公平规范之设计内容，应该说体系上，将之置备于第四章"合同的效力"，适用于所有类型的合同。法律效果上，除了无效，还赋予了双方当事人在法官的审查下通过调整不公平之条件使当事人之间权利与义务显著失衡消失之权利，从而阻却无效

---

①　此处所引法条内容系著者根据欧盟官网之最新版本翻译而来，英文原文如下：

PECL（2002）§4：110（ex art. 6. 110）－Unfair terms which have not been individually negotiated

（1）A party may avoid a term which has not been individually negotiated if，contrary to the requirements of good faith and fair dealing，it causes a significant imbalance in the parties' rights and obligations arising under the contract to the detriment of that party，taking into account the nature of the performance to be rendered under the contract，all the other terms of the contract and the circumstances at the time the contract was concluded.

（2）This Article does not apply to：

（a）a term which defines the main subject matter of the contract，provided the term is in plain and intelligible language；or to

（b）the adequacy in value of one party's obligations compared to the value of the obligations of the other party.

②　See PECL（2002）§4：118.

宣告的发生。由此可知，从体系安排、适用范围、法律效果等方面PECL 与 PICC 的设计几无差别。甚至连加害方补正合同形式变更之权的行使期间都如出一辙。所不同者在于，显失公平认定之构成要件。诚如前述，通过解读 PICC 之条款可知，其实显失公平合同之认定分两种模式：其一，主客观相统一；其二，只需客观要件。而且，只需客观要件认定显失公平成立之场合，给出了考量要素的指引：合同性质、目的等，交由法官在判决中自由裁量。PECL 则对此作出了变通规定，显失公平规范一般条款将主客观要件兼具作为认定显失公平行为之基本原则，这可以说与 PICC 所规定的第一种模式等同；但是，对于 PICC 第二种单一要件模式，PECL 坚持了欧陆法系的传统，通过立法者做出尽可能多的决定来限制法官的自由裁量权。申言之，即将只需客观结果"显著失衡"作为认定显失公平唯一要件的合同限定于格式合同。PECL 提出了关于格式合同的特别规制（§4：110），即格式合同如果出现当事人权利与义务显著失衡之客观情形，根据特别规范优于一般规范之法律适用原理，§4：109 显失公平规范要求主客观要件相统一的标准不再适用，而是直接依据 §4：110 主张合同无效。质言之，一般情况下，以显失公平为由主张合同无效需要具备"主观恶意"与"显著失衡"双重要件；但格式合同显失公平之场合，权利与义务"显著失衡"为认定合同或条款无效的充要条件。所以，相较于 PICC 显失公平规范之灵活规定，PECL 在灵活性的基础上，仍试图尽可能多的实现"立法决定"的范畴，而非如 PICC 主要赋权司法来实现对不公平合同或条款的规制。

此外，面对消费者保护日益高涨的要求，欧盟自 1985 年以来先后颁布多个关于保护消费者权益的指令：《经营场所外合同指令》（85/577/EEC）、《消费者合同不公平条件指令》（93/13/EEC）、《远程销售合同指令》（97/7/EC）、《价格指示指令》（98/6/EC）、《消费者销售和担保指令》（99/44/EC）、《不同平商业行为指令》（2005/29/EC）、《误导性和比较广告指令》（2006/114/EC）、《保护消费者利益禁令指令》（2009/22/EC）等。在整合分散的指令以完善现有消费者权益保护框架的过程中，形成了 2008 年《消费者权益法》（*Consumer Rights Act*，2008）从而消除了一些指令之间的冲突和矛盾之处。指令最突出的贡献是通过开列"黑名单"的方式将既有成熟的不公平条款予以立法化。而且结合实务创制，通过证明责任分配设定"灰名单"，推定显失公平之存在，同时赋予当事人举证推倒的权利。

第 五 章

显失公平规范的近代发展之二：普通法对实质公平的规范化

法无精确之定义，而委诸善良人之判断。①

　　大陆法系诸国在罗马法"非常损失"法理基础上，经由中世纪教会法学者导入"公平价格理论"，在近代法典编纂过程中逐渐形成以法国"合同损害"为代表的单一客观要件模式（立法决定模式），以及以德国"暴利行为"为代表的主客观要件统一模式（司法控制模式）。且伴随着各自法典及学说影响力的扩张，大陆法系逐步形成了法国法族与德国法族两大分支。20世纪以来之法典编纂与法典翻修又在综合德、法的基础上因应经社实践做了不少调整。总之，欧陆法系诸国对显失公平规范立法的不断完善以应对交易生活中日益纷繁的显失公平情形，从而实现合同正义。置身于欧陆法系之外的英美诸国，由于法律体系、传统、历史、经济、文化等因素的区分，形成了风景独特的法律制度。然而，合同自由的滥用、合同正义的蒙损、格式合同大量使用所带来的显失公平问题等亦是英美法系国家所不得不面对之问题，因此，显失公平规范并非欧陆法系所独有，

_____

① 郑玉波：《法彦》（二），法律出版社2007年版，第27—28页。

英、美诸国以衡平法理念为基础，逐步构建其了特色颇具的显失公平规范体系。

第一节　英国显失公平规范之配置与更化

根据普通法尊崇合同自由的传统，只要缔约系出于当事人自愿，那么条件不公平不得作为拒绝强制执行的理由。至于合同结果公平与否的问题，非普通法考量之对象。换言之，传统英国法重在维护缔约之程序公平，"自愿即公正"理念在普通法中具有至高之地位。诚如前述，普通法院无法得到救济的情势，衡平法院基于正义与公平的理念而对极端有失公平的合同方才矫正之。直到17世纪，合同自由的神圣性仍为普通法最珍视的价值之一，以公平干涉合同自由被限定在非常有限的范围，对于严苛的交易条件、议价能力的悬殊等多以合同法上既有理论加以解决，如罚金条款（penalty clauses）、衡平法上的赎回权等。① 法官也极少在裁决中直接引用"显失公平"的概念来阻却合同效力。但是20世纪初，显失公平原则及类似概念在合同法领域的角色日益吃重。立法上率先采用"显失公平"概念或可推《1900借贷法》（*Money – Lenders Act of 1900*），后来为《1974消费信贷法》（*Consumer Credit Act of 1974*）§137、§138、§139、§140所取代。然而，在司法实务中，法官消极适用显失公平原则的倾向相当明显。换言之，法官一般拒绝仅仅以缔约能力的不平等或者合同不公平为基础检验合同显失公平。② 英国枢密院更是坚定反对以合同不公平的可非难性而否认自由订立合同的有效性。③

① See S. M. Waddams, Unconscionability in Contracts, 39 *The Modern Law Review* 369, 369 – 393 (1976).

② See Alec Lobb (Garages) Ltd v Total Oil (Great Britain) Ltd ［1985］1 W. L. R. 173.

③ See National Westminster v Morgan ［1985］1 AC 686.

显然，显失公平原则在英国实务中并不受欢迎，也没有趋势表明英国法院仰仗显失公平原则来矫正合同中的不公平现象，法院更倾向于适用传统的不当影响、经济胁迫、错误等制度为弱势一方提供必要救济。①

　　显失公平原则在司法上的"待遇"寒碜，在立法上又如何呢？1977 年《不公平合同条款法》援引了"显失公平"概念而且貌似专门以"不公平合同条款"作为规制对象。但是考察其内容可知，该法主要适用于格式合同中免责条款"合理性"问题的审查。无疑，此法的"合理性"概念与《借贷法》《消费信贷法》中的"显失公平"概念有相似处，而且皆关注侵犯性的条款而对强势一方所适用之手段不予评价。但是，"合理性"不能与"显失公平"概念等同的重大原因在于法律效果设计上的区别。根据《借贷法》，法官面对显失公平的合同，拥有重塑合同以矫正不公平结果之自由裁量权。②而《不公平合同条款法》给不公平条款给出严苛评价，为无效。③在规制对象上的区别、法律效果上的安排等皆昭示《不公平合同条款法》之"合理性"规制与显失公平原则之精神相背离。再加上担心引入显失公平原则来监督合同条款公平性的问题将赋予法官广泛自由裁量权从而威胁合同自由，英国立法者对构建显失公平原则的热情并不高。

　　随着格式合同在经社各领域的普遍适用，从缔约程序到合同实质内容，强势一方利用消费者在缔约能力、信息、教育程度等方面的劣势而侵害其权益的纠纷日渐增多。立法者面对合同磋商与结果严重失衡之情形无法再熟视无睹，因此有了 1999 年《不公平消费者合同条款规范》（UTCCRs）。此外，2016 年前作为欧盟成员国，欧

---

① See A. H. Angelo & E. P. Ellinger, Unconscionable Contracts：A Comparative Study of the Approaches in England, France, Germany, and the United States, 14 *Loyola of Los Angeles International and Comparative Law Review* 455，470（1992）.

② See Money‐Lenders Act §20（1900）.

③ See Unfair Contract Terms Act §9（1977）.

盟关于显失公平规范之理念及规范设计也为英国立法所汲取，其2015 年《消费者权益法》（*Consumer Rights Act*）一方面为落实欧盟指令；另一方面是为集成既有立法且因应消费者保护需求。下面以英国法关于不公平合同之最新立法成果为考察对象，分析其显失公平规范之配置。

《消费者权利法》

§62【合同条款和注意事项的公平要求】

（1）消费合同的不公平条款对消费者不具有效力。

（2）不公平的消费注意事项对消费者不具有效力。

（3）本条并不否认消费者自己愿意接受这样的条款以接受合同拘束的权利。

（4）合同条款如果违背诚信原则，并导致合同下各方权利和义务的显著失衡损害了消费者权益，即被认为是不公平条款。

（5）认定条款公平与否，须考虑下列要素：

（a）须考虑合同主体内容的性质，以及

（b）须通盘考虑合同签订时的各方面情况，其他条款内容以及与条款有关的其他协议。

（6）合同注意事项如果违背诚信原则，或者导致合同下各方权利和义务的显著失衡损害了消费者权益，即被认为是不公平条款。

（7）合同注意事项公平与否，须考虑下列要素：

（a）须考虑注意事项内容的性质，以及

（b）须通盘考虑该事项提出时所依据的各方面情况，以及关涉该事项的合同条款。

（8）……（略）①

考察上述内容可知，英国《消费者权益法》基本引入为多数国

---

①　本书所取用之法条翻译，系笔者根据英国政府官网截至 2021 年 1 月之最新英文版本翻译而成，内容来源于政府立法机关网站：http：//www. legislation. gov. uk/ukp-ga/2015/15/section/62.（last visited 3/12/2021）。

家所采用的"显失公平规范"配置，但是并未采用法国的"合同损害"概念，也未直接以德国的"暴利行为"名之，同时也未延续《借贷法》《消费信贷法》中所使用的"显失公平"概念，而是沿用了 1977 年《不公平合同条款法》的"不公平条款"（Unfair Term）的称谓。性质上，该法将不公平条款界定为"违反诚信原则"。主观上具有违反诚信原则的"恶意"；客观上存在权利义务的"显著失衡"。不公平合同条款之法律效果为"消费者不受不公平条款之约束"，实则为"无效"。此外，立法者还开列了判断合同条款公平与否的指引：合同性质、订立时之情形、其他合同条款等。申言之，立法者只是提供了法官考量要素的参考，至于失衡"显著"的判断问题授权于法官的自由裁量。当然，法案还采纳了欧盟指令的"黑名单"与"灰名单"制度。前者指合同条款因不公平而绝对无效之情形，后者给予法官结合具体个案的裁量空间以对合同条款的公平性进行评价。

综上可知，英国在消费者保护立法领域确立了显失公平规范，而且在构成要件、法律效果等方面均向欧陆立法靠拢。换言之，英国显失公平规范之立法也采用了"一般条款 + 具体规定"的做法。通过一般条款授权法官根据具体个案为"显失公平"之认定以因应变局，而具体规定（《黑名单》与《灰名单》）则将业已成熟的显失公平类型立法上予以确定，一定程度上形成对法官自由裁量权的限制。且名单中对于不公平条款情形的列举并非终局而是处于动态中，如立法明确规定国务大臣可通过法定文件对名单进行添加、修改或删除。① 如此，使得对合同正义的捍卫与法的可预测性（限制法官自由裁量权）处于一个动态平衡中。

---

① See Consumer Rights Act 2015，§63（3）：The Secretary of State may by order made by statutory instrument amend Schedule 2 so as to add，modify or remove an entry in Part 1 or Part 2 of that Schedule.

第二节　美国显失公平原则之创设及扩张

　　随着司法判决中显失公平认定的积累，关于显失公平原则之阐释也日渐丰富，比如"缺乏有意义选择""正直与诚实之人不会承诺"等不一而足。①

　　显失公平原则入典之前的判例，法官面对"明显压迫或不公平结果"却又无法清晰界定为"欺诈"的合同纠纷之处理，往往倾向于创设一个统一使用的原则。但是，原则适用的不可预测性戕害法律确定性的弊端显而易见，因此将显失公平原则法典化从而使法官抽身于迂回曲折的法律推理论证而直接适用成文法的呼声日涨。实务诱发了立法变革的动机，而20世纪英美契约理论的发展也助推了显失公平原则法典化进程。

　　一方面，随着工业化大生产的到来，劳动力、资源等各种生产要素自由流动，而竞争中逐渐出现大公司并购从而形成垄断市场，这直接导致了企业不可能与消费者之间缔约方式的深刻变革。交易的常态不再是具体的磋商，而是由强势一方预先拟定，旨在反复使用而形成的合同条款，消费者只能"接受或离开"。特别是在水、电力、通信、交通等公共事业领域，格式合同应运而生，在美国称为标准合同（standard contract）。② 数十年前，根据美国学者的考证，交易活动中99%以上的合同并非双方讨价还价决定其内容，而是由一方预先拟就提供。③ 显然，随着格式合同使用量的增加，其占比只

---

　　① See Hume v. United States，132 U. S. 406，415（1889）.

　　② See E. Allan Farnsworth，*Contracts*，4 th edition，New York：Aspen Law Business，2004，pp. 259 – 297.

　　③ See W. David Slawson，Standard Form Contracts and Democratic Control of Lawmaking Power，84 *Harvard Law Review* 529，529（1971）.

会比以前更多而非减少。① 格式合同一方当事人的普通消费者，往往无法充分、正确地理解格式合同之内容；甚至纵使明知合同存在严重不利于己之条款却仍不得不接受，这其实已经剥夺了消费者公平议价之能力。② 经济强势一方利用对方不利情势而提出苛刻缔约条件在格式合同中也找到了天然的庇护所，因此，自格式合同大量采用以来，其日渐成为显失公平行为之重灾区，各国一般都对之作出专门规制以实现合同正义。

另一方面，合同自由的式微与合同正义（社会公益）的强化。19 世纪以来，自由主义方兴未艾，意思自由在合同法领域具有道义与法定的优越地位，个人是自己利益的最佳维护者，其在缔结合同之际业已对利益之得失做了最适合自己的权衡，自愿即正义等观念深入人心。所以，面对自由订立之合同，倘不存在欺诈、胁迫、错误、不当影响等传统合同中旨在实现公平的情形时，法院往往肯认合同之强制执行力。然而，一般的消费者由于受教育程度、谈判能力、信息获取、精神状态等方面的短板，致使专业人士拟定之格式合同对大部分消费者而言，无异天书。零散的消费者面对庞大的垄断企业以诉讼维权也力不从心，这种实力的严重不对等使得不公平合同时有发生，合同自由在某种程度上已经"死亡"。随着服务国家的到来，尤其"二战"以后，强调政府对经济的干预，公共政策等逐渐强化了对合同自由的限制。针对经济实力的不平等而折损合同自由、个人利益无法真正通过意思自治来实现的问题，公共利益理念登上历史舞台，法律维护之重心也从片面强调私有财产与合同自由到更多关注人身权利与公共利益。

综上可知，自由主义兴盛时代当事人平等磋商之交易活动，随着格式合同之广泛应用已沦为空谈；对合同自由名存实亡的质疑也

---

① See Russell Korobkin, Bounded Rationally, Standard Form Contracts, and Unconscionability, 70 *University of Chicago Law Review* 1203, 1203 – 04（2003）.

② See Karl N. Llewellyn, *The Common Law Tradition*：*Deciding Appeals*, Boston：Little, Brown & Co., 1960, p. 365.

随之而来，"自愿即公正"的理念在现代社会中遭遇严峻挑战。显失公平情形下的合同结果反社会性评价问题，已超出传统合同法中的欺诈、胁迫、错误、不当影响等射程范围，因此，导致司法实务捉襟见肘，在探寻捍卫传统市场自由主义与保护遭受不公平对待的合同当事人以实现社会公正的衡平路径中，显失公平原则应运而生。

（一）《美国统一商法典》

§2–302【显失公平合同或合同条款】

（1）法院作为法律问题认定合同或者其任何条款在订立时即显失公平的，可以拒绝强制执行该合同，仅强制执行显失公平条款以外的合同剩余条款，或者限制显失公平条款的适用以避免显失公平的结果。

（2）一当事方宣称或者在法院看来合同或者其任何条款可能显失公平时，应给予当事方出示有关合同订立的商业背景、目的和效力的证据的合理机会，以协助法院作出决定。

官方评述（Official Comments）：

§1 本条旨在使法院能够明确控制其认为显失公平的合同或条款。过去，这种控制是通过对合同语言作相反的解释，巧妙地利用有关要约和承诺的规则以及通过作出某项条款违反公共政策或者不符合合同得主要目的判决而实现的。本条意在允许法院直接判断合同或者其某项具体条款是否显失公平，并对此作出法律结论，基本的判断标准是，依照一般的商业背景，某个具体行业或者案例的商业需要，有关条款是否是如此偏向一方以至于缔约时存在的客观情形下显失公平。第（2）款清楚的表明，法院审理就这些问题出示的证据并无不正当，所遵循的原则是那种禁止强迫与防止不公平的意外的原则，而不是要打乱因优越的谈判实力而造成的风险划分。本条的基本根据可以用某些案例的结果予以说明……

§2 依据本条，假如合同显失公平，法院可以自由裁量拒绝强制执行整个合同，可以取消任何一项或者一组具有显失公平色彩的条款，或者违背协议基本目的的条款；法院还可以直接限制显失公平的条款，以避免产生显失公平的结果。

§3 本条针对的是法院及其作出的判决。第（2）款中提到的商业证据是供法院而不是陪审团考量的。只有从法院就这些事项采取的行为中所产生的协议才应提交给一般事实承审员。

从体系解释的角度言，立法者仅将 UCC § 2 - 302 之显失公平原则适用于"货物交易"——买卖合同。然而，对限制显失公平原则适用范围的批判可以说由来有自①，并为法院所摒弃②。法官们通过类推适用将其领域扩充至其他类型合同，使显失公平具有君临整个合同法领域之效力。这也为《合同法第二次重述》与商法典本身的修订之先声。

从显失公平判断之性质上，法官需将"显失公平"作为法律问题对待而非事实问题。官方评述则表述更为明确，即显失公平判断的问题不得由陪审团承担而是法官独占适用。③

在法律效果上，立法者提供 3 种可供选择的裁量结果：拒绝强制执行；仅强制执行非显失公平之部分条款；限制显失公平条款之适用。此种给予法官以变更合同条款、重塑合同等权力的做法与欧陆法系国家晚近显失公平规范之"法律效果"缓和化趋势契合，比德国民法赋予"暴利行为"以严苛无效更有弹性。

从构成要件上来看，立法者并未给予显失公平原则以具体定义，而是直接适用抽象程度颇高的"显失公平"一词。从比较法的视角来看，无论是坚守法国民法"合同损害"之立法例，还是效仿德国民法"暴利行为"，又或是综合法德模式的新范式，对适用之具体情形置备一些基本描述。如一方需有利用之恶意；一方存在"紧迫情

---

① 有学者指出，对显示公平原则适用范围的限定与创设该原则的初衷相悖。See Clinton A. Stuntebeck, The Doctrine of Unconscionability, 19 *Maine Law Review* 81, 85 (1967).

② Wille v. Southwestern Bell Tel. Co., 219 Kan. 755（Kan. 1976）.

③ See U. C. C. § 2 - 302 cmt. 3（2011）.

势、轻率、判断力缺失或无经验"等不利状态；客观方面围绕给付与对待给付"显著失衡"，甚至有不少明确具体比例之做法；这在某种程度上说，对法官自由裁量权形成制约。美国显失公平原则则截然不同，其不做任何具体描述，且与欧陆法系一样不对显失公平原则做明确定义，维持其开放性。显然，美国显失公平原则除了在法律效果上赋予法官可观的裁量空间外，赋予了法官在认定合同或条款显失公平的广阔自由裁量权。

在判断时间节点上，立法者明确规定必须是在"合同订立时"显失公平。有类似大陆法系国家立法理由书功能的官方正式述评①，对法院确认显失公平之判准影响极大，甚至与条款本身一道为法院判决时所尊重，从这个意义上言，正式述评之效力非大陆法系国家立法理由书所能比拟。§2－302 之述评即在确定合同显失公平之判断时点上为法院提供了明确指引，即合同显失公平与否，需以合同订立之际的具体情势判断，而非合同履行时等较晚之时间。

司法救济上，当事人得向法院主张合同显失公平从而折损其效力。§2－302（2）赋予当事人有举证的权利以追求有利于自己之裁决，但其并未如近来欧陆法系国家实务或立法所肯认的证明责任分配，充其量也仅仅指引法官在裁判时考量因素之列举（合同订立的商业背景、目的和效力等之证据）。且官方评述赋予了法官主动审查合同显失公平之权，② 换言之，对于合同显失公平之检查无须以当事人提起为必要，法官可以主动发起审查。③

---

①　正式述评乃法典起草人对法典内容之解释。内容涵盖：其他部门法类似规定，修改历程及规范目的等又详尽阐释，对法律之适用意义重大。形象地说，其不失为"打开法典的钥匙"。参见［美］美国法学会（ALI）、美国统一州法委员会（NC-CUSL）编《美国〈统一商法典〉及其正式述评》（第一卷），孙新强译，中国人民大学出版社 2004 年版，前言第 2 页。

②　See U. C. C. §3－302 cmt. 2（2011）.

③　Gerald T. McLaughlin, Unconscionability and Impracticability: Reflections on Two U. C. C. Indeterminacy Principles, 14 *Loyola of Los Angeles International and Comparative Law Review* 439, 441（1992）.

诚如本书在探究欧陆法系国家显失公平规范之内涵与外延时，即指出显失公平原则无法被定义，美国法上的显失公平原则亦然。《统一商法典》正式条款对显失公平原则之定义未置一词，甚至可以说起草者有意在此留白。[①] 在具体条款阐释时充当有效指引与协助的官方述评，[②] 同样未对显失公平原则的界定有所作为。其所做的说明与引用的案例，试图说明起草者们的立法目的及这种规范设计的合理性，但是对法院清晰准确适用显失公平的概念几乎无所裨益。欧陆法系立法者的刻意无为往往授权法官予以弥补，显失公平规范在欧陆法系中以"授权性法律漏洞"的样态呈现。美国法官面对立法者对显失公平原则定义无为，普通法上也未补足此一缺漏，而是因应具体案情放举考量要素等为判决提供指引，其重心在个案判决中的认定标准而非可为后来者参考引用的概念界定。具有相当权威性的美国法学会重述同样亦未在界定显失公平原则上取得进展。[③] 因此，可以说从显失公平原则产生之日起，围绕它的批判与辩驳从未止息。这或许也是其产生后的一段时间里，法官适用热情不高的原因。[④] 而批判的声音则不断使得推动修订显失公平原则条款的努力一直未曾间断。最终，在形式主义的主导下，学理与司法合谋衍进出显失公平认定的双重要件标准，推高主张成功的难度从而将显失公平原则钳制在相当狭窄的范围。

[①] See Gerald T. McLaughlin, Unconscionability and Impracticability：Reflections on Two U. C. C. Indeterminacy Principles, 14 *Loyola of Los Angeles International and Comparative Law Review* 439, 444 (1992).

[②] See John A. Spanogle, Jr., Analyzing Unconscionability Problems, 117 *University of Pennsylvania Law Review* 931, 942 (1969).

[③] See Charles L. Knapp & Nathan M. Crystal, Rules of Contract Law New York：Little Brown, 1993, p. 128.

[④] See Eugene M. Harrington, Unconscionability Under the Uniform Commercial Code, 10 *South Texas Law Journal* 203, 205 (1968).

（二）《美国合同法第二次重述》

§208 【显失公平原则】①

当合同或条款根据当时情形显失公平时，法院可以拒绝强制执行该合同，或仅执行非显失公平的部分条款，或限制显失公平条款之适用以阻止不公平结果之产生。

合同法重述作为学术著作从法理而言，其效力当不如《统一商法典》，其并非议会通过认可之法律，理论上不具有直接的法律约束力。但是因其说服性权威而被各州法院直接引用作为裁判之基础，丝毫未折损其规范在美国私法中的地位，甚至有论者将之誉为 20 世纪契约法领域重要的里程碑之一。② 其在推进显失公平原则之发展上也功不可没，在扩张该原则之适用范围、判断依据之指引等方面尤为显著。兹分述如下：

一方面，显失公平原则适用范围的拓展。考察 §208 显失公平原则之规范可知，几乎照搬了《统一商法典》之表述，诚如前述，该法典 §2 - 302 之显失公平原则仅仅适用于货物买卖合同，置备于法典第二章"货物买卖合同"（Sales of Goods），且从该章之其他条款亦可推导出显失公平原则仅仅适用于货物买卖合同当属无疑。如"本条款仅仅适用于货物交易"；③ "本法所称货物是指在特定于买卖合同时可以移动的除用于支付价款的货币、投资证券和采取强制措施之物以外的所有货物。货物还包括尚未出生的动物胚胎、生长中的农作物以及有关拟与不动产分离的货物的条文所规定能够附着于

---

① 《合同法第二次重述》（1981） §208 的英文原版表述为：

If a contract or term thereof is unconscionable at the time the contract is made a court may refuse to enforce the contract, or may enforce the remainder of the contract without the unconscionable term, or may so limit the application of any unconscionable term as avoid any unconscionable result.

② See Sir Guenter Treitel, *Some Landmarks of Twentieth Century Contract Law*, New York: Clarendon Press, 2002, p. 3.

③ See U. C. C. §2 - 102 (2011).

不动产上的其他特定物"。① 但是司法实务突破了法典所圈定的范围，而是因应裁判的实践将之扩张到担保交易②、银行与客户之间的服务合同③、商业租赁合同④、信用卡合同⑤、保险合同⑥、个人服务合同⑦等远远超出了货物买卖合同的范畴。§208〔Restatement（second）of Contract〕则正式以类似成文法的形式将显失公平原则的适用扩张到买卖合同以外的领域。⑧ §208条款确立显失公平原则在合同领域的基本地位，从而使得其适用范围不再由法官在个案中艰难扩张，而是获得了法律重述权威性的肯定，可堂而皇之地以其为武器审查其他类型合同显失公平之情形，其中，发展最为兴盛的领域当属消费者权益保护无疑。

另一方面，显失公平情形判定之方法及考量要素。一则，整体判断方法，即法官在考量契约是否显失公平时，不因仅仅局限于显失公平条款本身，而应对合同做整体检讨。申言之，倘某些条款无显失公平之虞，而整体合同显失公平，法官应根据§208拒绝执行。二则，认定显失公平行为时，程序性显失公平与实质性显失公平需兼具。具体言之，即要求显失公平之要件，程序上需存在双方缔约地位之不平等；内容上须有条款不公平或不合理。唯二者齐备方有

---

① See U. C. C. §2 – 105（2011）.

② See Urdang v. Muse, 276 A. 2d 397, 401（N. J. Essex County Ct. 1971）.

③ See David v. Mfrs. Hanover Trust Co., 287 N. Y. S. 2d 503（Civ. Ct. 1968）.

④ See Earlman Oil Co. v. Burroughs Corp., 625 F. 2d 1291, 1299（5 th Cir. 1980）.

⑤ See Melso v. Texaco, Inc., 532 F. Supp. 1280, 1296（E. D. Pa. 1982）.

⑥ See C & J Fertilizer, Inc. v. Allied Mut. Ins. Co., 227 N. W. 2d 169, 181（Iowa 1975）.

⑦ See Kaye v. Coughlin, 443 S. W. 2d 612, 613 – 14（Tex. Civ. App. 1969）.

⑧ See Donald B. King, The New Conceptualism of the Uniform Commercial Code, 10 *Saint Louis University Law Journal* 30, 39 – 41（1966）.《合同法第二次重述》的报告人在对§208做出解释时亦明确指出，虽然UCC §2 – 302从字面意义上理解并不适用于货物买卖合同以外的地方，但事实证明显失公平原则在非货物买卖合同领域亦影响重大。See Richard J. Hunter, Jr., Unconscionability Revisited: A Comparative Approach, 68 *North Dakota Law Review* 145, 149（1992）.

显失公平之宣告。对于仅有程序上显失公平者，往往不能充足认定之条件，但是法官可考虑是否存在错误、欺诈、胁迫等情形来矫正之。

　　与《统一商法典》相比较，合同法第二次重述并未在显失公平原则内涵界定上有多少建树，甚至可以说采用了更为抽象简洁的阐述。§208 除了对法律效果之安排完全脱胎于《统一商法典》§2－302 之内容，略去了 U. C. C. §2－302（2）关于赋予当事方举证商业背景、合同目的等以影响法官实现利于自己判决的机会。而且，不再明确指示法院将显失公平之判断作为"法律事实"，而是直接空白。由此可知，合同法第二次重述的导向是尽可能维持其显失公平原则之开放性。但是，作为正式立法之《统一商法典》因为其效力的优先性，司法实务中往往结合二者来确定显失公平原则之适用，规范表达所略去之"法律事实"要求、判定要素等要么作为司法适用常识，要么为正式评述所吸收，在解释与适用上并无二致。

　　（三）消费者保护领域显失公平原则的展开：以《美国统一消费信贷法》为例

　　需要指出的是，《统一商法典》§2－302 所创立的显失公平原则仅为概括的一般条款，未做细致规定，而是尽可能保持其开放性。后来的合同法重述接续了 U. C. C. 做法，于法典中仅置备了显失公平规范一般条款。随着消费者保护运动的风起云涌，各州在本州的法律引入这一规范并尽可能实现具体化，对显失公平之情形做详尽列举。对于模糊的显失公平规范一般定义，往往只作为理念指导，而优先审查消费者保护法律中具体因素的列举规定。以《美国统一消费信贷法》[*Commercial Credit Protection Act*（CCPA）]这一专门保护消费借贷中消费者权益的法案为例，其显失公平规范内容之设计非常细致，尽可能在立法上为法官、当事人提供判断的指引。其不仅将显失公平原则植入，而且在具体操作与内涵界定上将该原则进一步推进。兹开列 CCPA §108（5）显失公平规范之内容如下：

§108（5）【显失公平；显失公平行为的动机；显失公平的收回欠款】

（1）关于一笔消费者信贷交易的引起或使债务人相信会引起消费者信贷交易，如果法院认为：

（a）在协议或交易达成时，该协议或交易已具有显失公平性，或者由于显失公平的行为导致协议或决议具有显失公平性，法庭可以拒绝执行该决议；

（b）该协议、交易的条款或其组成部分在签订时已经显失公平，法院可以拒绝执行该协议，对协议其他部分予以执行，或对显失公平条款部分限制适用以避免任何显失公平结果之产生。

（2）对于消费者信贷交易，如果法院依法认为，当事人在收回基于该交易而发放的贷款时，已经实施、正在实施或有可能实施显失公平行为，法院可以颁发禁令并且判决赔偿消费者实际损失。

（3）如果当事人主张或法庭认为协议、交易或其条款、组成部分具有显失公平性，或者当事人在收回贷款时已经实施、正在实施或可能实施显失公平行为，当事人享有适当的机会向法庭提供证据说明有关该协议、交易或其条款、组成部分或该行为的背景、目的和效果，以帮助法院作出决定。

（4）在适用上述第（1）项时，在各种因素中，法院应当考虑适用以下因素：

（a）卖方、出租方或贷款人在开始进行交易时，相信不会有消费者或债务人履行付款义务的合理的可能性；

（b）如果是消费者信贷销售或消费者租赁合同，卖方或出租方在销售或出租时了解到消费者没有能力从其出售或出租的财产或服务中获得实质的利益；

（c）如果是消费者信贷销售或消费者租赁合同，以同类消费者在信贷交易时，随时可以获得该类似财产或服务的价格所衡量的该财产或服务的价值与该财产或服务的销售或出租的价格总额之间存在明显不对等的情况；

（d）向消费者提供信贷销售或为销售或发放贷款而向消费者提供贷款，债权人对此签订保险合同或收取单项保险费，对这一事实，从整体上考虑，显失公平；

（e）卖方、出租方、贷款方故意利用消费者或债务人由于其身体或精神疾病，不知情，不识字等原因无法合理地保护自己的利益，故意利用其不理解协议中的语言或类似的因素。

（5）在适用第（2）项时，在各种因素中，法院应当考虑以下因素：

（a）对消费者或其家庭成员使用或威胁使用强迫、暴力或对其提起刑事诉讼；

（b）定期地或在特殊时间或在其他情况下与消费者或其家庭成员进行交谈，使人可以合理地推断其根本目的是干扰消费者。

（c）有欺诈性、不实的或令人误解的陈述，如宣传、报道，模仿法定的程序或表面看上去得到了政府、政府机构或代理律师的授权、颁发证书或许可等，但事实并非如此的做法，或扬言要行使、企图行使明知或理应知道不存在的权利；

（d）明知或理应知道有关影响消费者信用度的消息虚假，而将其公开，导致或将会导致消费者名誉、经济地位受到损害；在获得针对消费者的终局判决之前，与消费者的雇主进行沟通，除非法律允许或是为了证实消费者的工作，明知或理应知道他人对有关影响到消费者信誉或其他名誉的消息没有正当的业务需要，或者是以法律禁止的方式将该消息透露给他人；或者在没有透露消费者对某项债务持有异议的情况将该债务存在的消息纰漏除去；

（e）明知行政官员依据有关对欺诈、显失公平的协议或行为可以下达禁止令的规定［§111（6）］，对他人提起民事诉讼，法院会在诉讼中限制或禁止某类行为，仍然继续实施该行为。

（6）诉讼中，当事人主张有显失公平性存在的，如果法院依据上述第（1）项、第（2）项，认定存在显示公平性，法庭将判决向消费者或债务人支付合理的律师费。如果法庭不认为有显失公平性，而且消费者或债务人明知无依据，仍主张显失公平，提起诉讼或坚持进行诉讼，法庭应判决支付给被控告的当事人合理的律师费。在确定律师费时，支付给消费者的补偿金额不受限制。

（7）本款中的救济方法除本法所规定的救济方法以外，还包括其他法律对同一行为所规定的其他救济措施，但不能给予实际损害两倍的补偿。

（8）为实现本条款的目的，本法明确规定的诉讼或行为本身不应视为显失公平。

从内容观之，该规则也未汲汲于界定显失公平原则，而是针对消费信贷这一特殊合同中显失公平之判定着墨颇多。除进一步细化显失公平行为判定所考量的各要素，大大提升显失公平原则的可操作性和适用性外，一个对显失公平原则比较显著的完善是在法律效果方面。具体而言，消费信贷合同中，当事人收回贷款时有显失公平行为或将要实施之际，法官可"颁发禁令"并且判决"赔偿损失"；诉讼中，法官通过律师费的分配来实现对消费者或债务人的切实保护及滥用显失公平声请之制裁。这显然已超出了《统一商法典》《合同法第二次重述》所预设的显失公平行为法律效果范围，而是从考量要素到法律效果进一步完善了显失公平规范。由此可知，美国显失公平规范之设计也采用了"一般规范＋特别规定"的设计模式。而且，在显失公平行为之判定要素、法律效果之安排等方面，显失公平规范立法设计之重心已不在一般条款，而是具体部门法，尤其竞争法与消费者权益保护法。美国法的这一趋势与法国新债法修订不置备独立的显失公平规范一般条款而委诸消费者保护法典之做法，如出一辙。这也是世界大多数国家在翻修显失公平规范时所采取之范式。

第三编

方法论

第 六 章

显失公平规范一般条款的
类型化：以涵摄模式为目标

　　当抽象——一般概念及其逻辑体系不足以掌握某生活现象或意义脉络的多样表现形态时，大家首先会想到的补助思考形式是"类型"。①

——卡尔·拉伦茨

　　"显失公平"概念缺乏明确的内涵与外延，系民法上的开放性不确定概念。从法律漏洞之性质观之，显失公平规范为立法者"非不为也，实不能也"的情势下，不得不授权法官在个案中通过价值补充实现其规范功能的"授权补充漏洞"。从司法适用的角度观之，显失公平规范与其他民法基本原则处于类似抽象水平，需要具体化方能发挥法律体系轨物纳民的作用。但是，开放性不确定法律概念具有"模糊性"与"歧义性"，以之为法律推理之大前提进行司法推理是个非常棘手的问题。换言之，此种情况下，立法者并未提出清

---

　　① ［德］卡尔·拉伦茨：《法学方法论》，陈爱娥译，商务印书馆 2003 年版，第 337 页。

晰法律规则来解决待决纠纷，德沃金称之为"疑难案件"。① 所谓对症下药、量体裁衣，那么开放性不确定法律概念适用之症结无疑在削减其"模糊性"与"歧义性"上下功夫。囿于不确定法律概念本身内涵与外延的变动不居性格，应该说"削减的功夫"是一个无止境的工程。经典法域各国都未曾停止寻找解决此问题的努力。欧陆法系诸国大都逐渐形成"一般条款＋具体规则"或者"一般条款＋特别法"的规范设计模式，一方面赋予法官以"一般条款"为工具因应显失公平行为千变万化之情势；另一方面立法者将成熟之显失公平类型上升为具体规则以限缩法官的自由裁量权。欧盟保护消费者的多项指令开列"黑名单""灰名单"之做法，法国成立滥用条款委员会以及时将实务中成熟显失公平类型完成立法化之举措等，皆为保持显失公平规范一般条款开放性的同时，通过建立在成熟实务基础上的具体类型逐步蚕食显失公平规范这一开放性不确定法律概念的"模糊性"与"歧义性"。

究竟如何降低显失公平规范"模糊性"与"歧义性"程度，从而将这一抽象概括的法律规范适用于具体判决中，得出为伦理认识水平参差不齐的人基本接受的妥适判决呢？这显然是一个言人人殊的问题。经著者考察，大体可分为两类：其一，类型化方法；其二，二分法方法。前者可根据"立法决定"与"司法决定"在规范设计中权重的不同，有立法决定的类型化与司法构建的类型化之分野。后者，则主要是美国司法实务中逐步建立起来显失公平程序性与实质性的二分及其改进模式、滑动标尺法等。虽然，类型化方法与二分法方法，最终演化之结果皆在各种不同案例群的形成，但是由于"法官造法"的普通法传统，因此司法实务中针对个案处理所形成的具体案例类型，随着裁判的日积月累而形成了相对固定的适用类型。

---

① 德沃金根据是否存在某个机构提前制定清晰的法律规则以解决纠纷，将案件分为：简单案件与疑难案件。其也正是从解决疑难案件入手开始关于法律原则的探讨。See Ronald M. Dworking, *Taking Rights Seriously*, Cambridge：Harvard University Press, 1978, p. 81.

这些案例通过"先例拘束"的原则成为法官直接裁判的依据。从法律渊源意义上看，其立法决定的类型化与司法建构的类型化乃同时完成，且其司法适用的技术、考量的因素、法律效果的裁判等均有不同。鉴于此，本书将类型化方法与二分法方法分别论述，探讨这两种传统方案在显失公平规范之具体化适用上的"有为"及"无为"，将在下文陈述，以为"兴利，去弊"之基础，进而探寻我国未来司法实践中显失公平规范具体化的适合路径。

诚如前文所述，"司法决定"已成为显失公平规范设计的发展趋势，但是"立法决定"的因素仍掺杂其间，毕竟，立法者预先作出决定更符合法的确定性诉求。不确定法律概念的具体化过程中，除法官的个案裁决外，立法机关、行政机关也分别于法律适用与法律制定中推进此项的工作。换言之，显失公平规范具体化的主体具有多样性。立法者在作出决定前，往往会从零散的、多样的案例群中，根据一定立法技术将之成文法化从而成为裁判之大前提。其规范表现形式往往是对个别情形的列举规定，如欧盟指令关于显失公平类型认定的"黑名单""灰名单"。司法者利用显失公平概念文意上的模糊性，通过对法律条文之解释，以一定之价值观或标准为基础，使得规范的价值与被规范的事实之间相连接，得出针对个案的裁判规范，实现显失公平规范真正的规范性。再在判例的基础上逐步完成类型化的工作。如法官在适用德国民法"暴利行为"这一不确定概念中逐步形成的"信用暴利""租赁暴利""销售暴利"等具体类型。立法决定的类型化，以明确法律条文将成熟的显失公平类型加以整理，针对不同情形赋予不同的法律效力或不同的证明责任分配方案，实现特定类型上对法律适用者的法定拘束，是法的确定性根本要求。司法构建的类型化，由法官在个案处理中通过对实务中个别的、具体的案例总结提炼形成不同案例群，逐步凝聚一些处理模式，甚至对某些案例群之处理实现构成要件化的程度，使得原本不确定法律概念之内容具体化。二者之目标皆是为显失公平规范能够通过"涵摄"的方式加以适用，此立法导向型的类型化是涵摄思维的扩张。但是类型化本身的缺陷及显失公平概念之不确定性使得类型化有其极限，显失公平规范之适用不得不回到适用困境的肇因——"价值补充"。

司法构建的类型化，即面对有显失公平之虞的行为，法官通过寻找概括性的规范，经由法律的解释与适用实现一般规范之具体化，进而以个案判决的分类、总结、抽象等工作累积的基础实现类型化。这类方案，在立法上并不对显失公平规范之适用范围做严格限制，同时保持"显失公平"之内涵开放，授权法官适用来界定、解释与适用，最终使得显失公平规范能在个案中获得实质的规范性，作为裁判的规范。质言之，法院在创造法律本身（英美法系）或笃力立法初始化形态的储备（大陆法系）。此类型化与下文将探讨之美国显失公平原则在司法实践中的具体化有异曲同工之处，但其导向则明显不同。司法建构的类型化，仍以立法为导向，待类型成熟（构成要件化、内涵外延确定）则经过立法程序实现成文法化从而逐步缩小法官在此显失公平类型的自由裁量权。也正是从这个视角，有论者将司法视为真正的法律之始，而非立法。① 然而，美国二分法所实现的具体化则仍然以解决具体个案为导向，维持法官的自由裁量空间。诚然，各国面对不同的经社实践分别在显失公平规范具体化过程中形成了不少相对成熟的案例类型，悉数纳入分析，力所不逮，论就两大法系比较有代表性的国家分述之。

第一节 经典法域典型国家显失公平类型化之梳释

一 德国司法实务中暴利行为的类型化

诚如前述，德国民法未借用罗马法之"非常损失"概念，亦排

---

① See Roscoe Pound, *Possibilities of Law For World Stability*, 1 *Syracuse Law Review* 337, 340（1949—1950）.

斥了法国民法的"合同损害"概念,其注入显失公平法理之规范配置为§138-2:"某人利用他人处于急迫情势、没有经验、缺乏判断力或意志显著薄弱,以法律行为使该他人就某项给付而向自己或第三人约定或给付与该项给付明显地不相当的财产利益的,该法律行为无效。"此即德国民法上显失公平规范,学界多以"暴利行为"称之,理论上将其构成要件分解为主观与客观两方面。但主观方面描绘所列举之状态,客观方面所适用之"明显地不相当"均颇为模糊,无法满足涵摄模式对法律推理大前提清晰确定的要求,暴利行为条款与被规范之事实之间具有比较遥远的距离。申言之,一方面,该规范所传递之法律理念必须实现实质化、具体化、实证化;另一方面生活事实必须观念化进而纳入规范所评价的范畴。而这个任务的完成,立法者明智的授权法官来完成。"暴利行为"出没于特色各异的法律关系之中,这导致了在判断给付与对待给付"显著失衡"时,各有侧重与特定的考量因素。概言之,德国司法实践中,根据德国法律学者的迪特尔·梅迪库斯的整理,形成了三种类型的暴利行为,兹分述之:①

(一) 信用暴利

信用暴利系指消费信贷或其他信贷合同中约定了过高的利息。司法适用中的核心问题即如何确定利息"过高"的问题。尽管实践呼吁利息高低具体界限之划定以实现法律适用的可预测性。然而,德国的立法者在此处刻意规避了法国民法具体数字化标准的做法,甚至认为给出具体的标准根本不可能。实务中,也不乏判断标准客观化的尝试,如有法院以市场利息之"两倍"作为分界点,当事人约定之利息超过市场利息两倍时,即可认定为信用暴利而为无效之法律行为。但是,这并未得到广泛认可,联邦最高法院甚至直接指出,确定固定界限不恰当,其未将行为的特殊情况考量在内。但是,

---

① 以下关于德国实务中暴利行为3种主要类型之论述,参见〔德〕迪特尔·梅迪库斯《德国民法总论》,邵建东译,法律出版社2000年版,第538—541页。

作为"暴利行为"具体化之类型，在判断信用暴利时还是形成了一些具有广泛认可度的判断标准，如约定 40% 以上的利率、超过重点利息 100% 等往往被认定为给付与对待给付失衡"显著"之标准。总之，纵使适在司法实务的类型化中仍坚持了立法上拒绝客观化的具体化数字比例判断标准，而是从交易环境、国家政策、贷款贬值率、国家货币紧缺度等层面全面考察，然后判断利息"过高"与否，因此，过高之判断永远是"个别的"而非一体适用之标准。

（二）销售暴利

前述信用暴利，往往是因为给付与对待给付显著失衡违背善良风俗而被宣告无效。但是德国实务中，销售暴利除了给付之间的不均衡而无效，还有可能因为其他原因而充足对善良风俗违反的要件。甚至，纵使销售中给付之间并未失衡，仍有可能因违背善良风俗而无效。梅迪库斯列举了数个典型的不以给付失衡为标准而裁定行为违背善良风俗的司法判决，如一个刚成年不久，共只有 5000 马克现金之大学生购买价值 4.1 万马克价值的干洗设备，且需要另外支付一笔安装费用。联邦最高法院认为即使客观上价值相符，该买卖行为亦得因违背善良风俗而被宣告无效。梅迪库斯对此殊为认同，其论述时对法院之意见冠以"正确"二字。又如，销售者与一位年事已高的老人订立一项价值 1.4 万马克之合同。总之，销售暴利类型为实务中显失公平行为经常出没的地方，对于某些特定的销售暴利行为，甚至不要求"给付失衡"这一要件事实，其实，德国现行法对于销售暴利之规制主要存在消费者保护法领域，欧盟指令所开列的显失公平之类型化直接或间接影响着德国立法设计及司法之操作。

（三）租赁暴利

租赁暴利主要表现为出租人收取过分之租金。在德国法律体系中，租赁暴利不仅是违背善良风俗之行为，而且根据《经济刑法》第 5 条第 1 款之规定，其亦是一种违反社会秩序的行为。至于"不合理的高价"的判断标准与信用暴利一样，类型化后亦未实现具体数字比例化，而是采用了相当弹性之语词"为实质之超过"，参照标准即"同类房屋通行的价格"。但是，司法实践中，往往将超过通行价格20%的房租认定为"暴利"，而被认定为无效。

需要指出的，德国司法实务中因给付与对待给付之间显著失衡之客观表征而推定法律行为显失公平的情形日益增多，究其实，乃法官结合具体情形对"暴利行为"规范所分配的举证责任的倒置，形成不少推定显失公平的类型。德国作为欧盟成员国，前述欧盟关于消费者保护的指令、不公平合同的规制等也在推进德国司法实践显失公平类型化上助力不少。这些类型的积累经过一定的抽象则成为前述所谓"灰名单"的内容，司法构建的类型化的成果最终为立法决定的类型化吸收。

二　英国实务中显失公平行为的类型化

诚如前述，英国对显失公平行为之规制可追溯至1679年的 Earl of Chesterfield v. Janssen 案,[①] 该案中使用了"非良心性"来形容合同显失公平之情形。并给出了颇为抽象的认定标准，即理智正常之人不会提出的，且诚实的人正常情况下也不会接受的条款。成文法确认显失公平的一般规范之前，是经由法院逐步实现显失公平法理之具体化。从1900年的《借贷法》、1974年《消费借贷法》、1977年《不公平合同条款法》直到后来的《不公平消费者合同条款规范》、2015年《消费者权益法》才逐步在立法上构建起显失公平规范的一般规定。

因此，或可说英国显失公平行为之类型化可大致分为两个阶段：前期，以法院对显失公平法理之具体化为主，实务中摸索出一些常见的显失公平类型；后期，作为欧共体（欧盟）成员国，欧盟关于消费者保护之指令、不公平合同之规制等法律成为英国法律体系的重要组成部分，因此，其关于显失公平规范之具体化也深受欧盟的

---

① 其实，英国法上以显失公平法理规制严苛与不公平的交易，可以追溯到更早的关于期待继承权交易的案例。See Batty v. Lloyd (1682) 1 Vern 141.

影响。换言之，后期阶段英国显失公平行为之类型化主要通过前文所述的立法决定来实现，与欧盟指令保持一致。虽然，立法决定实现的类型化占据主导，但是司法实务亦衍生出不少显失公平之具体化类型。

鉴于前文对欧盟立法决定的类型化有过详尽分析，因此以下分析主要围绕法院在实践中摸索的显失公平类型展开。

（一）继承权交易合同

英国法律中的继承权交易主要是指作为期待权属性的继承权被用来出售或抵押。英国衡平法院率先基于显失公平的法理而干预合同自由的案例就是继承权的出售。英国法官在审查合同条款是否有失公平情事时，没有统一的参照标准，而是通过综合考量交易背景、社会政策、当事人境遇等作出整体评价。在 Earl of Ardglasse v Muschamp 案中，法官认为只有当交易出现当事人之弱点被利用之情况，法院才有介入干预的充分理由。否则，衡平法院不应当撤销或阻却自由协商所达成的合同的效力。本案中，年轻的伯爵沉迷于放荡不羁的生活，以至于签订了其根本无法理解其后果的合同，所以衡平法院应当介入并矫正之。在与 Earl of Ardglasse 诉 Muschamp 案类似的另一个案件即 Wiseman v. Beake 案中，① 法官则提出虽然继承权交易之合同尚不构成欺诈，但是利用了继承人急需资金的状态，而不得已接受严苛的不公平合同条款，衡平法院应当介入。由上可知，英国法律实务中关于继承权交易显失公平之认定强调"压迫"（oppressive）因素的考量，但是，以显失公平为由干预继承权交易中合同自由的另一重要因素在于保护不动产权利人的社会政策。在 Gwyne 诉 Heaton 案中，② 法官指出"继承人处理其继承权的交易而引发的纠纷，应当与普通的案件有所区别，不仅因为继承人受到了压迫而得宣告交易无效，而且倘整体上被认定为是有害的，也应当

① See Wiseman v. Beake（1690）2 Vern 122.

② See Gwyne v. Heaton（1778）1 Bro CC 1, 9.

压制之。"由此可知，在继承权交易显失公平之场合，对价的充分与否日渐成为衡平法院审查的范畴且具有明显保护继承人权益之倾向。甚至，到 19 世纪中期，仅仅由于对价的不充分即可成为法院干涉合同自由并回复公平的支撑理由。① 在继承权出售或抵押合同因显失公平被宣告无效之情形，买受人或贷款人仍可取回资金及合理利息。②

（二）限制贸易合同（Restraint of trade）

虽然，英国法院一直奉自由主义为圭臬，坚守合同自由的理念，但是对限制贸易的合同或条款则往往进行积极干涉。其原因在于：一是出于维护自由竞争的公共利益之需要；二是避免因限制商人或工人们的行动自由所带来的危害。但是，基于"竞业禁止"的原则对他人行为进行限制具有正当性，因此如何判断限制贸易合同或条款显失公平成为比较棘手的问题。在英国司法实务中，法院主要从两方面审查：一是限制条款是否符合公共利益；二是在合同当事人之间是否合理（reasonable）。③ 其中，合理性审查主要即围绕显失公平存在与否的判断。涉及限制贸易合同显失公平之场合，法官一直在做比较工作，即限制的程度与需要保护的权益之间是否平衡。如在 A Schroeder Music Publishing Co. 诉 Macaulay 案中，④ 法院认为，倘合同对贸易限制之程度超过了法律对当事人合法权益保护之范围，则可因其显失公平而被宣告无效。

（三）没收条款

所谓没收条款，其实与大陆法系抵押合同中的"流押条款"类同，即倘合同约定，借款人到期无法清偿债务及利息的，抵押财产

---

① See S. M. Waddams, Unconscionability in Contracts, 39 *Modern Law Review* 369, 386（1976）.

② 参见［英］P. S. 阿狄亚《合同法导论》，赵旭东等译，法律出版社 2002 年版，第 318 页。

③ See Nordenfelt v Maxim Norderfelt Guns and Ammunition Co. （1894）AC 535.

④ See A Schroeder Music Publishing Co. v Macaulay （1974）1 WLR 1308, 1315.

归抵押权人所有，至于抵押财产高于债务与否，在所不论。① 衡平法院基本排除这类条款之效力，而回复抵押人收回抵押财产之权利。

（四）豁免条款

豁免条款即合同中强势一方利用自己的优势地位，将减轻甚至排除自己责任的条款。这种偏向于强势一方的风险安排，造成当事人之间权利义务的重大失衡。这些条款主要包括免除因过失至对方人身、财产伤害或死亡时的责任，免除履行合同义务，免除普通法所认定的担保责任等。这一司法导出的类型也在日益成熟后上升为立法即 1977 年的《不公平合同条款法》（*The Unfair Contract Terms Act*）。

（五）消费借贷合同

随着英国消费者权益保护呼声的增长，商人与消费者之间的利益失衡问题日益受到英国立法机构与司法机构的关注。在英国司法实务中，当判断消费借贷合同是否存在不公平情事时，往往考量双方当事人相对的议价能力强弱、是否有机会了解条款之内容（主要针对格式合同）等因素。经司法实践而构建的该显失公平之类型被立法者采纳而实现了成文法化，即 1974 年的《消费信贷法》（*Consumer Credit Act*）

（六）议价能力不平等所订立之合同

根据英国自由主义的传统，普通法不干涉合同之结果，而注重于缔约在程序上的正当，衡平法院对肇因于议价能力不平等所产生是不公平情形之干预也相当克制。但是，近年来在不少领域内自由主义开始被侵蚀，同时法院适用显失公平法理来阻却合同效力的实践也逐步增多。其中，议价能力不平等导致合同的重大失衡进而被法院宣告无效的适用情形相对较多。如在 Lioyds Bank v Bundy 案

---

① 参见［英］P. S. 阿狄亚《合同法导论》，赵旭东等译，法律出版社 2002 年版，第 316 页。

中,① 法院宣告受益人未履行其义务的保证合同无效，法官认为，合同建立在议价能力的严重不平等之上（inequality of bargaining power）。又如在 A Schroeder Music Publishing Co. v Macaulay 案中,② 法院宣告出版社剥夺作曲家 5 年内对自己所有作品发表权的合同无效。法官提出两项关键的考量因素：其一，出版商与作曲家在合同签订时的相对议价能力；其二，判断出版商是否利用了自己的优势议价能力从作曲家那里获取不公平的利益。由此可知，不公平议价能力成为显失公平行为产生之重要类型。具体到在审查议价能力平等与否之情事时，法官考量的因素比较广泛，如相对方是否是"贫穷或无知""受教育程度""急迫""欲望""虚弱"以及"他人所施加的不当影响"等。

除上述常见之类型外，衡平法院还发展出了借款合同、罚金保证书、运输合同、借贷合同等领域的显失公平类型。③

综上可知，显失公平规范在英国立法上确立之前，法院并不那么热心以挹注显失公平法理的基本原则作为规制不公平合同及条款的工具。直到 20 世纪初，受自由主义的影响，司法与立法在扩大显失公平法理之适用范围上显得相当谨慎，甚至可以说是消极抵制，因此具体化之案件类型局限在比较狭小的领域，立法上也缺乏将司法运作中的显失公平法理上升为具有普适性的基本原则。实务中，更倾向于因显失公平而折损效力的合同或条款进行具体化分类，在法律处理上，也以构建相对具体的规则为导向，如根本违约理论、解释规则等。但是，随着实务上显失公平合同或条款类型的成熟，立法者会将之成文化，因此英国首先是经由法院实现显失公平法理之具体化，进而有立法在司法所构建之类型及欧盟消费者保护指令的指引下大力引进立法决定的类型化。

---

① See Lioyds Bank v Bundy（1975）1 QB 326.

② See A Schroeder Music Publishing Co. v Macaulay（1974）1 WLR 1308.

③ 参见［英］P. S. 阿狄亚《合同法导论》，赵旭东等译，法律出版社 2002 年版，第 318—319 页。

第二节 价值补充：显失公平规范具体化
适用的必由之路①

　　显失公平概念本身极为抽象，唯在具体个案中予以价值判断，使之具体化方能发挥法律规范之功能。论者将此种"透过法官予以价值判断，使其规范意旨具体化之解释方法"，② 以价值补充称之。显失公平规范即此等需要价值补充方实现其规范功能之著例。无论是立法机关推进的类型化，还是司法机关累积之类型化，均欲通过显失公平规范具体化适用以实现其规范功能为目标。且类型化所钟情之法律适用方式为"涵摄"，其立法性导向不言自明。这也使得类型化无法避开成文法局限性的陷阱，面对新情势及由此带来的既有类型构成要件的更化，使得价值补充不断被推上显失公平规范具体化的"前线"。

一　类型化无法绕开的屏障：成文法局限性

　　诚如前述，类型化之目标在实现显失公平规范在某类型适用上的构成要件化，法律效果的确定化，如此则使得显失公平规范在特定的类型中剔除了"模糊性"，从而可得作为三段论法律推理的大前提。立法决定的类型化自不待言，如法国民法对"不动产买卖合同"显失公平之特别规制，通过失衡"显著"的客观标准化（7/12），法律效果的确定化（无效），实现了不动产买卖合同中显失公平规范彻底的具体化，几乎挤压了法官通过价值判断而自由裁量的空间。

---

　　① 由于不确定法律概念或概括条款本身极为抽象，需于具体的个案中予以价值判断，使之具体化，而后其法律功能始能充分发挥，此种透过法官予以价值判断，使其规范意旨具体化之解释方法，谓之价值补充。参见杨仁寿《法学方法论》，中国政法大学出版社 2013 年版，第 137 页；

　　② 参见杨仁寿《法学方法论》，中国政法大学出版社 2013 年版，第 137 页。

司法构建的类型化亦是如此，虽然在欧陆法系国家，一般而言，判例不具有正式法源之地位，但司法中类型化乃立法类型化的前奏，具有准立法之性质，其所着手之任务也是通过类型构成要件化确定显失公平在具体情形下的清晰内涵与边界，其内在导向仍是趋于涵摄的法律适用模式。因此，成文法之局限性也与他们如影相随。

（一）立法决定的类型化之顽疾

法律作为轨物纳民的重要规范类型，旨在构建稳定的社会秩序，一方面公权力机关不得恣意妄为，另一方面人们能在法律框架下自由行事。一般而言，法的确定性程度越高，那么人们借以安排自己的生活的可预测性越大，法律适用中的恣意也将降到最低限度。在一个法的确定性得不到良好实现的社会，很难实现有序的治理。因此，法的确定性成为立法与司法所首要实现的目标。法律规范太具体，意味着其外延相当狭窄，无法有效的涵盖实务中的待决纠纷。尤其情势变更后，具体规定与社会脱节之现象在所难免。因此，在立法上实现显失公平规范具体化的立法例中，法律的翻修非常频繁，在某种程度上说，这又与其实现确定性的诉求相悖。以法国民事立法中显失公平规范之具体化为例，民法典仅将显失公平法理注入买卖合同中的"不动产买卖"，但是后续立法相继在肥料、种子买卖合同；利息借贷合同；转让文学作品利用权合同等领域实现显失公平规范的具体化以因应时需。总之，立法决定的类型化或因情势变更而产生"滞后性"；因立法者思虑不周而产生"不周延性"；因规范语言的局限而产生"模糊性"等成文法化所带来的问题。[①] 为了解决这些顽疾，法国、欧盟均赋予了有关机关以因应时势调整具体化名单之做法，如法国滥用权利条款委员会与司法部配合实现对开列显失公平类型的及时调整修正。质言之，过度的具体化满足了法的确定性诉求，却付出了周延性、普遍规范的代价。诚如论者分析指

---

① 参见于飞《公序良俗原则研究——以基本原则的具体化为中心》，北京大学出版社 2006 年版，第 160 页。

出，法律基于作为防范人性弱的工具特性必须警惕人，同时又不得不依靠人，一方面必须追求安全，另一方面又不得不部分牺牲安全以换取灵活者就是法律局限性和法律价值选择的二律背反背景。① 基于此，立法者大都采用"显失公平规范一般条款＋特别规定"或"显失公平规范一般条款＋特别法"之规范设计模式来保持显失公平规范之开放性。欧盟虽然开列具体显失公平类型之清单极大实现了具体化的目标，但仍保持了一般条款之配置，正是基于对立法决定的类型化顽疾的深刻认识。

（二）司法导出的类型化之弱点

诚如前述，立法决定的类型化因过度具体，法的确定性强化的同时，法的适应性大为消损。因此，各国立法者多在显失公平规范之设计上，除不断翻修立法上的类型外，不得已借用一般条款来保持显失公平规范之开放性。但一般条款之过度抽象化，又使得显失公平规范必须得借助法官的具体化适用方实现其规范功能。法官在此一般条款的明确授权下着手类型的构建。为了克服成文法局限性的显失公平规范一般条款，其具体化过程中，又不可避免地出现法官的自由裁量与法的确定性诉求之间的矛盾。立法的概括授权使得法官获得广泛的自由裁量权，对法的确定性之追求又急需类型化这一方法来实现对自由裁量的适当规制。前述立法决定的类型亦由司法裁判的积累输送，这也使得司法建构类型化这一准立法性质的方案不可避免地承受了成文法的类似重负，通过司法的类型化实现概括条款的具体化适用落入成文法局限窠臼的阐释，于飞教授做过比较详尽的分析，鉴于显失公平规范与民法上的概括条款（基本原则）类型化在性质上均为开放性不确定法律概念的具体化问题，类型化

---

① 参见徐国栋《民法基本原则解释》（增订本），中国政法大学出版社 2001 年版，第 172—183 页。

方案的弱点亦具有同质性，但亦有些许不同，兹概述之。①

首先，类型化前的迟延性。类型化之前提是大量裁决的积累，在积累之前，显失公平规范一般规定之适用只能仰仗法官的自由裁量。此时，当时社会的观念风俗、法官个人经验、思维方法等均对法律决定产生或多或少的影响。判决基数太少又无从在分析、鉴别、取舍的基础上具体化个别类型的构成要件或法律效果。此阶段也是司法裁判违背"平等原则"频发的领域。以德国民法"暴利行为"条款适用为例，在判断给付与对待给付"明显不相称"问题上，有法院以超过市场利息两倍作为标准。但是，联邦最高院并不采纳此一看法，而且从立法者的意图上佐证"确定固定的界限是不恰当的"。换言之，在其他判决案中无须采用两倍的标准，这就导致对"平等原则"的违反。随着判决的积累及研究的深化，最终德国法院确立的利息之债中显失公平判断的一般参考依据，即超过重点利息100%作为判断标准。② 此阶段类型化的迟延性也证明，价值判断无法绕开而类型化又不及的场合专注于价值判断可预测性的方法才是显失公平规范一般条款具体化问题的重点。

其次，类型化后的滞后性。随着经社实践之发展，特别格式合同采用以来，显失公平条款与合同类型层出不穷。法国自1978年成立滥用权利条款委员会以来，其所开列显失公平条款类型即几经变更，最近一次更大规模更新在2009年。诚如前述，欧盟自1994年关于消费者权益保护指令列出17种显失公平类型后，2008年在进一步细分及实践发展的基础上再次做了调整。如此种种皆彰显类型化滞后性无疑。情势变更也使得原来成熟的显失公平类型在新的环境下必须做出调整，或构成要件的修正，或法律效果的重置，或证明责任的重新分配等。

---

① 关于基本原则规范类型化之弱点，参见于飞《公序良俗原则研究——以基本原则的具体化为中心》，北京大学出版社2006年版，第161—164页。

② 参见［德］迪特尔·梅迪库斯《德国民法总论》，邵建东译，法律出版社2000年版，第538—539页。

　　最后，类型化的不周延性。类型化在原有具体案例群的分析、甄辨、加工的基础上将所描述之对象进行了部分抽象化处理，也即对所描绘对象某些特征的舍弃。这使得在一定程度上，无法兼顾个案的特征，此时不得不借助价值补充的登场来处理这一法律的难题。有学者主张，类型化必须建立在本国相当数量之判决基础之上，非此不足以保证类型对本国的适用性。① 唯公序良俗原则关涉一个传统风俗、历史、经济、政治等地域性因素过重，因此类型化的迟延性问题更为突出。但是管见以为，关涉民族特色、政经形态等影响没那么明显的私法领域，共性统一相对容易一些。国际上既有成熟的显失公平条款或合同之类型可为我国之参考，其类型化前之迟延性显得不那么急迫。国际上主要针对格式合同条款显失公平所形成的类型化，尤其关注消费者权益保护之事项，完全可径直取"拿来主义"。

　　综上以观，司法构建的类型化各个阶段无论是类型化前，还是类型化后，抑或类型化本身的不周延等在在皆将价值补充推向前台。司法构建的类型化在显失公平规范具体化议题上仍不免于捉襟见肘的困窘。

二　价值补充不可或缺：具体化的典型方法②

　　诸如"显失公平"这类概念，并无明确的内涵与外延，立法者赋予法官斟酌一切情事予个案中加以确定。其规范功能之发挥，必须经由法官的价值判断来确定其规范意旨。有论者以之为一种"法律解释"，③ 有

---

① 参见于飞《公序良俗原则研究——以基本原则的具体化为中心》，北京大学出版社 2006 年版，第 162 页。

② 有学者指出，价值补充系不确定法律概念具体化的一种有效和典型方法。参见王泽鉴《民法实例研习·基础理论》，中国台北：三民书局 1981 年版，第 158 页。

③ Cannris 认为法律漏洞之判准在于法律上指令之有无，唯有无法律指令方得认定为漏洞，显然虽然指令不确定，但显失公平规范不论是过度抽象还是过度具体都无法改变已经有法律上指令的事实。再者，法律漏洞之一大特征即违反计划性，不确定法律概念在计划之内，且引入法律外的价值实现个案正义。参见黄茂荣《法学方法与现代民法》，法律出版社 2007 年版，第 382—383 页。

论者将之界定为"法律漏洞"，[①] 有论者将之理解成法律解释与法律漏洞之间的样态，视为法律解释之方法。[②] 从前述分析可知，类型化之前的个案中，显失公平规范之一般规定通过价值补充得以在构成要件与法律效果上实现具体化。类型化之后的个案中，因应情势变更秉持公平之价值追求而对已具体化之显失公平规范（立法决定与司法构建）为翻修的工作。从司法适用的视角观之，前者乃是无明确立法规定的情况对疑难案件进行处理，视为漏洞填补，颇为允当。后者系在既有具体化立法规定上因应时势而做调整，限缩或扩张其适用之范围，视为法律解释，亦非不可。没有"可能的文意"显失公平概念显然与通常意义上的法律漏洞、法律解释颇有不同，难以绝对的归属其中之一。因此，笔者倾向认同价值补充介乎法律解释与漏洞补充之间，系对不确定法律概念之一种解释方法。

诚如前述，立法决定的类型化不可避免地落于成文法局限之窠臼。过度具体损害显失公平规范的"周延性"，也导致了其"滞后性"，实务中价值补充不得不一再"救急"。司法建构之类型化则更是不可须臾失去价值补充之加持：类型化前，需要价值补充构建新类型案例；类型化后，诉求价值补充来因应时变。因此，无论是立法决定的类型化，还是司法建构的类型化，均有其极限，无法彻底实现显失公平规范具体化之目标。"显失公平规范"之具体化适用回到造成其适用困境的原点——价值补充。因此，其并未解决价值衡量的问题，而是转移到其他议题或仅仅是延后解决。总之，类型化之产生、发展、修订、消灭无不有价值补充之身影。既然价值判断

---

① 如黄茂荣先生针对 Canaris 之观点提出怀疑，其认为法律上有指令不一定意味着法律的实然，因为指令并没有明确的规范内容，而仅仅是对法官的一个授权指引。而且，不确定法律概念之功能并不意味着其不违反计划性。因为，立法者认识到了自身之局限及由此导致的不圆满，但是并未加以解决，这类不圆满状态事实存在，不确定法律概念违反计划性昭然。参见黄茂荣《法学方法与现代民法》，法律出版社 2007 年版，第 383—384 页。

② 参见杨仁寿《法学方法论》，中国政法大学出版社 2013 年版，第 137 页。

无法从显失公平规范具体化适用中完全排斥，甚至是须臾不可离，那么以立法为导向的类型化以彻底挤压价值判断之空间的做法似乎是个永远无法完成的任务，釜底抽薪之举应是关注价值补充自身的适用问题而非通过立法、司法等过程压缩、排斥之。

著者以为，立法决定的类型化与司法建构的类型化均意欲借类型化的方法完成显失公平规范具体化的任务。究其实，乃是为实现显失公平规范以涵摄方式适用的目标。欧盟关于消费者保护指令开列具体清单、法国滥用权利条款委员会将显失公平条款之类型入典、各国于具体合同规制挹注显失公平法理、司法构建案例类型等无不将"拉近规范与被规范事实之间的距离"作为目标以尽可能挤压司法自由裁量之空间。因此，类型化是司法权与立法权之间的博弈结果，以涵摄的法律适用方式为导向的具体化方案。质言之，类型化的使命是尽可能绕开或压缩不确定法律概念适用过程中所必需的价值补充问题。然而，类型化重蹈成文法局限性覆辙之事实昭示，这一使命永远是一个未完成的过程。各国在设计规制显失公平行为之规范时，不论立法、司法之类型化工作多么出色，大都配置显失公平规范之一般规则以应乎无穷的经社实践。这也意味着价值补充将是显失公平规范具体化不可能绕开屏障：类型化前需要价值补充来实现类型的合理性；类型化后需要价值补充来治愈类型之"症结"。新类型的产生、既有类型的检讨、类型的与时俱进皆指向价值补充的不可或缺，而价值补充中法官之自由裁量权有导致恣意的可能，这不仅威胁到法的可预测性，而且类型化的合理性也取决于此。具体化适用的层面观之，价值补充中如何在法的确定性与自由裁量之间实现平衡成为显失公平规范具体化的核心问题。

第 七 章

显失公平行为司法认定的
二分法：以个案裁判为导向

> 司法过程的最高境界不是发现法律，而是创造法律；所有的怀疑和担忧，希望和畏惧都是心灵努力的组成部分，是死亡的折磨和诞生的煎熬的组成部分，在这里，一些曾经为自己时代服务的原则死亡了，而一些新的原则诞生了。[①]
>
> ——本杰明·卡多佐

在一定程度上说，美国显失公平原则（U.C.C. §3-302）之创设乃因应格式合同在现代交易中的广泛使用而生，旨在规制滥用格式合同而"震撼到法官良知"的交易行为。有论者指出，在有书面凭证的交易活动中，几乎都由格式合同所主导。[②] 一个不容忽视的问题是，这种合同订立模式，使得格式条款之起草者获得了任意分配交易风险的特权。虽然面对格式合同，消费者仍然有缔约与否、选择缔约人的自由；但是，由于消费者并不能理解合同的内容而且也

[①] ［美］本杰明·卡多佐：《司法过程的性质》，苏力译，商务印书馆2000年版，第105页。

[②] See David Horton, Flipping the Script: Contra Proferentem and Standard Form Contracts, 80 *University of Colorado Law Review* 431, 431 (2009).

鲜有消费者可以在市场上寻找更加公允之交易对象，因此，所谓格式合同中的有意义选择与自由自愿往往成为空谈。在美国，这种背离传统自由协商的缔约模式成为显失公平行为的高发区。诚如前述，在很长一段时间，普通法只关注合同订立之程序问题，如果程序的审查无瑕疵，则合同的结果公平与否在所不论。合同自由的理念以及市场经济规律的信守使得显失公平原则创设之前，除非极端不公平之情形通过对既有规范拐弯抹角的解释适用外，法官很少加以规制。UCC 为各州逐渐采用之后，显失公平原则（doctrine of unconscionability）成为管控格式合同中不公平条款的主要阀门。[①] 但是，由于显失公平原则之不确定性，其产生之初即遭遇了法官的消极抵制，并未发挥立法者所预期的保护消费者利益之规范功能。因此，后续的修订努力一直试图扭转显失公平原则因过分抽象而几乎沦为摆设的状态，使之成为合同不公平内容的有效监管工具。[②] 理论上说，基本原则往往赋予法官以较大自由裁量权，然而，诚如前述，似乎对于立法者的这份"美意"，法官群体并不待见。问题的症结，在于如何将这一高度抽象的基本原则适用于具体个案得出妥适的纠纷解决方案。应该说，美国的立法者、法官、学者们寻找破局之道的努力从未止息。概言之，为使显失公平原则成为"活跃"的规范完成立法者赋予其规制不公平合同之功能，先后产生三种显失公平原则具体化适用方案：程序性与实质性显失公平二分之传统方案，此是其一；其二，司法实践中发展处的滑动标尺理论（Sliding Scale）；其三，单一要件认定方法。三者之中，又以传统的程序与实质二分的分析框架广受认同。

---

① See Stephen E. Friedman, Giving Unconscionability More Muscle: Attorney's Fees as a Remedy for Contractual Overreading, 44 *Georgia Law Review* 317, 326 (2010).

② 关于显失公平原则在监管显失公平合同上乏力的论述，See Amy J. Schmitz, Embracing Unconscionability's Safety Net Function, 58 *Alabama Law Review* 73, 90 – 102 (2006).

第一节　传统的方法：程序性与
实质性要素并重

　　理论上最早全面以程序性显失公平与实质显失公平的二分来阐述显失公平之构成，当属 Leff 教授。他指出，UCC 的起草者们在创设显失公平原则之际，并未界定此概念，更未预设此原则具体化适用的分析框架。① 从 UCC §2 - 302 之规范及官方评述之表述来看，显失公平并无所谓程序性与实质性之分，但是，立法者提供了审查合同显失公平与否的概括指引。如官方评述从结果着眼指出，"基本的判断标准是，依照一般的商业背景，某个具体行业或者案例的商业需要，有关条款是否是如此偏向于一方以至于在缔约时存在客观情形下的下显失公平"。② 又如官方评述从缔约过程着眼指出，法院裁决之原则当为"阻止强迫（oppression）和不公突袭（unfair surprise）"，而且明确反对将显失公平原则适用于仅"因优越的谈判实力而造成的风险划分"之情形。③ 诚如前文所述，立法者这一模糊指引的安排使得显失公平原则具体化阐释的重任落在了法官肩上。Leff 也正在在此基础上，分别从"合同的结果"与"合同的缔结过程"两阶段来阐释实质上与程序上显失公平。④

一　程序性显失公平：合意形成的不公平性

　　20 世纪 20 年代至 50 年代，法院对合同显失公平之情形的干预

---

　　①　See Arthur Allen Leff, Unconscionability and the Code-The Emperor's New Clause, 115 *University of Pennsylvania Law Review* 485, 487 – 88（1967）.

　　②　See UCC §2 – 302 cmt. 1（2010）.

　　③　See UCC §2 – 302 cmt. 1（2010）.

　　④　See Arthur Allen Leff, Unconscionability and the Code-The Emperor's New Clause, 115 *University of Pennsylvania Law Review* 485, 487（1967）.

日渐增多，但处理之方式仍是舍显失公平而言其他。① 法官在认定合同显失公平与否时，考量因素呈多样化趋势。主要有错误（fraud）、压迫（duress）、误解（misrepresentation）；② 悬殊的交易能力；③ 对价的不充分也时常成为判断的要素之一。④ 衡平法院最常见的关涉显失公平案件乃请求强制执行之诉。⑤ 在这类案件中，普通法院往往恪守合同自由原则，科以拒绝履行显失公平合同义务之当事人以违约损害赔偿之责。衡平法院的补救功能于焉启动。但"公平法感"究系如何抱注到合同的规制中？有何路径可以依循？几乎完全建立在法官个人喜好与主观思虑上。迄有两个里程碑式的判决 Campbell Soup Co. 诉 Wentz 案⑥与 Henningsen 诉 Motors，Inc. ⑦案的出现，显失公平原则在衡平法上的完善才取得重大突破。前者确立了"压迫"（oppressive）这一程序性要素，揭示真正合意的缺失；后者则确立了程序上的"不公平突袭"（unfair surprise）⑧ 要素与实质上的"免责条款"（remedy meddling）要素，针对强势方缔约时对优势地位的

---

① See Arthur Allen Leff，Unconscionability and the Code-The Emperor's New Clause，115 *University of Pennsylvania Law Review* 485，537 – 38（1967）.

② See W. de Frniak，Handbook of Modern Equity §95（2d ed. 1956）.

③ See Heyward v. Bradley，179 Fed. 325（4 th Cir. 1910）.

④ 需要指出的是，对价的不充分并非认定合同显失公平的充分条件，法院仍需综合合同的其他情形来做出最终判定。See O'Hara v. Lynch，172 Cal. 525，157 P. 608（1916）；Rupniewski v. Miazga，299 Pa. 190，149 A. 193（1930）.

⑤ Unconscionable sales Contracts and the Uniform Commercial Code，Section 2 – 302，45 *Virginia Law Review* 583，583 – 592（1959）.

⑥ Campbell Soup Co. v. Wentz，172 F. 2d 80（3d Cir. Pa. 1948）.

⑦ Henningsen v. Bloomfield Motors，Inc. ，32 N. J. 358（N. J. 1960）.

⑧ "Unfair surprise"较早研究美国显失公平原则之学者翻译为"不公平突袭"，如王军等；然而，晚近有学者将之翻译为"不公平意外事件"，如陈彦明等，参见［美］杰弗里·费里尔、迈克尔·纳文《美国合同法精解》（第 4 版），陈彦明译，北京大学出版社 2009 年版，第 481 页。管见以为，事件为一中性的事实评价，而突袭具有主观因素能形象的描绘出强势一方在合同订立过程中主观心理状态，正是在这一心理之驱使下才使得相对方缺乏有意义的选择，构成程序上显失公平的要素之一。故，笔者采用王军教授等之译法。

滥用（overreaching）。经由前述两案件的阐释，程序性显失公平（procedural unconscionability）颇具雏形。其以合同的订立过程为评价对象，倘交易过程因存在压迫或不公平突袭导致相对方缺乏有意义之选择（meaningful choice），即可认定程序性显失公平之存在。考察实务，程序性显失公平之证成多为消费者无法阅读或理解合同条款之情形。且就"压迫"与"不公平突袭"之审查，法官从内外视角（个人情况与交易环境）着眼，逐步积累了成熟的考量要素与判断标准。兹分述之：

（一）压迫：真正合意之缺失

程序性显失公平旨在审查合同条款如何成为双方合意的一部分以及磋商的过程本身。[1] 普通法的传统强调合同自由自愿，因此为保证交易中当事人真意的表达及真实合意的实现，配置了相应的制度，这与大陆法系的意思表示瑕疵制度对应。如错误、欺诈、胁迫、不当影响、违反公共政策等，因此，在显失公平原则产生以前，实务中多以对既有制度的解释与适用来处理不公平条款的问题。当压迫尚不能满足欺诈、胁迫等要件之际，往往倾向于对合同自由之坚守而不做折损合同效力之宣告。显失公平原则填补了这一空白，程序性显失公平之"压迫"因素即为确保合同当事人之间真实磋商与有意义选择存在与否的审查参照。"压迫"的众多表现形式中，不公平的议价能力虽然非程序性显失公平的唯一判断标准，但司法实务其为最普遍的认定因素。[2] 而佐证议价能力悬隔的外在表征往往可以根据当事人之身份情况来判断，如大公司与自然人之间的合同。[3] 亦常由"具体情况的垄断"（situation-specific）来证明，即商人事先开示合同的价格条款吸引潜在消费者缔结合同之意愿，诱使其缔结合同

---

[1]　See Harry G. Prince, Unconscionability in California: A Need of Restraint and Consistency, 46 *Hastings Law Journal* 459, 472 (1995).

[2]　See Russell Korobkin, Bounded Rationality, Standard Form Contracts, and Unconscionability, 70 *University of Chicago Law Review* 1203, 1279 (2003).

[3]　See Arnold v. United Cos. Lending Corp., 511 S. E. 2d 854, 861 (W. Va. 1998).

而付出了时间、金钱等成本，然后开列出格式条款，消费者要么接受要么放弃之前的投入，从而不得已而签订合同。①

1. Campbell Soup Co. 诉 Wentz ②

本案中，胡萝卜价格上涨以至原先合同所议定之价款过低，根据合同严守与意思自治原则，被告应当实际履行（specific performance）。然而，法院最终认为，合同太偏袒合同条款的起草一方，苛刻到我们从良知出发，不能给予原告主张实际履行的补救。判决指出："提出如此苛刻的协议并成功地得到对方接受的一方，不应该找一位衡平法官来要求法院帮助他强制执行该合同的条款。衡平法不能强制执行显失公平的交易，这个原则是如此牢固地被确立，以至于不需要再费笔墨。"③ 由此可知，时至此时，法院仍未对显失公平做明确界定更未有适用原则裁决时惯用的深刻说理，仍延续了之前基于朴素法感的操作方法。但是，本案在推进显失公平判定的事实因素上却功不可没——强调了一方利用自己老练的商业阅历起草于己偏利之标准合同，有触动良知（shock conscious）之虞，即可考虑否认该协议之强制执行力。这一因交易能力的不平等导致真意选择的阙如，后来发展为程序性显示公平中的压迫（oppression）。

2. Weaver 诉 American Oil Co. ④

本案中，原告 Weaver 承租 American Oil Co. 的加油站，Weaver 在一次事故中被喷出的汽油烧伤，因而向石油公司主张损害赔偿。石油公司则以租赁契约中之免责条款而拒绝赔偿。法官详细论证了因垄断权的存在而构成程序性显失公平进而宣告不得强制执行。首

---

① See Sun Trust Bank v. Sun Int'l Hostel Led. , 184 F. Supp. 2d 1246，1259 – 62（S. D. Fla. 2001）.

② See Campbell Soup Co. v. Wentz，172 F. 2d 80 （3d Cir. Pa. 1948）.

③ 判例中的原文表述为 "offered and succeeded in getting an agreement as tough as this one is，should not come to a chancellor and ask court help in the enforcement of its terms. That equity does not enforce unconscionable bargains is too well established to require e-laborate citation". See Campbell Soup Co. v. Wentz，172 F. 2d 80 （3d Cir. Pa. 1948）。

④ See Weaver v. American Oil Co. , 257 Ind. 458，276 N. E. 2d 144 （1971）.

先，确认双方当事人议价能力之平等。一方为自然人 Weaver，另一方为大型公司 Amercian Oil Co.，该合同使得文化水平不高之 Weaver 获得维持生计的就业机会，因此不得不全盘接受石油公司所开具之格式合同的苛刻条件。这种议价能力的不平等显而易见。其次，缺少自由磋商机会。石油公司利用自己的优势地位，预先拟定严重有利于自己的合同条款，Weaver 只有"接受或离开"的选项而并无讨价还价之能力。因此，自由自愿达成协议并不存在。再次，垄断权的存在。石油公司所提供的工作机会为 Weaver 不可或缺，所以不得不签订之。且作为弱势一方，Weaver 也不具有逐一考察相对方以择优作出自己的选择，石油公司与大都其他格式合同的提出者一样具有垄断地位，这使得几乎所有的竞争者都适用相类似的条款，弱势方根本无从作出有意义的选择。最后，基于上述原因，租赁合同显然存在明显的"压迫"，从而充足显失公平原则适用程序上的要求。

3. 格式合同中的"压迫"问题

"压迫"作为程序性显失公平的表征之一，其核心意旨即弱势一方几乎没有讨价还价之余地。而交易活动缺乏真实磋商的典型交易形式即格式合同。这也导致了格式合同在"压迫"的认定上具有特殊的意义。在格式合同适用的场合，由于当事人缔约能力之悬殊，往往导致消费者并未获得自由磋商机会，因此，合同是否为附合合同往往成为程序性显失公平存在与否考量重点。以 Wheeler v. St. Joseph Hosp. 案为例，①首先，法院认为，医院要求患者在入院表格中接受仲裁条款是附合合同且显失公平。进而确定附合合同之条款强制执行力之依据在于是否超出普通人的合理预期，否则构成"压迫"或"不合理"而充足程序性显失公平的条件。

当然，格式合同中，合同一方当事人利用自己缔约能力之优势预先拟就，对方只有"接受或离开"的选择。其中，交易能力的不平等与磋商的机会缺失显而易见。但是，这却并不能成为认定"压

---

① See Wheeler v. St. Joseph Hosp, 133 Cal. Rptr. 775, 783 (Ct. App. 1976).

迫"的充分条件。① 美国学理上，也并不认为格式合同这种基于缔约能力不平等的交易方式本身就是显失公平的，相反，多承认其作为现代生活方式之一给人们经社实践所带来的便利。司法实务中，也否定了因格式合同磋商之缺乏而将之做显失公平之定性。② 因此，格式合同仅仅是法官在确定合同显失公平的考量因素之一。仍然需要综合同意、不公平突袭、注意、缔约能力悬隔及实质性的不公平。③ 交易以格式合同方式订立本身，仅仅是提醒法官或许其条款、缔约过程存在不公平之情形，以为进一步审查提供指引。④ 因此，唯有格式合同存在额外的程序性瑕疵时，法官方可做进一步细致审查。

（二）不公平突袭：知识缺乏

"不公平突袭"旨在防止未经当事人同意之不公平条款进入合同之情形。论者将不公平条款以这种"突袭"方式成为合同内容之情形大致分为三类：其一，利用了消费者的疏忽或轻率；其二，商家刻意使条款无法读懂或具有欺骗性；其三，将合同主要目的予以排除等。⑤ 综合这一分类，管见以为，"不公平突袭"之知识缺乏可以从两方面考量：消费者自身因素；加害方误导性交易行为。而且，往往二者结合才使"突袭"成为可能。⑥

1. 内在的视角：消费者自身因素

囿于受害人自身年龄、读写能力、商业素养（business sophistication）等因素，在缔约时疏忽、轻率至未能知悉或理解不公平条款

---

① See Fields v. NCR Corp. , 683 F. Supp. 2d 980, 988 （S. D. Iowa 2010）.

② See Lovey v. Regence BluShield of Idaho, 72 P. 3d 877, 883 （Idaho 2003）.

③ See C&J Vantage Leasing Co. v. Wolfe, 795 N. W. 2d 65, 80 （Iowa 2011）.

④ See Home Fed. Sav. & Loan Ass'n of Algona v. Campney, 357 N. W. 2d 613, 619 （Iowa 1984）.

⑤ See Craig Horowitz, Reviving the Law of Substantive Unconscionability: Applying the Implied Covenant of Good Faith and Fair Dealing to Excessively Priced Consumer Credit Contracts, 33 *UCLA Law Review* 940, 945 （1986）.

⑥ 从消费者自身因素探究不公平突袭，本书称为"内在的视角"；从加害方的恶意行为探究不公平突袭，本书称之为"外在的视角"。

之内容。司法实务中，在认定"不公平突袭"考察受害人方面之原因时多会审查前述因素之样态。如在 Jones v. Star Credit Corp. 案中，① Jones 为领取政府津贴之社会贫困者，其向 Credit Corp. 公司贷款购买冰箱，商家将一件原价 300 美元的冰箱以 900 美元卖给 Jones，且外加贷款费用、人身保险费用、营业税等一起共需给付 1234.80 美元。该案中，法官除认定"价格条款"显失公平从而予以调整外，还特别提到"对于未受过教育或不识字之人民应给予特别关注，因为他们往往因交易地位的不平等而成为受害者，且大部分是社会最贫困之人"。因此，因受害人自身之受教育程度、商业素养等知识缺乏之原因而导致轻率或疏忽受不公平条款之约束显然为法律所不容许。前述的 Weaver v. St. Joseph Hosp. 案中，原告 Weaver 未受过多少教育，仅仅度过一年半中学的实情也成为法官认定该案满足程序性显失公平认定的重要依据。当然，如果加害人能提供相反证明，如对于重要条款适用清晰简洁易懂之表述、用突出大号字体表示等足以引起消费者注意之方式则往往可阻却程序性显失公平之宣告。②

2. 外在的视角：加害方误导行为

除前述内在的视角外，有论者将加害方误导性行为作为"不公平突袭"的另一重要表征。③ 加害人的"恶意行为"（bad behavior）可以说花样迭出，如通过施加压力使得对方草率缔约；用艰涩难懂的条款使对方无法理解；用隐蔽性的表达条款内容等。法官针对具体案情提出了审查"不公平突袭"存在与否时当考虑的因素，如隐蔽条款、无法理解的语言或者将关键条款剔除等，④ 以及交易完成之

---

① See Jones v. Star Credit Corp, 22 Ⅲ.59 Misc. 2d 189, 298 N. Y. S. 2d 264 (Sup. Ct. 1969).

② See Bess v. DirecTV, Inc. , 885 N. E. 2d 488, 497 – 98 （Ⅲ App. Cir. 2008）.

③ See Arthur Allen Leff, Unconscionability and the Code-The Emperor's New Clause, 115 *University of Pennsylvania Law Review* 485, 499 – 500 （1967）.

④ See Omar Anorga, Music Contracts Have Musicians Playing in the Key of Unconscionability, 24 *Whittier Law Review* 739, 745 （2003）.

后方通知消费者限制担保条款。① 总之，凡是不可归责于受害人之原因而使得其未能知悉或理解不公平条款之内容的所有情形。如在 Henningsen 诉 Motors，Inc. 案中，② Henningsen 买车后，车发生事故，车毁人伤。汽车公司以合同约定排除默示保证等责任为由拒绝赔付。本案中，法院将大量笔墨着眼于对格式条款表现形式、明示程度等技术层面之描述，由于免责条款之客观位置、字体使得其内容皆难以被发现，又 Motor 公司主观上亦未在缔约时履行提示说明等开示义务，进而得出内心确信"本能的正义感呼唤着我们极力反对这样苛刻的交易"。③ 然而，一般而言，在没有欺诈等折损合同效力之情形时，合同严守的理念很难被突破。为在这种正义感与传统理念的博弈中找到裁决的密钥，法官们搜罗爬梳了历史上的"悖逆"合同严守理念之先例④，最终得出结论：在某些情况下，诸如交易能力显著失衡、合同自由的滥用致使公共利益受创⑤、强势方对必须缔约需求的利用⑥等情形合同严守需要在朴素的正义感面前让步。更难能可贵的是，本案的法官不再满足于仅仅以玄乎的"正义感"作为判决的支撑，而是对显失公平原则做了颇费"笔墨"的深度阐释：首先，肯定并借用了 Campbell Soup Co. v. Wentz 中，法院确立的不对

---

① See Sinai Deutch，*Unfair Contracts*：*The Doctrine of Unconscionability*，Lexington，Mass.：Lexington Books，1977，p. 121.

② See Henningsen v. Bloomfield Motors，Inc.，32 N. J. 358（N. J. 1960）.

③ "An instinctively felt sense of justice cries out against such a sharp bargain"．See Henningsen v. Bloomfield Motors，Inc.，32 N. J. 358（N. J. 1960）.

④ Davis Motors，Dodge & Plymouth Co. v. Avett，294 S. W. 2d 882（Tex. Civ. App. Fort Worth 1956）；International Harvester Co. v. Bean，159 Ky. 842（Ky. 1914）；Vaughan's Seed Store v. Stringfellow，56 Fla. 708（Fla. 1909）；Parsons Band-Cutter & Self-Feeder Co. v. Mallinger，122 Iowa 703（Iowa 1904）；Landreth v. Wyckoff，67 A. D. 145（N. Y. App. Div. 1901）；St. Louis Cordage Mills v. Western Supply Co.，1916 OK 80（Okla. 1916）；Reliance Varnish Co. v. Mullins Lumber Co.，213 S. C. 84（S. C. 1948）；Stevenson v. B. B. Kirkland Seed Co.，176 S. C. 345（S. C. 1935）；Black v. B. B. Kirkland Seed Co.，158 S. C. 112（S. C. 1930）；McPeak v. Boker，236 Minn. 420（Minn. 1952）.

⑤ Morehead v. New York，298 U. S. 587（U. S. 1936）.

⑥ United States v. Bethlehem Steel Corp.，315 U. S. 289（U. S. 1942）.

等交易地位而致显失公平可否认合同强制执行力的规则：作为汽车制造商的 Motors, Inc. 与消费者 Henningsen 之间交易地位完全不平等，由于 Motors, Inc. 在市场上的垄断地位，Henningsen 没有任何有意义之选择。即这种"压迫"（oppression）是如此之强烈以至于消费者根本不具备协商条款来保护自己权益的机会。其次，对合同订立时格式条款的可知性做了细致考究，针对条款内容的字体、形式、显而易见性等方面做了详尽描绘。并得出条款内容之表现形式不足以引起消费者注意之结论。这成为程序性显失公平中另一要素"不公平突袭"（unfair surprise）。然而，法官并未满足于此。而是进一步对格式条款中，汽车公司限缩自己保证责任，免除标的物主要担保义务之部分的效力予以否认。换言之，这触及了显失公平的实质面判准，遗憾的是，判决仍沿用了以往比较抽象的"正义感"一词，作为对条款实质审查的依据而没有对实质性显失公平做进一步发掘。此外，Henningsen 案中，也提出了商业背景（交易环境）使得当事人无法做出有意义选择，乃程序性显失公平审查之重要因素。该案中，汽车为社会上非常重要的交通工具，虽未达到生存所必需，但正常生活不可须臾离也。而美国的汽车制造协会采用的含有类似不公平条款的格式买卖合同，换言之，由于这种垄断关系，消费者根本不可能做出自由而有意义之选择。因此，本案皆满足程序性显失公平之"不公平突袭"与"压迫"之认定条件。

　　"不公平突袭"中商家刻意将不公平的条款隐藏于合同中以使消费者不得而知，或知其存在但不知其内容。常表现为合同适用无法辨认的细小文字打印，或者使用难以为一般人所理解的法律术语等情形。[①] 如在 John Deere Leasing Co. v. Blubaugh 案中，[②] 在关涉租赁合同中责任分担的条款适用小字体、淡墨迹印刷，并且将该部分内容打印于合同书的背面。法院依据墨迹、字体、背面等各因素之综

---

① See A & M Produce Co. v. FMC Corp., 186 Cal. Rptr. 114, 122 (Ct. App. 1982).

② See John Deere Leasing Co. v. Blubaugh, 636 F. Supp. 1569 (1986).

合认为，Blubaugh 根本无法看清该条款之内容裁定租赁合同不得强制执行。

　　总之，程序性显失公平之认定往往从以下方面着眼：缺乏有意之选择；缔约能力的显著不对等；格式合同存在之场合；不公平突袭。法官在审查程序性显失公平时多专注当事人"自愿与真实"合意上，往往考量：年龄、受教育程度、智商、商业经验与精明、相对议价能力、谁为合同起草者、是否向弱势一方解释条款之内容、弱势一方是否可以对格式条款为修正。① "压迫"与"不公平突袭"也并非壁垒分明，实务中往往是既满足"压迫"，同时也构成"不公平突袭"，法官则不做分别认定而是直接宣告合同或条款因存在程序性显失公平而不得强制执行。如前述的 Henningsen 案，不仅涉及了显失公平原则的程序面与实质面，而且"压迫"与"不公平突袭"同时并存，并推进了程序性显失公平的发展。一方面，补强了认定"压迫"的事实依据，即"垄断地位"乃交易能力悬殊而致可能的经济压迫表现之一。这也更促使法院对严格执行合同自由原则而致不公正之结果予以更审慎的关切。另一方面，提出了程序性显失公平的另一要素"不公平突袭"（unfair surprise）。具体到本案则是免责条款所采用之表现形式，以其可读性、显而易见性等来认定。这也反映了在显失公平合同的实践中，其程序面与实质面并非泾渭分明，而是互相驳杂其间。②

二　实质性显失公平：合同内容的不公平性

　　实质性显失公平（substantive unconscionability）旨在预防交易风险负担在当事人之间的不合理分配。③ 然而，风险的预防与分配是交

---

　　① See Weaver v. Am. Oil Co. , 276 N. E. 2d 144, 148（Ind. 1997）.

　　② See DiMizio v. Romo, 756 N. E. 2d 1018（Ind. Ct. App. 2001）；See Arthur Allen Leff, Unconscionability and the Code-The Emperor's New Clause, 115 *University of Pennsylvania Law Review* 485, 485－559（1967）.

　　③ See A & M Produce Co. v. FMC Corp. , 186 Cal. Rptr. 114, 122（Ct. App. 1982）.

易活动中双方当事人努力找到最有利于自己方案的核心诉求之一。在利益的驱动下，一方当事人利用其优势而对风险做不公平之分配在交易中并不少见。至于因不公平之合同条款致使不公平合同结果之产生如何判断的问题，立法除概括指引外着墨不多，司法就事论事总结惯常情形不少。具体言之，UCC §2 – 302 提出判断时点在合同成立时，参考因素为合同订立之商业背景、目的等方面。倘发现合同如此有益于一方当事人以致严重违背"当时当地的商业道德与商业惯例"，[1] 则可认定实质性显失公平之存在。

《合同法第二次重述》§208 之官方评述将认定实质性显失公平存在与否的核心考量要素为合同条款是否不合理的有利于强势一方。[2] 司法实务中，其主要的判断参照有整体失衡、不公平价格条款（unfair price）、不公平责任免除（unfair disclaimer）、促使违约（promoting default）、排除权利条款等。质言之，与显失公平之程序层面关注当事人缔约之"同意"问题不同，其实质层面关注的是合同条款内容本身不公平的问题。

立法上之指引持守显失公平原则模糊灵活的风格，初略开示了大概方向。司法上针对具体案例之处理萃取出不少判断过程中当注力考察之条款与情形。学界在综合立法与实务经验之基础上，一直试图勾勒实质性显失公平的清晰轮廓。大体而言，合同中某些特定条款成为诱发显失公平审查的重灾区：限制赔偿责任条款（remedy limitations）、价格条款（price terms）、惩罚条款（penalty clauses）。[3] 尤其是这些条款导致商品成本与价格之间的不合理落差往往会被认定为存在实质性显失公平。这种"不合理"必须达到一定的程度，

---

[1] See Williams v. Walker-Thomas Furniture Co., 350 F. 2d 445, 450（D. C. Cir. 1965）.

[2] See Restatement（second）of Contracts §208 cmt. d（1981）.

[3] See Larry A. DiMatteo & Bruce Louis Rich, A Consent Theory of Unconscionability: An Empirical Study of Law in Action, 33 *Florida State University Law Review* 1067, 1079 – 1080（2006）.

因为对于没有明显极端不公平之合同，法官通常不会启动显失公平原则否决之。[1] 这一程度的具体化唯有仰赖法官的自由裁量，这与德国民法及学说拒绝给"暴利行为"之客观表现显著失衡划定具体数字比例的做法内质同一。诚如前述，英国法官将这种不公平程度形象的表述为"震撼到良知"（shock the conscience）。以下即围绕"价格条款""责任条款"这两类于司法实践中显失公平合同宣告之常见"座上宾"的具体案例探讨之。

（一）价格条款：过分悬殊

根据合同自由的理念，只要当事人之间不存在错误、欺诈、胁迫、不当影响等情形，则法官应认可其强制执行力。至于对价充分与否并非法官所考虑的问题，而是交由当事人自由协商决定，毕竟个人才是自己利益的最佳维护者与裁量者而非法院。因此，很长一段时间，普通法并不关心对价相当的问题，"胡椒籽原则"即为著例。显失公平原则适用的实务中，价格条款之不公平成为实质性显失公平认定的重灾区。但是，在以价格不公平为由而做显失公平之宣告前，需要解决的前提性问题即法官如何准确的判断价格过分？实务中比较常见的参照标准是，市场价格及利润空间。[2] 具体而言，其一，将合同价格与其他商家就同类产品之价格相比较，若悬殊，则可认定实质性显失公平之存在。[3] 其二，对商品或服务之成本与价格进行比较，利润畸大，则亦可认定实质性显失公平之存在。[4] 此外，还有从消费者的角度，将其接受之商品或服务的价值与价格相较，如果存在重大失衡则认定价格不公平。[5] 但是，一直未形成比较

---

[1]　See Alan M. White & Cathy Lesser Mansfield, *Literacy and Contract*, 13 *Stanford Law & Policy Review* 233, 255 – 256 (2002).

[2]　See James White & Robert Summers, *Uniform Commercial Code west publishing company*, 1988, p. 191.

[3]　See Toker v. Westerman, 274 A. 2d 78 (Dist. Ct. 1970).

[4]　See Frostifresh Corp. v. Reynoso, 274 N. Y. S. 2d 757 (D. Ct. 1966); Sho-Pro of Ind. , v. Brown, 585 N. E. 2d 1357, 1361 (Ind. Ct. App. 1992).

[5]　See Murphy v. McNamara, 416 A. 2d 170, 176 (Conn. Super. Ct. 1979).

统一的认定标准，这无疑使得裁判的合理性与可预测性大大削弱。[1]

虽然价格的过分不公平作为实质性显失公平的重要参考要素，但是其除没有认定统一标准而为人所诟病外，仍有颇值得质疑之处，如法官决定公平价格的标准是否具有比市场或当事人更具有合理性？倘答案是否定的，那么司法实务中，普遍存在的以价格不公平为由宣告合同显失公平之实例则颇值得怀疑。倘答案是肯定的，那么其或许与市场经济的基本假设相悖，[2] 需要更加充足的理由方能使这样的司法干预成为正当。此外，过分利润或与市场价格的差价达到何种程度方会因为价格条款之不公平而为显失公平之宣告，这只能交由具体个案中的法官来裁量。以上追问及对价格条款之质疑，非本书所专注之议题，兹不赘述。

（二）责任条款：过于苛刻

实质性显失公平另一常见之情形在于合同中的责任条款过于苛刻。申言之，即强势一方利用自己的优势地位将合同责任在当事人之间为不正当之分配。具体表现为限制或免除自己的责任或义务；加重对方责任；排除对方主要权利等。兹就实务中常见之苛刻责任条款详述之：

其一，责任免除条款之认定。在 Jones v. Dressel 案中，[3] Jones 与一家运动航空公司 Dressel 签订合同，Dressel 向 Jones 提供娱乐性降落伞之使用，且承诺使用飞机将 Jones 送到高空。但是该合同中置备了 Dressel 公司的免责条款，即 Jones 免除 Dressel 公司及其职工、代理人、受雇人、出租人等就合同之任何和全部的义务、权利、诉

---

[1]　See Craig Horowitz, Reviving the Law of Substantive Unconscionability: Applying the Implied Covenant of Good Faith and Fair Dealing to Excessively Priced Consumer Credit Contracts, 33 *UCLA Law Review* 940, 951 (1986).

[2]　即市场规律足可以规制价格在合理之范围。See Harry G. Prince, Unconscionability in California: A Need for Restraint and Consistency, 46 *Hastings Law Journal* 459, 486－87 (1994－1995).

[3]　See Jones v. Dressel, 623 P. 2d 370 (Colo. Supr. 1981).

讼或因诉讼而承担的责任；Jones 承诺放弃基于人身或财产之损害、伤害等得向 Dressel 主张之一切权利。后 Jones 由于飞机坠落而遭受严重伤害，诉请法院要求 Dressel 承担赔偿责任，Dressel 则以免责条款为由拒绝赔偿。法院认为如果因一方当事人的故意或重大过失遭受损害，那么主张权利之相对方应当获得救济，原则上，免责条款不能成为"故意或重大过失行为"的挡箭牌。且法官就本案提出了审查免责条款效力之要素：是否对公众负有责任；提供服务之性质；缔约时是否公平；当事人意思是否清楚的表达。最后，法院基于 Dressel 公司并未负有公共运输管理之责任，该跳伞之服务也非当事人生活所必需，因此，免责条款系基于自愿达成，并非以"压迫""突袭"等方式进入合同；且对于过失责任之免除，听任当事人自愿，司法不予干涉。从而认定该免责条款并非苛刻的不公平条款，拒绝了原告之赔偿请求。或可说，责任免除条款所免除之责任系因对方"故意""重大过失"等主观可责性较大之责任，那么法官将认定这种以强凌弱之条款构成实质性显失公平。倘仅仅是免除因"过失"等主观恶性较小所生之责任，则驳回显失公平宣告之声请。

其二，限制对方权利，限制之范围包括弱势一方主张救济之权利、主张损害赔偿之权利等合法权利从而达到扩充自己权利之目的。在 Hertz Commercial Leasing Corp. v. Dynatron, Inc. 案中，① 该案中，关于违约责任的条款即严格限制了被告 Dynatron, Inc 的合同权利，被法院认定为严苛条款（crucial clause）。根据该责任条款，被告在合同履行过程中的任何细微错误或违约均将成为原告主张损害赔偿、终止合同的充分理由。在合同中所开列的极为苛刻的违约情形出现后，被告不仅需要支付剩余租金，还要承担原告重新收回租赁物之费用、诉讼费用等费用。而显然这些非违约责任之范围，被告有权拒绝。此条款即旨在排除被告此正当之权利，因此法院认定此条款

---

① See Hertz Commercial Leasing Corp. v. Dynatron, Inc. , 427 A. 2d 872（Conn. Super. Ct. 1980）.

显失公平而拒绝原告的强制执行申请。

第二节　二分法缓和：实务中滑动标尺法之创设

以上的分析不难发现，显失公平的程序与实质二分法往往成为法官宣告合同限制公平之必备要件。缺乏有意义的选择使得法官对当事人之间合同的干预具有了正当性；而当事人之间风险的不公平分担则成为法官最终决定折损合同效力的实质理由。关于二者的适用关系，一般而言，要求程序性与实质性显失公平兼具方得为阻却全部效力或部分效力之宣告。因此，当事人需要由确凿证据分别证明程序性与实质性显失公平之存在，方能维护自己之权利，否则很难支撑显失公平之宣告判决。如面对合同苛刻的免责条款，倘受害方无法证明"压迫"或"不公平突袭"之存在，只能接受不公平之合同结果。因此，更有弹性的"滑动标尺"（sliding scale）的方法被引入到显失公平原则具体化适用之中，其可称之为二分法的改良。

相较于前述传统程序与实质二分的具体化适用方法，滑动标尺方法主要有两个方面的改进。一方面，证明责任的软化。滑动标尺方法无疑仍需要在适用显失公平原则时审查程序性与实质性两方面之事实，但是其并不要求二者同时需要有充分的证据作为支撑。[①] 换言之，显失公平之程序面与实质面可以在不同程度被满足，倘程序性显失公平异常明显，则实质性显失公平之程度则相对较低，反之亦然。另一方面，整体审查取代分别审查。如前述，法官寻找显失

---

① 本世纪初开始，滑动标尺方法在司法实务中日渐增多。See D. R. Horton, Inc. v. Green, 96 p. 3d 1159, 1162（Nev. 2004）; Cordova v. World Fin. Corp. of N. M., 208 p. 3d 901, 908（N. M. 2009）; Gonski v. Second Judicial Dist. Court of Nev. ex rel. Washoe, 245 p. 3d 1164, 1169（Nev. 2010）; Marmet Health Care Ctr., Inc. v. Brown, 132 S. Ct. 1201（2012）.

公平合同之依据时，程序上与实质上分别独立进行，待二者分别达
到充分证成之程度再为结合为合同显失公平之宣告。有一项不满足，
则功亏一篑。滑动标尺法则不然，将程序性与实质性显失公平串联
在一起，并且肯定彼此的互补性。换言之，倘实质性显失公平严重，
那么程序性显失公平并非那么明显的不足可以被实质性面的"严重"
补强从而为法官的干预提供足够的合理性。① 在滑动标尺方法的适用
下，程序性显失公平与实质性显失公平之认定均有不同程度之简化。

　　从程序性显失公平的证明来看，法官倾向于在有限证据证明的
情况作出程序面存在显失公平之认定，而不论缔约过程中是否存在
真实"合意"之缺失，尤其某些特别场合，如格式合同。② 如前所
述，在传统二分法的框架下，格式合同本身并非天然充要程序性显
失公平的认定条件，需要由额外证据证明格式合同存在"压迫"或
"不公平突袭"方能认定格式合同有程序性显失公平的问题。但是，
滑动标尺方法取以格式合同之存在作为程序性显失公平则之依据，
大大简化了论证过程，无须法官去审查诸如特别垄断、教育、读写
能力等细枝末节。换言之，只要格式合同存在，可推定程序性显失
公平；进而着力对实质性显失公平之论证。当然，这样的简化在提
高法官审查之效力和强化对格式合同中弱势一方的保护推进不少，
但对其合理性质疑亦实繁。格式合同为大生产到来之后的产物，极
大地提高了缔约效力，节约了交易成本，其合理性已为实践所证实。
诚如论者指出格式合同本身就是现代的一种生活方式，倘不一致认
定其程序性显失公平的属性，势必导致市场中大量合同的无效。③ 因
此，司法实务中，仍有不少法院在认定合同程序性显失公平存在与
否时，除了确定为格式合同，仍通过考察当事人社会经济地位、缔

---

① See Tillman v. Commercial Credit Loans, Inc., 655 S. E. 2d 362, 370
(N. C. 2008).

② See Gentry v. Superior Court, 165 P. 3d 556, 572 (Cal. 2007).

③ See Kinkel v. Cingular Wireless LLC, 857 N. E. 2d 250, 266 (Ⅲ 2006).

约环境等因素来检查是否存在缺乏有意义之选择的情形。① 同时，倘格式合同拟定者提供了足够的机会使得消费者有机会阅读或理解合同条款的内容，亦可排除程序性显失公平之认定。② 总之，滑动标尺方法赋予法官以更大的裁量空间，在某种程度上扩大合同被认定程序上显失公平的可能。

从实质性显失公平之认定观之，将其标准可以放宽到不合理的偏向一方当事人，这一宽泛判准。③ 相较于传统二分法中"震撼良知"之认定标准显然大为降低。在传统分析框架内，合同条款不公平必须达到"严重"之程度方能认定实质性显失公平之存在。滑动标尺方法则剔除"严重"这一要求，只要求合同条款在风险分配上有不合理之处即为已足。④ 一方面，何谓"严重"之不公平在司法实践中甚难确定，诚如前述，以价格条款作为合同实质性显失公平判断基准之情形，既不符合市场经济规律，也无统一适用之参照系，留待法官裁量。另一方面，法官在认定合同条款不公平时，没有"严重"的要求束缚，因此，轻微的利益失衡仍有可能做出实质性显失公平之宣告，这仍依赖法官裁量，只是相较于传统二分法的证明责任要求，滑动标尺方法下相对较轻。

综上的分析，或许会令人质疑：放宽程序性与实质性显失公平的"准入"门槛，不仅是本就享有相当自由裁量权的法官进一步扩权，而且对交易安全之维护也势必造成影响，因为这样会导致丧失强制执行力的合同大幅增加。因此，滑动标尺方法除上述从程序性与实质性两方面"弱化证明责任"外，仍辅之以"整体审查取代分别审查"，质言之，即将前述方法所认定的程序性与实质性显失公平作为整体来评价合同，而非为认定合同显失公平而分别去论证程序

---

① See Westmoreland v. High Point Health Inc. , 721 S. E. 2d 712, 717（N. C. Ct. App. 2012）.

② See Stelluti v. Casapenn Enters 1 A. 3d 678, 688（N. J. 2010）.

③ See Cordova v. World Fin. Corp. of N. M. , 208 P. 3d 901, 908（N. M. 2009）.

④ See Basselen v. Gen. Motors Corp. , 792 N. E. 2d 498, 507（Ⅲ App. Ct. 2003）.

性与实质性充足性。然后，根据各自所占之比重及对合同公平性的影响为综合判断。为便于直观开示整体审查的结果，笔者将"滑动标尺"赋上3个刻度"严重""中等""轻微"。那么根据前述方法所认定之不公平程度，程序上与实质上之显失公平中"显"的程度理论上包含"严重""中等""轻微"及三者的中间状态。个案中显失公平原则适用与否，整体审查之结果可表述为：

实质性 \ 程序性	无	轻微	中等	严重
无	×	○	○	●
轻微	○	○	○	√
中等	○	○	○	√
严重	●	√	√	√

说明：×代表绝对不适用；√代表绝对适用；○代表可能不适用；●代表可能适用。

倘经审查，合同显失公平之情形满足传统二分法所要求的证明责任标准（缔约程序上至少存在"压迫""不公平突袭"之一，合同条款内容上存在"显著不公平"）则为严重的程序性显失公平与严重的实质性显失公平。那么不再有裁量空间，必须否认合同的强制执行力。倘合同在程序上与实质上皆无显失公平之情形，则得驳回显失公平宣告之声请。此两种情形均非法官自由裁量之范围，上图符号"×"与"√"所表示区域法官对个案中显失公平原则适用与否之决定非两可之间，而是须作出绝对适用或绝对不适用之裁决。

鉴于实践中逐步有以程序性或实质性为单一条件作显失公平之宣告者，根据"举轻以明重"的原理，凡程序性或实质性显失公平之一达到严重标准的，另一要素是"轻微"，抑或"中等"在所不问，均得为显失公平之宣告。因此符号"√"所表示区域，合同中程序性或实质性显失公平至少充足其中之一，法官即有充分合理之理由干预并适用显失公平原则以矫正之。

针对实务中出现的程序性与实质性显失公平，或"轻微"，或

"中等"之情形，则仍需从交易环境、商业背景、个案细节、当事人情况由法官把握认定的尺度。符号"○"区域表示法官享有真正自由裁量权的范围，实务中显失公平原则之适用陷于疑难也多落于该区域。倘合同显失公平之程度尚不足以打动法官干预私人生活之念，那么出于交易安全之维护，是时合同自由原则及形式主义之坚守应处相对有限之地位。

比较特殊者，在仅有严重的程序性或实质性显失公平，而另一要件阙如之情形，诚如上表符号"●"所示区域。在既往传统二分法时代，往往要求合同之程序性或实质性显失公平同时具备方能充足显失公平原则之适用条件，因此，上表符号"●"区域所代表之情形断无该原则适用之可能。然而，在滑动标尺法下，对程序性与实质性显失公平之证明责任上为软化处理，且一方面的严重程度可弥补另一方面在程度上的不足，经由整体的审查，仍可宣告合同显失公平。然而以合同程序或实质上显失公平严重为依据折损合同强制执行力之实践，在实务上[1]与学理上[2]均不乏拥趸。此即为滑动方法适用之极端情形——单一要件决定论，其也逐步进化为显失公平原则具体化适用中更为妥当的方案。

第三节　司法态度之转变：单一要件决定之扩张

前述滑动标尺方法以程序性或实质性显失公平之层面过分严重，

---

[1]　See Resource Management Co. v. Wston Ranch & Livestock Co., 706 P. 2d 1028, 1043（Utah 1985）；Gillman v. Chase Manhattan Bank, N. A., 534 N. E. 2d 824, 829（N. Y. Ct. App. 1988）.

[2]　See Larry A. DiMatteo & Bruce Louis Rich, A Consent Theory of Unconscionability：An Empirical Study of Law in Action, 33 *Florida State University Law Review* 1067, 1091（2006）；Frank P. Darr, Unconscionability and Price Fairness, 30 *Houston Law Review* 1819, 1844（1994）.

而减轻另一要件的程度要求，法官在认定合同显失公平之时具有较大灵活性。那么，是否存在程序性或实质性显失公平之一严重到一定程度，则直接免去另一层面存在之必要呢？实务中给出了肯定的答复。也即本节所要阐述的单一要件决定显失公平存在的问题。换言之，实质性显失公平达到一定严重程度，则对程序性显失公平存在与否在所不论，即可为折损合同效力之宣告；反之亦然。以下从两方面分述之：

一 单一要件决定之一：实质性显失公平

以实质性显失公平为唯一认定要件，即法官仅以合同条款内容之不公平作为适用显失公平原则从而折损合同强制执行力的唯一条件，对合同程序性显失公平存在与否不予考虑。据学者考证，20世纪70年代以前，几乎没有以实质性显失公平为唯一要件认定合同不公平。[1] 之后虽有零星适用，但也限定在部分极端情形。[2] 但是，近年来，这种仅以合同条款内容之不公平而为显失公平宣告之情形有所扩张，而且据以审查的合同条款类型日渐丰富。概括而言，除前述所阐释之实质性显失公平多考察之"价格条款""责任条款"外，新近增加了"纠纷解决条款"，其可细分为"仲裁条款""集体诉讼排除条款"两种亚类型。

首先，诚如前述，价格条款之过分偏向于合同一方当事人，乃实务中常见的实质性显失公平之认定情形。价格条款之审查方式有抽象的"震撼良知"标准；有"过分利润"标准；也有"商品或服务质量之价值"标准等界定判断方式。兹试举3例以说明之，在

---

① See Craig Horowitz, Comment, Reviving the Law of Substantive Unconscionability: Applying the Implied Covenant of Good Faith and Fair Dealing to Excessively Priced Consumer Credit Contracts, 33 *UCLA Law Review* 940, 942 (1986).

② See Brower v. Gateway 2000, Inc., 676 N. Y. S. 2d 569, 574 – 75 (App. Div. 1998).

Frostifresh Corp. v. Reynoso 案中，① 法官认为商品之价格如此不合理以至于震撼到了良知。在 Toker v. Perl 案中，② 合同因商品（冰箱）之价格远远超过其成本，法官以显失公平为由认为不可执行。在 Vom Lehn v. Asto Art Calleries, Ltd. 案中，③ 合同之价格规定因超过艺术品自身价值的一半而被认定为实质性显失公平而不可强制执行。

其次，责任条款之严苛，主要从两方面考察。其一，不合理扩张自己之权利；其二，严苛的限制对方之权利。如 Helstrom v. Slope Borough 案中，违约责任条款因过分偏向于商家对消费者形成压迫而被拒绝强制执行，④ 此为实务中扩充自己权利之典型。交易活动中，于责任条款中限制对方之权利以使得双方当事人之间权利义务严重失衡更是实质性显失公平认定的多发领域。如压迫弱势一方放弃救济条款，排除合同主要权利等皆是。

最后，纠纷解决条款成为近来实质性显失公平审查的新着力点。实务中，纠纷条款之不公平主要包括两类：仲裁条款与集体诉讼排除条款。如在 Cordova V. World Fin. Corp. of N. M. 案中，合同规定由强势一方的自我管理之仲裁结构来仲裁合同之纠纷，法院以合同中仲裁条款实质上过分有利于一方当事人为由折损合同强制执行力，且明确阐明此情形下无须做程序性显失公平之审查。⑤ 合同中的仲裁条款或管辖权约定条款均为当事人为事后之可能之纠纷解决而提前做出适当之安排，以提高纠纷解决效力及降低纠纷解决成本，显然事关当事人切身利益。倘有显失公平之情形则无疑使得弱势一方当事人之合同权利无法得到切实保障。因此，仲裁条款对于当事人实现合同目的及权利之维护至关重要。此条款内容之不公平足以支撑法院干预交易活动的合理性。仲裁条款也借此成为近年来美国显失

---

① Frostifresh Corp. v. Reynoso，274 N. Y. S. 2d 757，759（Dist. Ct. 1966）.

② Toker v. Perl，247 A. 2d 701，703（N. J. Super. Ct. Law Div. 1968）.

③ Vom Lehn v. Asto Art Calleries，Ltd.，380 N. Y. S. 2d 532，541（Sup. Ct. 1976）.

④ See Helstrom v. Slope Borough，797 P. 2d 1192，1200（Alaska 1990）.

⑤ See Cordova v. World Fin. Corp. of N. M.，208 P. 3d 901，910（N. M. 2009）.

公平原则适用的新趋势。另外，纠纷解决条款中，有时商人为限制消费者之维权能力，提高其维权成本，会在合同中预先约定消费者排除"集体诉讼"之权。因为，在现代交易活动中，尤其在垄断行业，分散零星的消费者个体所受损害或许微小、力量薄弱。面对较高的诉讼成本，往往选择放弃维权的努力，诉讼法上特设定"集体诉讼"这一模式，以使得分散的受害人能聚沙成塔共同对付强势一方的商人。因此，在纠纷解决条款作出排除集体诉讼之安排无疑解除商人之后顾之忧，而使消费者限于更为不利之地位。如在 AT&T Mobility，LLC v. Concepcion 案中，① 法官根据州法宣告合同中排除当事人集体诉讼权利之条款因显失公平而不具有强制执行力。需要指出的是，鉴于这类不公平合同条款同时与保护消费者权益之公共政策扞格，故亦不乏法院直接以违背公共政策而否认排除其效力，而非适用显失公平原则。②

理论上，合同任何性质之条款存在不公平情形，都将可能构成实质性显失公平之依据。且得与一定条件作为单一认定显失公平之基础。然诚如前文开示，实务中主要还是聚焦于"价格条款""责任条款"与"纠纷解决条款"等情形。司法实务中也有将所有条款都纳入考察的做法，即无论是合同还是合同某个条款（不仅仅局限于前述违约责任条款、价格条款、仲裁条款等）只要查明于合同缔结时不公平都可作为不得强制执行之理由。③

二　单一要件决定之二：程序性显失公平

以程序性显失公平为唯一认定要件，即法官以缔约过程中存在"压迫"或"不公平突袭"等严重影响当事人真实意愿之程序性瑕疵为单一基础，排除合同的强制执行力。相较于，前述实质性显失

---

① See AT&T Mobility，LLC v. Concepcion，131 S. Ct. 1740（2011）.
② See Fiser v. Dell Computer Corp.，188 P. 3d1215，1221（N. M. 2008）.
③ See State ex rel. Vincent v. Schneider，194 S. W. 3d 853，858（Mo. 2006）.

公平作为单一认定基础案例群日益扩大不同，仅以程序性显失公平认定合同不公平之实践仍受到较大限制。诚然，实务中不乏肯认程序性显示公平与实质性显失公平一样均可单独作为合同显失公平宣告之基础，如在 Frank's Maint & Eng'g, Inc. v. C. A. Roberts Co. 案中，① 法院即直接指出无论是程序性显失公平公平或者实质性显失公平，还是二者兼备皆可作为合同显失公平宣告之依据。显然，法院在取单一要件认定时并未做程序上与实质上的区分，而是赋予了二者在认定不公平合同时的同等重要性。诚如前述，合同条款不公平所致的实质性显失公平，其作为单独认定合同显失公平之依据似有扩大适用之趋势，在案件类型、条款类型均在实务上获得长足发展。但是，以程序性显失公平为单独依据认定合同显失公平之情形，实务中案件寥寥，而且鲜为司法实务普遍认可。如在 Stelluti v. Caspenn Enters 案中，② 法院认为，不论程序性显失公平达到何种程度，皆不足以折损合同的强制执行力。换言之，法院以仅以程序性显失公平之严重性而干预交易活动，其理并不充分，多数情况下仍然需要补强。

综上可知，在采行单一要件决定之场合，程序性显失公平与实质性显失公平之说服力仍有落差。实质上的严重不公平往往被认定为具有折损合同效力的充分性，因此，实务中适用较广。但是，程序上的严重不公平却并不具有等同于实质上的不公平那样的说服力，法院不倾向以其阻却合同之强制执行力，而是尽可能寻找实质性显失公平之证据以补强显失公平原则适用的合理性。需要指出的是，针对实践中出现以实质上的不公平作为认定合同显失公平唯一基础之做法，有论者认为，不应当作"单一要件决定"之解释。因为，纵使仅以实质性显失公平而阻却合同效力之情形，那些正当化以实质性显失公平干预交易活动之证据，其实往往也可以提供程序性显

---

① Frank's Maint & Eng'g, Inc. v. C. A. Roberts Co., 408 N. E. 2d 403, 409 – 10（Ⅲ App. Ct. 1980）.

② See Stelluti v. Caspenn Enters, 1 A. 3d 678, 687 n. 10（N. J. 2010）.

失公平存在充分支撑。① 换言之，在单一要件决定之场合，其实是默认推定另一要素之存在，尤其是在实质性显失公平特别严重情形，往往可以推定程序上不公平之事实。

第四节 守成或因变：二分法及拓展方案之困境

从前述的分析不难发现，滑动标尺方法通过对不公平程度进行"分层"，在弱化严格证明责任的基础上用整体评估方式取代传统二分法中程序与实质单独评估之模式。而且，程序性显失公平与实质性显失公平之不公平"程度"可以互相补强，即倘某一面相之不公平越严重，对另一方之不公平程度要求越低。这扩大了法院干预合同之权利，降低了当事人举证的难度，顺应了更好维护消费者的需求。滑动标尺方法运用之极端——单一要件决定方法——则彻底放弃二分法及要求实质性与程序性不公平兼具方得适用显失公平原则之传统观念，实现了认定标准的重大突破。但是无论是"滑动标尺方法"还是"单一要件方法"均遭到了来自传统适用模式的挑战。学理与实务未形成统一认识，应该说，显失公平原则借此两类方法实现具体化的路径仍在探寻中，尚未成熟。那么操作经年且有成熟理论支撑的二分法，其实现显失公平原则具体化适用的实效又如何呢？实践给出的答案是，不确定性的问题依然未真正解决。

一方面，程序性显失公平与实质性显失公平之适用关系并未真正厘清。一般而言，在显失公平原则之司法适用中，往往要求同时具备程序性与实质性显失公平方可作为合同显失公平之宣告。② 申言

---

① See Maxwell v. Fid. Fin. Servs, Inc. , 907 P. 2d 51, 60 (Ariz. 1995).

② See Arthur Allen Leff, Unconscionability and the Code-The Emperor's New Clause, 115 *University of Pennsylvania Law Review* 485, 489 – 528 (1967).

之，在因依据显失公平原则而作出合同效力折损之判决时，一方面需要有不公平条款存在之客观事实；另一方面要求该条款进入合同之程序存在瑕疵。① 但是，滑动标尺方法及单一要件方法的发展又表明这种程序要素与实质要素"兼具"之要求又有松动之空间。如为数不少的司法实践对程序与实质要件兼具的传统说法提出挑战，认为显失公平合同之宣告只需要实质性或程序性要素之一即为已足。在 Maxwell v. Fid. Fin Servs. Inc. 案件中，法院认为"对合同为显失公平之宣告，仅具有实质性要素即可，尤其是关涉合同价款之悬隔或限制赔偿责任的情形中"。② 再如，在 Brower v. Gateway 2000，Inc. 案中，法院裁决"根据纽约州法律，通常而言，合同需要程序性与实质性要素兼具方能为显失公平之宣告。但是，仅实质性显失公平之存在即足可以为显失公平之宣告也是事实"。③ 纵使那些坚守程序面与实质面同时具备之实践，在面对实质性显失公平得到确证，但因证据不充分而无法证明"压迫"或"不公平突袭"之际，往往也不得已适用推定之做法，以补足程序性显失公平之空缺促成对合同显失公平之宣告。应该说这样的做法非但未能对二分法之坚持及完善助益，而且反加速了滑动标尺方法等适用模式介入之空间。而程序显失公平与实质性显失公平之适用关系也因之更为不明晰。④

另一方面，滑动标尺方法的出现彰显了二分法的另一个顽疾，即法官在审查程序性显失公平与实质性显失公平时，分别给予的权重问题。诚如上述分析昭示，倘合同中程序上或实质上之不公平越严重，则对另一要素之程度将大为降低，甚至可以直接不予考虑。如在 Gillman v. Chase Manhattan Bank 案中，法官认为，"程序显失公

---

① See James J. White & Robert S. Summers, *Handbook of The Law Under the Commercial Code*, St. Paul：West, 1980, p. 164.

② See Maxwell v. Fid. Fin. Servs. Inc. , 907 P. 2d 51, 59（Ariz. 1995）.

③ See Brower v. Gateway 2000, Inc. , 676 N. Y. S. 2d 569, 574（App. Div. 1998）

④ See Evenlyn L. Brown, The Uncertainty of U. C. C. Section 2 – 302：Why Unconscionability Has Become a Relic, 105 *Commercial Law Journal* 287, 304 – 305（2000）.

平或许是不需要的，如果一个条款的实质性显失公平是如此的令人无法忍受"。① 显然，倘实质性显失公平达到一定程度（令人愤怒［outrage］），则程序性显失公平并非必需。也即，实质性显失公平时如此明确且严重，以致对程序性显失公平这一要件可以忽略。反之亦然，在 East Ford Inc. v. Taylor 案中，法院认为"倘程序性显失公平得到证明，那么其实质性方面并非必需"。② 这与德国等欧陆法系国家司法实践的近来发展趋势可谓异曲同工，原则上以显失公平规范为基础折损法律行为之效力要求主客观要件兼具，但是实务有不少因为客观失衡是如此明显苛刻以致不要求主观恶意之存在；反之，倘主观恶意明显且严重亦可不要求给付与对待给付之间显著失衡而为显失公平之宣告。③

综上以观，二分法虽然为美国实务所普遍接受，但因应实践之发展，尤其针对二分法本身所固有之病症，司法实务作出了调试。无论是"滑动标尺法"还是"单一要件决定方法"无不是法官之创造。甚至，二分法也是在立法的模糊指引下，由司法实践所开辟的一条显失公平原则具体化适用的路径。努力寻找合同自由与合同公正之间的平衡，笃力实现交易安全维护与消费者保护的双重使命。应该说，这样的具体化方案旨在将大部分任务委诸法官，立法者尽量维持显失公平规范灵活性。至于法官自由裁量权给法的确定性所带来的挑战，则得益于英美法系国家特有的司法适用技术，"法官造法"的传统使得法官可以在显失公平原则之抽象框架下因应变局做必要之调整，从规范内涵、外延到适用方法均可因时而变；"先例拘束"等适用技术又使得这种"因时而变"之"法"可以垂范来者，从而符合"相同案件相同处理，不同案件不同处理"的法治要求。

---

① See Gillman v. Chase Manhattan Bank, 54 N. E. 2d 824, 829 (N. Y. 1988).
② See East Ford Inc. v. Taylor, 2000 – IA – 01527 – SCT (Miss. 2002).
③ 参见冉克平《显失公平与乘人之危的现实困境与制度重构》，《比较法研究》2015 年第 5 期，第 34 页。

第四编

实践论

第 八 章

我国显失公平规范体系的
逻辑构造及解释论方向

自由裁量指通过法律而认知正义而言。①

第一节　协助主义视角下现代显失公平
规范的体系构造

一　经典法域显失公平规范体系衍进的启示：一般条款与具体规则并举

根据亚里士多德—阿奎那的正义理论与公平价格学说，任何违反等值性要求的交易都具有非正义性，不仅是交易相对人的损失，而且是对整个社会德性的损害。但是，鉴于公平价值精准计算的实务难题，以及人们德性的参差不齐，实在法（世俗法）并不禁止全部非正义的行为，而是选择那些严重的不公平交易予以规制。然而，在放任主义时代，私人自治获得私法体系中"恒星"般的至上地位，

---

① 郑玉波《法彦》（二），法律出版社 2007 年版，第 311 页。

将公平正义建立在合同之上的"契约即公道"理念成为私法规范机制的灵魂。私法规范的伦理性被剥离或抑制，均衡原理也因主观价值论获得正统地位而成为相当边缘化的存在，各国民事立法对均衡原理忽视以及立法上的简单化处理即为明证。古典显失公平规范的生存环境也因之异常艰难，艰难的环境也形塑了例外性、封闭性、僵化性等特征，显失公平规范独立的衡平功能荡然无存。但是，基于人们对公平正义与道德伦理的无尽追求，任何彻底剥离法律伦理性的做法都是徒劳，法律对交易实质公平的刻意忽视也只能是暂时压制显失公平规范功能地发挥，而无法彻底地将之清除出私法体系之中。随着经济社会实践的发展，均衡原理的回潮，显失公平规范必然重拾其衡平内核践行其自然法精神。因此，各国无不因应实践改革其显失公平规范，或通过立法，或经由司法操作方案，最终殊途同归衍进出"一般条款＋具体规则"的立法设计方案。

纵览显失公平规范的衍进历史，以其构成要件标准，可划分为三类：其一，客观要件标准，以《法国民法典》开创之"合同损害"为宗，以给付与对待给付失衡为认定依据，主观恶意存在与否立法上未置一词。而且，严格限制其适用范围，仅仅针对特定之合同方得适用。在失衡的判断上，往往倾向以具体数字比例表示。公权力介于显失公平交易矫正失衡局限在相当有限的范围。其二，主客观兼具标准，为《德国民法典》所首创，"暴利行为"模式要求除给付与对待给付显著失衡之客观要件外，仍要求主观上存在利用相对方"不利状态"之恶意。纯粹合同不公平的结果非法律评价的范畴，仍需一定"附加条件"方得启用显失公平规范的审查。而且，在显著失衡上，立法者承认自己的局限，授权法官根据个案自由裁量。其三，混合标准，即构成要件上向德国民法靠拢，原则上要求主客观要件统一。但是考虑到德国民法"暴利行为"赋予法官自由裁量权严重斫伤法律的安全性，因此在判断显著失衡上，采用法国"合同损害"的具体数字比例。如意大利、荷兰等。虽然经典法域，在显失公平规范的立法与实践方面，有不少颇值得借鉴的理论与立法安排。对于"显失公平"这一开放性不确定法律概念之适用，两大法系亦是各显其能。然晚近国际性法律文件则试图寻找调和不同法系、不同制度以寻求普遍接受的方案，如 PICC 之显失公平规范设计即为著例。

　　然而，随着社会经济实践之变迁，均衡原理在私法规范机制中的回潮，尤其格式合同广泛使用、消费者保护运动地兴起等因素，各国在民法典的继受与翻修过程中，开始参考古今、博稽内外以为最妥适的制度安排。就显失公平规范的设计而言，走向主客观要件兼具成为趋势，但是此种模式之开创者德国，其实务中多有通过当事人之间"证明责任"的分配，赋予法官根据失衡显著的客观事实而推定"暴利行为"的存在。其深层原因在于严格的双重要件理论未能妥适尊重显失公平概念兼备规范性与经验性属性的特质，以及忽视其承载私法规范机制伦理性的独立衡平功能。因此，不得不在实务中走向缓和以恢复显失公平规范旨在实现实质公平的内质。欧盟则通过"黑名单""灰名单"的区分直接将显失公平行为之认定分类，前者为绝对无效；后者为推定无效，以立法的形式剥夺法官分配证明责任的裁量权。无论是法国法族还是德国法族在法典的翻修过程中，其显失公平规范之设计几乎均采用了"一般条款＋具体规则"的模式，显失公平规范一般条款往往在构成要件取法德国主客观兼具立法例；具体规则主要集中于"利息之债""不动产买卖""消费合同""违约金之债"等成熟类型。尤其法国法族，其变动趋势是从侧重关注意思表示自由、自愿转向合同结果的公平问题，因此，显失公平规范作为意思表示瑕疵矫正机制的色彩日淡，而专注显失公平行为反社会性的评价渐增。这从修订后的法典中，赋予双方当事人提出变更合同之权，达成公平后阻却无效宣告的安排可窥获其趋势。有立法甚至直接排除当事人意思自治，直接赋予法官以法定变更合同之权。凡此种种均表明，显失公平规范的设计走向了分化：对于业已成熟的不公平交易或条款类型，立法直接做出预判将之作为应当介入矫正的显失公平行为，并以具体规则的形式出现。

而对于承载显失公平概念规范性属性的一般条款，既有的构成要件化体例被实务所瓦解，原来坚守的国家都或多或少出现了松动迹象。尤其，在协助主义时代均衡原理重新回到私法规范机制舞台的中心，否认、剥夺显失公平规范独立衡平功能的主客观要件兼备做法面临越来越强劲的质疑。

从显失公平规范司法适用的视角观之，显失公平规范设计也呈现二分的特征：立法决定论与司法控制论。前者之典型代表是法国及其追随者，坚信立法者是法律决定的最佳选择。因此，作为规制显失公平行为的"合同损害"，法典从适用范围、适用主体等方面予以限制，且以具体数字比例作为失衡显著之判断标准来严格控制法官的裁量。将"合同损害"作为意思表示瑕疵之原因，与错误、欺诈、胁迫等同列，立法者仍以追求的真实意思表示以实现意思自治作为"合同损害"的使命。后者之坚定实践者是美国、德国及后学者，赋予法官以比较广阔的自由裁量权，以显失公平规范的一般条款来监督合同行为。而且从体系定位上，将显失公平规范作为法律行为内容妥当性控制的工具，并意思表示瑕疵是显失公平行为认定的前提条件，而是关注对合同运行结果公平与否的评价。至于具体安排，则仁智各见，有以之为善良风俗违反的类型者，如德国；有以之为诚实信用原则与公平交易原则违反之类型者，如《欧洲合同法原则》。其中尤以美国"显失公平原则"是司法控制论的典范，其立法设计也因此最得显失公平概念规范性属性的三昧。美国法上"显失公平原则"内涵与外延非常广泛，而且适用于所有合同领域，留待法官在具体个案中识别、界定、适用与阐释。立法通过赋予司法以界定与适用显失公平概念，非常明确的赋予法官以"造法"之权。著者以为，美国显失公平原则在设计理念实际上完成了对德国民法暴利行为的超越，其引进司法控制的因素而抛弃了主客观要件的安排使之更契合显失公平概念的规范性属性，并将显失公平规范从私人自治的阴影中解放出来，重新肩负起合同实质公平的审查功能。此种做法深刻影响了后来《国际商事合同通则》的制定，摒弃构成要件上的争论与选择，而是细致列举司法适用中的考量因素。诚如前述，采行立法决定的国家其实开始走向缓和，向司法决定靠拢。如法国新债法原则上接受的德国"暴利行为"所要求的主客观要件统一，适当扩张的法官的自由裁量权。但是不容否认，从其将胁迫扩张到"经济胁迫"（暴利行为）、取消"合同损害"一般条款之规定、主要以特别法上的"滥用条款"形式来规制显失公平合同的立法选择来看，其仍然尽力坚守在立法决定论路径上。但是，从前述的分析不难发现，无论是立法决定论的法国法族还是司法决定论的德国法族二者之间的区别在缩小。

从立法论观之，显失公平规范之设计应当综合"立法决定"与"司法控制"的规范射程能力。前者，体现对法的稳定性的诉求，代表性国家如智利、法国；后者，乃保持法的灵活性必不可少，代表性国家如德国、荷兰、美国等。而且，"立法决定"——以清单的方式开列显失公平之成熟类型——应置备于特别私法中，如消费者权益保护法等。鉴于社会经济实践之发展，新的成熟类型会不断形成，而既有类型可能无法因应时变，因此，有必要赋予有关行政机关便宜调整名单内容之权，以保持类型的与时俱进，如前述法国的"滥用权利条款"委员会、英国的司法大臣。显失公平规范之一般条款，置备于总则编统率整部法典，且在规范设计上宜汲取目前欧陆法系弱化构成要件、法律效果之趋势，尽可能维持其开放性，如荷兰民法所创制的"滥用情势"制度与美国统一商法典的"显失公平原则"。既然构成要件本身无法实现模糊性排除的使命，且司法实务不断冲破这种抽象要件的束缚，不如回到开放性不确定法律概念原初形态，放弃徒劳的构成要件化努力及法律效果确定化的跛脚安排。而是交由法官在适用的过程中去完成漏洞填补、创制个案规范等因应时势的任务。"具体规则"包括两大类型：其一，结合不同种类之债或合同类型之特征，在债法总则或合同法总则于各种不同类型中揖注显失公平法理，在一定程度上实现显失公平规范具体化过程中法的确定性诉求以及兼顾不同类型合同之个性。如违约金条款之债、利息之债、格式合同、一般双务合同、框架性合同、服务性合同、有偿合同等。法国最新债法即采用了此一抽象之方法。其二，基于特别保护的需要或经验类型业已成熟，立法直接预判其为需要矫正的显失公平行为。如欧盟出台的保护消费者的"黑名单"条款与"灰名单"条款等。需要指出的是第一种"具体规则"显然是介于立法决定之类型清单与显失公平规范之一般规定中间，但其实质属于"司法控制"类型，因为实务中"特别规定"项下的显失公平具体认定仍由法官自由裁量而非立法者一锤定音。且立法决定与司法控制并非非此即彼的关系，相反，多数国家和地区经过法典的编纂或翻修逐步形成了"立法决定"与"司法控制"混合模式。使显失公平规范在确定性与灵活性之间实现动态平衡。

　　总之，显失公平作为开放性不确定法律概念具有经验性与规范性的双重面向，而立法者与司法官又总是试图实现法律安全性与社会妥当性之间的平衡。因此，显失公平法理进阶为法律规范的过程中应当采用"一般条款＋具体规则"的设计模式。一般条款尊重显失公平概念的规范性面向，维持其开放性与灵活领以应乎无穷的人事，并作为具体规则的生发机制。具体规则重视显失公平概念的经验性面向，力争实现法律的确定性与可预测性以维护法律的安全。

二　我国民法典显失公平规范配置的体系化：客观价值论为导向的解读

　　诚如前述，根据亚里士多德的正义理论，交易不仅要去给付的相互性，而且必须具备等值性，市场上双方交易的前提就是确立起事务价值上的合理比例。违反等值性要求的交易是非正义的，法律的职责在于矫正这种不正义的交换以使各得其所。但是，市场行情瞬息万变，公道价格的计算相当困难或根本无法精确计算，法律如何把握介入的尺度？阿奎那通过法律的分类解决了此一问题，从而极大推进了显失公平法理。根据自然法，一切违反等值性的交易均是对自然法的背离，以损害他人而获益既是对受害人的伤害，同时也是对整个社会的背叛，是非正义的。人法是对自然法的分有，因此也应当禁止不公平交易。但是，基于法律实践的考虑，人法仅禁止那些严重伤害社会秩序的显著不公平交易。换言之，纳入世俗法律规制的不公平交易，不公平程度达到"显著"标准才有法律介入的空间。准此而论，凡是对等值性原理违背的规制机制，都是显失公平规范体系的一环。但是，究竟采用何种标准来衡量交易等值性，基于不同的立场与方法论学理上多有争议。从个人主义方法论来看，个体是自己利益的最佳维护者，其最有能力保护自己的利益，基于这样的假设与对私人自治的尊重，主观等值论成为现代社会主流的价值观。例外情况下才采用客观价值论做出特别安排。

　　然而，现代合同法经过公平化改革，更加关注合作与公平，均衡原理重新回到私法规范机制舞台的中央。在合同协助主义时代，由于现代社会中信息不对称、缔约能力结构性失衡等的普遍性，市场的不完全与可能失灵成为共识，[①] 仍然恪守意思自治至上的严格规则不仅无法获得公正的结果而且将导致非正义行为的脱法现象。因此，私人自治或合同并非当然导向公平，甚至成为剥削的工具。私人自治必须在正义与互惠原则所构建的框架之中运行，讨论合同时应该更多关注其社会性质，成为新的共识。而且，社会作为"一个世代相继的公平的社会合作体系"，该体系中秩序良好的社会"由公正的正义观念加以有效规范"。[②] 一个允诺（合同）是否公正并非按定义来判定，"某个人或某个群体所理解的特定的允诺实践是否正义的问题，仍然要由正义原则来决定"。[③] 此种实质公平价值理念的回潮是人的伦理性与人类完善（human fulfillment）的必然要求。

---

　　① See Melvin Aron Eisenberg, The Bargain Principle and Its Limits, 95 *Harvard Law Review* 741, 750 (1982).

　　② ［美］约翰·罗尔斯：《作为公平的正义：正义新论》，姚大志译，中国社会科学出版社 2016 年版，第 12—13 页。

　　③ ［美］约翰·罗尔斯：《正义论》，何怀宏等译，中国社会科学出版社 2016 年版，第 346 页。

但是，由于我国学理对显失公平法理缺乏深刻反思，尤其未能深究显失公平法理在现代民法上的重要价值与规范功能，民法典在规范设计上可谓继承有余，而创新不足。不仅诱发了解读上的争议，而且将显失公平规范置于私人自治的阴影之下，重蹈了经典法域的覆辙，亟待解释论上的改造以契合均衡原理回潮以及现代合同法公平化改革的趋势。

（一）显失公平规范一般条款的解释论：构成要件 VS 灵活标准

1. 既存的见解：构成要件解读及评价

我国《民法典》第 151 条规定："一方利用对方处于危困状态、缺乏判断能力等情形，致使民事法律行为成立时显失公平的，受损害方有权请求人民法院或者仲裁机构予以撤销。"立法者采撷学界主流通说，整合旧法上乘人之危与显失公平分立的做法，构建起全新的显失公平规范。该条明确显失公平行为需主客观要件兼备给构成要件的争议画上了句号。但是，显失公平规范体系定位与预设功能的争议并未止息，其适用范围也并未因置备于民法总则而获得君临整个私法规范体系的共识。

首先，显失公平规范的适用需要严格匹配主客观要件。主观方面由两个要件构成：一是受损害方处于危困状态、缺乏判断能力等情形。二是获益方有意利用了前述不利情形。立法者以不完全列举的方式呈现了受损害方弱势状态的典型形态："危困状态""缺乏判断力"。从文义解释来看，理论上仍存在其他"主观情势"。比较法上，弱势状态一般采用穷尽列举的方式以严格控制主观要件，如德国的急迫、轻率、无经验。我国学理上主流观点亦认为当做从严解释。如明确弱势状态应为法定不利情势严格控制不宜宽泛解释；① 又

---

① 参见李宇《民法总则要义》，法律出版社 2017 年版，第 620—624 页。

如对主观要件解释论阐释时进行封闭式列举。① "获益方有意利用"意旨获益方明知权利义务分配显失公平以及受损害方的弱势状态。获益方利用他人弱势状态获取不成比例的利益，此处的弱势状态的产生原因与促使状态发生的责任主体在所不问。弱势状态可以是人为原因所致，也可以是非人为因素引发，可以是获益方、受损害方以及第三人。此外，根据缔约主体智识、经验、专业能力等的不同，应当适用不同的主观状态认定标准。比如特定情形下对于一般人而言系处于弱势状态，但对于商人或专业人士则不是。② 我国司法实务也常基于商事主体更高的审慎注意义务而驳回以显失公平主张解除合同的诉求。③ 总之，立法者将"利用弱势状态"作为显失公平行为认定的主观要件，意味着显失公平规范适用的前提必须存在意思表示的不真实或不自由，其承担着意思表示瑕疵的矫正功能。正因如此，有论者认为，显失公平规范与欺诈、胁迫、重大误解等处于同一序列，系意思表示瑕疵类型。④ 准此而论，主观要件设计致使显失公平规范不过是私人自治的派生规范，不具有独立衡平功能。

将显失公平规范一般条款设计为"构成要件—法律效果"模式，立法者的期许是实现显失公平规范的清晰化，可以直接供法官援引作为裁判的大前提，从而实现法律决定的可预测性。然而，从客观方面的表述来看，立法者似乎又不得不保持了高度开放性，即采用开放性不确定法律概念"显失公平"。如民事法律行为在权利义务的安排、风险或负担的配置、合同价格等不成比例。客观要件的认定

---

① 参见王利明《中华人民共和国民法总则详解》，中国法制出版社 2017 年版，第 658 页；武腾：《显失公平规定的解释论构造》，《法学》2018 年第 1 期，第 137—138 页。

② 参见张新宝《〈中华人民共和国民法总则〉释义》，中国人民大学出版社 2017 年版，第 313—314 页；王利明：《中华人民共和国民法总则详解》，中国法制出版社 2017 年版，第 658—659 页。

③ 参见上海市第二中级人民法院（2008）沪一中民三（商）终字第 509 号判决书。

④ 参见冉克平《意思表示瑕疵：学说与规范》，法律出版社 2018 年版，第 254 页；李宇：《民法总则要义》，法律出版社 2017 年版，第 613—618 页。

难点与重点在于如何判断不成比例性，学界通说认为，显失公平认定中的判断标准应是客观价值。如有论者将显失公平制度作为民法上例外关注客观价值的典型形态；① 又如有论者认为，结果失衡的判断应该是一个相对客观的标准，即市场价格。② 但是，也不乏论者主张我国民法将显失公平行为作为一种可撤销的民事法律行为，交由受害人来最终决定其效力，比德国民法上的无效安排更能显示对主观价值论的推崇。③ 应该说，以主观价值作为显失公平的判断标准根植于形式主义时代将公平建立在合同之上。诚如前文开示，无论从显失公平法理的法哲学缘起，还是从现代合同法协助主义的兴起，显失公平的判断应采用客观价值标准，唯有如此显失公平规范方能承担起实现实质公平的功能。

基于立法对构成要件的明确化，学理上关于构成要件的争论被熄灭，论者大都从主客观要件分析显失公平规范的适用问题，意思表示存在瑕疵成为显失公平规范适用的必备要素。④ 虽然相较于德国民法暴利行为，我国在主观要件表述与客观要件描述上似乎更具有抽象性，因此，有论者据此认为，我国显失公平规范更具有包容力。⑤ 但是，本书认为，由于法律明确双重要件的认定标准，德国暴利行为的封闭性与僵化性弊端仍然无法避免。与德国民法相较，主观方面的列举虽然采用了开放性结果，但是解释论上仍是从严解释，而且学理的补充也未超出德国立法的封闭式列举范围。客观方面"显失公平"与"显著不成比例"在实务的判断难度其实不相上下，何为"显失"，何为"显著"等，都需要法官因应个案进行整体性

---

① 参见易军《民法公平原则新诠》，《法学家》2012 年第 4 期，第 62 页。

② 参见陈甦主编《民法总则评注（下册）》，法律出版社 2017 年版，第 1086 页。

③ 参见朱广新《合同法总则研究》（上册），中国人民大学出版社 2018 年版，第 47 页。

④ 如有论者将意思瑕疵要件、结果失衡要件、归责性要件作为显失公平规则的三大要件。参见陈甦主编《民法总则评注（下册）》，法律出版社 2017 年版，第 1085 页。

⑤ 参见蔡睿《显失公平制度的解释论定位》，《法学》2021 年第 4 期，第 84 页。

评价。因此，前述德国暴利行为因封闭性、僵化性所诱发的改革，我国亦难以避免。

由是可知，我国《民法典》显失公平规范一般条款的设计，虽然跳脱于古典时代的例外性特征而具有普适性，适用范围大为提升。但是，由于主客观要件的明确化，极大地压缩了显失公平规范的辐射范围。同时，拔高了受损害方主张显失公平成功的难度。意思瑕疵作为必备要素，更是遮蔽了显失公平规范独立的衡平功能。

其次，主客观构成要件的明确化阉割了显失公平规范一般条款的体系功能，显失公平规范沦为私人自治的附庸。我国民法典颁行后，鉴于立法明确要求意思瑕疵的主观要件，而且体系安排、法律效果的配置也与传统意思表示瑕疵并列，因此有论者认为显失公平规范是意思自由真实的维护机制。如李宇教授坚称显失公平规则的上位原则是意思自治原则，而非公平、诚信、公序良俗原则；[1] 又如冉克平教授亦认为显失公平制度属于意思表示瑕疵的典型情形；[2] 再如李潇洋博士认为在体系上显失公平是意思表示瑕疵的类型，而不涉及法律行为内容妥当性评价。[3] 此种解读深得 19 世纪形式主义时代私法规范机制的精髓，即信奉私人自治至上，将公平建立在合同的基础上。诚如前文开示，个人主义与经济自由主义理念下显失公平规范艰难生存在私人自治的阴影之下，显失公平本身则沦为意思瑕疵发掘的线索或证据。

诚然，鉴于立法要求主客观要件兼备，因此，不少学者主张显失公平规范具备双重体系功能。即一方面是基于主观要件的要求，认为显失公平规范是意思自治原则的维护机制；另一方面又基于客观要件的要求，认为显失公平规范承载给付均衡的原理。主流评注

---

① 参见李宇《民法总则要义》，法律出版社 2017 年版，第 613—618 页。

② 参见冉克平《意思表示瑕疵：学说与规范》，法律出版社 2018 年版，第 254 页。

③ 参见李潇洋《论民法典中的显失公平制度》，《山东社会科学》2021 年第 5 期，第 191 页。

与解释论均主张显失公平规范具有意思形成自由维护与内容妥当性评价的双重功能，如张新宝教授认为，显失公平规范否定民事行为拘束力的理由在于"损害后果的不公平性"与"意思表示的自由形成"受到影响；[①] 又如陈甦等学者认为，显失公平规范背后的支撑包括民法的两个原理：自治原理与给付均衡；[②] 再如王利明教授等论者指出，新的显失公平规范系立法赋予其与德国暴利行为相同的规范功能，[③] 也即法律行为内容悖俗的评价机制；也论者指出，显失公平规范兼顾了民法中自由与公平两大基本价值。[④]

但是，无论是将显失公平作为意思表示瑕疵的类型，还是以意思自治维护与内容妥当性审查的双重功能赋予显失公平规范，其共性甚明即主观上存在意思表示瑕疵是显失公平行为认定的必备要素之一。此种解读既违背意思表示瑕疵的制度逻辑，而且在实务中几乎废除了显失公平规范的武功。综观整个私法规范体系，法律行为效力取决于三大要素：民事行为能力、意思表示真实、内容妥当性。任何一个要素的缺失或不完备都可以单独阻却法律行为的拘束力。如果意思表示瑕疵是显失公平规范适用的必备要件之一，那么根本无须结果失衡的客观要件补强，即可单独阻却显失公平行为的效力。根据证明责任分配的一般原理，权利人对其诉讼请求赖以存在的法律规范之要件事实负有证明责任，而法官也是在该规范的要件事实被证明具备时方适用相应的法律效果。[⑤] 也即受损害方既要证明弱势

---

① 参见张新宝《〈中华人民共和国民法总则〉释义》，中国人民大学出版社 2017 年版，第 315 页。

② 参见陈甦主编《民法总则评注（下册）》，法律出版社 2017 年版，第 1084—1085 页。

③ 参加王利明《中华人民共和国民法总则详解》，中国法制出版社 2017 年版，第 660—662 页。

④ 参见王磊《论显失公平规则的内在体系》，《法律科学》2018 年第 2 期，第 93 页。

⑤ 参见莱奥·罗森贝克《证明责任论——以德国民法典与民事诉讼法为基础撰写》，庄敬华译，中国法制出版社 2002 年版，第 130 页。

状态的存在及获益方有意利用的恶意，同时要证明客观结果显著失衡的事实。从比较法的经验来看，主观要件的证明往往相当困难，而结果失衡由于没有具体化到数字比例，证明也举步维艰。因此，主客观要件兼备的要求将大大提高受损害方的主张难度，但是获益方却可以任一要件的缺失而逃脱制裁。实务操作中，鉴于意思瑕疵是显失公平规范适用的主观要件，论证的核心转向意思表示真实情况的查明，随着现代合同法上提示说明义务、信息披露等的扩张，形式上证明意思无瑕疵相对容易，而证明意思瑕疵更为艰难，如获益方如实披露缔约信息的场合，奉行严格双重要件的显失公平规范几无适用余地。准此而论，实务操作中，由于主观要件的配置，显失公平规范的功能几乎被彻底废除。美国法院在形式主义理念主导下，严格采用"程序性—实质性显失公平"致显失公平原则的救济形同虚设，因为实务中很难找到既在内容上失衡震撼到法官的良知，又在合意形成过程中存在悬殊的缔约能力以致意思瑕疵的情况。[①]

此外，关于显失公平规范的体系定位问题，受限于立法的双重要件安排而发生认识上的混淆。如有论者一方面认为显失公平规范对法律行为内容进行评价，是公平原则的具体化，但又将之定位为意思表示瑕疵的弥补，从而与欺诈、胁迫、重大误解属于一个系列。[②]

综上以观，我国显失公平规范一般条款的设计旨在通过构成要件化实现法律的确定性与可预测性，在适用指引上以更为明确的主客观要件取代原来立法的模糊性，学理上关于显失公平规范的要件争议也告一段落。但是，其本质上仍如古典显失公平规范那样被形式主义的幽灵所禁锢，将公平正义建立在合同的基础上。由于"显失公平"等开放性不确定概念的使用，立法者所追求的法律安全性

①　See Richard J. Hunter Jr. , Unconscionability Revisited: A Comparative Approach, 68 *North Dakota Law Review* 145, 169 (1992).

②　参见杜万华主编《中华人民共和国民法总则实务指南》，中国法制出版社 2017 年版，第 583—584 页。

并未因构成要件化的安排而提高多少。而且从实务操作的角度来看，虽然在体系上置备于民法总则，理论上可以适用于分则中所有民事法律行为，主客观要件兼备的要求大大限缩了显失公平规范对不公平交易的矫正功效。尤其现代民法上信息披露义务的强化以及缔约过失责任扩张等趋势将导致主观方面的剥削甚难证立，如果以严格主客观要件解读，将导致显失公平规范无用武之地。诚如古典显失公平规范的遭遇一样，其内在的自然法本质名存实亡。总之，主观上意思瑕疵作为构成要件之一后，显失公平规范追求实质公平的精髓被架空，独立衡平的功能无从施展，只能如德国暴利行为、美国显失公平原则的实务操作那样，蜷缩在私人自治的阴影之下，结果失衡本身沦为意思瑕疵发掘的线索或证据。尽管如此，显失公平规范形式上的古典化安排，可以通过现代化的阐释完成救赎，成为现代民法显失公平规范的典范，契合私法从独尊私人自治的个人主义到兼顾公平与合作的协助主义潮流。

2. 本书的解释：作为灵活标准的定位

显失公平规范面临的诸多困境，如衡平功能的废弃、受损害方主张的困难、结果失衡被弱化为意思表示瑕疵的线索或证据等，其根本原因在于19世纪形式主义对显失公平法理的扭曲，诚如前述，无论是德国模式立法上严格双重要件论，还是美国司法上的双重要件适用方法，其背后都是形式主义作祟，旨在尽可能压缩显失公平规范的灵活性，以法律决定的确定性与可预测性为终极目标，将公平作为私人自治的当然结果。然而，在更加关注公平与合作以及合同社会性质的现代社会，显失公平规范一般条款的灵活性是其因应经济社会实践的变迁确保实质公平的重要特质。

从显失公平法理的缘起来看，诚如前述，根据亚里士多德—阿奎那的公平价格理论，虽然任何违反等值性原则的交易均是不公平的、非正义的，但是，基于法律实践的考虑与人德行的参差不齐，在诸多不公平交易中，法律矫正的范围限于严重的"恶"，也即显著的不公平交易。客观的公道价值—价格是显著的判断标准，法官予以矫正的根本原理在交易对实质公平的违反。阿奎那将需要世俗法介入矫正的显失公平交易分为两类：其一，交易客观结果偏离得失均衡过多。[①] 其二，交易方明知（knowledge）是不公平价格仍进行交易，此时人法介入不预设得失之间比例"过多或过少"的条件。主观上具有欺骗性使人蒙受损失绝对是有罪的，[②] 因而对行为偏离实质公平的要求降低。由此可知，阻却显失公平交易拘束力的原因是结果失衡，而与意思瑕疵无涉。第二种类型中，虽然考虑主观方面的状态，但是其功能在于降低客观结果失衡的门槛，而非显失公平规范适用的必备构成要件。"一方不得以他方为代价获取利益"才是显失公平法理的伦理基础。具体到立法设计，第一种显失公平交易类型，立法者可以根据成熟的经验类型以具体数字比例或适度抽象的具体规则做出预判置备成文法中，形成显失公平规范具体规则群落。第二种交易类型需要通盘考虑个案中的实际情况，立法者力所不逮，授权法官更为适宜，显失公平规范一般条款应运而生。我国目前的设计方案，将两种类型糅合，严格限缩了矫正不公平交易的范围，尤其显失公平规范基于实质公平的考量阻却严重不公平交易的功能被淹没。这与美国法官基于形式主义的考虑，在实务中采用严格双重要件分析路径扭曲显失公平原则类似。诚如前文开示，美国实务鉴于双重构成要件的封闭性、僵化性与悖于实质公平维护的初衷，晚近不得不引入滑动标尺法，将僵化的构成要件解读为灵活的考量要素，逐步恢复显失公平原则的灵活性。

从规范性属性来看，显失公平具有经验性不确定法律概念与规范性不确定法律概念的双重属性以及制定法与法官关系的不同认知，昭示显失公平规范在立法论上分为"一般条款"与"具体规则"的二元体系，前者为法官提供一个分析框架与典型模板，或成为标准

---

① 参见［意］阿奎那《神学大全·论智德与义德》，刘俊余等译，台湾中华道明会、碧岳学社 2008 年联合出版，第 331—332 页。

② 参见［意］阿奎那《神学大全·论智德与义德》，刘俊余等译，台湾中华道明会、碧岳学社 2008 年联合出版，第 330 页。

（standard），由法官生成个案裁判规范；后者直接为法官提供普适性的裁判规范。显失公平概念的规范性面向适用中需要结合个案才能实现具体化发挥规范功能，因此，以一般条款授权法官判断更为适切。显失公平概念的描述性面向可由立法者做出相对准确的预判，因此，以构成要件清晰化的具体规则为宜。我国目前的设计方案，尝试将显失公平的经验性与规范性面向熔为一炉，其结果是造成双输的局面。基于经验性面向的构成要件化旨在实现法律决定的确定性与可预测性，但是在客观结果的判断上采用"显失公平"概念，实务操作中离不开法官价值判断予以补充方能具体化，导致法律确定性目的落空。而基于规范性面向的灵活标准"显失公平"也因为主客观要件的严格要求而丧失了其应有的灵活性。显失公平概念经验性与规范性兼备的特质，对应现代显失公平规范的特征之一：即确定性与灵活性统一。诚如前述，不同属性对规范设计的要求并不相同，强行糅合只能导致双输的局面。尤其构成要件化中的主观因素甚至完全动摇了显失公平法理旨在实质公平维护的自然法根基。总之，显失公平概念的规范性面向要求显失公平规范一般条款应尽可能保持开放性与灵活性，授权法官因应个案裁量，"构成要件—法律效果"的设计方案以及"全有或全无"的适用模式并不契合一般条款的品性。

　　从比较法来看，经典法域严格主客观要件的立法与司法模式致使显失公平规范一般条款无法为受损害方提供充分救济，也不能因应经济社会实践的变迁，最终均走向了要件缓和主义以恢复显失公平规范适用的弹性。鉴于我国《民法典》第151条从形式上采用了主客观要件结合的显失公平行为认定进路，有论者指出，这可视为对传统民法的回归，与德国民法、瑞士民法、我国台湾地区民法对应制度的安排已十分接近。① 诚如前述，显失公平规范一般条款的设

---

　　① 参见陈甦主编《民法总则评注》（下册），法律出版社2017年版，第1084页；王利明《中华人民共和国民法总则详解》，中国法制出版社2017年版，第660—662页；张新宝《〈中华人民共和国民法总则〉释义》，中国人民大学出版社2017年版，第313页。

计上经典法域主要有两种安排模式，其一是同意的瑕疵，如法国合同损害制度；其二是合同内容的审查机制，如德国暴利行为制度。前者决定了显失公平规范旨在监管合意的品质，是私人自治的维护机制。后者意味着显失公平规范重在对合同内容的审查，是衡平规范体系的组成部分。遗憾的是，在形式主义的时代，司法严格适用暴利行为制度将主客观要件兼备作为认定的基本条件，给付与对待给付的显著失衡不具有独立阻却合同拘束力的效力，主观要件不可或缺使得暴利行为效力瑕疵的真正来源系合意品质问题，而实质的不公平性往往沦为发掘合意瑕疵的证据或线索。为克服主客观要件的僵化性与回应社会对合同公平性的诉求，晚近司法不得不因应实践发展出单一要件的"准暴利行为"。美国显失公平原则在立法上以颇具开放性的标准出现，但在形式主义理念主导下，开放性的标准面临如潮的批判，最终法官在实务中以僵化的"程序性—实质性显失公平"双重要件取代灵活的标准作为显失公平交易的认定路径，显失公平原则不可避免地沦为私人自治的附庸。所幸近年来司法日益偏向"滑动标尺法"以灵活监督合同公平性问题才得以缓解显失公平原则严格双重要件分析框架带来的僵化性与依附性困境。

正因如此，我国显失公平规范一般条款也将落入德国暴利行为僵化性与封闭性的窘境，最终冲破严格的"构成要件—法律效果"的桎梏恢复显失公平判断的弹性标准。实际上，我国学理已开始从解释论的视角，主张放弃"全有或全无"的规则适用方式，而是引入更为弹性的动态标准。如有论者提出借助动态体系论的方法，将合同均衡、诚实信用、意思自治等原则或要素在个案中的强弱做出整体考察；[①] 又如有论者认为，显失公平制度并非"要件—效果"模式，因而主张借鉴比较法上的方法引入动态体系论弱化主观要件

[①]　参见武腾《显失公平规定的解释论构造》，《法学》2018 年第 1 期，第 127 页。

以实现显失公平规范适用的灵活性。① 学理上虽然提出动态体系论以缓和"要件—效果"带来的僵化难题，但是原则上仍坚持主客观要件不可或缺，只是在使用中程度的认定可以调整。而且，显失公平规范的内在原理既有意思自治，又有给付均衡，甚至还有诚信原则。究其实，仍是否认显失公平规范的独立平衡功能，因循形式主义的解释路径，显失公平规范依然处在私人自治的阴影之下。因此，纵使憬悟到显失公平规范衡平功能的学者，仍然囿于立法"构成要件—法律效果"的规范表达形式，在解释上仍不愿背离私人自治太远，将主观弱势状态视为显失公平行为认定不可或缺的要件事实。此种既主张引入动态体系论以缓和僵化弊端，又固守双重要件的做法，其实陷入方法论上矛盾。因为，动态体系论的适用领域在固定构成要件与一般条款之间，② 倘肯认显失公平规范构成要件化的安排，则并无动态体系论的适用空间。

因此，无论是从比较法上的经验，还是我国学理的解读趋势，都昭示显失公平规范一般条款应该尽量避免僵化的构成要件化，而以弹性标准的形式维持其灵活性。

从协助主义理念观之，公平与合作成为现代化合同法的制度目标，显失公平规范因其实质公平诉求成为均衡原理回潮的重要担纲机制，此时回归形式主义时代的规范配置，似乎不合时宜。此次法典编纂我国显失公平规范一般条款的设计系对德国暴利行为的回归，学理上主流评注的解释论方向也是亦步亦趋于形式主义的路径，将意思瑕疵作为规则的构成要素，可以说此种设计在原则性选择上回归的是个人主义与经济自由主义的传统，而非显失公平法理的传统。仍然是在形式主义的框架下解决法律安全性与合同公平之间的关系。原则上仍将公平建立在合同的基础之上，古典显失公平规范所面对

---

① 参见王磊《论显失公平规则的内在体系》，《法律科学》2018 年第 2 期，第 96—97 页。

② 参见谢亘、班天可《被误解和被高估的动态体系论》，《法学研究》2017 年第 2 期，第 55—57 页。

的诘难及司法适用困境也被一并继受。综览比较法经验，从体系定位上，存在"意思表示瑕疵"与"法律行为内容控制"两种体系安排，原则性选择不同，优劣判断殊异。但是，如果拨开 19 世纪以来的形式主义迷雾，回溯显失公平法理的本源与内质，不难发现，显失公平规范系立基于客观价值论旨在捍卫实质公平，承载着法律的伦理性与道德性要求。在显失公平规范的原则性选择上，将公平正义建立在合同的基础之上，从而将显失公平法理承载私法伦理性与实质公平的自然法内涵剥离，显失公平规范也因此丧失了独立的规范功能，沦为私人自治原则的附庸。这是古典显失公平规范设计或古典化解读倾向的通病。诚如前文开示，其前提假设、所依托的经济社会实践均与事实不符。但是在协助主义理念下，均衡理论回潮，私法规范机制更加关注合同的社会性质以及对公平与合作的促进。显失公平规范重拾其客观价值论内涵，成为其现代化的鲜明特征。显失公平交易的非难性立基于其结果失衡对实质公平的违背，主观上的意思表示与合同履行情况、预期利益等因素一样仅仅是一个降低失衡门槛的考量因素，并非不可或缺的构成要件。因此，为契合显失公平规范一般条款的衡平规定属性，其解释与适用方向宜围绕实质公平由法官因应个案展开论述，根据交易的经济属性、缔约方的具体情况、交易风险大小、市场环境等，做出整体评价。

　　值得关注的是，近来有论者开始关注显失公平规范作为终局性衡平规定以维护合同公平性的独特价值。[①] 甚至有论者洞悉了我国体系安排的迷惑性与显失公平规范的本质相悖，虽然从法典结构安排上，显失公平规范系意思表示不真实的具体表现，但显失公平法律行为可撤销的真正依据并非意思不真实，根本在于利益分配不均有违公平正义的民法精神。[②] 这或许也反映出我国学理已开始反思显失公平规范的传统，在技术性设计论说之外，关注原则性选择上显失

[①] 参见蔡睿《显失公平制度的解释论定位》，《法学》2021 年第 4 期，第 86 页。
[②] 参见邹海林《民法总则》，法律出版社 2018 年版，第 372 页。

公平规范的应然定位。总之，违反等值性才是显失公平交易丧失拘束力的根本原因，主观方面的弱势状态充其量也仅仅是降低了对等值性比例的要求，其并非显失公平行为认定不可或缺的要素。将来显失公平规范的解释与适用宜采用以实质公平为转轴的弹性标准模式。

综上以观，在立法论上回避显失公平规范一般条款的构成要件化既是显失公平规范一般条款衡平功能得以发挥的前提，又是显失公平概念规范性面向的必然要求，同时还契合了现代合同法公平化改革与均衡原理回潮的大势，由独尊私人自治到兼顾公平与自由的应然安排。我国显失公平规范一般条款现制设计，囿于私法的形式主义底色，立法者在法律安定性与社会妥当性之间游移不定。一方面不愿完全放权给更善于衡平的法官，另一方面又深知自身理性的局限，无法给不公平交易的"显著性"划定统一的标准。因此造成显失公平规范一般条款设计上有具体规则的外观，却是基本原则的内质，由此大大缩小了显失公平规范救济的范围。虽然构成要件实现了明确化，但在核心概念的使用上却不可避免地采用了开放性不确定概念"显失公平"。本书认为，在解释与适用过程中应当放弃严格要件论的解释论方向，应跳脱于形式主义的束缚，立基于协助主义理念迎合现代合同法公平化改革的趋势，从而回到显失公平法理客观价值论的原初精义。显失公平规范一般条款适用中，将结果失衡作为唯一衡量标准，主观样态的功能在于降低失衡认定的门槛，如此，旨在实质公平维护的显失公平规范一般条款作为公平原则具体化的过渡津梁，以开放性标准践行其独立衡平功能。

（二）显失公平规范具体规则的体系化：具体数字比例与平衡

诚如前述，需要公权来介入予以矫正的显失公平交易主要有两类：其一是交易结果显著失衡；其二是交易结果失衡程度在所不论，由法官考虑主观恶意、交易情势等因素灵活判断。前者的立法安排即立法者基于显失公平交易的成熟经验类型以客观标准或经由适度抽象设计的显失公平规范具体规则。后者的立法表达即以弹性标准形式出现的显失公平规范一般条款。诚如前述，一般条款与具体规则构成显失公平行为规制的规范体系，以客观价值为标准，力图实现法律行为的实质公平，从而助力公平的社会合作体系的构建。

1. 格式条款显失公平

《民法典》第 496 条规定："采用格式条款订立合同的，提供格式条款的一方应当遵循公平原则确定当事人之间的权利和义务……"由此可知，立法者规制格式条款内容的基础是公平原则，其要求格式条款所设定的权利义务比例应当符合等值性标准。现代交易实践中的格式合同缔约模式其实是对传统"要约—承诺"讨价还价机制的架空，一方当事人针对合同内容进行磋商的权利被剥夺，实质的决策自由受到损害。在形式主义理念下，民法优先选择的机制是程序性的，如提示或说明义务、信息披露等。但是，在格式合同中架空自主决策机制后，"契约即公道"存在的基石被侵蚀，程序性补救措施仍无法确保实质公平。因此，立法者将注意力转移到格式条款内容妥当性的控制上，"透过给付与对待给付间客观的、实质的等价性原理对'交换的正义'的具体化"。[1] 当然，根据显失公平法理的精义，并非所有权利义务配置比例失衡的格式条款均需要法律介入予以矫正，只有那些因为偏离等值性原则严重的"罪"才有法律的介入空间。立法者萃取实践中业已成熟的显失公平条款，直接否定其法律效力。《民法典》第 497 条即据此构建起我国显失公平格式条款的"黑名单"制度，包括：违反强制性规定与公序良俗原则；恶意串通损害他人合法权益；造成对方人身损害或因故意/重大过失造成对方财产损失的免责条款；提供方不合理地免除或减轻其责任、加重对方责任、限制对方主要权利的条款；提供方免除对方主要权利的条款。格式合同中只要出现这类条款，即当然属于需要法律予

---

① 参见 Claus-Wilhelm Cannaris《民事法的发展及立法——德国契约法的基本理念及发展》，林美惠译，台湾《台大法学论丛》1999 年第 3 期，第 347 页。

以矫正的显失公平交易类型，直接认定为无效，而无须考虑当事人的主观状态。

当然，对勘比较法上格式条款显失公平具体规则安排，我国在显失公平条款的类型，因应市场灵活增补的便利等方面仍有改进空间。如欧盟除格式合同的"黑名单条款"之外，还有减轻受损害方举证责任的"灰名单条款"以更切实保护消费者利益。法国则设定专门的滥用条款委员会，利用行政机关高效率的特点实现显失公平条款及时更新。

2. 违约金约定显失公平

《民法典》第585条规定："约定的违约金低于造成的损失的，人民法院或仲裁机构可以根据当事人的请求予以增加；约定的违约金过分高于造成的损失的，人民法院或仲裁机构可以根据当事人的请求予以减少。"在此，立法者根据不同情况对违约金显失公平的判断做出差异化安排。违约金低于损害情况下，采用严格等值性标准，理论上只要违约金低于损害即认定为需要法院介入予以调整的显失公平情形。但是，违约金高于损害情况下，立法者认为只要达到"显著"或"严重"的标准方可作为显失公平情形予以调整。至于究竟何为违约金"过分高于"，旧法时代我国法院在整理实务的基础上提出了具体的数字比例标准，法典颁行后仍为法院判断违约金显失公平的重要标准。根据《最高人民法院关于适用〈中华人民共和国合同〉若干问题的解释（二）》规定第二十九条规定："当事人约定的违约金超过造成损失的百分之三十的，一般可以认定为合同法第一百一十四条第二款规定的'过分高于造成的损失'。"总之，立法者在违约金丰富实践的基础上，确定了差序化的显失公平情形认定标准，违约金低于损害之际，奉行严格等值性原理；违约金高于损害则要求超过显著程度达百分之三十的比例方成立显失公平。

3. 定金数额显失公平

《民法典》第586条规定："定金数额由当事人约定；但是，不得超过主合同标的额的百分之二十，超过部分不产生定金的效力。"

合同中的定金数额超过主合同标的额达到一定程度即可归类为"显著"不公平交易，法院有必要介入予以矫正。此处，立法者将显失公平定金的标准做出提前预判并具体化为数字比例百分之二十。

4. 利息约定显失公平

《民法典》第 680 条规定："禁止高利贷，借款的利率不得违反国家有关规定。"在中世纪高利盘剥即被严格禁止，被视为一种违背神法与公正的"罪恶"。当事人约定的借款利率过高，立法者即认为其为显失公平情形而需要公权力介入加以矫正。但是本条仅仅确立了相对确定的显失公平判断标准——"国家有关规定"。因为，现代金融市场利率作为国家宏观调控的重要手段，经常因时而变，因此利息何时过高无法确立一个具体的数额，而是以国家有关利率为参考标准判断。最高人民法院在审判实务的基础上，将利息约定显失公平的判断标准以具体数字比例加以厘定。《最高人民法院关于审理民间借贷案件适用法律若干问题的规定》第 26 条第 2 款："借贷双方约定的利率超过年利率百分之三十六，超过部分的利息约定无效。"还有百分之二十四由此可知，在我国当事人之间的利息约定超过年利率百分之三十六时即是立法者所认为的显失公平情形，超过部分无效。

5. 质量瑕疵担保制度

《民法典》第 617 条："出卖人交付的标的物不符合质量要求的，买受人可以依据本法第五百八十二条至第五百八十四条的规定请求承担违约责任。"买卖合同中出卖人标的物瑕疵担保义务分为权利瑕疵担保（§612—613）与质量瑕疵担保（§617—618），其中根据《民法典》第 613 条规定，买受人知道或者应当知道权利存在瑕疵时，出卖人无须承担瑕疵担保责任。由此可知，买受人明知标的物存在权利瑕疵仍然执意购买视为其认可支付的价格与标的物价值相当，法律予以尊重，此为典型主观价值论的立场。但是，对于质量瑕疵担保，立法者奉行的是客观价值论，即只要标的物存在瑕疵买受人即可根据《民法典》第 582 条意旨要求减少价款，以符合客观价值比例。阿奎那在论述显失公平法理（公平价格理论）之际，将标的物瑕疵担保作为公平价格客观性的典型案例。买受人以正常价格购买有瑕疵的标的物，纵使出卖人对此并不知情，也实际上违反了公道，仍然需要在知道后退还相应的价值比例以补偿买受人消除不公平价格的影响。阿奎那认为："卖主一无所知，他就没有犯罪；因为他知识质料方面违反了公道（他所出售的东西不合符公道），他的（出售）行为却并非不公道。……不过，几时他知道了这个缺点，就必须补偿买主。"①

总之，标的物不具备合同约定的品质意味着其真实价值与所支付的价格之间不成比例，立法者认为此种违反等值性的不公平交易已经达到显失公平程度而需要公权力介入予以矫正。处此情形，"买受人有权要求减价，即按照无瑕疵之物的客观价值及该物在瑕疵状态下价值的比例，来减少约定的买卖价金。"②

6. 海难救助显失公平

《海商法》第 176 条规定："有下列情形之一，经一方当事人起诉或双方当事人协议仲裁的，受理争议的法院或仲裁机构可以判决或裁决变更救助合同：（一）合同在不正当的或危险情况的影响下订立，合同条款显失公平的；（二）根据合同支付的救助款项明显过高或者过低于实际提供的救助服务的。"学理上，有论者认为立法者在海难救助合同显失公平的认定上形成性质上完全不同的两个规范，第一款要求主客观要件的统一，第二款是以结果失衡为唯一要件的公平规范。③ 如此割裂海难救助合同显失公平认定的做法，面临体系解释上的困境。同种性质的合同中显失公平判断存在两种互相矛盾的价值论。第一款主客观要件统一意味着主观的弱势状态为显失公

---

① ［意］阿奎那：《神学大全·论智德与义德》，刘俊余等译，台湾中华道明会、碧岳学社 2008 年联合出版，第 334 页。

② 参见易军《民法公平原则新诠》，《法学家》2012 年第 4 期，第 62 页。

③ 参见武腾《显失公平规定的解释论构造》，《法学》2018 年第 1 期，第 133 页。

平认定的必备要件，仅有客观结果的显著失衡不能折损法律行为的效力，奉行主观价值论。第二款结果失衡单一要件，只要海南救助报酬过高或过低于实际救助服务价值即构成可认定为显失公平而予以变更，主观状态为何在所不问，遵循的是客观价值论。同一个法律条款针对同一合同的公平性评价采用矛盾的价值观在体系上无法自洽，更不利于海难救助合同的精确规制。而且，将第一款解读为严格的主客观要件将导致规范所意欲保护的对象处于更为危险的境地。因为实务中，根据合同订立过程中双方围绕救助事项的讨价还价，获益方证明待救助船只处于危险状况双方都明知的事实相当容易，从而排除重大误解、乘人之危的存在，第一款无从发挥救济功能。[①]

其实，从规范目的出发，此规范系立法者预判海难救助中不公平合同的救济尺度，其规范意旨就是海难救助合同的实质公平，裁判的依据皆为客观价值论，以此监管海南救助合同权利义务分配比例的合理性。第一款属于海难救助合同中显失公平认定的一般条款，其不仅适用于海难救助中的救助款约定，而且适用于其他风险或负担分配的失衡问题。在规范构造上，与我国《民法典》第151条显失公平规范一般条款一致。从客观价值论出发，"不正当的或危险情况的影响"并非海难救助合同及其条款显失公平判断的要件，而是给法官因应个案降低结果失衡认定门槛的指引。第二款属于立法者根据成熟的显失公平条款类型配置海难救助合同显失公平条款认定的具体规则。立法者对海难救助合同中救助款显失公平做出预判，救助服务所产生的价值与所支付的价格之间的比例过分不合理，即因显失公平而有公权力介入予以矫正的必要。

由是可知，海难救助合同中立法者认为达到显失公平的标准需要法律介入予以矫正的不公平情形有两类：其一，救助款与救助服务的价值比例显著失衡。其二，合同条款权利义务、风险或负担分

---

① 参见最高人民法院（2016）最高法民再61号民事判决书。

配违反等值性原则，而且合同订立存在不正当、危险情况等的影响，由法官结合救助行动所花的时间、成本消耗、技术要求、责任风险、设备或救助人所冒风险等因素综合确定是否显失公平而降低失衡的显著性要求。

此外，除立法者基于经验的预判设置显失公平规范具体规则类型外，我国法院因案制宜在适用显失公平规范一般条款的过程中创制了一些其他案例类型，如调解协议显失公平，① 居间合同显失公平，② 建设工程合同显失公平，③ 家庭共有财产分割等。④ 这些成熟案型的逐步积累不仅为显失公平规范一般条款的类型化方向提供了指引，而且成熟案例群的集聚将促成案件事实的构成要件化，为他日显失公平规范具体规则的翻修供给养分。

综上以观，如果撕开 19 世纪以来形式主义给显失公平规范戴上的面具，把镜头拉长回溯显失公平法理的本源与内质，显失公平规范所关注的人们对实质公平的追求，其立基于客观价值论以结果失衡为归责要件，承载着法律的伦理性与道德性。深掘显失公平法理不难发现，虽然所有违反等值性原理的交易都是不公平的、非正义的，但是基于法律实践以及人们德性差异的考虑，唯有对他人与社会伤害显著的不公平交易才需要法律介入予以矫正，也即显失公平交易方有公权力介入的充分理由。根据结果失衡的程度，法律矫正的显失公平交易主要有两类：其一，客观结果显著失衡；其二，如果存在主观恶意、交易环境、特殊情势等因素结果失衡的"显著性"可降低，但是结果失衡仍然是公权力介入并矫正交易的独立原因。形式主义时代，将公平正义建立在合同的基础上之上，显失公平规范沦为私人自治原则的附庸。德国暴利行为、美国显失公平原则实

---

① 参见四川省高级人民法院（2014）川民抗字第 10 号再审裁定书；新疆维吾尔自治区高级人民法院（2020）新民申 2132 号民事裁定书。

② 参见上海市闵行区人民法院（2009）闵民三（民）初字第 2012 号民事判决书。

③ 参见吉林省敦化市人民法院（2006）敦民初字第 193 号民事判决书。

④ 参见北京市平谷区（县）人民法院（2011）民初字第 5822 号民事判决书。

务操作等均基于对法律确定性与可预测性的迷恋而将显失公平规范置于私人自治的阴影下。合同协助主义时代，私法规范机制在追求私人自治之外，尤其需要兼顾合同的社会性质，笃力公平与合作的促进。均衡原理的回潮是现代合同法公平化改革的内在动因，显失公平规范因之重拾其客观价值论内涵，成为其现代化的鲜明特征。显失公平概念的规范性与经验性双重属性决定了单一的构成要件化规范设计模式既无法实现法律决定的可预测性与确定性，也无法保持灵活性以契合显失公平规范作为衡平规定属性。比较法上，通过立法或司法走向显失公平规范一般条款要件缓和主义与具体规则判断标准的数字比例化均证明了显失公平规范体系二元逻辑结构。准此而论，我国《民法典》第 151 条显失公平规范一般条款在设计上重蹈了德国暴利行为封闭性、僵化性覆辙，尤其主观状态的构成要件化重新将显失公平规范推入古典时代有再次成为私人自治附庸，丧失独立衡平功能承载法律伦理性与道德性的危险。因此，本书提出在客观价值论基础上解释与适用显失公平一般条款并统合显失公平规范具体规则，从而形成逻辑连贯的显失公平规范体系。

　　具体而言，现代私法规范机制里，公平原则是一种人们追求公平正义伦理性价值地宣示，其核心理念在于社会个体"各得其所"。公平原则的实质公平面向要求任何交易都不得违反等值性原理，禁止任何人以损害他人利益为代价获益。但由于法律实践方面的原因，世俗法律无法且没有必要禁止所有不公平交易，只有显著的不公平交易才有公权力介入矫正的空间。换言之，只有显失公平交易才是立法者或法官等公权力认为需要矫正的不公平交易。准此而论，显失公平规范的核心功能即作为公平原则具体化的过渡津梁践行实质公平的理念，[①] 对"损人利己"行为说不。其所制裁的对象是客观

---

　　① 　显失公平规范系对违反公平原则行为地规制也是我国实务的主流见解，参见最高人民法院在（2019）最高法民申 2898 号；新疆维吾尔自治区高级人民法院（2019）新民申 377 号民事裁定书。

上的结果失衡，至于主观样态如何在所不论。显失公平交易的非难性立基于其结果失衡对实质公平的违背，主观上的意思表示与合同履行情况、预期利益等因素一样仅仅是一个降低失衡门槛的考量因素，并非不可或缺的构成要件。由于显失公平概念规范性与经验性的双重属性以及法律确定性与妥当性之间的拉锯形成了显失公平规范一般条款与具体规则的逻辑体系（如图8—1所示）。

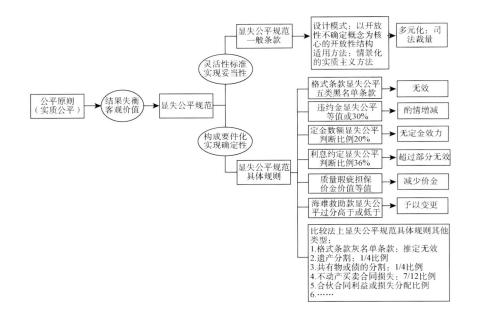

图8—1　显失公平规范逻辑体系

第二节　我国显失公平规范一般条款
适用实态及其评述

法典的生命在于实施，2017年《民法总则》颁行至今，显失公平规范一般条款的司法适用已走过了近 4 年的历程。梳理适用实态不仅是明察体系功能发挥实效的路径，也是反思规范设计与实务操作导向的实证基础。本节首先鸟瞰新旧显失公平规范一般条款在裁判中援引的总体面貌。其次，聚焦于新的显失公平一般条款适用案例，剖析我国显失公平交易或行为的实践类型、适用范围。最重要者，通过对实务中显失公平主张成败的细致考察，提出将来可能的改进方向。

一　显失公平规范一般条款适用情况概览：新法的适用高峰及隐忧

在"北大法宝"数据库中，以裁判依据为检索条件，"《民法总则》第一百五十一条、第 151 条"①"《民法典》第一百五十一条、第 151 条""《民法通则》第五十九条第一款第二项""《合同法》第五十四条第一款第二项"为关键词进行检索，共得 2007—2021 年

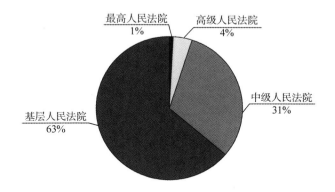

图 8 - 2　各级人民法院适用比例分配

---

①　笔者检索发现，不同法院在援引法条时表述极不统一，援引《民法总则》时除"第一百五十一条""第 151 条"表述外，还有法官表述为"151 条""一百五一条""一百五十一条"，类似的表述上的混乱也出现在原来《合同法》第五十四条第一款第二项以及《民法通则》第五十九条第一款第二项的适用中。直到《民法典》颁布实施，法官在表述所援引之法条时方严格按照法典的规范说法"第一百五十一条"。

8月22日已审结案例2470件。其中，最高人民法院31例，占1%；高级人民法院113例，占4%；中级人民法院861例，占31%；基层人民法院及专门人民法院共1735例，占63%（参见图8—2）。

撰诸实务，显失公平规范一般条款的适用大都由基层法院，随着审级的提高，受理案件的基数急剧降低，如此分布不足为奇。显失公平规范一般条款适用实况除因应审级而占比不同外，2007—2021年8月22日，每年援引显失公平规范的判决或裁定也相差明显。《民法总则》实施后，显失公平规范一般条款的适用尤其亮眼，其中2007年3例；2008年5例；2009年7例；2010年9例；2011年9例；2012年19例；2013年35例；2014年75例；2015年70例；2016年64例；2017年115例；2018年525例；2019年769例；2020年925；2021年113例（详见图8—3）。

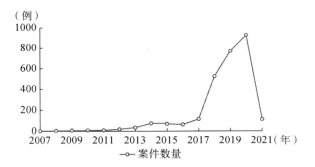

图8-3 显失公平规范历年适用案件数量

值得注意的是，在横跨近14年的显失公平规范适用实践中，2017年《民法总则》实施后显失公平规范一般条款的适用不仅在总量上占优，而且在各级法院的占比都居于绝对主导地位，其中最高人民法院案例占比逾90.3%；高级人民法院案例占比超过81.4%；中级人民法院占比92.3%；基层人民法院案例占比近86.4%。近年来，高层级人民法院更为频繁的介入显失公平规范一般条款的适用纠纷，基层案件基数的增加当然是主要原因，但高层级人民法院通过对全新显失公平规范一般条款地适用导正实务，从而统一法律适用的尺度确立相对稳定的显失公平交易/行为的认定标准亦不失为重要考量因素。因此，全新的显失公平规范一般条款一方面激发了当事人主张权利的热情，另一方面鉴于我国立法并未彻底实现该规范的构成要件化，因此高层级法院因应实务的上扬而确立起相对明晰的裁量标准以实现法律的确定性与可预测性，降低显失公平规范灵活性给法律安全带来的冲击。

需要指出的是，由于我国民法典编纂采用两步走战略，《民法总则》2017 年颁行后，在《民法典》正式颁布前，《合同法》等单行民事法律仍然有效。因此，我国实务中，《民法总则》第 151 条与《合同法》第 54 条第 1 款第 2 项并行适用的情况。根据新法优于旧法的法律适用原则，理论上 2017 年《民法总则》生效后，其对《合同法》总则性规定有修正或变动的，应当以新法为准。[①] 法院适用全新的显失公平规范一般条款不仅对未来适用的方向具有指引作用，而且适用中所呈现的问题也对今后也将产生深远影响。鉴于此，如无特别说明，下文在考察显失公平规范一般条款司法适用基础上所做的精致化分析均以援引新法作为裁判依据的案例类型。

二　显失公平规范一般条款司法适用标准的僵化与适用范围的窄化

《民法典》实施至今，我国法院适用显失公平规范一般条款的案例共 27 件，其中基层人民法院 22 件，中级人民法院 5 件。法典实施后根据立法的表述《民法总则》与其他单行民事法律同时废止（§1260），但是，《民法典》系将《民法总则》整体纳入，对第 151

---

① 应该说立法者以《民法典》第 151 条作为显失公平规范一般条款统摄全典意旨非常清晰。一方面，《民法典》合同编直接删除了原《合同法》第 54 条的规定。另一方面《民法典》第 508 条直接规定："本编对合同效力没有规定的，适用本法第一编第六章的有关规定。"最高人民法院在判决中亦明确新的显失公平规范优于旧法区分显失公平与乘人之危规定适用，参见最高人民法院（2019）黔民申 3179 号民事裁定书。

条亦未做任何修改，因此《民法总则》第 151 条的适用经验为窥获我国未来显失公平规范的操作导向提供诸多指引。鉴于上级法院对下级法院事实上的拘束力，高级别人民法院之裁判倾向为下级人民法院审理类似案件的重要参考。纵使上诉案件维持原判，其理由阐述与法律适用往往更为准确，对后续类似案件处理颇具引领意义。尤其，新旧法交替之际，争讼剧增而开放性不确定法律概念的适用缺乏明确指引，此时高层级人民法院解释与适用取向及意见对下级法院的引领作用更显重大。因此，笔者选择《民法总则》颁行后高层级法院适用显失公平规范一般条款的案例作为分析样本，以期透视我国显失公平规范一般条款具体化适用实态及实务中主流的裁量标准。民法典实施前，我国高级人民法院与最高人民法院援引《民法总则》第 151 条作为裁判依据的案例共 86 件，其中，剔除重复以及未对显失公平规范进行解释适用案例后，得有效案例 68 件，最高人民法院适用 6 件，高级人民法院适用 62 件。

（一）显失公平规范适用标准：双重要件下沦为意思表示瑕疵机制

揆诸高层级法院在显失公平行为认定中，一般陈述显失公平规范一般条款的法条即开始展开论证，默认主客观要件兼备的认定标准，也有明确要求主客观要件并做具体分析的做法，二者均以双重构成要件作为显失公平行为认定必要前提，即主观上"一方利用对方处于危困状态或缺乏判断能力"；客观上"法律行为成立时显失公平"。也有实务将双重要件进一步细化提出"四要件"的认定方法，即（1）一方利用对方处于危困或弱势状态；（2）一方利用对方弱势状态有谋取不正当利益的恶意；（3）法律行为的做出是一方利用弱势状态的结果；（4）法律行为成立时显失公平。也有个别案例采用"三要件"分析路径，即（1）一方利用对方处于危困或弱势状态；（2）法律行为成立时显失公平；（3）前述两个要素之间具有因果关系。此外，还有对于主客观要件的具体要求未明确表态以及认为主要依据客观结果失衡的单一要件偏向认定。法院在显失公平规范适用中采用双重要件的案例 57 件，四要件论 6 件，三要件论 1 件，未明确表态 3 件，单一要件 1 件。审视三要件与四要件具体内容不难发现，二者都是对主客观双重要件的拆解以便于精细化审查显失公平行为，前者在双重要件之外增加"因果关系"的证明要求；后者不仅增加了"因果关系"的要求，而且明确获益方必须有"利用他方弱势状态谋取不正当利益的恶意"。因此可以说，四要件与三要件都是对双重要件的进一步强化，事实上推高了显失公平行为的认定难度。因此，也可归类规为广义双重要件的范围。

　　诚如前述，严格双重要件的立法模式与司法操作导向的后果之一，就是实务中可通过显失公平规范一般条款获得救济的案例少之又少。因为，实务中获益方或法院只要挑战主观或客观要件之一，即可排除显失公平规范的适用，比如法院仅否认主观要件不存在即径直宣告不存在显失公平适用空间，而不再考察客观失衡的问题。① 而受损害方需要证明主客观要件兼备，有时甚至还被要求证明"有谋取不正当利益的恶意"以及主客观要件之间的"因果关系"，② 主张成功难度可想而知。实务中，法院纵使查明或当事人证明客观结果显著失衡，或基于意思表示真实系权利处分范畴，③ 抑或因为主观要件的无法证明而排除显失公平规范的救济。④ 准此而论，显失公平规范丧失其独立的衡平功能，沦为私人自治的附庸，一般条款也因之成为意思表示瑕疵的兜底安排完全丧失其独立的体系价值。实务的操作倾向也佐证了我国立法重回德国暴利行为的僵化构成要件化与美国实务双重要件立场所带来的弊端。这与现代显失公平规范承载均衡原理、促进实质公平与合作的体系定位。

---

　　① 如福建省高级人民法院（2019）闽民终 387 号民事判决书；河南省高级人民法院（2019）豫民申 5241 号民事裁定书。

　　② 如山西省高级人民法院（2020）晋民申 512 号民事裁定书。

　　③ 参见四川省高级人民法院（2019）川民申 4187 号民事裁定书；江苏省高级人民法院（2019）苏民申 7639 号民事裁定书。

　　④ 参见重庆市高级人民法院（2019）渝民申 2993 号民事裁定书。

从比较法的经验来看，未来立法翻修或解释论方向将以缓和严格要件主义为导向，从而拾回显失公平条款被架空的衡平功能。通过立法的要件化限制、司法的"构成要件—法律效果"式"全有或全无"操作模式，受损害方依据显失公平规范一般条款获得救济的成功率相当低，从而实际上窒息了显失公平规范功能施展的空间。从高级人法院的适用情况来看，显失公平主张的失败率与成功率之比为 60：8，失败率超过 88%。考诸显失公平主张失败的原因，以主观要件不成立为主要依据的做法尤为耀眼，主要有以下诸端：（1）以单一主观要件缺乏径直否认显失公平规范适用，对客观要件不做认定、将客观失衡作为意思自治的结果予以尊重。实务中，主观要件认定主要两条路径：其一，通过证明责任分配规则，由不能证明要件事实的受损害方承担不利后果；其二，通过对受损害方个体决策能力的考察确认其判断能力。如受损害方是否为完全民事行为能力、是否从事特定行业、是否具有商业或特定交易的经验、是否有相当学历以及对方是否有信息披露等。如受损害方无证据证明存在弱势状态即驳回显失公平主张；[①] 又如以受损害方是完全民事行为能力、具备相关知识或应当有经济理性与风险判断能力等否认协议显失公平；[②] 再如以客观失衡是真实意思表示或处分权利的自由驳回显失公平主张；[③] 甚至，纵使客观结果显著失衡也以主观要件缺失否认结果失衡的独立衡平能力。[④]（2）以超过撤销权行使期间为由拒绝适用显失公平规范。[⑤]（3）无法证明或不存在法律规定的主客观情

[①] 参见四川省高级人民法院（2017）川民初 20 号民事判决书；福建省高级人民法院（2019）闽民终 387 号民事判决书。

[②] 参见内蒙古自治区高级人民法院（2020）内民申 3083 号民事裁定书；最高人民法院（2021）最高法民申 2991 号民事裁定书；湖南省高级人民法院（2020）湘民申 1682 号民事裁定书。

[③] 参见湖南省高级人民法院（2020）湘民申 1681 号民事裁定书；新疆维吾尔自治区高级人民法院（2020）新民终 253 号民事判决书。

[④] 参见重庆市高级人民法院（2019）渝民申 2993 号民事裁定书。

[⑤] 参见广东省高级人民法院（2020）粤民申 7228 号民事裁定书。

况驳回显失公平主张。① 在所有 60 件受损害方主张显失公平失败的案件中，以单一主观要件径直否认者 24 件；以撤销权行使程序超过期限驳回者 5 件；以双重要件均不满足否认协议或条款显失公平者31 件（详见图 8—4）。而第三种主张失败的类型中，为数不少的案例是因为案件事实真伪不明情况，以证明责任分配规则做出的对受损害方不利的推定。显失公平规范一般条款适用中以单一主观要件的缺失阻却显失公平主张或论证结果失衡正当性案件占有相当高的比例，这也反映出我国司法操作导向有将显失公平规范置于私人自治阴影下的趋势，重蹈德国、美国对应机制的覆辙。

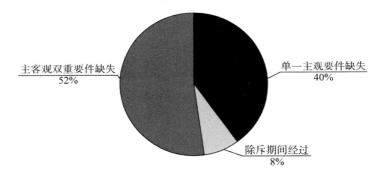

图 8—4　法院驳回显失公平主张的主要依据

　　总之，实务中显失公平主张如此低的成功率以及诸多径直以主观弱势状态证明的缺失而排斥显失公平规范地适用昭示：我国显失公平规范一般条款因其构成要件化已初步显露出僵化性与封闭性，显失公平规范承载私法伦理性并践行衡平的功能被抑制，更似意思表示瑕疵机制的兜底安排。准此，我国显失公平规范一般条款有沦为私人自治附庸的危险。亟须在解释论上松动要件化的构成，而将之作为灵活的标准加以适用。

---

① 参见海南省高级人民法院（2020）琼民申 424 号民事裁定书。

（二）显失公平合同或条款类型：适用范围的司法限制

受损害方主张成功的 8 个案件一半为民事合同或协议，如交通事故赔偿调解书、人身损害赔偿协议、劳动合同中劳动报酬、个人结算工程款。① 商事交易的适用成功率仅 3 例，而且均是在企业法定代表人等主要负责人被采取刑事拘留等强制措施以致主观上的危困状态至为明显的情况下，如股权转让、减免巨大债务协议、企业借贷合同中利率不对等。② 正常的商事交易中，显失公平主张成功率为零。这也折射出我国实务对民事合同与商事合同做出了区别对待，民事合同中的受损害方往往具有结构性弱势、缺乏经验是常态，法院一般不要求其提供充分证据证明主观上的弱势状态，甚至直接推定获益方（加害方）存在优势地位。前述民事合同中显失公平主张成功获得法院支持的案例大都如此。但是，相较于一般民事主体，法院对商事主体主观要件的认定取向严格适用的倾向，往往因为一方无法证明主观的弱势状态而径直排除显失公平规范地适用。

揆诸高层级法院审判实务，当事人以显失公平挑战的主要条款类型有六大类：价格或价值条款（37 件）；利率条款（4 件）；权利义务失衡条款（13 件）；放弃权利或免除对方主要责任条款（6 件）；人身损害赔偿条款（6 件）；劳动报酬或经济补偿条款（2 件）。这六大类型条款散布于各类不同的契约或协议之中，如交换性契约、和解契约、财产分配契约、人身损害赔偿协议、股权转让协议、借贷契约等。价格条款主要发生在交换性契约之中，其认定主要有两种思路：其一，在约定价格与市场价或指导价之间进行简单

---

① 参见内蒙古自治区高级人民法院（2019）内民申 3535 号民事裁定书；江西省高级人民法院（2018）赣民申 1032 号民事裁定书；重庆市高级人民法院（2020）渝民申 967 号民事裁定书；辽宁省高级人民法院（2020）辽民终 366 号民事判决书。

② 参见湖南省高级人民法院（2019）湘民终 759 号民事判决书；辽宁省高级人民法院（2018）辽民终 256 号民事判决书；最高人民法院（2019）最高法民申 2898 号民事裁定书。

的数字比较进行失衡认定;[①] 其二,从整体与交易经济本质着眼,综合权衡各方面因素后整体评估。如在股权价格显失公平与否的认定中,法院认为股权转让不同于一般买卖,公平价格计算中以市场价值为参照并不充分,还需要考虑预期收益等收益;[②] 又如借贷债务关系中鉴于亲属关系的因素提高了显著失衡的忍受度。[③] 两种认定思路中,参考市场价值的简单数字比较更具有确定性,而综合权衡的整体评估更具有妥当性,实务中认定冲突在所难免。如以股权转让协议中股价的计算标准为例,有法院认为股价以市场价为参照,认为约定价格达不到市场价的 70% 即构成客观结果的显失公平;但是,也有法院明确否定以市场价为标准审查股价显失公平,而强调股权包括诸多不确定因素。[④] 权利义务分配失衡争议多出现在非交换性契约,如合伙协议、多个关联契约或契约群。这类契约有别于传统的个别的交换性契约,旨在实现共同的事业目标,价格条款并非双方关系的重心,共同事业的实现才是核心诉求,价格条款的过高或过低可能是合同当事人之间其他安排的补偿,需要将整体的商业关系纳入考量后,方能确定条款的公平与否,由于综合权衡权利义务分配致使举证难度加大,实务中显失公平主张成功率也不高。放弃权利或免除对方主要责任条款是否显失公平的认定中,考量的重点是获益方是否有相当对价或负担对应义务。但和解合同由于存在当事人之间的讨价还价与权利让步,因此实务中纵使确实存在客观结果的显失公平,法院也多以尊重处分权而拒绝援引显失公平规范。[⑤] 在人身损害、劳动关系等关涉人身利益与劳动者利益的赔偿或补偿协

---

① 如四川省高级人民法院(2018)川民申 5454 号民事裁定书。
② 如广东省高级人民法院(2017)粤民终 2215 号民事判决书。
③ 如内蒙古自治区高级人民法院(2020)内民申 2895 号民事裁定书。
④ 参见湖南省高级人民法院(2019)湘民终 759 号民事判决书;山东省高级人民法院(2020)鲁民终 938 号民事判决书;山东省高级人民法院(2021)鲁民申 655 号民事裁定书。
⑤ 参见新疆维吾尔自治区高级人民法院(2020)新民终 253 号民事判决书。

议中，由于受损害方的结构性弱势明显，主观要件一般容易认定，甚至法院直接推定。[①] 客观失衡的判断主要围绕法定赔偿数额与实际赔偿数额的比较，[②] 由于有法定标准可供参考，客观结果的审查具有相当确定性。人身损害或劳动关系赔偿或补偿协议中由于主观上认定标准的放宽，客观结果上相对确定的标准，致使实务中显失公平主张的成功率明显高于其他类型的协议或契约。但是，如果有第三方介入主持调解等情形，也不乏法院将失衡视为受损害方对权利的处分。[③] 总之，显失公平认定实务中缺乏统一的体系化裁量标准，由于合同属性与条款类型的区别，主张显失公平的成功率也呈现悬殊态势（详见图8—5）。

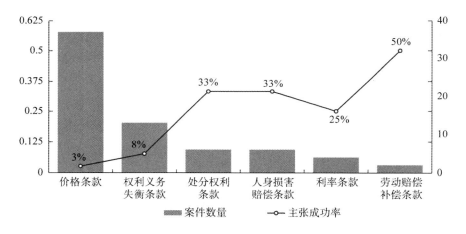

图8—5 高层级法院显失公平认定的主要条款类型与主张成功比例

综上以观，在协助主义时代，立基于客观价值论的显失公平规范本应是承载均衡原理实现实质公平、促进社会合作的重要机制，灵活性、普适性为其基本特征。但是，揆诸新近实务不难发现，我

① 如内蒙古自治区高级人民法院（2019）内民申3535号民事裁定书。
② 如重庆市高级人民法院（2019）渝民申2993号民事裁定书。
③ 如重庆市高级人民法院（2020）渝民申1840号民事裁定书。

国在显失公平规范一般条款设计上回归德国传统主客观要件统一模式后，也承继了其僵化性与封闭性的弊端，实践操作中主观要件的主导化，以及排除客观结果作为独立阻却法律行为效力的做法，使得显失公平规范恢复其古典特征：主观价值论、构成要件化、适用范围的限制性。诚如前文指出，唯有转变观念放弃僵化的构成要件主义而以灵活的标准来解释与适用显失公平规范一般条款完成显失公平规范的现代化改革。唯有如此，方能回到显失公平法理的"初心"——亚里士多德与阿奎那的公平价格理论。私法理念从独尊个人主义到重视协助主义，均衡原理回归私法规范机制舞台中央等均需要显失公平规范从私人自治的阴影里解放出来，独立承担起合作、多元、公平现代社会中的衡平重任。

结　论

显失公平规范是现代
私法体系的恒星

　　显失公平规范处在民法各基本原则的交会点，面向侧重的分殊可以得出截然不同的立法安排、体系定位与功能预设。回溯制度沿革，显失公平规范可谓命途多舛。根据亚里士多德—阿奎那的正义理论与公平价格学说，任何违反等值性要求的交易都具有非正义性，不仅是交易相对人的损失，而且是对整个社会德性的损害。但是，鉴于公平价值精准计算的实务难题，以及人们德性的参差不齐，实在法（世俗法）并不禁止全部非正义的行为，而是选择那些严重的不公平交易予以规制。换言之，立法者认为的"显著"不公平交易才有公权力介入的空间。准此而论，显失公平法理从道德伦理进化为法律规范的过程中其实已经对不公平交易行为进行筛选，过滤了相当有失公平的行为而仅给显失公平交易戴上枷锁以维护实质公平。然而，在个人主义与经济自由主义主导的放任时代，私人自治也因之获得私法体系中"恒星"般的至上地位，将公平正义建立在合同之上的"契约即公道"理念成为私法规范机制的灵魂，形式主义也成为私法规范的基本品性。私法规范的伦理性被剥离或抑制，均衡原理也因主观价值论获得正统地位而成为相当边缘化的存在。显失公平规范或被曲解为私人自治的维护机制，或被视为洪水猛兽作为立法上的极端例外安排，沦为私人自治原则的附庸，独立的衡平功能被遮蔽。但是，形式主义本身并不能涵盖私法规范的全貌，正义与公平的诉求或直接或隐秘的贮藏在私法规范之中，自由主义被捧上神坛的 19 世纪亦不例外。随着经济社会实践的发展，私法自治所赖以发挥功效的市场与参与者两个层面均发生天翻地覆的变化，现代私法的公平化改革，在意思自治基础上更加关注公平与合作。在理念上将均衡与公平原则重新拉回私法规范机制的中心与私人自治分庭抗礼，合同应该建立在公平的基础之上成为新的共识。在法律上则表现为以客观价值论为基础的显失公平规范体系的复兴。

　　显失公平规范的原则性选择直接决定了其体系定位、规范功能、规范特征以及解释与适用方案乃至其在私法体系中的命运。本书主张显失公平法理的精义在于禁止并惩戒"一方以他方为代价获益"，现代私法体系中显失公平规范的原则性选择应从形式主义易辙协助主义，将合同建立在公平的基础之上而不是相反。协助主义的合同法关注实质公平与行为结果，无疑是对私法形式主义的反叛，其在敌意环视的规范与司法环境中存活下来，表面来看是私法形式主义存在不足，需要引入其他价值弥补局限。但深层次的原因则是显失公平法理承载着人们普遍的公平正义追求。合同法公平化改革的基本价值深植于人性伦理与社会公正的理念，并非简单的算术或比例的对比，而是贮藏在人类的普遍良知、常识与伦理能力之中。随着合作化多元主义社会的到来，规制理念逐步摆脱独尊个人自治的竞利主义原则，而转轨互利共生的协助主义。协助主义时代，关注合同的社会性质抬头，将"合同建立在公平的基础上"以促进社会的合作与公平，将均衡与公平原则的基本精神重新拉回私法规范机制舞台的中心与私人自治分庭抗礼。显失公平规范体系因其自然法的内质与灵活性特质，因应均衡原理回潮的趋势重拾其独立衡平功能，助益"一个世代相继的公平的社会合作体系"的构建。现代显失公平规范也因之具有普适性、确定性与灵活性兼备、客观价值论等基本特征。显失公平规范的法哲学基础与历史演进皆昭示，显失公平法理的重大使命在于捍卫人类与生俱来的内在公平感，以形式主义为导向概念界定、构成要件化与显失公平规范承载社会公正的自然法价值背道而驰。显失公平法理所蕴含的公平、正义、伦理、道德等价值均无法以简单的数学计算实现精确化，最终得诉诸良知与常识。

显失公平规范技术性设计上，"显失公平"是一开放性不确定法律概念，具有经验性与规范性的双重属性，立法者与司法官总是试图实现法律安全性与社会妥当性之间的平衡，这决定了显失公平规范体系设计中司法控制与立法决定的二元分立模式，也即"一般条款＋具体规则"的规范配置方案。一般条款尊重显失公平概念的规范性面向，维持其开放性与灵活性以应乎无穷的人事，并作为具体规则的生发机制。具体规则重视显失公平概念的经验性面向，力争实现法律的确定性与可预测性以维护法律的安全。关于显失公平规范一般条款的设计，从构成要件方面观之，应当避免不切实际而且悖于显失公平概念规范性属性的"构成要件—法律效果"模式，维持其作为动态标准的特质。从法律效果观之，鉴于显失公平规范一般条款从其初显性特征、适用方式、性质等方面衡量，其具有明显的原则属性，系最佳化的法律命令，法律效果在规范设计中往往省略。实务中，显失公平规范适用之法律效果也呈多样化趋势，如无效、撤销、解除、损害赔偿、主动矫正阻却声请、视条款未写入、拒绝强制执行、变更后执行、只执行非显失公平之部分等。因此，或省略法效果，或以抽象概念指称，抑或列举法效果之多元类型。如此以契合一般条款的性质与功能定位。从权利人的安排来看，将显失公平主张的权利赋予受害方独享做法日渐式微，从显失公平规范承载构建合作与公平社会体系的功能来看，以涵盖更广的"利害关系人"为权利人似乎更为贴切。从证明责任分配来看，各国于立法中作出明确安排者不多，大都对此未甚措意。实务中则主要根据"谁主张，谁举证"之规定在当事人之间公平分配，但是，这种立法留白也给了法官根据公平原则与诚实信用原则以裁量空间，如德国、法国等国实务即通过举证责任倒置的方式来实现对受害方的救济。以上述显失公平规范一般条款之设计理念审视我国《民法典》显失公平规范的配置，应该说在体系安排、证明责任、客观方面之表述等方面值得肯定，但在法效果、主观要件之描述、权利人等方面则不无改进空间。具体规则之设计本书主张分两部分：一方面，债法总则或合同法总则中适度抽象，根据不同类型之债分别挹注显失公平法理，如违约金之债、利息之债，并根据不同合同类型裁判标准的互殊作出特别安排，如框架合同、共同利益合同、附合合同、合伙合同、和解合同等分别配置具体认定规则。另一方面，于立法中开列显失公平条款清单，比较典型的即欧盟通过消费者保护指令所确立的清单模式：绝对的显失公平条款类型（黑名单）与推定的显失公平条款类型（灰名单）。为因应经济社会的变化靡常，往往成立专门的委员会或指定行政机关（司法部）对清单因势调整的权力。如法国成立的滥用条款委员会与司法部、英国的司法大臣。

以前述显失公平规范原则性选择与技术性设计理论对勘我国民法典显失公平规范体系，一般条款的解释与具体规则的设计仍有推进空间。一方面，宜从合同协助主义理念出发，尊重显失公平法理在现代民法上的独立衡平功能与承载均衡原理回潮的体系价值，将显失公平规范一般条款视为一种开放性的弹性标准而非"构成要件—法律效果"式严格的技术性规则，恢复其灵活性与结果失衡的独立评价功能。从解释论的角度重塑显失公平规范。另一方面，以客观价值论为基础统合我国民法中的显失公平规范体系，以特别规定开列显失公平条款的具体清单。鉴于规范有限而人事无穷，立法机关无法在经验上、技术上对被规范事实做巨细靡遗地安排；司法类型化又仰赖长时间成熟类型的群聚。可以尝试发挥行政机关效率方面的优势，仿行经典法域成立专门委员会或指定特定行政机关专司清单的因时增补之权。

民法典编纂是我国私权保障的重要里程碑，也是国家治理能力与治理体系现代化的关键一着。无论居庙堂之高还是处江湖之远皆对民法典期许颇大，旨在编纂伟大法典成就伟大法学，将之打造成世纪典范，从而比肩《法国民法典》《德国民法典》，开创一个时代。欲达此目的，当然不能无视私法规范机制的公平化改革大势。在法典业已颁行的情况，尊重法典权威基础上的解释论修正将决定我国显失公平规范的命运。究竟是重蹈经典法域过去200年的覆辙，还是立基于经典法域经验与教训，拥抱私法规范机制从独尊个人主义到兼顾协助主义的世纪变革，将显失公平规范从形式主义的桎梏中解放出来，完成显失公平规范的现代化改造。作为法典化的继受者，因应全新的经济社会实践充分发挥法典化的后发优势应该毫不犹豫的选择后者。法典的生命在于实施，法国民法、德国民法之所以伟大，离不开学理精致化阐释的助攻。现在应该是学界怀着对法典的敬畏之心，恪守批判的品质，从解释论上查漏补缺，为他日立法翻修与司法适用供给未雨绸缪之思。法典编纂的完成意味着立法者已经打完了上半场，舞台已经构筑，接下来应该是学理争鸣跳上擂台，因应中国实践，深掘中国问题，提出中国方案。

参考文献

一　中文著作

陈朝璧：《罗马法原理》，法律出版社 2006 年版。

陈甦主编：《民法总则评注（下册）》，法律出版社 2017 年版。

陈自强：《契约之成立与生效》，台湾学林文化事业有限公司 2007 年版。

陈卫佐：《德国民法总论》，法律出版社 2007 年版。

陈华彬：《民法总则》，中国法制出版社 2011 年版。

崔建远，《合同法》（第 3 版），北京大学出版社 2016 年版。

杜万华主编：《中华人民共和国民法总则实务指南》，中国法制出版社 2017 年版。

费安玲主编：《学说汇纂》（第一卷），知识产权出版社 2007 年版。

费安玲主编：《罗马私法学》，中国政法大学出版社 2009 年版。

费安玲主编：《学说汇纂》（第四卷），台湾元照出版有限公司 2012 年版。

费安玲：《民法总论》，高等教育出版社 2007 年版。

韩世远：《合同法总论》，法律出版社 2011 年版。

黄忠：《违法合同效力论》，法律出版社 2010 年版。

黄立：《民法总则》，中国政法大学出版社 2002 年版。

黄茂荣：《债法总则》，中国政法大学出版社 2003 年版。

黄茂荣：《法学方法与现代民法》，中国政法大学出版社 2007 年版。

何孝元：《诚实信用原则与衡平法》，台湾三民书局 1977 年版。

胡长清：《中国民法总论》，中国政法大学出版社 1997 年版。

刘得宽：《民法诸问题与新展望》，中国政法大学出版社 2002 年版。

李彤：《19 世纪英美契约法之发展》，上海人民出版社 2011 年。

李非：《富与德：亚当·斯密的无形之手——市场社会的架构》，天
　津人民出版社 2001 年版。

李宇：《民法总则要义》，法律出版社 2017 年版。

李永军：《民法总论》，法律出版社 2006 年版。

李永军：《民法总论》，法律出版社 2009 年版。

李永军：《民法总则》，北京大学出版社 2009 年版。

李开国：《民法总则研究》，法律出版社 2003 年版。

李惠宗：《案例式法学方法论》（第二版），台湾新学林出版社股份
　有限公司 2014 年版。

梁慧星：《民法解释学》，法律出版社 2009 年版。

梁慧星：《民法总则》（第四版），法律出版社 2011 年版。

龙卫球：《民法总论》，中国法制出版社 2001 年版。

彭万林编：《民法学》，中国政法大学 1999 年版。

冉克平：《意思表示瑕疵：学说与规范》，法律出版社 2018 年版。

施启扬：《民法总则》，中国法制出版社 2010 年版。

史尚宽：《民法总论》，中国政法大学出版社 2001 年版。

苏永钦：《走入新世纪的私法自治》，中国政法大学出版社 2002
　年版。

苏永钦：《民事立法与公私法的接轨》，北京大学出版社 2005 年版。

苏永钦：《寻找新民法》，北京大学出版社 2012 年版。

隋彭生：《合同法要义》，中国政法大学出版社 2005 年版。

沈达明、梁仁洁：《德意志法上的法律行为》，对外贸易教育出版社
　1992 年版。

佟柔主编：《中国民法学·民法总则》，中国人民公安大学出版社

1990 年版。

王伯琦：《民法总则》，台湾"国立"编译馆出版社 1979 年版。

王伯琦：《近代法律思潮与中国固有文化》，清华大学出版社 2005 年版。

王利明：《合同法研究》（第一卷），中国人民大学出版社 2002 年版。

王利明：《民法总则研究》，法律出版社 2012 年版。

王利明：《合同法研究》（第一卷），中国人民大学出版社 2015 年版。

王利明：《中华人民共和国民法总则详解》，中国法制出版社 2017 年版。

王泽鉴：《民法实例研习——债编总论》，台湾三民书局股份有限公司 1989 年版。

王泽鉴：《民法思维》，北京大学出版社 2009 年版。

王泽鉴：《民法概要》，法律出版社 2009 年版。

王泽鉴：《民法学说与判例研究》（第三册），北京大学出版社 2009 年版。

王泽鉴：《债法原理》，北京大学出版社 2013 年版。

王夏昊：《法律规则与法律原则的抵触之解决——以阿列克西的理论为线索》，中国政法大学出版社 2009 年版。

王卫国：《荷兰经验与民法再法典化》，中国政法大学出版社 2007 年版。

王卫国主编：《民法》，中国政法大学出版社 2007 年版。

王军：《美国合同法》，对外经济贸易大学 2011 年版。

王家福：《中国民法学·民法债权》，法律出版社 1991 年版。

谢鸿飞：《合同法学的新发展》，中国社会科学出版社 2014 年版。

徐国栋：《民法基本原则解释——以诚实信用原则的法理分析为中心》，中国政法大学出版社 2004 年版。

徐国栋：《民法典与民法哲学》，中国人民法学出版社 2007 年版。

徐国栋：《民法总论》，高等教育出版社 2008 年版。

徐国栋：《民法哲学》，中国法制出版社 2009 年版。

熊丙万：《私法的基础：从个人主义走向合作主义》，中国法制出版社 2018 年版。

于飞：《公序良俗原则研究——以基本原则的具体化适用为中心》，北京大学出版社 2006 年版。

严厥安：《法与实践理性》，中国政法大学出版社 2003 年版。

尹田：《法国现代合同法》，法律出版社 2009 年版。

尹田：《民法总则之理论与立法研究》，法律出版社 2010 年版。

耿林：《强制规范与合同效力——以合同法第 52 条第 5 项为中心》，中国民主法制出版社 2009 年版。

杨仁寿：《法学方法论》（第二版），中国政法大学出版社 2013 年版。

杨桢：《英美契约法》（第四版），北京大学出版社 2007 年版。

朱广新：《合同法总则》，中国人民大学出版社 2012 年版。

朱广新：《合同法总则研究》（上册），中国人民大学出版社 2018 年版。

朱庆育：《民法总则》，北京大学出版社 2013 年版。

郑玉波：《民法总则论文选辑》（下），台湾中南图书公司 1984 年版。

张文显：《法理学》，高等教育出版社 2007 年版。

张新宝：《〈中华人民共和国民法总则〉释义》，中国人民大学出版社 2017 年版。

张俊浩编：《民法学原理》，中国政法大学出版社 1997 年版。

张俊浩：《民法学原理》，中国政法大学出版社 2000 年版。

詹森林：《民事法理与判决研究》（三），台湾元照出版有限公司 2003 年版。

邹海林：《民法总则》，法律出版社 2018 年版。

郑玉波：《法彦》（二），法律出版社 2007 年版。

钟瑞东：《民法中的强制性规范——公法与私法"接轨"的规范配置问题》，法律出版社 2009 年版。

张初霞：《显失公平制度研究》，中国社会科学出版社 2016 年版。

二　中译著作

［德］卡尔·拉伦茨：《德国民法通论》（上册）》，王晓晔等译，法律出版社 2003 年版。

［德］卡尔·拉伦茨：《德国民法通论（下册）》，王晓晔等译，法律出版社 2003 年版。

［德］卡尔·拉伦茨：《法学方法论》，黄家镇译，商务印书馆 2020 年版。

［德］卡尔·恩吉施：《法律思维导论》，郑永流译，法律出版社 2014 年版。

［德］海因·克茨：《欧洲合同法》，周忠海、李居迁、宫立云译，法律出版社 2001 版。

［德］古斯塔夫·拉德布鲁赫：《法律智慧警句集》，舒国滢译，中国法制出版社 2001 年版。

［德］迪特尔·梅迪库斯：《德国民法总论》，邵建东译，法律出版社 2000 年版。

［德］迪特尔·梅迪库斯：《德国民法总论》，邵建东译，法律出版社 2004 年版。

［德］罗伯特·霍恩、海因·克茨、汉斯·G. 莱塞：《德国民商法导论》，楚建译，谢怀拭校，中国大百科全书出版社 1996 年版。

［德］尤尔根·哈贝马斯：《在事实与规范之间》，童世骏译，生活·读书·新知三联书店 2003 年版。

［德］迪特尔·施瓦布：《民法导论》，郑冲译，法律出版社 2006 年版。

［德］K. 茨威格特、H. 克茨：《比较法总论》，潘汉典、米健、高鸿钧、贺卫方译，法律出版社 2003 年版。

［德］罗伯特·阿列克西：《法律论证理论》，舒国滢译，中国法制出版社 2002 年版，第 285 页。

［德］阿图尔·考夫曼：《类推与"事物本质"——兼论类型理论》，吴从周译，学林文化事业有限公司 1999 年版。

［德］伯恩·魏德士：《法理学》，丁小春、吴越译，法律出版社 2003 年版。

［德］古斯塔夫·拉德布鲁赫：《法哲学》，王朴译，法律出版社 2005 年版。

［德］莱奥·罗森贝克：《证明责任论——以德国民法典与民事诉讼法为基础撰写》，庄敬华译，中国法制出版社 2002 年版。

［德］本德·吕斯特、阿斯特丽德·施塔姆勒：《德国民法总论（第 18 版）》，于馨淼、张姝译，法律出版社 2017 年版。

［法］弗朗索瓦·泰雷等著：《法国债法·契约编（上）》，罗结珍译，中国法制出版社 2018 年版。

［法］埃米尔·涂尔干：《社会分工论》，渠东译，生活·读书·新知三联书店 2013 年版。

［美］罗纳德·德沃金：《法律帝国》，李冠宜译，时英出版社 2003 年版。

［美］约翰·罗尔斯：《正义论》，何怀宏等译，中国社会科学出版社 1988 年版。

［美］约翰·罗尔斯：《作为公平的正义：正义新论》，姚大志译，中国社会科学出版社 2016 年版。

［美］詹姆斯·戈德雷：《现代合同理论的哲学起源》，张家勇译，法律出版社 2006 年版。

［美］詹姆斯·戈德雷：《私法的基础：财产、侵权、合同和不当得利》，张家勇译，法律出版社 2007 年版。

［美］弗里德里奇·凯斯勒、格兰特·吉尔莫、安东尼·克朗曼：《合同法：案例与材料》（上），屈广清等译，中国政法大学出版社 2005 年版。

［美］伯纳德·施瓦茨：《美国法律史》，王军等译，中国政法大学
　　出版社 1997 年版。

［美］杰弗里·费里尔、迈克尔·纳文：《美国合同法精解》（第 4
　　版），陈彦明译，北京大学出版社 2009 年版。

［美］卡尔·N. 卢埃林：《普通法传统》，陈绪刚等译，中国政法大
　　学出版社 2002 年版。

［美］罗斯科·庞德：《普通法的精神》（中文修订版），唐前红等
　　译，法律出版社 2010 年版。

［美］欧姆瑞·本·沙哈尔、卡尔·E. 施奈德：《过犹不及——强制
　　披露的失败》，陈晓芳译，法律出版社 2015 年版。

［日］四宫和夫：《日本民法总则》，台湾五南图书出版公司 1995
　　年版。

［日］山本敬三：《民法讲义·总则》（第 3 版），谢亘译，北京大学
　　出版社 2012 年版。

［英］巴里·尼古拉斯：《罗马法概论》，黄风译，法律出版社 2000
　　年版。

［英］梅因：《古代法》，沈景一译，商务印书馆 1959 年版。

［英］P. S. 阿蒂亚：《合同法导论》，赵旭东等译，法律出版社 2002
　　年版。

［英］托马斯·霍布斯：《利维坦》，黎思复等译，商务印书馆 2017
　　年版。

［英］亚当·斯密：《国民财富的性质和原因的研究》（下册），郭大
　　力、王亚南译，商务印书馆 1979 年。

［意］托马斯·阿奎那：《神学大全·论智德与义德》，刘俊余等译，
　　中华道明会/碧岳学社 2008 年版。

［意］托马斯·阿奎那：《论法律》，杨天江译，商务印书馆 2016
　　年版。

［意］桑德罗·斯奇巴尼选编：《债·契约之债》，丁玫译，中国政
　　法大学出版社 1992 年。

［古希腊］亚里士多德：《尼各马可伦理学》，王旭凤、陈晓旭译，中国社会科学出版社 2007 年版。

三　外文著作

Alan Devlin，*Fundamental Principles of Law and Economics*，New York：Routledge，2015.

Alastair Hudson，*Equity and Trusts*，New York：Routledge，2015.

Ben Templin，*Contracts：A Modern Coursebook*，New York：Wolters Kluwer，2019.

Cass R. Sunstein，*Free Markets and Social Justice*，New York：Oxford University Press，1997.

E. Allan Farnsworth，*Contracts*，New York：Aspen Law Business，2004.

Edward Yorio，*Contract Enforcement：Specific Performance and Injunctions*，Boston：Little，Brown，1989.

Graham Virgo，*The Principles of Equity & Trusts*，London：Oxford University Press，2016.

George P. Fletcher，*Basic Concepts of Legal Thought*，New York：Oxford University Press，1996.

Henry Mather，*Contract Law and Morality*，Westport，Conn.：Greenwood Press，1999.

Harold J. Berman，*Faith and Order：The Reconciliation of Law and Religion*，Atlanta：Scholar Press，1993.

John Finnis，*Natural Law and Natural Rights*，Oxford：Clarendon Press，1980.

John Finnis，*Philosophy of Law：Collected Essays* Volume IV，New York：Oxford University Press，2011.

Karl N. Llewellyn，*The Common Law Tradition：Deciding Appeals*，Boston：Little，Brown & Co.，1960.

Morton J. Horwitz, *The Transformation of American Law*, Cambridge：Harvard University Press，1977.

MacCormick, *Legal Reasoning and Legal Theory*, New York：Oxford University Press，1978.

Ronald M. Dworkin, *Taking Rights Seriously*, Cambridge：Harvard University Press，1978.

Sir Guenter Treitel, *Some Landmarks of Twentieth Century Contract Law*, Oxford：Clarendon Press，2002.

Sinai Deutch, *Unfair Contract*：*The Doctrine of Unconscionability*, Lexington, Mass.：Lexington Books，2004.

P. S. Atiyah, *The Rise and Fall of Freedom of Contract*, Oxford：Clarendon Press，1979.

四　中文论文

陈显武：《论法学上规则与原则之区分——由非单调逻辑之观点出发》，《台大法学论丛》第 34 卷第 1 期。

陈本寒、周平：《合同裁判变更的法理基础与立法完善——兼评〈合同法〉第 54 条之规定》，《法学评论》2001 年第 3 期。

陈金钊：《民法典意义的法理诠释》，《中国法学》2021 年第 1 期。

蔡睿：《显失公平制度的解释论定位》，《法学》2021 年第 4 期。

崔建远：《无权处分辩》，《法学研究》2003 年第 1 期。

段文泽：《显失公平制度的立法思考》，《兰州商学院学报》2008 年第 3 期。

费安玲：《1942 年〈意大利民法典〉的产生及其特点》，《比较法研究》1998 年第 1 期。

费安玲：《论我国民法典编纂活动中的四个关系》，《法制与社会发展》2015 年第 5 期。

范雪飞：《论不公平条款制度——兼论我国显失公平制度之于格式条款》，《法律科学》2014 年第 6 期。

高晓莹、杨明刚：《论显失公平》，《福建师范大学学报》（哲学社会科学版）2011 年第 3 期。

黄忠：《法律行为部分无效的处理规则研究》，《当代法学》2010 年第 3 期。

贺剑：《〈合同法〉第 54 条第 1 款第 2 项（显失公平制度）评注》，《法学家》2017 年第 1 期。

梁慧星：《合同法的成功与不足》，《中外法学》2000 年第 1 期。

李潇洋：《论民法典中的显失公平制度》，《山东社会科学》2021 年第 5 期。

李永军：《合同效力的根源及其正当化说明理论》，《比较法研究》1998 年第 3 期。

李世刚：《法国〈合同法改革草案〉解析》，《比较法研究》2014 年第 3 期。

刘克毅：《试论类比推理及其制度基础——以普通法的运作机制为例》，《法商研究》2005 年第 6 期。

雷磊：《法律推理基本形式的结构分析》，《比较法研究》2009 年第 4 期。

马丽萍：《法律推理的逻辑形式与价值判断的和谐》，《法律方法》2002 年第 1 卷。

宁红丽：《平台格式条款的强制披露规制完善研究》，《暨南学报》（哲学社会科学版）2020 年第 2 期。

彭诚信：《从法律原则到个案规范——阿列克西原则理论的民法运用》，《法学研究》2014 年第 4 期。

彭明真等：《论合同显失公平原则》，《法学评论》1999 年第 1 期。

祁春轶：《德国一般交易条款内容控制的制度经验及其启示》，《中外法学》2013 年第 3 期。

秦立葳：《〈法国民法典〉合同制度改革之争》，《环球法律评论》2011 年第 2 期。

冉克平：《显失公平与乘人之危的现实困境与制度重构》，《比较法研究》2015 年第 5 期。

邵建东：《论可撤销的法律行为》，《法律科学》1994 年第 5 期。

许德风：《论利息的法律管制——兼议私法中的社会化考量》，《北大法律评论》2010 年第 1 辑。

许德风：《合同自由与分配正义》，《中外法学》2020 年第 4 期。

徐涤宇：《非常损失规则的比较研究——兼评中国民事法律行为制度中的乘人之危和显失公平》，《法律科学》2001 年第 3 期。

徐涤宇：《非常态缔约规则：现行法检讨与民法典回应》，《法商研究》2019 年第 3 期。

徐国栋：《公平与价格——价值理论》，《中国社会科学》1993 年第 6 期。

谢鸿飞：《格式条款内容规制的规范体系》，《法学研究》2013 年第 2 期。

谢鸿飞、班天可：《被误解和被高估的动态体系论》，《法学研究》2017 年第 2 期。

王轶：《民法价值判断问题的实体性论证规则——以中国民法学的学术实践为背景》，《中国社会科学》2004 年第 6 期。

王军：《美国合同法中的显失公平制度》，《比较法研究》1994 年第 Z1 期。

王磊：《论显失公平规则的内在体系》，《法律科学》2018 年第 2 期。

吴从周：《论暴利行为》，《台大法学论丛》2018 年第 2 期。

武腾：《显失公平规定的解释论构造》，《法学》2018 年第 1 期。

姚新华：《契约自由论》，《比较法研究》1997 年第 1 期。

颜炜：《显失公平立法探讨》，《华东政法大学学报》2002 年第 4 期。

杨立新等：《〈中华人民共和国民法总则（草案）〉建议稿》，《河南财经政法大学学报》2015 年第 2 期。

杨宏晖：《市场经济秩序下的契约失灵调整模式》，《法学新论》2010 年第 25 期。

尹田：《自由与公正的冲突——法国合同法理论中关于"合同损害"

问题的纷争》,《比较法研究》1995 年第 3 期。

尹田:《乘人之危与显失公平行为的性质及其立法安排》,《绍兴文理学院学报》(哲学社会科学)2009 年第 2 期。

易军:《个人主义方法论与私法》,《法学研究》2006 年第 1 期。

易军:《法律行为合法性迷局之破解》,《法商研究》2008 年第 2 期。

易军:《民法公平原则理论之检讨与反思》,《浙江社会科学》2012 年第 10 期。

易军:《私人自治与私法品性》,《法学研究》2012 年第 3 期。

易军:《民法公平原则新诠》,《法学家》2012 年第 4 期。

易军:《买卖合同制规定准用于其他有偿合同》,《法学研究》2016 年第 1 期。

于飞:《基本权利与民事权利的区分及宪法对民法的影响》,《中国法学》2008 年第 5 期。

于飞:《民法基本原则:理论反思与法典表达》,《法学研究》2016 年第 6 期。

原永朋:《显失公平制度在和解合同中适用问题探析》,《学术交流》2020 年第 2 期。

张谷:《略论合同行为的效力》,《中外法学》2000 年第 2 期。

张良:《论美国法中的显失公平规则》,《河南教育学院学报》(哲学社会科学版)2012 年第 6 期。

朱庆育:《法律行为概念疏证》,《中外法学》2008 年第 3 期。

朱庆育:《私法自治与民法规范——凯尔森规范理论的修正式运用》,《中外法学》2012 年第 3 期。

周清林:《论格式免责条款的效力层次——兼谈〈合同法〉及其司法解释之间的矛盾及其协调》,《现代法学》2011 年第 4 期。

曾大鹏:《论显失公平的构成要件与体系定位》,《法学》2011 年第 3 期。

赵永巍:《〈民法总则〉显失公平条款的类型化适用前瞻》,《法律适用》2018 年第 1 期。

张初霞:《我国显失公平的立法瑕疵及重构》,《中国社会科学研究院学报》2017 年第 2 期。

张民安:《法国民法中意思自治原则的新发展》,《法治研究》2021年第 4 期。

五 中译论文

Claus-Wilhelm Cannaris:《民事法的发展及立法——德国契约法的基本理念及发展》,林美惠译,《台大法学论丛》1999 年第 3 期。

恩斯特·哈绍-里特尔:《合作国家——对国家与经济关系的考察》,赵宏译,《华东政法大学学报》2016 年第 4 期。

罗歇·布特:《法国合同法上的滥用权利条款》,陈鹏译,《法学家》1999 年第 6 期。

六 外文论文

Alan Schwartz, "A Reexamination of Nonsubstantive Unconscionability", *Virginia Law Review*, Vol. 63, No. 6, 1977.

Anthony T. Kronman, "Contract Law and Distributive Justice", *Yale Law Journal*, Vol. 89, No. 3, 1980.

Anthony T. Kronman, "Paternalism and the Law of Contracts", *Yale Law Journal*, Vol. 92, No. 5, 1983.

Allen R. Kamp, "Uptown Act: A History of the Uniform Commercial Code: 1940 – 49", *SMU Law Review*, Vol. 51, No. 2, 1998.

Anne Fleming, "The Rise and Fall of Unconscionability as the Law of the Poor", *Georgetown Law Journal* Vol. 102, No. 5, 2014.

Arthur Allen Leff, "Unconscionability and the Code-The Emperor's New Clause", *University of Pennsylvania Law Review* Vol. 115, No. 4, 1967.

Amy J. Schmitz, "Embracing Uconscionability's Safety Net Function", *Alabama Law Review* Vol. 58, No. 1, 2006.

Alan M. White & Cathy Lesser Mansfield, "Literacy and Contract", *Stan-*

ford Law & Policy Review, Vol. 13, No. 2, 2002.

A. H. Angelo & E. P. Ellinger, "Unconscionable Contracts: A Comparative Study of the Approaches in England, France, Germany, and the United States", *Loyola of Los Angeles International and Comparative Law Review*, Vol. 14, No. 3, 1992.

Britta Redwood, "When Some Are More Equal than Others: Unconscionability Doctrine in the Treaty Context", *Berkeley Journal of International Law*, Vol. 36, No. 3, 2018.

Btian M. McCall, "Demystifying Unconscionability: A Historical and Empirical Analysis", *Villanova Law Review*, Vol. 65, No. 4, 2020.

Christopher K. Odinet, "Commerce, Commonality, and Contract Law: Legal Reform in a Mixed Jurisdiction", *Louisiana Law Review*, Vol. 75, No. 3, 2015.

Clinton A. Stuntebeck, "The Doctrine of Unconscionability", *Maine Law Review*, Vol. 19, No. 1, 1967.

Charles L. Knapp, "Blowing the Whistle on Mandatory Arbitration: Unconscionability as a Signaling Device", *San Diego Law Review*, Vol. 46, No. 3, 2009.

Craig Horowitz, "Reviving the Law of Substantive Unconscionability: Applying the Implied Covenant of Good Faith and Fair Dealing to Excessively Priced Consumer Credit Contracts", *UCLA Law Review*, Vol. 33, No. 3, 1986.

Charles L. Knapp, "An Offer You Can't Revoke", Wisconsin Law Review, Vol. 2004, No. 2, 2004.

Colleen Mccullough, "Unconscionability As a Coherent Legal Concept", *University of Pennsylvania Law Review*, Vol. 164, No. 3, 2016.

Christine Jolls, Cass R. Sunstein and Richard Thaler, "A Behavioral Approach to Law and Economics", *Stanford Law Review*, Vol. 50, No. 5, 1998.

David Horton, "Flipping the Script: Contra Proferentem and Standard Form Contracts", *University of Colorado Law Review*, Vol. 80, No. 2, 2009.

Danielle Kie Hart, "Contract Law Now-Reality Meets Legal Fictions", *University of Baltimore Law Review*, Vol. 41, No. 1, 2011.

Duncan Kennedy, "Distributive and Paternalist Motives in Contract and Tort Law, with Special Reference to Compulsory Terms and Unequal Bargaining Power", *Maryland Law Review*, Vol. 41, No. 4, 1982.

Dando B. Cellini & Barry L. Wertz, "Unconscionable Contract Provisions: A History of Unenforceability From Roman Law to The UCC", *Tulane Law Review*, Vol. 42, No. 3, 1967/1968.

Dawson, "Economic Duress and the Fair Exchange in French and German Law", *Tulane Law Review*, Vol. 11, No. 3, 1937.

Evelyn L. Brown, "The Uncertainty of U. C. C. Section 2 – 302: Why Unconscionability Has Become a Relic", *Commercial Law Journal*, Vol. 105, No. 3, 2000.

Erin Canino, "The Electronic Sign-in-Wrap Contract: Issues of Notice and Assent, the Average Internet User Standard, and Unconscionability", *U. C. Davis Law Review*, Vol. 50, No. 1, 2016.

Eugene M. Harrington, "Unconscionability Under the Uniform Commercial Code", *South Texas Law Journal*, Vol. 10, No. 4, 1968.

Eric A. Posner, "Economic Analysis of Contract Law after Three Decades: Success or Failure", *Yale Law Journal*, Vol. 112, No. 4, 2003.

Eric A. Posner, "Contract Law in the Welfare State: A Defense of the Unconscionability Doctrine, Usury Laws, and Related Limitations on the Freedom to Contract", *Journal of Legal Studies*, Vol. 24, No. 2, 1995.

E. Allan Farnsworth, "Developments in Contract Law during the 1980's: The Top Ten", *Case Western Reserve Law Review*, Vol. 4, No. 1, 1990.

F. H. Buckley, "Three Theories of Substantive Fairness", *Hofstra Law Review*, Vol. 19, No. 1, 1990.

Frank H. Easterbrook & Daniel R. Fischel, "Mandatory Disclosure and the Protection of Investors", *Virginia Law Review*, Vol. 70, No. 4, 1984.

Gerald T. McLaughlin, "Unconscionability and Impracticability: Reflections on Two U. C. C. Indeterminacy Principles", *Loyola of Los Angeles International and Comparative Law Review*, Vol. 14, No. 3, 1992.

George A. Akerlof, "The Market for 'Lemons': Quality Uncertainty and The Market Mechanism", *Quarterly Journal of Economics*, Vol. 84, No. 3, 1970.

Howard Latin, "Good Warnings, Bad Products, and Cognitive Limitations", *UCLA Law Review*, Vol. 41, No. 5, 1994.

Harold J. Berman, "The Religious Sources of General Contract Law: An Historical Perspective", *Journal of Law and Religion*, Vol. 4, No. 1, 1986.

Herbert A. Holstein, "Vices of Consent in the Law of Contracts", *Tulane Law Review*, Vol. 13, No. 3, 1939.

Harry G. Prince, "Unconscionability in California: A Need of Restraint and Consistency", *Hastings Law Journal*, Vol. 46, No. 2, 1995.

Hazel Glenn Ben, "Curing the Infirmities of The Unconscionability Doctrine", *Hastings Law Journal*, Vol. 66, No. 4, 2014/2015.

Ian Brereton, "The Beginning of a New Age: The Unconscionability of the 360 – Degree Deal", *Cardozo Arts & Entertainment Law Journal*, Vol. 27, No. 1, 2009.

Jeffrey T. Hewlett, "Unconscionability as a Judicial Means for Curing the Healthcare Crisis", *Wayne Law Review*, Vol 66, No. 1, 2020.

Jacob Hale Russell, "Unconscionability's Greatly Exaggerated Death", *UC Davis Law Review*, Vol 53, No. 2, 2019.

Jeffrey W. Stempel, "Arbitration, Unconscionability, and Equilibrium: The Return of Unconscionability Analysis as a Counterweight to Arbitration Formalism", *Ohio State Journal on Dispute Resolution*, Vol. 19,

No. 3 ,2004.

Jay M. Feinman , "Un – Making Law : The Classical Revival in the Common Law" ,28 *Seattle University Law Review* , Vol. 28 , No. 1 ,2004.

John W. Baldwin , "The Medieval Theories of the Just Price : Romanists , Canonists , and Theologians in the Twelfth and Thirteenth Centuries" , *Transactions of the American Philosophical Society* , Vol. 49 , No. 4 ,1959.

John E. Murray Jr. , " Unconscionability : Unconscionability " , *University of Pittsburgh Law Review* , Vol. 31 , No. 1 ,1969.

James Gordley , " Equality in Exchange " , *California Law Review* , Vol. 69 , No. 6 ,1981.

John P. Dawson , " Unconscionable Coercion : The German Version " , *Harvard Law Review* , Vol. 89 , No. 6 ,1976.

Jane P. Mallor , " Unconscionability in Contracts Between Merchants " , *Southwestern Law Journal* , Vol. 40 , No. 4 ,1986.

Joseph Raz , "Legal Principles and the Limits of Law" , *Yale Law Journal* , Vol. 81 , No. 5 ,1972.

Louis J. Vener , "Unconscionable Terms and Penalty Clauses : A Review of Cases Under Article 2 of the Uniform Commercial Code" , *Commercial Law Journal* , Vol. 89 , No. 8 ,1984.

Larry A. DiMatteo & Bruce Louis Rich , " A Consent Theory of Unconscionability : An Empirical Study of Law in Action" , *Florida State University Law Review* , Vol. 33 , No. 4 ,2006.

Larry A. DiMatteo , "The History of Natural Law Theory : Transforming Embedded Influences into a Fuller Understanding of Modern Contract Law" , *University of Pittsburgh Law Review* , Vol. 60 , No. 3 ,1999.

Melvin Aron Eisenberg , "The Bargain Principle and Its Limits " , *Harvard Law Review* , Vol. 95 , No. 4 ,1982.

Melissa T. Lonegrass , "Finding Room for Fairness in Formalism – The Sliding Scale Approach to Unconscionability " , *Loyola University Chicago*

Law Journal, Vol. 44, No. 1, 2012.

M. P. Ellinghaus, "In Defense Unconscionability", *Yale Law Journal*, Vol. 78, No. 5, 1969.

M. Neil Browne; Lauren Biksacky, "Unconscionability and the Contingent Assumptions of Contract Theory", *Michigan State Law Review*, Vol. 2013, No. 1, 2013.

N. Brock Enger, "Offers You Cant Refuse: Post – Hire Noncompete Agreement Insertions and Procedural Unconscionability Doctrine", *Wisconsin Law Review*, Vol. 2020, No. 4, 2020.

Omri Ben – Shahar & Carl E. Schneider, "The Failure of Mandated Disclosure", *University Pennsylvania Law Review*, Vol. 159, No. 3, 2011.

P. S. Atiyah, "Contract and Fair Exchange", *University of Toronto Law Journal*, Vol. 35, No. 1, 1985.

Richard A. Epstein, "Unconscionability: A Critical Reappraisal", *Journal of Law & Economics*, Vol. 18, No. 2, 1975.

Robert Alexy, "On Balancing and Subsumption—A Structural Comparison", *Ratio Juris*, Vol. 16, No. 4, 2003.

Russell Korobkin, "Bounded Rationality, Standard Form Contracts and Unconscionability", *University of Chicago Law Review*, Vol. 70, No. 4, 2003.

Richard J. Hunter Jr., "Unconscionability Revisited: A Comparative Approach", *North Dakota Law Review*, Vol. 68, No. 1, 1992.

Samuel Hollander, "Adam Smith and the Self – Interest Axiom", *Journal of Law & Economics*, Vol. 20, No. 1, 1977.

Stephen E. Friedman, "Giving Unconscionability More Muscle: Attorney's Fees as a Remedy for Contractual Overreading", *Georgia Law Review*, Vol. 44, No. 2, 2010.

Victor P. Goldberg, "Institutional Change and the Quasi – Invisible Hand", *Journal of Law & Economics*, Vol. 17, No. 2, 1974.

W. David Slawson, "Standard Form Contracts and Democratic Control of

Lawmaking Power", *Harvard Law Review*, Vol. 84, No. 3, 1971.

Walton H. Hamilton, "The Ancient Maxim of Caveat Emptor", *Yale Law Journal*, Vol. 40, No. 8, 1931.

七　其他

《意大利民法典》，费安玲等译，中国政法大学出版社 2004 年版。

《德国民法典》，陈卫佐译，法律出版社 2015 年版。

《法国民法典》，罗结珍译，北京大学出版社 2010 年版。

《最新日本民法》，渠涛编译，法律出版社 2006 年版。

《葡萄牙民法典》，唐晓晴译，北京大学出版社 2009 年版。

《西班牙民法典》，潘灯、马琴译，中国政法大学出版社 2013 年版。

《最新阿根廷民法典》，徐涤宇译，法律出版社 2007 年版。

《荷兰民法典》，王卫国等译，中国政法大学 2006 年版。

《瑞士债务法》，戴永盛译，中国政法大学出版社 2016 年版。

《巴西民法典》，齐云译，中国法制出版社 2009 年版。

《路易斯安娜民法典》，楼爱华译，厦门大学出版社 2010 年版。

《菲律宾民法典》，蒋军洲译，厦门大学出版社 2011 年版。

《智利共和国民法典》，徐涤宇译，北京大学出版社 2014 年版。

《越南民法典》，吴远富译，厦门大学出版社 2007 年版。

《埃塞俄比亚民法典》，薛军译，厦门大学出版社 2013 年版。

《埃及民法典》，黄文煌译，厦门大学出版社 2008 年版。

《阿尔及利亚民法典》，尹田译，厦门大学出版社 2013 年版。

《泰王国民商法典》，周喜梅等译，中国法制出版社 2013 年版。

《学说汇纂·正义与法、人的身份与物的划分、执行官》，罗智敏译，中国政法大学出版社 2008 年版。

《学说汇纂·恢复原状与责任的承担》，窦海洋译，中国政法大学出版社 2012 年版。

《学说汇纂·私犯、准私犯与不法行为之诉》，米健译，中国政法大学出版社 2012 年版。

《学说汇纂·买卖契约》，刘家安译，中国政法大学出版社 2001
　　年版。

《学说汇纂·委任与合伙》，李飞译，腊兰校，中国政法大学出版社
　　2014 年版。

《马克思恩格斯选集》（第 3 卷），人民出版社 1995 年版。

《国际商事合同通则》，www. unilex. info. /principles/text.

《国际货物买卖合同公约》，http：//www. cisg. law. pace. edu/cisg/
　　text/preamble. html.

《美国统一商法典》，https：//www. law. cornell. edu/ucc/2/2 - 302.

《最高人民法院关于人民法院审理借贷案件的若干意见》法（民）
　　〔1991〕第 21 号。

《最高人民法院关于审理民间借贷案件适用法律若干问题的规定》法
　　释〔2015〕18 号。

《最高人民法院关于审理商品房买卖合同纠纷案件适用法律若干问题
　　的解释》法释〔2003〕7 号。

《最高人民法院关于适用〈中华人民共和国合同法〉若干问题的解
　　释》（二）法释〔2009〕5 号。

索　引

后 记

回首来时路，烛照荆棘途

　　文章千古事，得失寸心知。文字萃取思虑，承载情怀，因对"为谁而作"的不同预设，而呈现格局迥异、载道分殊的气质。文字可以是投枪匕首，为天下苍生呐喊；文字可以是歌功颂德，为帝王将相鼓呼。借文字可以"非圣无法"，张扬个性；有文字笃力灭欲抑知，桎梏性理。作为个体不过天地间一蜉蝣，渺若尘埃，既无先哲之志，又无群丑之能，拙著洋洒数十万字也不过一孔之见，一偏之得，料将速朽。唯寸心之间，时值书稿付梓之际，诚想将之献给同年同月同日同时出生之祖父与外祖父以及我渐行渐远的村庄。

　　以学术为志业根植于祖父与外祖父的言传身教。智识启蒙、常识灌注与立身处世法则的鼎定均受惠于二位老夫子。祖父与外祖父不仅同年，而且同窗，自幼一起在乡村私塾启蒙。每次聚首叙旧无不回首一段八十年前求学的传闻逸事。那时的教书先生异常严厉，教鞭毫不留情，懒惰、迟钝者屁股、手掌皮开肉绽是常事。但根据当事人口述与同侪回忆的相互印证，天资聪颖的祖父与外祖父是班上唯二没有尝过教鞭滋味的学生。常言道，一山不容二虎，两位长者互不服气、争论一生的关系格局由此奠基。二位围绕历史人物、事件、读书心得、对联文字展开一幕幕风趣幽默、儒雅纯粹的文人之争。在拜权与拜物理念横扫千军如卷席的乡土，此种传统知识人之间的文字之争、考据之争、道统之争显得格格不入而又弥足珍贵，而我有幸躬逢这一智识与常识的盛宴，浇筑立身处世的准则。

祖父固守旧学，博闻强识、尊古省今，幼学琼林、古文观止、增广贤文、三国等倒背如流。因家道中衰，十六岁即辍学以匠工立身，但不忘祖上耕读传家的遗韵，劳作之余手不释卷。及至晚年，除吃饭、植树外，看书、练笔为唯一消遣，诚如其自述：毕生学识两成归于天赋，三成受益私塾，一半源于自学。正是因为祖父一生勤学不辍，因此对新知保持好奇与敏感并身体力行去实践，在木匠的主业之外，还一拨就通或无师自通了篾匠、鼓匠、铁匠、瓦匠、炭匠等诸多技艺。外祖父则新旧驳杂，既有旧学的底子，又不乏新学的开放，对传统典故事件如数家珍，对域外贤达也所知不菲。因家境相对殷实，忠厚传家、尊师重教，因此外祖父私塾结业后即考取公学走出大山外出求学汲取新知，意欲踵效其出身黄埔军校军官的叔叔足迹，擘画煊赫人生。在特殊的年代，因为多识了几框字，多了一点独立想法而备受欺凌，因此，以普通乡村教师荣休后，晚年以书法、对联自娱，谨言慎行备受敬重。由于父辈们求学之际赶上停课闹革命，"宁要没有文化的劳动者，也不要有文化的精神贵族"的号召响彻寰宇，因此，文脉中断，后辈鲜见在智识与文化上超过祖父与外祖父者，二老以闾里文化担当各领风骚数十年。无论红白喜事，远亲近邻大都毕恭毕敬延请作对、撰文。祖父时常感喟，今生受益于熟读《幼学琼林》《古文观止》等诸章得以应乎无穷。我曾略带诙谐回应道：宋有赵普半部《论语》治天下，今有祖父一部《幼学》闯江湖。外祖父毕竟正统科班出身，其对联用典与意境、祭文内涵与情境、书法变换与苍劲显然更胜一筹，声名更广。

作为梅山蛮，鄙夷从众屈服，推崇特立独行，祖父自不甘屈居人下。每次争论的起点，多是祖父用自己殚精竭虑、考证推敲数月甚至数年的对联或文章以"请教"之名行"考察"之实。在文字与对话上的锱铢必较而无损于同年同窗之情，传为美谈。印象中自视甚高的外祖父唯一一次自叹弗如似在壬辰年正月。每年正月，祖父与外祖父均会抓住在我家聚餐的机会，促膝长谈，交流读书心得，各论章句短长。筵席散后，祖父都会陪同外祖父走一段、送一程。外祖父则不断要求"留步"。眼见即将出关山，不能再送，外祖父劝慰："老同学，送君千里，终须一别啊。"祖父即刻会意："老根，那我就砍倒青山望故人。"外祖父则郑重其事道："你的三国比我熟，后会有期。"年近鲐背之时，因腿脚不再利索，祖父与外祖父往来日稀，双方偶有思虑所得、互致问候主要由我居中传达。印象最深者，莫过于二位在"断头话"上的唇枪舌剑。那年夏天，暑假回家看望祖父，其拿出自己拟就的自挽联：身历两朝，眼观六代，长离旧居辞世去；心怀贰德，寿享玖叁，永别眷属赴蓬莱。并嘱咐："呈给你外公，让他提提意见，而且告诉他，我的身体状况已经是'今日不知明日事'了。"外祖父阅后，会意一笑，稍作沉思，直言无意见可提，属意回去复命："告诉你公公，'接引孤魂知何适，任凭刀笔道短长'，他还有明天的可能，而我已经是'朝不保夕'。"祖父听罢，连连称赞，并嘀咕道"你外公好强，总是一字不让。"而我则在这类唇枪舌剑的"言传"中获益良多；二位长者的"身教"更是默化为我立身处世的底色。犹记童稚时祖父以冰糖为诱饵引导孙辈们诵读派行、诗经、幼学等诸章，识文断字得以奠基。十四年前，负笈北上，祖父以十六字相赠："穷当益坚，独善其身；达则弥忠，兼济天下。"在老人家看来，读书求学不仅是个人志业，更是家国情怀。两个月前，或许是祖父深感离大去之期不远，暑假期间多次询问家父我何时回家，在获知因忙于书稿完竣与疫情阻隔可能无法回乡时，不免失落。如今想来，悲不自胜。诚可谓：木树千株成长一生终归土，匠工百业相传三代永流芳。外祖父则恪守"对无冤无仇者痛下杀手不为也""君子群而不党"等处世准则而错失人生转捩点上的腾达机会，并因臭老九与地主富农身份而遭遇诸多迫害，虽历万难而不悔。二老以言行垂范后世：为学当勤勉，为人宜果敢，处世需刚正。至于人生选择，并无定式，唯恪守本分、为人正派即足以处世立身。

　　这些年，随着亲人与故人的渐行渐远，童年记忆的实体被抽空，仅剩的碎片化心影也日臻凋零。

学术志业的实现取决于能否淌过学海，而无涯学海得以泅渡源于逆天改命的功利心。在家乡，同龄人所预定之路径，大都中学毕业（甚至中途辍学），即背负行囊南下广东或东进江浙，在逼仄的生存空间中乞食异乡，或学艺或民工，甚或流落风尘。唯有农历新年前夕风尘仆仆回家团聚，不出几日便再次踏上旅程。青壮年流连于城里的灯红酒绿，广袤的乡野抛给了老幼病残。"留守儿童"是我们这一代人的标签，但庆幸，我竟躲过此"劫"。那时通讯闭塞，外出打工者与家人通信只能写信，而长辈们能识文断字者鲜，所以，经常见爸妈给老人们念子女的来信，那种欣慰与喜悦的神情至今方初悟一二。回信老人子女亦为父亲操刀，草拟后解释之，再定稿。犹记母亲教导，以后要自己多读书，可以自己写信。当初，也不知会给谁人写信，满口应承。如今，通信已飞速发展，但似乎那份牵挂与深情却淡了许多，尤其年饭与春节，手机已成餐桌主角，写信彻底锁进历史。那种诵读反刍所生之情愫亦随风而逝。或许"慢"乐而非"快"乐更能诠释生活的真谛吧。也是自那时起被不断灌输：读书、接受高等教育是山里孩子今后生活中唯一的希望与光明。山里人欲摆脱"脸朝泥土背朝天"的桎梏，舍求学，难有他途。而权、钱崇拜对人心的腐蚀与反智在乡村的甚嚣，似乎庚子国变中的愚昧与残忍换装重现，那份残存的"希望与光明"念想也日渐萎靡。总之，与其他留守儿童相比，家长会有双亲参加，老师家访有爸妈在场，课业也多有辅导，新的想法亦有交流。而爷爷奶奶等长辈所庇护之同龄人，能保证吃饱与穿暖已属不易，至于双亲之爱，则唯有期盼每年除夕的早日到来。这份期盼蜕化为亲情的淡漠，子女的叛逆及过早的弃学。纪录片《归途列车》所刻录之境况，在我那偏远的家乡，一幕幕上演，至今不绝。

志业的树立归功于二位长者的言传身教，泅渡学海得益于功利心的驱使，而本书的选题、论证到最终付梓则受教于可敬可歌的师长，在他们的指引与鼓舞下才初窥学术门径，渐冻的学术热情方得以勉力维持。授业恩师费安玲教授系逊清贵胄，浩气通达，受教尤深。因业师的鼎力相助，才得以远涉重洋前往加州大学伯克利分校体悟顶尖学府的风采，窥获普通法系显失公平原则的源流、沿革与现代变革。也正是由于老师的情谊相挺，方有幸在欧盟伊拉斯姆斯项目的资助下远赴意大利博洛尼亚大学涵泳世界大学之母的遗韵泽光，重访显失公平法理规范化的莺啼初试。为增进本书论证的纵深与底蕴，老师专程向意大利罗马法泰斗斯奇巴尼教授请教罗马法上的非常损失问题，极大开阔了本书的论证视域。尤其，论文的谋篇布局与具体论证均在老师的批判、卓见中得以日臻完善。易军教授惠赐研究精义"知己知彼，无疑处有疑"，其言行诠释了真正大家的虚怀若谷与润物无声。选题之际，老师提醒其实很多民法基本理论问题国内研究并不透彻，有突破空间。这促使我在选题上尝试挑战传统，最终概念称谓上尚不统一，基本体系定位与功能预设皆聚讼盈庭的显失公平规范跳入视界。行文中老师更是以丰厚的学养助力论证的精致化，无论探讨什么议题，他都会排出最新的文献与权威专著并反问是否精读过，当得到否定的回答，则以学者式的气愤督促学生尽快补课。

此外，感谢博士论文匿名评审专家清华大学梁上上教授与北京大学蒋大兴教授，与二位大家素不相识，甚至素未谋面，但他们对论文的评鉴是本书忝为优博的前提。感谢由中国人民大学姚辉教授，中国社科院邹海林老师，以及母校赵旭东教授、管晓峰教授、王玉梅教授组成的答辩委员会，感恩他们的真知灼见、挑剔批判与慷慨支持。正是由于诸位前辈学人的加持，拙著才有幸入选首批国家社科基金优秀博士论文项目。

当然还要特别致谢默默奉献的双亲以及坚忍果敢的太太珊瑚礁女士，尊重我的清高，笃定我的坚守，理解我的自负。没有他们的体谅与忍让，忙迫的生活定是一地鸡毛，学术志业势必烟消云散。

工作的四年，也是天性与热情被彻底摧毁的四年。你的实际研究、付出无人问津，生计、职称、待遇取决于学校特制的论文刊发级别与项目认定等级。智识考核本应是最需要科学与实质的地方，却充斥着近乎迷信的方式与泛滥的形式主义。此情此景，短平快式的无意义重复才是生存之道，而如本书这种改写过半，历时三年的产出模式与速度，无异于自杀。究竟为谁而作，坦白讲，曾经是为学术理想，修正理论，擘画立法。现在只剩下了为稻粱谋。倒不是什么初心弃守，而是心态崩了。试问没有了灵魂、没有了热血，只有苟且，学术何以作为志业？

回眸过往廿六载，从青葱少年到而立已过，以世俗见审之，可谓一事无成。从闭塞蛮夷之地到人文荟萃之京，从娱乐至死之故土到自由法治之异域，游学勉称厚实。近来，由于山城曾经光耀门庭的大学生相继步入社会而工作不尽理想，也即工资微薄，权位不显，乡土"读书无用"的反智之风渐盛。"万般皆下品，惟有读书高"在商业化大潮的裹挟下多少退去了荣光。反忖自身，展望未来，或许位卑权无，手无缚鸡之力一狂生；但那又如何，所谓"竹杖芒鞋轻胜马，谁怕？一蓑烟雨任平生。"更何况，还有"书生事业，无限江山"之说哩！

广州·政闻堂

草拟于西元二零二一年九月十三日

修正于农历辛丑年季秋月·时值祖父头七